T・P・アロウェイ＋R・G・アロウェイ 編著
Tracy Packiam Alloway & Ross G. Alloway
湯澤正通＋湯澤美紀 監訳

●認知心理学のフロンティア●
ワーキングメモリと日常
人生を切り拓く新しい知性

Frontiers of Cognitive Psychology
Working Memory:
The Connected
Intelligence

北大路書房

Frontiers of Cognitive Psychology
WORKING MEMORY
The Connected Intelligence

edited by Tracy Packiam Alloway and Ross G. Alloway

Copyright © 2013 by Psychology Press
All Rights Reserved. Authorized translation from English language edition published by Routledge, part of Taylor & Francis Group LLC.
Japanese translation published by arrangement with Taylor & Francis Group LLC through The English Agency (Japan) Ltd.

ワーキングメモリ

認知心理学のフロンティア・シリーズ

　ワーキングメモリ——情報の意識的な処理——は，知性における最も重要なものの一つとしてますます認識されてきている。この重要な認知スキルは，さまざまな人類の経験，すなわち子ども時代から老年期まで，さらには進化してきた過去からデジタル化された未来までの経験と深くつながっている。

　本書では，一流の心理学者たちがワーキングメモリに関する最新の研究をレビューし，ワーキングメモリが人の発達や生涯においてどのような役割をしているかについて考察している。豊かなワーキングメモリがどのように成功（学術的に，そして専門知識の獲得に）と関係し，乏しいワーキングメモリが失敗（嗜癖行動や不適切な意思決定）と関係しているかが明らかにされているのである。寄稿論文はまた，ワーキングメモリが私たちの認知的な進化においてどのような役割を果たしているか，そして日常生活の諸事，例えば何を食べ，どのくらい眠るかといったことがワーキングメモリの機能にどのように影響するかといったことを示している。最後に，ワーキングメモリトレーニングの利点に関するエビデンスについて探求している。

　本書は，人間の記憶とその向上，すなわち認知心理学，認知神経科学，発達心理学，老年心理学，教育心理学，健康心理学，臨床心理学における研究に興味を持つ学生，研究者，専門家にはぜひとも読んでいただきたい書物である。

　　Tracy Packiam Alloway は，教育，特に個人の学習障害におけるワーキングメモリの役割を研究対象としている。彼女の研究は多くのメディアの注目をあび，250 以上の新しい記事で取り上げられている。彼女はまた，ワーキングメモリの専門家としてテレビやラジオでコメンテーターとして活躍している。

　　Ross G. Alloway は，科学技術に満たされた環境が脳に及ぼす影響について最前線の研究に参加している。生涯におけるワーキングメモリの成長と衰退や，教育におけるワーキングメモリの重要性についての共著書を出版している。それらの本は BBC ラジオと UK サンデータイムスで取り上げられている。

認知心理学のフロンティア

FRONTIERS OF COGNITIVE PSYCHOLOGY

【シリーズ・エディター】

Nelson Cowan, University of Missouri-Columbia
David Balota, Washington University in St. Louis

　「認知心理学のフロンティア」（Frontiers of Cognitive Psychology）は，認知心理学書籍の新しいシリーズである。本シリーズは，最新の実証的，理論的そして実践的問題を包括的かつ最新の状態でレビューすることによって，各領域における専門的な研究をまとめることを目的としている。各巻では，認知心理学の従来のコア領域，あるいは将来新しいコア領域として現れてくるであろう領域に焦点を当てており，発達心理学や神経科学，進化心理学，司法心理学，社会心理学，健康科学などの多分野にまたがった視点を含むこともある。

【シリーズ】

Working Memory: The Connected Intelligence, Tracy Packiam Alloway & Ross G. Alloway（Eds）（本書）

Neuroeconomics, Judgment, and Decision Making, Evan A. Wilhelms & Valerie F. Reyna（Eds）（『神経経済学と意思決定』北大路書房，2019 年）

Motivation and Cognitive Control, Todd S. Braver（Ed）（『動機づけと認知コントロール』北大路書房，2018 年）

Attention, Shaun P. Vecera（Ed）

New Methods in Cognitive Psychology, Daniel Spieler & Eric Schumacher（Eds）

Big Data in Cognitive Science, Michael N. Jones（Ed）

はじめに

J. M. Fuster
(Semel Institute for Neuroscience and Human Behavior,
University of California, Los Angeles, Ca, USA)

　ワーキングメモリの概念は，1980年代初頭のBaddeleyによる提唱以来，大きく進化した。この概念的な進化は，実際は，Baddeleyによる提唱の10年前，短期記憶課題（現在ではワーキングメモリ課題と呼ばれているが）を行っているサルの前頭前皮質におけるいわゆる「記憶細胞」の発見から始まっていた。記憶細胞は，サルが情報の項目を保持し，正しい選択を行い，褒美をもらう数秒から数分後まで活性状態を維持する神経細胞である。

　その後，記憶細胞は，記銘項目によっては，他の皮質領域でも見つかった。さらに視覚的，聴覚的，触覚的記銘項目によって，皮質の離れた領域の細胞を活性化することがわかった。逆に，複数の記銘項目は，1つの領域の細胞を活性化させた。記憶細胞の活性化は，ある皮質領域，すなわち側面の前頭前皮質の可逆的な非活性化によって妨害することができた。これは，ワーキングメモリの不全を引き起こした。こうした発見の全体から，この研究者は，ワーキングメモリは，課題の学習，すなわち経験によって関連づけられた広範に分散した皮質細胞の集合体が一時的に活性化することにあると考えた。この細胞の集合体（「コグニッツ（cognits）」と呼ばれた）の形成における神経細胞の結合は，外的刺激の同時的な生起によって生じるが，それは，カナダの心理学者Donald Hebbが示唆した法則に従っていた。

　人間の脳機能イメージングは，ワーキングメモリで活性化した皮質細胞の集合体，すなわちコグニッツが広範に分散し，重なり，階層的に構造化されていることを示している。皮質損傷患者の臨床的症状や特徴から考えると，ヘッブも含めた多くの神経科学者は，長期記憶を示す皮質の結合が，ワーキングメモリにおいて活性化されたものと同じであると結論づけている。今では，ワーキングメモリと長期記憶が同じ皮質のネットワークを共有しており，ワーキングメモリが長期記憶のネットワークの一時的な活性化であり，目的を達成したり，問題を解いたりするために，更新されるものであるという考えが益々受け入れられつつある。この目的志向的な側面は，Baddeley

はじめに

の定義にも含まれているが，ワーキングメモリを他の短期記憶の側面と区別するものである。

このワーキングメモリの目的志向的な側面のため，時間的な統合の機能とともに，実行機能の一部とされ，前頭葉皮質のコントロール下に置かれている。実際，前頭前皮質と，連合した後部の皮質が一緒になって，ワーキングメモリによる知覚の統合や，目的志向的な行動，推論，言語における働きを担っている。主に電気生理学的なデータに基づく最新のコンピュータモデルによると，ワーキングメモリは，前部と後部のコグニッツ間の反響によって時間的に情報を保持し，統合するとされる。

コグニッツは，皮質のネットワークにおける記憶と知識のユニット，すなわち意味記憶であり，活性化された状態では，ワーキングメモリだけでなく，注意，知覚，言語，知能といったすべての他の認知的機能を担っている。実際，コグニッツは，主にワーキングメモリの役割によって，他の認知的機能，特に知能に貢献する。

知能は，他の機能，特に注意や記憶に依存する複雑な認知機能である。知能は，それを測定する尺度とほとんど同じくらい多様な定義がある。前世紀の初め，Spearmanは，多様な心理テスト（視覚的，空間的，感覚運動的）の遂行に必要な能力を「一般知能」と名付け，その全般的な尺度をg因子とした。現在，John Duncanは，脳機能イメージングのデータに基づいて，活動のレベルが一般知能と最も相関する皮質領域が外側前頭前皮質であることを見出している。

詳細に検討すると，一般知能を測定するテストのほとんどが共通した特徴を持っている。すなわち，時間をワーキングメモリとつなげる必要があり，少なくとも，テストの前に検査者が与える教示を覚えておく必要がある。このように，一般知能とワーキングメモリは，前頭前皮質に基づいているようである。しかし，2つの問題がある。第1に，相関は因果関係を示すわけではないこと，第2に，前頭前皮質は，単独でその役割を果たすのではなく，他の皮質や皮質下の構造と密接に連携して働くことである。第1の問題については，時間的な関連性から実際に因果関係を推測できることが議論されている。第2の問題については，前頭前皮質から，「中央実行系」の意味を取り払い，代わりに「可能性」の意味を採用する。

前頭前皮質は，ワーキングメモリで何ができるのであろうか。まず，知覚と行動のサイクルの始めに，前頭前皮質は，時間的な継起を媒介することができる（今，これならば，次に，あれである。以前にあれならば，今，これである）。このことを理解するために，初歩的な生物学で説明する必要がある。下等動物の生体は，辺縁系を通して，反射や条件反応によっていわば自動的に環境に適応する。それに対して，人間や高等な霊長目の動物の場合，生体は，前頭前皮質を通して，認知と経験を使うことで，すなわち，生体が生活で獲得した記憶と知識の蓄えを用いて，環境に適応する。

言い換えると，人生の経験が個人の皮質に形成した膨大な知覚的，実行的コグニッツを蓄える。

　知覚と行動のサイクルは，人間という生体と環境との情報の循環的なサイバネティックのプロセスであり，下等生物の反射による適応を皮質的に拡張したものである。環境からの感覚シグナルは，後方皮質（感覚野）を通して処理され，前頭前（実行）皮質に適応的な行動を伝え，さらに，後方皮質と前頭前野で処理された新しいシグナルが生成され，新しい行動とシグナルに至るなど，そのサイクルは，適応的な目的を達成するまで続く。知覚と行動のサイクルが機能している良い例は，2人の個人の対話である。そこでは，それぞれの対話者の発話が他方の反応を導き，その反応がさらに一方の発話を促すというものである。実際，対話は，2つの繋がったサイクルからなり，それぞれの対話者が他方の環境を構成する。

　同じプロセスが個人を物理的，社会的環境に結びつける。サイクルのある活動は，純粋に反射的であり，知覚と行動の階層において低次の皮質や皮質下のレベルに統合されているが，高等なレベルの統合は，より高次の感覚的，実行的皮質を含んでいる。実際，プロセスに複雑性，曖昧性，不確実性があると，後方皮質の関連部分と前頭前野がそのサイクルに入ってくる。さらに，どのような理由にせよ，知覚と行動のサイクルが不連続のとき，ワーキングメモリが重要となり，したがって，前頭前野が活躍する。

　人間のサイクルと皮質のダイナミックスが人間以外の霊長目動物や下等生物のそれより優れている別の特性がある。人間の知覚と行動のサイクルおよび前頭前皮質が適応的であるだけでなく，予測によって適応できることである。これは，人間が目標志向的な行動，推論，言語の統合において，予想し，期待する行動に備えることができることを意味する。

　以上の考察から，前頭前野のおかげで，人間は，時間を超えた随伴性を媒介し，過去と未来を関連づけることができる。同時に，決定，計画，創造性によって未来を作るが，既存のコグニッツの間の新しい結合をつくるが，それは，すべてワーキングメモリの力を借りる。そのため，私は，ワーキングメモリを「人生を切り拓く新しい知性」の基礎と見なしているのである。

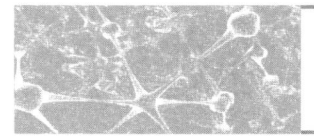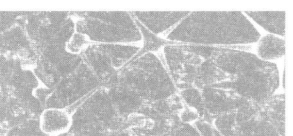

目 次

はじめに　iii

第Ⅰ部　ワーキングメモリ：新しい知性　1

第1章　ワーキングメモリ：序論　2

1節　フィネアス・ゲージの事例　2
2節　ワーキングメモリの起源　3
3節　ワーキングメモリと前頭葉　5
4節　現代のフィネアス　6
5節　タッチダウンの瞬間　7
6節　ワーキングメモリの広がり　8

第2章　ワーキングメモリと知能：展望　13

1節　はじめに　13
2節　最新の研究　14
　知能　14　／知能テスト　18　／ワーキングメモリ　22　／ワーキングメモリ容量のテスト　26　／知能とワーキングメモリ容量との関連　31　／心理測定法　34
3節　今後の方向性　35

第3章　ワーキングメモリの進化　36

1節　Baddeleyの中央実行系と実行機能　38
2節　ワーキングメモリと現代人の心性　40
3節　考古学的記録に表れるワーキングメモリとその促進：方法論的考察　41
4節　技術におけるワーキングメモリとその増大の証拠　44
　罠と落とし穴　45　／確実な武器　46　／柄の作製　47
5節　食料採集と労働システムにおけるワーキングメモリとその増大の証拠　49
6節　情報処理におけるワーキングメモリとその増大の証拠　51
7節　結論と今後の方向性　55

第Ⅱ部　生涯にわたるワーキングメモリ　59

第4章　発達におけるワーキングメモリ　60

1節　はじめに　60
2節　最新の研究　61
　ワーキングメモリの容量　61　／教室でのワーキングメモリ　66　／ワーキングメモリと学習　66　／ワーキングメモリと不安　68　／ワーキングメモリと自尊心　69　／ワーキングメモリと行動　70　／ワーキングメモリと学習障害　71
3節　今後の方向性　74
　ワーキングメモリのテスト　74　／ワーキングメモリのトレーニング　76　／まとめ　77

第5章　ワーキングメモリの階層モデルと健康な高齢者のその変化　78

1節　はじめに　79
　ワーキングメモリの加齢における歴史的な捉え方　79　／ワーキングメモリの年齢差の推定に関するコホートの役割　80
2節　最新の研究　81
　ワーキングメモリと他の認知能力との関係　81　／ワーキングメモリと他の能力の相関変化　82　／ワーキングメモリ：加齢の根底にある認知的基本要素？　83　／ワーキングメモリの階層的モデル：利用可能性 vs アクセス可能性の年齢差　84　／階層的ワーキングメモリモデルの加齢の知見　88　／ワーキングメモリ内の目標維持　90　／訓練を通してワーキングメモリを拡張する：訓練と転移効果　92　／認知的訓練　92
3節　今後の方向性　96
　主観的記憶　97　／補償　98　／ワーキングメモリ，機能的能力，そして健康　98

第Ⅲ部　ワーキングメモリと専門知識　101

第6章　熟達者のワーキングメモリ：伝統的なワーキングメモリ概念との質的な相違　102

1節　はじめに　102
2節　熟達者に関する研究　104
3節　最新の研究　105
　Simon-Chaseの熟達者理論におけるパターン-行為メカニズムへの反論　105　／熟達者のパフォーマンスにおけるワーキングメモリの必要性　107　／符号化とLTMからの検索を基盤とする熟達者のワーキングメモリ理論　108　／熟達者のワーキングメモリの領域固有的特徴と一般特徴　109　／一般的ワーキングメモリと一般的認知能力の個人差　112　／専

門領域における典型的パフォーマンスの記憶　117　／LTWM のメカニズムを獲得するために必要な時間　118　／LTWM の発達過程　120

4 節　今後の方向性　123

第 7 章　ワーキングメモリ容量と音楽の技能　126

1 節　はじめに　126
ワーキングメモリ容量と音楽の技能　126

2 節　最新の研究　129
章の目的と構成　129　／熟達者研究の対象としての音楽　129　／獲得された特性の重要性　131　／基本的な能力の重要性　134　／ワーキングメモリ容量と音楽の技能　140

3 節　今後の方向性　143

第 Ⅳ 部　ワーキングメモリと身体　145

第 8 章　ワーキングメモリと食習慣　146

1 節　はじめに　146

2 節　最新の研究　147
ワーキングメモリの脳基質　147　／欧米の食糧消費と肥満，記憶障害　149　／欧米型の食事と肥満による記憶障害の基礎をなしているメカニズム　156

3 節　今後の動向　158
欧米型の食事によって生じる記憶機能障害が意味すること　158　／結論　159

第 9 章　断眠とパフォーマンス：ワーキングメモリの役割　160

1 節　はじめに　160
なぜ断眠とワーキングメモリを研究するのか？　160

2 節　最新の研究　161
認知に対する断眠の影響の選択性　161　／課題パフォーマンスに対する断眠の影響の分離　164　／睡眠不足によって生じるパフォーマンスの低下回避におけるワーキングメモリの役割　167

第 10 章　ワーキングメモリと嗜癖行動　170

1 節　はじめに　170
意思決定におけるワーキングメモリの働き　170

2節　最近の研究　175

意思決定とワーキングメモリと嗜癖　175　／嗜癖行動における，ワーキングメモリの低さと非典型的な意思決定の実証　177　／嗜癖行動におけるワーキングメモリの神経イメージング研究　182

3節　今後の展望　187

嗜癖の高リスク者のワーキングメモリや意思決定を変える　187

4節　結論　189

第Ⅴ部　ワーキングメモリと意思決定　191

第11章　ワーキングメモリと不安：個人差と発達の相互作用を探る　192

1節　不安に関する認知研究　194

2節　不安に関する最近のワーキングメモリ研究　197

理論の統合に向けて　197　／機能的神経イメージングを用いた不安とワーキングメモリの相互作用の解明　199　／不安の記憶とその発達過程　202　／ワーキングメモリ容量の個人差と不安との関連性　207

3節　不安に関するワーキングメモリ研究の今後の方向性　208

学業パフォーマンスの支援に対する示唆　209　／臨床的な治療方法に対する示唆　210

4節　結論　211

第12章　情動と認知的制御の統合　215

1節　情動反応の領域　216

数学（算数）不安　216　／ステレオタイプ脅威　217　／ハイプレッシャー状況　219　／不安に関する他の要因　222

2節　最新の研究　224

認知的メカニズム　224　／神経メカニズム　230

3節　結論と今後の方向性　234

第13章　ワーキングメモリと瞑想　236

1節　はじめに　236

2節　最新の研究　237

瞑想，注意，記憶　237　／瞑想と注意　240　／瞑想と記憶　242　／瞑想に関する脳画像研究　243

3節　今後の方向性　246

4節　結論　247

第Ⅵ部　ワーキングメモリの将来：トレーニング　249

第14章　ワーキングメモリをトレーニングする　250

1節　はじめに　250
　歴史的観点　250
2節　最新の研究　252
　研究はどのように変化しているのか　252
3節　誰のために，なぜ，ワーキングメモリトレーニングを行うのか　256
　メカニズムを調べる　256

第15章　ワーキングメモリトレーニング：神経イメージングからの洞察　259

1節　はじめに　259
　神経イメージング研究からの洞察　259
2節　最新の研究　260
　神経イメージングを指標として　260　／脳の活性　261
3節　今後の方向性　269
　新しい方向に導く神経イメージング　269
4節　結論　270

文献　271
人名索引　333
事項索引　336
監訳者あとがき　339

第I部

ワーキングメモリ：

新しい知性

第 1 章
ワーキングメモリ：序論

Ross G. Alloway
(University of Edinburgh, Edinburgh, UK)
Tracy Packiam Alloway
(Department of Psychology, University of North Florida, Jacksonville, FL, USA)

1節　フィネアス・ゲージの事例

　1848年，フィネアス・ゲージ（Phineas Gage）は，3フィート半の鉄の棒で脳を貫かれたが，すぐには死ななかった。倒れてしばらくした後，起き上がり，荷馬車に乗って，家に帰った。医者が到着したとき，フィネアスは，椅子に座り，自分に起こったことを正確に話すことができた。この出来事は，新聞で取り上げられ，医学界でも話題になり，誰もがフィネアスは長くは生きられないだろうと思った。

　フィネアスは，鉄道建築の職長であり，新しい鉄道路線のために火薬を仕掛けているとき，事故が起こった。爆薬の仕掛けに使われた突き棒が岩に当たって火花を発し，火薬を爆発させた。その爆発で，突き棒は，フィネアスの左の頬から，脳の前頭部を貫き，頭頂から抜き出た。その事故に続く何日間も，フィネアスは頭から出血し，頭蓋や脳の一部が剥落するか，切除された。しかし，驚くべきことに，フィネアスは生き延びた。

　この事故の後に起こったことは，生存と同じくらい，医師を驚かせた。フィネアスは，その損傷によって大きく変わってしまったのだ。すなわち，彼は，まったく別の

人格になってしまった。事故の前は，フィネアスは，礼儀正しく，勤勉で，会社の中で最も優秀な職長であった。ところが，事故後，短気で，子どもっぽく，粗暴になってしまった。フィネアスは，絶えず新しい計画を立て，アイデアを出したが，どれも実行しなかった。まもなく，解雇され，最後には，事故を起こした鉄の棒を持って，街頭で物乞いをするようになった。

　この出来事以前から，脳がどのように働き，それがそもそも行動に影響を及ぼすかどうかについての盛んな議論があった。フィネアスが生き残り，その医師が劇的な変化を記録できたため，今や科学者は，人間の行動が直接脳とつながっているという強力な証拠を手に入れた。しかし，フィネアスが我々に提供してくれたことはそれ以上であると言える。脳を損傷することで，フィネアスは，何か本質的なもので，自分の人となりや世界との関わり方と密接に結びついているものを壊してしまったので，彼を知っていた人にとって別人になってしまったのである。しかし，フィネアスの損傷によって我々が得たものがある。今や，我々は，その棒がフィネアスの脳を突き抜けたとき，ワーキングメモリに損傷を与えたようだということを知っている（第3章を参照のこと）。

　ワーキングメモリは，脳の指揮者である。指揮者と同様，ワーキングメモリは，脳の様々な領域と機能すべてを調整する。同様に，脳は，オーケストラのように，脳の各部位が異なるパートに分かれている。言語の中枢であるブローカ野は，分節的な表現に富んだ弦楽器パートに似ている。数字を処理する部位である頭頂間溝は，精密なキーボードパートに似ている。情動の中枢である扁桃体は，雷のようにとどろくパーカッションパートに似ており，うまくコントロールしないと，オーケストラ全体を圧倒してしまう。指揮者がいないと，オーケストラは，不協和音の不快な音を発するだけである。ワーキングメモリが登壇して初めて，すべての楽器が統制され，交響曲が始まる。

　感情を抑えること，言動をコントロールすること，計画を立て実行すること，暗算をすること，他者の求めていることを理解すること，良い面に注目し，悪い面を無視すること，課題をすぐに切り替えること，ものを書き，会話を続けること，顔と名前を一致させること，すべてこれらの能力は，ワーキングメモリなしでは働かない。フィネアスが変わってしまったのは，当然のことである。

2節　ワーキングメモリの起源

　ワーキングメモリという用語は，20世紀に作られたものだが，ワーキングメモリと関連する概念は，西洋の思考の歴史に受け継がれてきた。主要な歴史的人物をあげ

ると，指揮者，すなわち，行動と感情を抑制し，組織化し，焦点化するコントローラーという考えは，ソクラテス（Socrates）からルネ・デカルト（René Descartes）およびそれ以降の哲学者にさかのぼることができる。

　ソクラテスは，人間の行動を合理的にコントロールすること，すなわち，我々がワーキングメモリに関連づけている能力に興味を持っていた。彼の探求の中心には，「魂」の概念があった。実際，「心理学」は，文字通り，ギリシャに起源のある「魂の研究」を意味する用語である。魂の概念には，現在の我々にとって脳を基盤としていることがわかっている多くの行動を含んでいる。ソクラテスは，魂を，欲（Appetite），精神（Spirit），理性（Rationality）の3つに分けている。欲は，食欲，性欲，生命欲など，我々に基本的な動機を与える。精神は，愛や幸福を求める願望を含めた情動や様々な性質をもたらし，怒りなどの情動にも関連している。最後の理性は，最上位に位置付けられる。理性は，欲と精神を制御する。ワーキングメモリと同様，衝動をコントロールし，感情に調和を与え，計画通りにうまく行動することを促す。フィネアスがワーキングメモリに損傷を受けて，違った人間になってしまったのと同様，どれだけ理性的であるかが人の人格を決める。

　ワーキングメモリはまた，我々が周囲の事物を分類し，関連づけることに役立つ。このプロセスは，理性が周囲の世界とどのように関わっているかを理解しようとしたアリストテレス（Aristotle）の本に見て取れる。アリストテレスの脳は，まるで古代のグーグルのような働きをしていた。「野球」と「コマドリ」といった一見，無関係な言葉をグーグルで検察すると，最も関連するものから，最も関連しないものまで，150万以上の語がヒットする。同様に，ワーキングメモリによって，我々は，情報を検索し，関連性を認識する。アリストテレスは，WWW全体を計算するほどの力を持っていたというわけではなく，グーグルのように，見たものすべての秩序を認識することができた。アリストテレスは，哲学者であっただけでなく，動物世界の分類学を作った世界で最初の科学者の1人であった。この分類学は，我々が自然界を理解するうえで多大な影響を及ぼしたのである。

　おそらく哲学の入門クラスで最も印象的な言葉は，「コギト・エルゴ・スム（我思う，ゆえに我あり）」である。この言葉を書きながら，フランス哲学者のルネ・デカルトは，意識に焦点を当てた現代哲学の創設期に，期せずして，ワーキングメモリに言及していたのである。デカルトは，信じることのできるものは，疑うことのできないものだけであると推論する。そして，自身の感覚でさえも，それは夢かもしれないため，疑うことができることに気づく。すると，自分が体を持っていることでさえ，確実に知っているわけではないことになる。疑うことのできない唯一のものは，自分が疑っているという事実である。疑うためには，意識がなくてはならず，意識がある

ためには，存在していなければならない．「コギト・エルゴ・スム（我思う，ゆえに我あり）」である．

意識は，ワーキングメモリの重要な特徴である．ワーキングメモリは，情報に注意を向ける場所である．ジャックイン・ファスター（Joaquin Fuster）のような脳科学者は，注意は，意識と関連しており，意識は，ワーキングメモリと密接に結びついていると述べている（Fuster, 1997）．情報を処理することで，たとえば，一連の教示を理解したり，多段階の算数の暗算を解くことで，我々は，情報に注意を向け，それを意識している．もちろん，感情を抱いたり，空腹を感じたり，音楽を聴いたりするとき，他の認知的資源を利用する．しかし，我々がどう感じているかを考えるとき，感情に注意を向ける点で，ワーキングメモリを活用している．ワーキングメモリを使っているとき，取り組んでいる課題を意識している．デカルトに倣えば，「ワーキングメモリがある，ゆえに意識がある」．

3節　ワーキングメモリと前頭葉

哲学で始まった議論は，脳が人格にどのような影響を及ぼすかについて理解したい科学者によって別の方向に向かった．1870年代，スコットランドの脳科学者デビッド・フェリア（David Ferrier）は，ワーキングメモリが脳のどの部分にあるのかを発見した．この発見は，局在化（localization）の概念によって可能になった．局在化は，機能によって脳の地図を作れることを意味する．延髄が呼吸に結びつけられ，小脳が平衡感覚に結びつけられ，脳の言語中枢が発見されたのは，19世紀であった．

19世紀の脳科学における進展の多くは，切除，すなわち脳の一部を切り出し，どの能力が影響を受けるのかを調べるといった方法や，電気的な刺激，すなわち，電極を脳の露出した部分につなげ，刺激するといった方法の使用によって可能となった．フェリアは，このような方法をサルに使用することで，運動皮質の理解を大きく前進させた．フェリアは，サルの脳の上部や側面を電気的に刺激すると，ある筋肉を動かすことができるが，前部を刺激しても，どの筋肉も動かず，何も起こらないことを見出した．脳の前部を切除して初めて，予期しないことが生じた．切除する前，周囲に関心を示していたサルが，今や，無関心で，無表情になり，知力を劣化させ，注意を維持する能力を失った．フェリアは，抑制機能と呼ぶ能力を司る脳の部位を取り除いたと述べた．フェリアによると，この部位によって，我々は，筋肉の動きを抑制し，注意を維持し，考えを作り出すとされる（Macmillan, 2000）．

フェリアの功績は，現在，我々がワーキングメモリと呼んでいる機能を大ざっぱに概念化したことではない．これは，ソクラテス以来，されてきたことである．むしろ，

これらの機能を脳の部位に正確に結びつけたことである。そうすることで，フェリアは，ワーキングメモリの所在を突き止めたのである。

現在では，我々は，ワーキングメモリが，PFCと呼ばれる前頭前皮質（Prefrontal Cortex）にあることを知っている。PFCは，脳の前部に位置し，フェリアがサルから切り取った領域と同じあたりである。サルの脳は，人間と類似した構造であるため，フェリアは，サルの脳の地図が人間にも当てはまると信じていた。しかし，サルの前頭領域が人間でもまた抑制に関わっていることの確証を得たいとフェリアは考えていた。フェリアには，機能的磁気共鳴イメージング（fMRI）のような装置がなかったので，人間の脳で何が生じているのか見ることはできなかったし，生きた人間の被験者の脳を切除することもできなかった。そんなことをすれば，刑務所に入れられていただろう。

フェリアにとって幸いなことに，フィネアスの行動が，脳の前部を切除したサルといかに類似しているかを聞いて，フィネアスの損傷がサルの切除と一致しているのではないかと思った。フェリアがフィネアスの頭蓋骨の写真を見たとき，それは，本当に感嘆の瞬間であった。フェリアは，フィネアスの損傷がサルの切除の領域と同じであると確信した。すぐに，自分の発見を一連の講演で発表し，世間を驚かせた。

フィネアスがワーキングメモリを理解するうえで重要なのは，PFCが損傷すると，ワーキングメモリも働かなくなることを示したことである。突き棒がフィネアスの脳の前部を貫通した後，彼は，怒りを抑制することができなくなり，衝動的に行動し，計画を実行することができなくなった。ひどく悪態をつき，社会的に不適切な行動をとり，年齢や経験のわりに幼稚に見えた。彼の行動は，ワーキングメモリをひどく損傷した人たちのそれと一致している。鉄の突き棒の軌跡についての分析に加え，行動的な証拠は，彼のPFCが損傷し，ワーキングメモリの機能を著しく弱めたことを強く示唆している。ワーキングメモリが変わったとき，フィネアスも変わってしまった（Damasio, Grabowski, Frank, Glaburda, & Damasio, 1994を参照）。残念なことに，フェリアは，論文を仕上げることを怠ったため，ワーキングメモリとして知られるようになった研究は，80年以上もの間，眠った状態であった。

4節　現代のフィネアス

1960年代，心理学者は，短期記憶が新しい情報の学習を促す役割を担っていると信じていた。当時の一般的な考え方は，短期記憶に新しい情報を保持し，それを長期記憶へ転送するというものであった。

そのようなとき，まれに歴史は繰り返すように，現代のフィネアスが出現した。

KFが1960年代，自動車で木に衝突したとき，心理学者は，再度，脳の機能についての糸口を得た。KFは，生きたまま，歩いて出たが，脳に深刻な損傷を受けた。特に，彼の記憶は，大きな影響を受けた。たとえば，短期記憶の典型的なテストである数字の系列再生課題では，KFは，たいてい，たった2個の数しか覚えることができなかった。その結果，KFは，短期記憶障害と診断された。

当時の一般的な考えは，短期記憶は，ワーキングメモリのように働くというものであった。それは，情報を覚え，処理する内的な作業場であった。それは，また，新しい情報を長期記憶へ転送する入り口でもあった。この考えの主な問題は，じきに明らかとなった。KFは，生活の他の領域では，引き続き，うまくやっていくことができた。彼は，新しい情報を，時に，正常な者より早く，学習することさえできたし，数か月後も，この情報を覚えておくことができた。新しい情報を学習する入り口とされていた短期記憶が損傷しているのに，どうしてこのようなことができたのであろうか。

5節　タッチダウンの瞬間

これは，Alan BaddeleyとGraham Hitchの2人のイギリスの心理学者が発した問いである。1970年代初期，イギリスでは，アメリカンフットボールは，あまり知られておらず，ラインバッカーであるヘイル・メアリー（Hail Mary）について知っている人はほとんどいなかった。Baddeleyは，興味を持っていたが，それまで，アメリカンフットボールを自分で競技したり，テレビで見たりすることはなかった。ラジオでしか試合を聞くことしかできなかったこともあり，違ったプレーや用語を理解するのに時間がかかった。解説者の語りを聞いて，頭の中でプレーを再構成することがどのように心的に負荷のかかる作業であるかをBaddeleyは語っている（A. Baddeley, 私信, 2月10日, 2011）。

ある日，自動車を運転しているとき，ラジオのゲームを聞いて，想像するのに夢中になったあまり，自動車が道路を蛇行しているのに気づかなかった。しかし，衝突することはなかった。彼は，元に戻すことができ，自分の短期記憶以上の何かが働いていることに気づいた。運転して，ゲームを聞いている間，情報を覚えること以上のことをしていた。すなわち，2つの異なる作業の間を行ったり来たりしていた。そこには，別の何かがなくてはならなかった。2つの異なることの間を行き来させることのできる脳のもう1つの機能である。

これは，Baddeleyにとって，「タッチダウンの瞬間」であった。彼は，目標を心にとどめ，脳の異なる部分から認知的資源を取り入れ，さらに，入ってくる情報を管理することのできる何か，すなわち「コントローラー」が必要であることに気づいた。

そこで，BaddeleyとHitchは，我々がこれらすべてのことを行うためのコントローラーとして，ワーキングメモリの考えを作り始めた。

しかし，BaddeleyとHitchは，運転中にラジオを聞いたことについて論文を書くことはできなかった。短期記憶が自分の経験を説明できないことを証明するためには，それを実験で示す必要があった。ただ問題なのは，短期記憶に障害のある脳損傷患者がごく少ないため，彼らがコントローラーを持っていることを証明することが難しいことであった。そこで，大学の心理学部の学生に短期記憶の障害を作り出す革新的な実験を思いついた。KFが行った同じ数の系列再生課題を用いて，BaddeleyとHitchは，記憶が困難となり，短期記憶に損傷のある患者と類似した状態になるまで，学生にだんだん多くなる数の系列を与えた。同時に，学生に，論理的推論の問題を与えた。短期記憶がいっぱいの状態で，学生がその問題を遂行できるとすれば，別の何かが働いていることの証明となる。BaddeleyとHitchは，学生がその問題を遂行できることを見出した（Baddeley & Hitch, 1974）。

BaddeleyとHitchによるワーキングメモリのモデルは，ほとんど科学の専門誌には公表されなかった。科学の専門誌は，通常，確定し，実証された強固な結果を受け入れるが，思索的なモデルは受け入れない。しかし，BaddeleyとHitchは，実験で見出した結果に楽観的であり，先に進めて，公表しようとすべきだと確信していた。Hitchによると，「概念はすでにあったが，モデルは新しかった」（G. Hitch, 私信，2月11日，2011）。彼らのワーキングメモリのモデルは，最初，本の1つの章として公表された。それ以来，何百という論文がこのモデルを検証した。

6節　ワーキングメモリの広がり

BaddeleyとHitchによる最初のモデルの公表からほとんど40年間，ワーキングメモリの研究が爆発的に増加した。本書では，ワーキングメモリの変遷を取り上げる。編者は，ワーキングメモリを，「認知的なコントローラー」，すなわち，行動や思考のプロセスを計画し，望ましい目標に向かって行動を制御する能力であると見なしている。脳の画像処理や神経科学の進展により，PFCの領域がどのようにワーキングメモリと関連しているのか理解することができる。ジャックイン・ファスターの画期的な発見は，ワーキングメモリの概念を広げ，拡張させ，注意のコンロールから目標志向的な行動までの広範囲な実行機能を含めるようになった（Fuster, 1997）。以来，ワーキングメモリは，情報を保持し，処理するといった単純なプロセス以上のものと結びついている。

本書は，ワーキングメモリ研究の新たな領域を開拓した心理学者からの多大な貢献

を受けている。本書を通して，ワーキングメモリが，学習（第4章），食事（第8章），進化の歴史における適応（第3章），認知的な可能性を向上させるトレーニング（第14章，第15章）といった多様な人類の経験と結びついていることを見ていく。

第Ⅰ部では，理論的な背景から人類の進化における中心的役割まで，ワーキングメモリの歴史を探究する。第2章は，ワーキングメモリがIQテストで測定される知能の伝統的な概念とどのように異なっているかの議論をうまく行っている。知能テストの歴史的な展望から始めて，著者たちは，知能の心理測定法の焦点が過去100年間にわたりどのように変化し，その変化がワーキングメモリにとって何を意味するのかを明らかにしている。

数百万年前，形をイメージしながら，2つの石を打ち付ける行為が現代の生活に何を知らせてくれるのであろうか。第3章は，時代をさかのぼり，いかに我々が複雑な行動の計画を考え，実行する能力を進化させてきたのかを示す。著者たちは，このワーキングメモリの能力が人類の思考の根源にあり，我々の成功の多くの基盤となっていると述べている。

第Ⅱ部では，加齢によるワーキングメモリの発達と低下について詳細に示す。第4章は，児童期のワーキングメモリにおける個人差とその意味について議論する。なぜ学習に困難を示す子どもがいる一方，そうでない子どもがいるのであろうか。いかにワーキングメモリが「学習のエンジン」であるかを見ていく。言語を使用したり，算数の問題を解いたりするとき，ワーキングメモリは，自動車のエンジンと同様に，脳の異なる部分と協同しながら，学習を推進させている。また，ワーキングメモリが弱いことが教育に意味することを明らかにする。すなわち，適切な支援がないと，そのような子どもは，主要な学習スキルや概念を獲得することが困難となる。しかし，標準化された診断テストやエビデンスに基づいたトレーニングプログラムが利用できる機会が増えることで，そのような子どもは，必要な介入を受けることができるようになってきている。

第5章は，ワーキングメモリの議論を広げ，加齢に伴う変化と個人差についてわかっていることを詳しく示す。まず，老人におけるワーキングメモリの個人差がいかに他の認知能力に影響を及ぼすかを含めて，加齢によるワーキングメモリの低下について歴史的な展望を行う。加齢によって変化する特定のプロセスを論評し，いかに目標の維持や注意のコントロールにワーキングメモリを用いているかを調べる。また，ワーキングメモリが，自動車の運転といった日常的な行為に関わる高次の処理の多くをいかに支えているのかを示す。

第Ⅲ部は，専門性におけるワーキングメモリの役割について調べる。第6章は，チェスのような高度に専門化したスキルから，タイピングや運転などの日常的なスキル

まで，包括的な展望を行う。ワーキングメモリが長期記憶と相互作用しながら，これらの領域における専門性をいかに発揮するかについての異なる理論を評価する。長時間練習することが重要なのかどうか，ある領域の専門性を他の無関連な領域に転移できるかどうかについて見ていく。

　第7章は，音楽という興味深い領域での専門性におけるワーキングメモリについて議論する。音楽のスキルについての2つの相反する考えを取り上げる。1つの考えは，専門家は「生まれながら」という考え（才能説）であり，他方の考えは，専門家は「作られる」という考え（特性習得説）である。熟達した音楽家と熟達していない音楽家，子どもと成人についてのデータを見ながら，専門性の研究領域として音楽が多く取り上げられる理由と，音楽のスキルを科学的に研究する方法を議論する。また，音楽スキルにおける習得した特性と基本的な能力——特に，ワーキングメモリ——の役割に関するデータを展望する。

　第Ⅳ部では，ワーキングメモリと身体の相互作用について学ぶ。第8章は，ワーキングメモリと食事を取り上げる。1980年代初期におけるアメリカの肥満率の劇的な上昇によって，過度な体重，肥満，不健康で高カロリーな食べ物の摂取が認知や神経心理的な機能に及ぼす影響をいかに研究者が見出そうとするようになったかを指摘している。ワーキングメモリと食事の選択との間に悪循環があることがわかりつつある。西洋の食事は，飽和脂肪と，砂糖のような単純糖質を多く含み，それらは，ワーキングメモリに悪影響を及ぼし，そのことがさらに，適切な食事を選択する能力を低下させるとしている。

　第9章は，断眠（睡眠の欠如）が認知のすべての側面に影響を及ぼすわけではないことについての最新の研究を取り上げる。ワーキングメモリは，ほとんどすべての認知的課題における活動の中心となるため，疲労がワーキングメモリに及ぼす効果を考察することは，特に興味深いとされている。脳の障害や損傷によってワーキングメモリについて理解できるのとちょうど同じように，断眠によって，ワーキングメモリに関連した異なるプロセスの乖離が生じるという証拠が示されつつあると述べられている。著者たちによると，疲労の影響についての研究が脳障害の研究と比較して特に優位なことは，脳の機能の影響を実験的に操作することができ，その影響を元に戻すことができるという利点である。

　なぜ常習的な行動パターンに陥るのであろうか。第10章は，アルコール依存，薬物乱用，賭博癖に関わる意思決定におけるワーキングメモリの役割に焦点を当てたデータを展望している。著者たちは，fMRIを用いた脳研究によるデータを引用し，依存症がワーキングメモリに関連した脳活動における様々な異常とどのように結びついているのかを明らかにしている。

第V部では，視点を変え，ワーキングメモリと心の相互作用，具体的に，ワーキングメモリが不安やストレスにおいて果たすダイナミックな役割を考察する。第11章は，発達と個人差の観点からワーキングメモリと不安との相互作用を議論している。処理効率理論（Processing Efficiency Theory）を含む様々な理論的立場をうまく展望している。

第12章は，成人におけるワーキングメモリが，重要なスピーチで口ごもるときにせよ，白紙の答案を緊張して眺めるときにせよ，日常生活のストレスの大きい状況での行動にどのように影響を及ぼすのかを見ている。著者たちは，ワーキングメモリが研究されるのは，単にそれが実験室で測定される基礎的な認知課題と関連しているからではなく，広範囲な現実世界での課題を人々がどのように遂行するかを極めてよく予測するからであると述べている。

第13章は，マインドフルな瞑想によって不安やストレスに対処する方法についての最先端の研究を展望する。著者たちは，短時間の瞑想にあっても，脳の構造や機能を変え，ワーキングメモリを向上させるという結果を展望している。瞑想の初心者，熟達した瞑想者，仏教の僧侶についての研究から，注意の焦点化を高めることで，いかに他の認知スキルが訓練され，発達するのか，また，ストレスの高いときもワーキングメモリの機能を維持できるのかを知ることができる。

第Ⅵ部は，ワーキングメモリの容量を高めることができるかどうかを展望する。何がうまくいき，何がうまくいかないのか。ブレイントレーニングのプログラムへの関心は，過去数年間，非常に高まっている。この部では，報告された改善が単に練習効果なのか，もしくは他の課題へ転移するのかについての研究を調べ，すべての年齢のグループ，さらに定型発達および非定型発達の集団がワーキングメモリのトレーニングによって利益を得るのかどうかについて調べる。

第14章は，ワーキングメモリトレーニングの技術の状態と転移を展望し，転移効果を引き起こしうるメカニズムを議論する。今のところ，定型発達の幼児，児童，青年，老人，およびADHDや自閉症スペクトラム障害といったワーキングメモリに問題を抱えた障害者において，ワーキングメモリトレーニングの効果に関する証拠がある。近い領域への転移効果が明確であったため，ワーキングメモリの初期の研究は期待されたが，それに比べて，遠い領域への転移効果ははっきりしないかもしれないと著者たちは述べている。

第15章は，この議論を広げ，ワーキングメモリトレーニングによる脳画像のデータを展望している。著者たちは，このプロセスが，行動のみでは確かめることが難しいトレーニングに関連した変化を引き起こすメカニズムについていかに知見を提供してくれるのかを示している。様々な課題要求を通して生じる脳の活性化の増加または

減少を評価する方法として，CRUNCH（Compensation-Related Utilization of Neural Circuits Hypothesis）を紹介している。

　以上の章が示すように，ワーキングメモリは，広範囲の行動や能力を結びつける中心的な認知スキルである。こうした研究は，今後明らかにされる氷山の一角にすぎない。ワーキングメモリの様々な役割が一層深く究明され，理解されるとともに，新たなデータと研究方法が見出され，ワーキングメモリが本当に，「人生を拓く21世紀型の知性」であることが示されるかもしれない。

第2章
ワーキングメモリと知能：展望

Andrew R. A. Conway
(Department of Psychology, Princeton University, Princeton, NJ)
Brooke N. Macnamara
(Department of Psychology, Princeton University, Princeton, NJ)
Pascale M. J. Engel de Abreu
(University of Luxembourg, Luxembourg)

1節　はじめに

　ワーキングメモリと知能2つの用語は，一般にそれぞれ別の心理的構成概念であるが，ワーキングメモリの能力の測度は，ほとんどの知能テストと強く関連している。行動科学者は，相関が因果関係を意味しないことをよく知っているため，通常，相関にはあまり興味を示さない。しかし，ワーキングメモリと知能との相関になると，かなり興味が持たれている。理由は簡単である。もし2つの心理的構成概念がほとんどの応用場面で強く相関しているとすれば，どちらの概念も，将来の行動の予測に使うことができる。一方の構成概念のアセスメントだけで十分であり，両者のアセスメントは，不必要である。たとえば，ワーキングメモリの容量または知能を，子どもの学習成績の予測に使うことができる（Alloway & Alloway, 2010）。行動科学に関して言えば，このことは，とても便利なことである。それは，認知能力のアセスメントにおける変革の機会となる。最初の知能テストが開発されてから1世紀が過ぎたが，今日でも，知能テストが本当に何を意味するか一致した考えはない。20世紀に知能（IQ）は人の知的能力のデフォルト指標として出現したが，IQテストの作成は，最初，恐

意的であり，後に，理論ではなく，データに基づいてなされた。それに対して，ワーキングメモリは，十分に定義された構成概念であり，ワーキングメモリを測定するために作られた課題は，心理学的，生物学的理論に基づいている。ワーキングメモリ課題は，心と脳について知られていることを説明するために開発され，より重要なことに，多くの知識が蓄積するにつれ，変えることができるのである。

本章の目的は，実証的データを展望し，ワーキングメモリ容量と知能との強い関連を証明することである。本章はまた，読者に心理測定法について紹介する。心理測定法は，心理的構成概念を測定するための科学的な方法であり，100年以上，認知能力の研究の多くを支配してきた。そして，現在，ワーキングメモリ容量，知能，さらに多くの変数との間の関連について考えるための情報を提供している。

本章は，まず，知能の一般的な測定法についての記述を含めた知能の歴史的な研究を短く選択的に展望し，IQの概念を紹介する。次に，同様に，ワーキングメモリの研究を展望し，ワーキングメモリの測定法を議論する。これらの導入的な部分は，ワーキングメモリ容量と知能との強い相関を示す実証的な証拠を展望するための準備である。最後に，本章は，この関連性を正しく捉えるために，認知能力を検討する心理測定法についての分析的評論で締めくくる。

2節 最新の研究

◆ 知　能

知能は，科学者や一般的な人々にとっても同様に，知的能力の個人差を表現し，予測するために使われる概念である。ある個人が，たとえば，学校で高い成績であったり，標準化されたテストや入学試験で高い得点を取ったりするなど，様々な認知的課題やテストで平均以上の成績を一貫して取ると，その個人は通常，高い知能があるといわれる（知能のアセスメントのときは，「テスト」と呼び，ワーキングメモリ容量の測定のときは，「課題」と呼ぶこととする）。前節で述べたように，知能の一致した定義はないため，すべての読者を満足させるものを見つけることは難しい。Nick Mackintosh（1988）は，最近の概論書『IQと人類の知性』で，この問題をうまく避けている。そこで，我々も，彼に倣い，オックスフォード英語辞典を引用する。それによると，「知能の高い」人は，「広く，深く理解し，理解が早く，知識があり，良識があり，賢明である」と定義されている。

ほとんどの現代の学者は，程度の差はあれ，この知能の定義を受け入れているといってよいであろう。実際，それは，1994年のウォールストリートジャーナルの社説

に掲載され，52人の研究者が署名した知能の定義と似ている。

> 極めて一般的な精神的能力のことである。中でも，推論し，計画し，問題を解決し，抽象的に考え，複雑な考えを理解し，すばやく身につけ，経験から学ぶ能力を示している。それは，単に，本による学習や，狭い教科領域のスキルや，テストでの成績を意味するものではない。むしろ，我々の環境を理解する，広くて深い能力を反映している。すなわち，意味を理解し，物事を意味づけ，何をすべきかを見通す能力である。
> (Gottfredson, 1994)

このような知能の一般的な考えは，どこに由来するのであろうか。文学と言語学の歴史的な分析によると，人間の中により優れている者がいるという基本的な考えは，ずっと以前からあり，少なくとも，初期のギリシャの哲学者にさかのぼることができるとされる（Sternberg, 1990）。知能のより現代的な定義は，19世紀後半と20世紀初めに心理学と教育学で行われた系統的な研究に由来する。特に，Charles SpearmanとAlfred Binetの2人が知能とIQテストの理論にそれぞれ重要な影響を与えた。ここでは，まず，Spearmanを取り上げ，IQテストに関する次の項でBinetを議論する。

イギリスの心理学者Charles Spearmanは，正の集合（positive manifold）として知られている現象を実証的に示した最初の人であった。正の集合は，多様な認知的課題の尺度間に正の相関のパターンが共通に観察される現象を示している。たとえば，高校の成績，標準化されたテスト得点，ワーキングメモリの課題成績すべての間に正の相関が見られるが，これらはすべて異なる測定尺度（たとえば，コンピュータ化されたものもあれば，紙と鉛筆で行うものもあれば，音声や空間的な素材を使用するものもある）である。Spearmanは，古典，フランス語，英語，数学，音の高低の識別，音楽の6つの異なる領域における子どもの成績間の相関を計算することで，正の集合を示した。相関は，通常，マトリックスで示されるため，Spearmanの場合，6×6のマトリックスであった。Spearmanは，そのマトリックス中のすべての相関が正で，強いことを見出した。そして，因子分析と呼ばれる統計解析を行い，1つの因子がすべての測度の主要な分散を説明することを見出した。言い換えると，6つの異なる測度を1つにまとめることができ，しかも子ども間のばらつきの多くを説明できたのである。この一般的因子は，今では，Spearmanのgとして知られている。

もちろん，gがいったい本当は何を意味しているのかについてはいまだ激しい議論が続いている。広く言うと，3つの立場がある。①gは，一般的な認知能力を反映している。②gは，いくつかの，異なっているが，関連している能力間の相関を反映

している。③gは，単に，統計的に作り出されたものである。後の心理測定法の節でこれらの異なる立場についてさらに取り上げる。ここでは，Spearman による最初の発見以来提案されてきたいくつかの最も有力な理論について考察する。

　Spearman は，①の立場に属し，g は，単一の心的能力に対応すると議論している。Spearman は，エネルギーとリソースをメタファーとして使い，中には，単に，より多くの内的なエネルギーか，認知的なリソースを持っている人がおり，そのため，領域にかかわらず，どのような認知的課題においても平均以上の成績を取ると述べている。この理論は，直感的な説得力があり，異なるクラスの子どもの成績に対する因子分析によって支持された。たとえば，学校の場面で，数学と英語は，極めて異なる教科であり，異なるカリキュラムと教授法およびテストの方法を伴っているが，Spearman が観察した子どもたちの中で，数学で成績の良い者は，英語でも成績が良い傾向がある。同様の相関のパターンは，今でも見られており，現代社会において重大な意味を持っている。たとえば，アメリカでは，大学へ行こうと計画している大部分の青年は，SAT（Scholastic Aptitude Test）を受け，それが大学で入学の判定に使われている。要するに，SAT の成績が良ければ，有名な大学へ入学できるチャンスが大きくなる。SAT の2つの下位テストのうち，量的 SAT（QSAT）は，数学的知識と推論を測定し，言語的 SAT（VSAT）は，言語に基づいた知識と推論を測定している。これらの下位テストは，見かけ上，相互にとても異なっており，明らかに異なった適性を測定するようにデザインされている。暗黙的な仮定として，QSAT は，科学分野に関してより大きな予測的な妥当性がある一方で，VSAT は，人文分野に関してより大きな予測的妥当性があるとされている。このような異なる妥当性を支持する証拠がある。しかし，QSAT と VSAT との間の相関は高く，通常，$r = .70$ のあたりである（Frey & Detterman, 2004）。この強い正の相関は，異なるテスト間の一貫した分散を説明する一般的な能力があるはずだという Spearman の主張と一致している。さらに，一般的能力の理論は，実生活の経験から逸話的に支持されており，明らかに主観的ではあるが，十分一貫性があり，一般的な意味で，人間の中により優れている者がいるという考えを支持している。

　研究者の中には，Spearman の g の理論をすぐに批判した者もいた。初期の有力なアプローチの1つに，g の2要因理論があり，それは，実際，単なる Spearman の理論の拡張である（Holzinger & Swineford, 1937）。2要因理論によると，g は，テスト成績の多くの分散を説明する一般的な内的な能力を示しているが，どのようなテストでも，全分散は，一般的要因と，テストに固有な要因の2つによって説明される。現代の用語を用いると，もともとの2要因モデルにおける2つの要因は，領域普遍的な分散のソースと領域固有な分散のソースに対応している。言い換えると，認知能力の

個人差は，一般的で，すべてのテストに影響を及ぼす認知的，神経的メカニズムによって説明される一方，個々のテストのある分散は，そのテスト固有のメカニズムによって説明される。テスト固有の分散を説明する第2の要因を公式に取り入れることで，2要因モデルは，一般的能力の1要因モデルよりも，相関のパターンをよりよく説明できた（Holzinger & Swineford, 1937）。

　第2の立場の理論は，gがいくつかの異なった基本的精神能力の相関を反映していると主張する（Thurstone, 1938）。Louis Leon Thurstoneによる基本的精神能力モデルによると，領域固有な能力は，一般的な要因よりも，個人差にとって不可欠であるとされている。Thurstoneは，言語，帰納，知覚，数，語の流暢さ，記憶，空間の7つの基本的能力を抽出した。基本的精神能力モデルは，正の集合が依然として見られるものの，同じ基本的能力を測定するための課題間の相関は，他の基本的能力を測定するための課題との相関よりも高いという事実に裏付けられている。このように，一般的な因子は一定の役割を果たしているものの，Thurstoneは，より領域固有な基本的精神能力を重視したのである（より詳細な基本的精神能力モデルについては，Guilford, 1988を参照）。

　Thurstone，Guilford，その他の多くの研究者がテストの内容によって定義された異なる精神能力を提案している。たとえば，言語の能力は，主に言語的な内容からなるテストによって操作的に定義される。知能テストを分類する別の方法は，テストが，以前学習した情報，すなわち既有知識を求めるのか，新規の問題解決の方法を求めるかの程度を考慮することである。たとえば，Cattell & Horn（1978）は，結晶性知能と流動性知能を区別した。結晶性知能は，長期記憶に蓄えられた知識，経験，スキルにアクセスし，利用する能力を示し，一般的知識，語彙，数学といった特定の領域の知識の広さと深さを評価するためのテストによって測定される。それに対して，流動性知能は，既有知識が使えず，新しい考えや方略を応用し，工夫することで，解決が求められるような場面での帰納的，演繹的推論を示す。結晶性知能と流動性知能の区別は，心理測定法を用いた研究のみならず，認知能力の神経心理学的，発達的研究によっても支持されている。たとえば，あるタイプの脳の障害や病気は，流動性知能に問題を引き起こすが，結晶性知能には引き起こさない。また，流動性知能は，老年期に低下するが，結晶性知能は，生涯，蓄積し続ける。

　Thurstone，Guilford，Horn，Cattell，その他多くの研究者は，基本的精神能力が何個あり，それらをどのように分類すべきなのかの問題に取り組んだ。我々ができる最良のことは，認知能力についてこれまで行われたすべての相関的な研究を徹底的に分析し，すべての実証的なデータと一致するように，基本的な精神能力によって課題を分類しようとすることである。Carroll（1993）は，この大変な仕事を成し遂げた。

彼の著書である『人間の認知能力：因子分析の研究の概観（*Human Cognitive Abilities: A Survey of Factor-Analytic Studies*）』は，驚くべき規模のものである。認知能力の個人差に関する461の独立したデータに基づき，キャロルは，認知能力の3層理論を提唱した。3層とは，限定能力，広範能力，一般能力である。限定能力は，特定の課題に固有なものであり，広範能力は，より広い範囲の課題に影響を及ぼし，一般能力は，すべての認知課題に共通している。

キャロルおよび彼以前の心理測定法の研究者に対して，第3の立場の理論家は，gが単に統計的に作り出されたものであり，認知的，生物的な基盤を持たないと議論する。この立場の理論家は，因子分析と呼ばれる統計的手法における因子の解釈の根本的な誤りを指摘する。ほとんどの行動科学者は，因子分析の因子が特定の認知的，神経的メカニズムに結びついた単一の構成概念であると解釈する。しかし，Spearmanの研究に対する初期の批判者は，すべての課題に共通する分散を基礎づける単一のソースがないとしても，因子分析によって一般的な因子が出現することを示した（Thomson, 1916）。要するに，テストバッテリーの課題すべてが認知的プロセスの共通のセットを重ねて利用し，それぞれの課題が少なくともその中の1つのプロセスを相互に共有しているとすれば，1つの認知的プロセスが課題すべてに必要でないにもかかわらず，一般的な因子が現れる。Thomsonの理論と，それに続く他の研究者は，「gのサンプリング理論」として知られている。なぜなら，gを示すテストバッテリーの課題すべては，多くの認知プロセスからサンプリングされているからである。この立場の提唱者によると，一般的な認知能力の考えは，gを説明するのに必要ないとされる。

歴史的に，「gのサンプリング理論」は，一般的な認知能力の立場ほど，注目されてこなかった。しかし，1916年に最初に示されたThomsonの単純な考え方は，最近，復活し，「gのサンプリング理論」への関心が高まりつつある（Bartholomew, Deary, & Lawn, 2009; Conway et al., 2011; Kovacs, 2010; Van der Mass et al., 2006）。「サンプリング理論」については，本章の後半で再度取り上げるが，ここでは重要な3点を指摘しておく。①「サンプリング理論」は，多重知能の考え（Gardner, 1983）と同じではない。②「サンプリング理論」は，gの重要性を否定しない（Gould, 1981）。③「gのサンプリング理論」の課題は，テストバッテリーによって標本抽出されている共通の認知的，神経的プロセス，またはメカニズムをどのように確認するかである。

◆ 知能テスト

Spearmanの功績は，知能の理論についての論争を進めたことであるが，このテー

マについては，彼以前に，フランスの心理学者 Alfred Binet の研究があった。Binet は，通常のカリキュラムにはついていけない者を教えるための特別支援学校にどの子どもが最も向いているのか決めるためのテストの開発を担当していた。2人の娘がいた Binet は，妹がまだできない課題を姉ができることを観察していた。このことから，Binet は，「精神年齢」という考えを思いついた。精神年齢は，同年齢の仲間や，年上や年下の子どもと比較したその子どもの認知能力を示している。Binet は，様々な年齢のグループの子どもに，様々な課題を行い，それぞれの年齢の成績の「標準」を調べた。それに基づいて，Binet は，個々の子どもが同じ年齢のグループの中で，進んでいるか，平均的であるか，遅れているかを決めることができた。たとえば，4歳の子どもが，平均6歳の子どもができる課題のほとんどをできたとすれば，その子どもは，進んでいると見なされ，精神年齢6歳であるとされた。8歳の子どもが，同じ年齢の大部分の他の子どもができる課題をできず，平均6歳の子どもができる課題しかできないとしたら，その子どもは，遅れており，同様に，精神年齢6歳であるとされた。

　ビネー・シモン式知能検査（通常，ビネー式知能検査と呼ばれる）は，最初，1911年に出版された（Binet & Simon, 1911）。そこには，言葉を定義すること，体の部分を指さすこと，絵の中の対象の名前を言うこと，数字を復唱すること，文を完成させること，類似したものの違いを述べること，ある言葉と韻を踏む言葉を1分間でできるだけ多く言うこと，時間を言って，時計の針が逆になったときの時間を当てること，折った紙をある形で切り，その紙を広げたとき，形がどうなるか当てることなどの課題を含んでいた。Binet は，年齢によって平均的な認知能力を系統的に調べた最初の研究者であり，彼の検査は，現代の知能テストの基礎となるものである。

　スタンフォード大学の心理学者である Lewis Terman は，フランス語のテストを英語に翻訳し，アメリカの子どものたちのグループに実施した。生徒の認知能力に対する教師評定との高い相関を確認した後，Terman は，そのテストをアメリカの学校で広範囲に使用し始めた。Terman は，平均的な社会経済階層の地域において4～14歳の約1,000人のより多くの子どものグループにテストし，Binet によって決められた多くの基準を変更しなければならないことを見出した。たとえば，特定の年齢のグループの子どもにとってあるテスト項目があまりに難しいならば，そのテスト項目を移動し，より下の年齢の基準として使用した。これは，テストにとって賢明な方法であるが，本章の最初に述べたように，完全にデータに基づいており，認知発達についての理論的な説明を欠いている。Terman はまた，年齢ごとにテスト項目の数を標準化し，十分にテストとして役立たない項目を削除した。1916年，Terman は，ビネー・シモン式知能検査のスタンフォード版を出版し（Terman, 1916），それがスタ

ンフォード・ビネー知能検査として知られるようになった。採点方法は，もともとのビネー・シモン式知能検査と異なっているが，最初，Stern（1912）より提案された方法に従った。すなわち，IQ は，（精神年齢÷実年齢）× 100 として数量化すべきだとされた。たとえば，先の例では，6 歳の精神年齢を持つ 4 歳児は，150 の IQ（6÷4 × 100 = 150）を持つことになり，極めて高いが，6 歳の精神年齢を持つ 8 歳児は，75 の IQ（6÷8 × 100 = 75）を持つことになり，境界的な遅滞児と分類されるだろう。スタンフォード・ビネー知能検査は，現在でも，子どもと大人の IQ を計算するのに用いられている。現在の第 5 版の検査では，得点が，平均 100，標準偏差 16 の正規分布に近くなるように構成されている（ほとんどの知能検査では，平均 100，標準偏差 15 または 16 である）。

　これらの標準化された検査によって，子どもの知的能力を正式に評価することができ，適切な教育と他のサービスを提供するために利用された。IQ テストは，平均以下の得点の子どもを特別支援教育のプログラムに配置すると同時に，平均以上の得点の子どもを英才教育のプログラムに配置するために使われるようになった。まもなく，将来の成功を予測するために，大人の知的能力を分類することも試みられた。アメリカの軍隊は，この目的のために最初の大規模な検査を実施した。

　スタンフォード・ビネー知能検査の公表後の年，アメリカは，第 1 次世界大戦に参戦したため，アメリカ軍は，大量の男性に短時間でスクリーニングテストを実施し，募集兵を軍の仕事に配置し，リーダーのトレーニングに割り当てる者を選別する必要があった。スタンフォード・ビネー知能検査のように，個別に実施するテストは，あまりに時間がかかるように思われた。アメリカ軍は，大人数の被検者に実施できるような多肢選択式のテストが欲しかった。スタンフォード・ビネー知能検査の開発者の Terman は，Henry Goddard, Carl C. Brigham とともに，Robert Yerkes の指示により，2 つのテストを開発し，アメリカ軍が大人数の入隊者を短時間で評価できるようにした。軍アルファ検査は，文の並べ替え，数学の文章題，パターンの完成を含んでいた。軍ベータ検査は，文字の読めない者や軍アルファ検査ができない者のために開発された。軍ベータ検査は，読解能力に依存せず，絵や他の視覚的刺激を用いた。絵の中の欠けている部分（たとえば，口のない顔，耳のないうさぎ）を探して埋める課題，視覚的探索，再コード化を含んでいた。

　軍の補充兵であった David Wechsler は，心理学の修士号を持ち，入隊式を待っているとき，軍アルファ検査の採点を志願した。Wechsler は，彼の教育と軍アルファ検査の経験を生かして，軍ベータ検査の成績が悪かった新兵にスタンフォード・ビネー知能検査を実施するように軍から仕事を課せられた。Wechsler は，スタンフォード・ビネー知能検査が言語的能力にあまりに偏っていると感じていたため，1939 年，

ウェクスラー・ベルビュー知能検査を開発した（Wechsler, 1939）。そして，それは，1955年，ウェクスラー成人知能検査（WAIS; Wechsler, 1955）となった。成人に個別に実施するIQテストとして，もともとのビネー式知能検査の得点化の問題は明らかであった。すなわち，成人の精神年齢は，子どものように，増加しないということである。言い換えると，平均34歳の成人と36歳の成人は，平均4歳児と6歳児よりも，認知能力においてずっと似ているため，精神年齢÷実年齢×100の公式は，適切でないのである。Wechslerは，その代わりに，同じ年齢群の平均得点との比較を行った。Wechslerはまた，子ども用ウェクスラー知能検査（WISC; Wechsler, 1949）を開発した。WAISとWISCは，言語性下位検査得点（スタンフォード・ビネー知能検査と高い相関がある，Arnold & Wagner, 1955の展望を参照），動作性下位検査得点，すべての下位検査得点（言語性と動作性の下位検査得点の平均）を結果として示す。WAISとWISCの現在の版は，IQ得点を，言語理解，知覚推論，処理速度，ワーキングメモリの4つの指標から示す。

　第1次大戦後，軍アルファ検査は，非機密文書として公表され，すぐに，企業と教育機関で使われるようになった。軍アルファ検査と軍ベータ検査の開発を手伝ったBrighamは，軍アルファ検査の自分のバージョンをプリンストン大学の新入生とニューヨーク市の技術大学の学生に実施した。その後，大学の理事会は，Brighamに，標準化した入学テストを開発するグループを指揮するように依頼し，それが全国で使われるようになった。最初のSAT（Scholastic Aptitude Test）は，1926年に高校生に実施された。1926年のSATは，語彙，算数，数列，分類，人工言語の学習，類推，論理的推論，文章読解を含んでいた。1926年以来，SATは，何度も改訂され，現在，大学の入試試験として最も広く利用されている。しかし，重要なこととして指摘しておきたい点は，それらの改訂は，多くはデータに基づくものであり，Termanがスタンフォード・ビネー知能検査を改良したのと同じ方法であることである。

　イギリスの心理学者であるJohn C. Ravenは，データに依存してではなく，理論的枠組みに基づいた知能検査を開発しようとした。この目的のために，Spearmanのgのうち，「意味を見出す能力」の部分を捉えるテストを作った。Ravenはまた，利用できるIQテストの多くが難しすぎるため，解釈できないと考えた。そのため，実施と採点が単純なテストを作った。このテストを受ける者は，パターンの一部が欠けているマトリックスを与えられ，選択肢の中から，欠けている一部を選ぶ。マトリックスは，次第に解くのが難しくなり，通常，正答の数として得点化される。このテストは，非言語的なものであり，既有知識をほとんど必要としない。このような理由として，レーヴン漸進的マトリックス（Penrose & Raven, 1936; Raven, 1938）は，今，最も人気のある知能テストの1つであり，世界中の異なる言語を話す人々の間で使用

されている。

　知能テストの成績は，個人の生活に大きな影響を与える。年少のとき，子どもは，通常学級，英才学級，特別支援学級に分類される。子どもたちがグループ化され，ともに活動する教育や仲間は，主にこれらのテストによって決められる。平均以下の得点の者にとって，成人に近づくにつれ，認知的障害に対する政府の助成や非営利団体のサービスの量は，知能テストの得点に左右される。平均，または平均以上の得点の者は，成人に近づくにつれ，大学へ通いたいと思うとき，入学の許可や奨学金（アメリカでは）が大学入学試験によって異なったものとなる。大学教育は，また，その者が一緒に過ごす仲間や将来の職業に大きな影響を及ぼす。

　過去100年間にわたって開発されてきた標準化された多くの知能テストのうち，ほんのいくつかを議論してきた。この項では，2点を指摘して終わりたい。①標準化された知能テストの大部分は，データに基づいて改訂され，そのため，心理学理論で説明するのは困難である。②これらのテストが現代社会に持つ影響は，大きい。たとえば，その結果がネガティブで，希望の学校への入学が許可されなかった生徒は，もし入学していれば成功していたかもしれない。しかし，このような仕組みは，まったく悪いわけではない。SATが開発される以前は，資産，階級，人種などの素性がアメリカの有名な大学へ入学できるかどうかを決めていた。多くの人にとって，標準化されたテストは，そうでなければありえなかった機会を作り出した。ということは，ワーキングメモリについての新しい研究は，さらに好ましい方向へ我々を推し進めてくれるかもしれない。

◆ ワーキングメモリ

　ワーキングメモリ（working memory: WM）は，認知心理学者が発展させた構成概念である。それは，人間が，同時に行わなければならない処理や，妨害に対して，目的に関連した情報へのアクセスをどのように保持するのかについて調べ，特徴づけるものである。たとえば，インターネットを通して，飛行機の予約の計画を立てようとしているとする。飛行機の便を検索するとき，出発地，到着地，旅行の日時を心に保持しなければならず，同時に，提示される複数のオプションを調べ，表示される広告や到着したEメールといった注意をそらす可能性のある情報を無視しなければならない。WMは，旅行の重要な情報を覚えながら，同時に，可能な便を検索し，不要な情報を無視するために必要となる。学習成績，学習，問題解決，文章理解，推論などの知能の概念に含まれる多くの重要な認知能力は，WMを必要としている。なぜなら，これらの課題の遂行には，新しい情報を処理し，注意をそらす可能性のある

情報を無視する一方で，一定の情報をアクセスできる状態で保持しなくてはならないからである。

　WM は，容量の限られたシステムであると考えられている。WM に関する現在の理論的説明のほとんどによると，この能力が知能を制約するとされており，それは，容量の少ない個人は，容量の多い個人よりも，ほとんどの知能テストの成績が悪い傾向があるという事実に裏付けられている。たとえば，より年長の子どもは，年少の子どもよりも，ワーキングメモリ容量（working memory capacity: WMC）が大きく，高齢者は，より年齢の若い成人よりも WMC が小さく，あるタイプの神経的な障害や疾患を抱える者は，健康な成人よりも，WMC が小さい。健康な若い成人のグループ，たとえば，大学生のグループでも，WMC の大きな個人差がある。すべてのこれらの事例で，WMC のより大きい者は，小さい者よりも，ほとんどいつも，知能テストの成績が優れている。

　WM を構成する認知的，神経的メカニズムの特性に関する研究は，心理学と神経科学において極めて活発である。たとえば，まさに「working memory」の用語を用いた Google Scholar の検索では，2006 〜 2010 年に限定しても，142,000 のリンクが出現する。20 年さかのぼって，1986 〜 1990 年の間に出版された論文に限定して，同じ検索を行うと，6,670 のリンクである。さらに，20 年間さかのぼり，1966 〜 1979 年に検索すると，243 のリンクであり，ほとんどは，今日使われているように，「working memory」の用語を使用していない。このように，WM の研究は，知能の研究に比べると，比較的新しいと言ってもよさそうである。

　WM の研究は活発に行われているため，ここですべての研究を要約することはできない。代わりに，WM の最も代表的な理論的モデルを 1 つだけ説明し，他の有力なモデルや枠組みにも言及する。引用できなかった研究者には前もって詫びておく。1 つの章で引用するには，あまりにも多くの研究が現在あるのである。

　過去数十年間，最も影響力のある WM モデルは，Baddeley & Hitch（1974）（以降，Baddeley, 2000 や Baddeley, Allen, & Hitch, 2011 によって改訂されている）のモデルである。歴史的に，複数の構成要素からなるモデルは，単一の短期記憶（short-term memory: STM）システムの概念から発展した。20 世紀中頃の心理学における有力な記憶の考えによると，情報は，単一の STM を通して，長期記憶に入ったり，出たりする必要があった（Atkinson & Shiffrin, 1968）。言い換えると，STM は，さらなる情報処理の出入り口であり，その結果，推論，計画，問題解決といった高次の認知能力において重要な役割を担っているとされた。その後，もともと考えられていたよりも，もっと複雑であることが明らかとなった。STM の機能を妨害しても，複雑な認知課題の成績はほとんど影響を受けないことが実験により示された（Baddeley

& Hitch, 1974)。さらに，長期記憶の学習は正常であるが，STM の容量に問題がある患者がいることは，STM による単一的な考えでは説明できなかった（Shallice & Warrington, 1970）。

　主にこれらの患者のデータに促されて，イギリスの心理学者である Alan Baddely と Graham Hitch は，単一の STM の概念を，注意と複数の短期記憶装置との相互作用を含んだよりダイナミックなシステムに置き換えた新しい WM のモデルを提案した（Baddeley & Hitch, 1974）。このモデルは，「ワーキングメモリのマルチコンポーネントモデル」と呼ばれ，最初に提案されて以来，記憶研究に大きな影響を及ぼしてきた。このモデルは，もともと，3 つの主要な構成要素から成る。「中央実行系（central executive）」は，注意をコントロールするシステムであり，2 つの受動的な貯蔵装置によって補助されている。すなわち，言語情報を保持し，処理する音韻ループであり，他方，視空間情報を保持し，操作する視空間スケッチパッドである。より最近の改訂モデルでは，Baddeley は，3 のシステムに第 4 の構成要素であるエピソード・バッファを加えた。これは，中央実行系，情報の保持装置，長期記憶の間のインターフェースとして働く（Baddeley, 2000; Baddeley et al., 2011）。

　モデルの構造（図 2-1）は，主に，神経心理学的な患者の研究といわゆる二重課題の方法に基づいている。二重課題では，参加者は，いくつかの記憶に負荷がかかる課題を同時に行うことが求められる。この課題の実験は，ある組み合わせの課題は，他の組み合わせの課題よりも，より相互に干渉することを示している。たとえば，「the」の単語を繰り返し発声しながら，音声の数のリストまたは視覚的に提示された色を覚えるように求められたとき，きっと数よりも色を覚える方が容易であるだろう。Baddeley と Hitch によると，このことは，言葉は音韻ループに保持され（それは，干渉を起こす），視覚的情報は視空間スケッチパッドに保持されるという貯蔵庫の違いを示している。

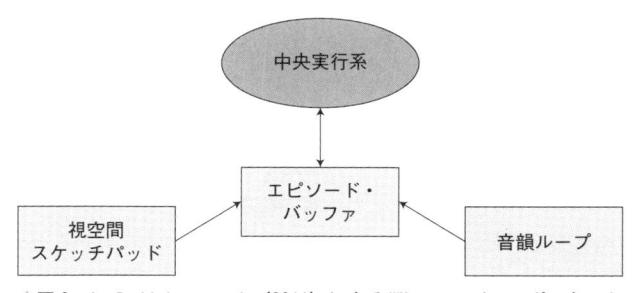

図 2-1　Baddeley et al.（2011）による WM のマルチコンポーネントモデルを単純化した図

最もよく研究されているWMの構成要素は，音韻ループである。それは，音声情報を2秒まで保持することのできる受動的な音韻貯蔵庫と，内的なリハーサルによって減衰しつつある音声表象を再活性化し，貯蔵庫での消失を防ぐ構音コントロール過程から成っているとされる（Baddeley, 1986）。重要なことは，音韻ループは，言語の学習装置として，言い換えると，言語学習のプロセスを促すシステムとして，人類において進化してきたと主張されている（Baddeley, Gathercole, & Papagno, 1998）。たとえば，ボリビアのケチュア語話者にお礼を述べないといけないとする。それを正しく言うために，音の系列 "*diuspagarapusunkki*" を音韻ループに保持できる必要がある。ほとんどのアングルサクソンの話者は，この新しい単語を一度聞いただけでは，復唱することに困難を覚える。それは，単に，音韻ループの限界を超えてしまうからである。音韻ループにこの新しい単語の音の系列を，一時的にせよ，適切に表象できないと，しっかりとした長期記憶の表象が形成されず，そのため，未知の単語は，一度聞いただけでは，語彙の一部になりようがない。

　このモデルを特徴づける第2の短期記憶のシステムは，視空間スケッチパッドである。この構成要素についてのモデル化は，音韻ループほど進んでいない。視空間スケッチパッドは，限られた短期記憶の保持を担っており，おそらく，視覚的，空間的情報を束ねると同時に，視覚的，空間的，触覚的部分に分けることができると考えられている（Baddeley, 2000; Baddeley et al., 2011）。音韻ループと同様に，受動的な一時的貯蔵庫と，より能動的なリハーサルプロセスから成る（Logie, 1995）。視空間スケッチパッドは，スーパーマーケット内の特定の場所を見つけたり，最初の講義の後，生徒の顔を思い出したりするなど，空間的，視覚的特徴の再生を要する課題に関わっている。

　第3の一時的な記憶のシステムは，エピソード・バッファである（Baddeley, 2000; Baddeley et al., 2010, 2011）。これは，ごく最近，提唱された下位要素である。視空間的，音韻的システムが相互作用する仕方やWMが長期記憶とやりとりする方法を説明しようとすると，3要素モデルは様々な問題に直面するようになったため，エピソード・バッファが付け加えられた。ここ10年間の集中的な研究にもかかわらず，エピソード・バッファは，依然，はっきりしない概念のままである（Baddeley et al., 2010, p.240）。一番新しい説明によると（Baddeley et al., 2011），それは，エピソードなどの統合された情報のチャンクを保持できる容量の限られた受動的な貯蔵庫であるとされる。音韻ループや視空間スケッチパッドと違い，エピソード・バッファは，両者を長期記憶に結びつけ，意識でアクセスできると仮定されているため，高次の貯蔵庫であると見なすことができる。

　WMシステムの最も重要な部分は，中央実行系である（Baddeley et al., 2010;

Vandierendonck, De Vooght, & Van der Goten, 1998）。貯蔵庫と異なり，それは，情報を保持する機能は持たず，領域に関係なく，下位システムをコントロールする純粋な注意のシステムを表している（Baddeley & Logie, 1999）。中央実行系についての当初の説明は，主に，Norman & Shallice（1986）による実行コントロールのモデルに基づいていた。それは，WMシステムが，比較的受動的で，容量の限られた短期記憶だけではできないような情報の処理，アクセス，貯蔵を行えるように，注意を焦点化し，分割し，移すことを可能にするような小人として記述されてきた（Baddeley, 1996）。それが単一のシステムなのか，複数の下位システムから構成されているかは，議論のあるところである（Baddeley, 1996, 2006）。

ワーキングメモリの多重要素モデルについては，検討の時期に来ていると言ってよい。それは過去35年にわたり，膨大な研究を刺激し，皆に受け入れられているという状況には遠いものの，この分野の主要なモデルであり続けている。このモデルが人気であるのは，1つに，構造が単純であり，子どもや成人における広範囲な神経心理学的な障害を記述し，理解するのに特に有益だからである（Baddeley, 1996, 2003; Gathercole & Baddeley, 1990; Gathercole, Alloway, Willis, & Adams, 2006; Papagno, Cecchetto, Reati, & Bello, 2007）。

しかし，他のモデルも最近，開発されており，WMシステムについて少し異なった見方を提供している。多重要素モデルが，構造に焦点を当て，WMを異なる特徴を持った構造に分けるのに対して，他のWM理論は，構造を超えた機能とプロセスを強調する（Cowan, 2005; Engle & Kane, 2004; Jonides et al., 2008; Nairne, 2002を参照）。

◆ ワーキングメモリ容量のテスト

BaddeleyによるWMのモデルの中心的な特徴の1つであり，他の理論によっても反論されていない点は，WMが複数の相互作用するメカニズムから構成されていることである。一般的なレベルでは，言語情報と視空間情報といった異なる情報に対して，また保持と処理といった異なるプロセスに対して，別の要素を想定する。より具体的なレベルでは，符号化，刺激の表象，保持，処理，検索といった特定のプロセスに対して異なるメカニズムを想定する。別の要素や異なるメカニズムに対する証拠は，二重課題の行動実験，精神心理学的な事例研究，最近では，神経イメージングの実験などの様々なソースに基づいている。このことは，WMCの測定を考えるときに，着目すべき重要なポイントである。情報の操作を求める視空間的WM課題は，操作を求める言語的課題と異なっているが，符号化，保持，検索を同様に必要として，それ

ぞれは，WM に依存し，それゆえ，WMC のテストとして見なすことができる。

◆ **コンプレックススパン課題**

　コンプレックススパン課題は，先に取り上げたもともとの WM のモデルの視点から考案された。たくさんの異なる方法のコンプレックススパン課題があり，たとえば，リーディングスパン（Daneman & Carpenter, 1980），オペレーションスパン（Turner & Engle, 1989），カウンティングスパン（Case, Kurland, & Goldberg, 1982），様々な空間的課題（Kane et al., 2004; Shah & Miyake, 1996）があげられる。コンプレックススパン課題は，本質的に二重課題であり，参加者は，記銘すべき刺激の提示の間，比較的単純な第 2 の課題を行うように求められる。たとえば，カウンティングスパンでは，参加者は，コンピュータスクリーンに刺激の配列が提示される。刺激は，赤と青に塗られた円または正方形のように，通常，形と色が異なっている。参加者は，青い正方形といった特定のタイプの刺激を数えるように教示される。参加者は，声を出して，青い正方形の数を数えると同時に，その数を覚えておくように言われる。一連の刺激の配列が提示された後，参加者は，覚えておいた数を正しい順序で思い出すことが求められる。このように，覚えておくべき数へのアクセスを保持することは，各配列の刺激の数を数えるという処理を妨害する。なぜなら，形と色という複数の特徴は，相互に結びついて，それぞれの刺激の表象を形成するため，数えることは，注意を必要とするからである（Treisman & Gelade, 1980）。実際，第 2 の課題のポイントは，注意を引き，数の能動的な保持を妨害することである。このプロセスは，Baddeley & Hitch（1974）が提案した WM について，生態学的に妥当な尺度を作っていると考えられている。なぜなら，このプロセスでは，数えるという処理を行うと同時に，覚えるべき数の情報へのアクセスが求められるからである。

　過去 30 年間，いくつかの異なるタイプのコンプレックススパン課題が開発されてきた。異なるタイプは，すべて同じ基本的な構造をしているが，再生のための提示される刺激の種類（数，文字，言葉，空間的位置），および注意を引き，保持を妨害するために使用される第 2 の課題の種類（配列中の刺激の数を数える，声を出して文を読む，単純な算数の問題を解く，図形が対称かどうか判断する）において違っている。ほとんどのコンプレックススパン課題では，再生のために提示される刺激の数が試行ごとに異なっており，通常，2 ～ 7 である。大学生の再生成績の平均は，だいたい 4 ～ 5 である（詳細については，Conway, Kane, Bunting, Hambrick, Wilhelm, & Engle, 2005）。

　コンプレックススパン課題のバッテリーは，いくつかの課題のグループとして定義され，通常，バッテリーの課題は，記憶する刺激の種類および第 2 の課題の種類が異

なっている。バッテリーを多くの参加者に実施すると，Spearman（1904）が子どもの成績において観察したように，正の集合が見られる。すなわち，バッテリー中の異なる課題は，相互に高い相関を示し，通常，SATのような他の認知能力の尺度における同じ分散を説明する（Turner & Engle, 1989）。たとえば，Kane et al.（2004）は，いくつかの言語的なコンプレックススパン課題と視空間的なコンプレックススパン課題を実施したところ，すべての課題間の相関が $r = .39$ から $r = .51$ の間であった。個々の課題に固有の分散を統計的に取り除くと，言語的なコンプレックススパン課題と視空間的なコンプレックススパン課題をそれぞれ表す潜在変数間の相関は，$r = .84$ であった。この結果は，コンプレックススパン課題における個人差が，Spearmanのgを生み出した尺度と同様に，主に領域普遍的な認知的，神経的なメカニズムによって決定されることを示唆している。

◆シンプルスパン課題

　数列スパンや文字列スパンのようなシンプルスパン課題は，コンプレックススパン課題と異なり，覚えなくてはならない各刺激の提示の間に，第2の課題が挿入されていない。たとえば，数列スパン課題では，一度に1つの数字が提示され（通常，1秒間に1個），一連の数字の提示後，参加者は，正しい順序で数字を再生するように求められる。シンプルスパン課題は，記憶研究で最も古くから使用されてきたものの1つである。数列スパン課題は，最初の知能テスト（Binet, 1903）に含まれており，WAIS（Wechsler, 1955）やWISC（Wechsler, 1949）といった2つの人気のあるテストにも含まれている。

　しかし，シンプルスパン課題は，たいてい，認知能力の他の尺度とあまり高い相関を示さない（Conway, Cowan, Bunting, Therriault, & Minkoff, 2002; Daneman & Carpenter, 1980; Daneman & Merikle, 1996; Egnle, Tuholski, Laughlin, & Conway, 1999; Kane et al., 2004）。また，シンプルスパン課題における個人差の多くは，領域固有の認知的，神経的メカニズムによって決まる。シンプルスパン課題における領域内の相関は，領域間の相関よりも高いことからわかる（Kane et al., 2004）。しかも，この領域固有の優位性は，コンプレックススパン課題よりも，シンプルスパン課題で大きい（Kane et al., 2004）。また，局所的で神経的な障害や病気を抱える患者の中には，視空間的な刺激のシンプルスパン課題では標準の成績であるが，言語的な刺激のシンプルスパン課題で著しい低成績を示す者やその逆の者もいる。このような結果は，シンプルスパン課題における個人差は，Spearmanのgを生み出す尺度と異なり，主に領域固有の認知的，神経的メカニズムによって決まることを示唆している。そのため，WMCと知能との関連を考えるときは，シンプルスパン課題ではなく，コンプレ

ックススパン課題に焦点を当てる。

◆視覚的配列比較課題

　系列再生課題は，コンプレックススパンもシンプルスパンも，認知心理学では，長い伝統がある。しかし，それらの課題は，人が一度に一定の時間，活性化できる情報の量を測定する理想的なものではない。なぜなら，覚えなくてはならない刺激は，それぞれ一度に1個再生しなくてはならず，そのため，成績が刺激の出力の干渉を受けるからである。言い換えると，参加者は，系列再生課題で4の得点を得るかもしれないが，4以上の項目を活性化し，保持できる可能性がある。表象の一部は，再生の間に失われてしまう可能性がある（Cowan et al., 1992）。

　視覚的配列比較課題（Luck & Vogel, 1997）が記憶容量の測定のために開発された。視覚的配列比較課題には，いくつかの異なったものがあるが，典型的な方法として，参加者は，形と色の異なるいくつかの刺激の配列を提示されるが，提示時間は，たとえば，0.2～0.4秒のような短時間である。約1秒の間を空けて，参加者は，別の配列を提示され，それら2つの配列が同じか，違うかを判断するように求められる。試行の半分は，2つの配列は同じであり，残りの半分は異なっている。このように，最初の配列のすべての刺激が保持されていれば，参加者は違いを見つけることができる。ほとんどの参加者は，刺激の数が4以下の場合，100％正答するが，配列の刺激の数が4以上に増加すると，成績が低下し始める。

　視覚的配列比較課題は，認知能力の個人差を調べるため，系列再生課題ほど使われてこなかった。しかし，最近の研究では，視覚的配列比較課題がコンプレックススパン課題と同じ程度，認知能力の個人差を説明することを示している（Cowan et al., 2005; Cowan, Fristoe, Elliott, Brunner, & Saults, 2006; Fukuda, Vogel, Mayr, & Awh, 2010）。視覚的配列比較課題，コンプレックススパン課題，知能テストの間のはっきりとした関係はわかっておらず，研究の盛んなテーマである。

◆Nバック課題

　ワーキングメモリのアップデートのプロセスは，そのシステムの最も基本的な特徴の1つであると考えられている。現在の目標に関連する情報は，すぐにアクセスできる状態で表象する必要があり，環境の変化に応じて，絶えず，アップデートしなければならない。よく使われるアップデートの課題は，Nバック課題と呼ばれている。Nバック課題では，参加者は，一度に1個ずつ，たいてい，2～3秒ごとに，刺激が続けて提示される。参加者の目的は，現在の刺激がN回前に提示されたものと一致するかどうかを判断することである。刺激は，しばしば，言語的なものであり，たとえ

ば，文字や単語であるが，非言語的な刺激，たとえば，視覚的な事物や空間的な位置にすることもできる。

Nバック課題は，刺激提示のタイミングを容易に制御し，求める反応が単純であるため，神経イメージングの実験でよく使用されてきた。神経イメージングの実験は，Nバック課題を遂行するときに使用される脳の部位が，知能テストを行うときにも使用されることを示している（Kane & Engle, 2002 の展望を参照）。さらに，Nバック課題の正確さは，知能テストの得点と相関し，この相関は，これらの脳の共通した部位での神経的な活動に部分的に媒介されている（Burgess, Grasy, Conway, & Braver, 2011）。

◆調整・変換課題

上記の WM 課題のすべては，参加者に明示的に提示された情報を再生または再認することを求める。別のタイプの WM 課題もあり，我々は，「調整・変換」と呼んでいる。なぜなら，参加者は，情報を提示され，その情報を操作または変換し，正しい反応をすることを求められるからである。たとえば，逆行スパン課題を考えてみよう。逆行スパン課題は，シンプルスパン課題と似ているが，参加者は，刺激を逆の順番で再生することを求められる。このように，正答するためには，リストの内的表象を変換しなければならない。別の例は，文字−数字系列課題である。参加者は，文字と数字の系列を提示され，最初に文字をアルファベット順に，次に，数を小さい順に再生することを求められる。さらに別の例は，アルファベット再コード化課題である。参加者は，アルファベットを用いて，C − 2 = A といった加算または減算を行うことを求められる。各試行で，参加者は，C − 2 のような問題を提示され，答えを出すことが求められる。たとえば，CD − 2 = AB のように，提示する文字の数を変えることで，難しさを操作する。

Kyllonen & Christal（1990）は，調整・変換課題と見なすことのできる様々な WM 課題を用いて，WMC と推論能力との極めて強い相関を見出した（$r = .79 \sim .91$）。また，Oberauer とその共同研究者は，WMC と流動性知能との相関が，WM をコンプレックススパン課題で測定するか，調整・変換課題で測定するかに依存しないことを示した。このことは，調整・変換課題が，コンプレックススパン課題と同じメカニズムを利用していることを示唆し，両者とも，領域に普遍的であることを意味している（Süß, Oberauer, Wittma, Wilhelm, & Schulze, 2002）。

知能とワーキングメモリ容量との関連

　知能と WMC を測定するための様々な方法を考察してきた。そこで，WMC と知能とを関連づける実証的なデータを評価する準備ができた。WMC と知能との有意な相関を報告した論文の数は，膨大である。そこで，この議論を扱いやすくするため，2 つのメタ分析から始める。両者とも，具体的に，WMC と流動性知能との関連に焦点を当てている。2 つの分析は，2 つの異なる研究者のグループにより行われた。一方は，WMC と流動性知能との相関を $r = .72$ と評価し（Kane, Hambrick, & Conway, 2005），他方は，$r = .85$ と評価した（Oberauer, Schlze, Wilhelm, & Süß, 2005）。より最近の研究もまた，相関がこの範囲であることを示しており，ほとんどの研究者は，WMC と流動性知能との相関がとても強いことで一致している。Kane et al.(2005) は，メタ分析に含めた研究を表にまとめており，それを表 2 - 1 に示す。メタ分析に含まれる各研究は，WMC と流動性知能のいくつかのテストを実施し，因子分析を用いて，両構成概念の関係の強さを決めている。これらの研究では，コンプレックススパン，シンプルスパン，調整・変換課題などの様々な WM の課題が用いられている。

　表 2 - 1 で言及した研究は，視覚的配列比較課題や N バック課題は使用しておらず，また，成人の参加者のみである。しかし，先に引用した最近の研究では，これらの課題を用いて，同じ程度の相関を見出した。たとえば，Fukuda, Vogel, Mayr, & Awh (2010) は，視覚的配列比較課題を用いて，WMC と流動性知能との相関が $r = .66$ であった。Burgess et al. (2011) は，N バック課題の尺度を用いて，WMC と知能との相関が $r = .43$ であった。

　それに対して，Ackerman, Beier, & Boyle (2005) は，WMC と知能との相関は弱く，せいぜい中程度であると述べている。Ackerman とその共同研究者は，因子分析による因子よりも，個々の課題に焦点を当てたメタ分析を行った。この方法の問題は，個々の課題が課題固有の影響を受けやすく，そのため，信頼性と妥当性の点で，調べようとする主要な構成概念の評価がより不正確になることである。複数の課題を使用すれば，課題に共通の分散を用いて，すべての課題に必要とされる潜在変数を導くことができる。この考察を理解するためには，潜在変数と心理測定法についてのより詳細な議論が必要であるため，次に，このテーマを取り上げる。

■表 2-1　WMC と Gf/ 推論因子との相関

研究	WMC 課題	Gf ／推論課題	R (95%信頼区間)
Kyllonen & Christal (1990) Study 2: $N = 399$	ABC 計算（"A = B/2, B = C - 4, C = 8" に対して, A, B, C の値を答える）, 暗算（提示された数式の暗算を行い, 正答を選択する）, アルファベット変換課題（3文字（G N B）に続き, 数字（+ 2）が提示され, それに応じた文字（I P D）を反応する）	算数文章題, AB 文法推論（'A precedes (follows) B' が 'AB（BA）' と一致するかどうか判断する）, 言語的類推（A：B：C：?）, 矢印文法推論（'A → B (B → A)' が 'AB（BA）' と一致するかどうか判断する）, 数セット（4個の数字の系列からルールに一致しない数字を1つ選択する）	.91（.89, .93）
Study 3: $N = 392$	ABC 計算, アルファベット変換課題	算数文章題, AB 文法推論, ABCD 矢印, 図形関係（3個の用語の関係を正しく示した図を選択する）, 指示（5×5のマトリックスに示された a, b, c, d の配置に関するルールを解釈する）, 文字セット（4文字の系列5セットの中から, ルールに一致しないものを選択する）, 算数演算, 無意味三段論法	.79（.75, .82）
Study 4: $N = 562$	暗算, アルファベット変換課題	算数文章題, 言語的類推, 数セット, 123 記号変換（5個の数字の系列を2つのルールに従って変換する）, 3語関係判断（「Dick は Pete より優れていて, John は Pete より劣っている。誰が一番優れているか。」）, カレンダーテスト	.83（.80, .85）
Engle, Tuholski et al. (1999) $N = 133$	オペレーションスパン, リーディングスパン, カウンティングスパン, ABCD（事物の位置関係を示す3文から4事例の順序を推測する）, KTRACK（6カテゴリの事例が順次提示され, 特定のカテゴリの最後に提示された事例を再生する）, 2次記憶・直後自由再生	レーヴン漸進的マトリックス, キャッテル文化自由知能テスト	.60（.48, .70）

Miyake et al. (2001) $N = 167$	文字回転，ドットマトリックス	ハノイの塔，ランダム生成，折り紙（半分に折った折り紙に穴を開け，折り目を戻したときの穴の位置を選択する），空間関係（ある展開図を組み立てたときの直方体を選択する），カード（ある形態のカードを回転させたものと別のカードが同一かどうか判断する），フラッグ（2つのアメリカ国旗が回転したとき同一かどうか判断する）	.64 (.54, .72)
Ackerman et al. (2002) $N = 135$	ABCD，アルファスパン（提示された1音節単語をアルファベット順に再生する），逆行スパン，計算スパン，図形空間スパン，空間スパン，単語−文スパン（単語提示後，文の真偽を判断し，そして単語を再生する）	レーヴン漸進的マトリックス，数シリーズ（数の系列からルールを帰納し，次の数を推測する），問題解決，必要条件（問題の解決に必要十分な情報が与えられているかどうか判断する），折り紙，空間類推，立方体比較	.66 (.55, .75)
Conway et al. (2002) $N = 120$	オペレーションスパン，リーディングスパン，カウンティングスパン	レーヴン漸進的マトリックス，キャッテル文化自由知能テスト	.54 (.40, .66)
Süß et al. (2002) $N = 121^a$	リーディングスパン，計算スパン，アルファスパン（3〜7個の単語が提示され，その最初の文字をアルファベット順に再生する），逆行スパン，数または単語スパン（単語または数の関係についての判断後，最初提示された数または単語の系列を再生する），空間ワーキングメモリ（3×3のマトリックスの2または3パターンを90°左右に回転したものを系列再生する），空間短期記憶（ドットマトリックスと同様），数または空間アップデート（3×3のマトリックスのいくつかに数またはドットが提示され，数回の＋5，右2移動の操作後，再生する），空間統合（ドットが縦の軸で対称かどうか判断すると同時に，ドットの位置を系列再生する），言語統合（文字の系列を記憶し，それが単語かどうか判断する）	数系列推論，文字系列推論，計算推論，言語類推，事実・意見，無意味推論，3段論法，図形類推，Charkow（抽象的描画の系列をルールに従って完成させる），Bongard（2つの図形のグループを区別する特徴を見つけて，別の図形をいずれかに分類する），図形組み立て，表面展開	.86 (.81, .90)

Hambrick (2003) $N = 171$	計算スパン, リーディングスパン	レーヴン漸進的マトリックス, キャッテル知能テスト, 文字セット	.71 (.63, .78)
Mackintosh & Bennett (2003) $N = 138^b$	心的カウンター (x が3つのバーのいずれか上に提示されると, 対応する列の数字に＋1, 下に x が提示されると－1計算し, それを5～6ステップ繰り返す), リーディングスパン, 空間スパン	レーヴン漸進的マトリックス, 内的回転	1.00
Colom et al. (2004)			
Study1: $N = 198$	心的カウンター, 文検証, 線形成	レーヴン漸進的マトリックス, 表面展開	.86 (.82, .89)
Study 2: $N = 203$	心的カウンター, 文検証, 線形成	表面展開, カード, 図形分類	.73 (.66, .79)
Study 3: $N = 193$	心的カウンター, 文検証, 線形成	表面展開, カード, 図形分類	.41 (.29, .52)
Kane et al. (2004) $N = 236$	オペレーションスパン, リーディングスパン, カウンティングスパン, 回転スパン, 対称スパン, ナビゲーションスパン	レーヴン漸進的マトリックス, WASI マトリックス, BETAIII マトリックス, 文章読解, 言語類推, 推論, 無意味3段論法, Remote Associates Test (創造性テスト), 折り紙, 表面展開, Form Board (異なる形や大きさのブロックを枠にはめる), 紙型態盤検査, 空間関係, ブロック回転	.67 (.59, .73)

◆ 心理測定法

　心理測定法は，知能，WMC，人格特性の測定など，心理学的構成概念を測定する理論と方法に関連する研究分野である。一般に，心理測定法の研究は，多数の課題を多数の参加者集団に実施し，課題間の相関を分析し，それらの課題内および課題間の分散の大部分を説明する基底因子または潜在変数を同定することに関わっている。精神分析法のデータは，因子分析や共分散構造分析（SEM）などの多変量解析によって分析される。SEMは，また，研究対象とする心理測定法理論が因果関係を意味しているため，データが単に相関関係を示していても，因果モデルとして知られている。
　この方法が有力なのは，知能の構造についての対立する理論を実証的なテストと客

観的に比較できるからである。たとえば，大規模な集団の生徒に一連のテストを実施し，Spearman（1904）が最初に提案したような1因子モデルがデータにより適合するか，2または3因子モデルでも同様かどうか検討することができる。SEMでは，もし2因子モデルと同程度に，1因子モデルがデータに適合するなら，1因子モデルの方が単純なため，好ましい。

　前述のように，因子分析や因果モデルにおいて，因子や潜在変数の最も一般的な解釈は，それらが，その因子に負荷するすべての課題に共通する分散の単一のソースであるというものである。さらに，因果モデルでは，因子は，顕在変数，すなわち知能テストやWM課題といったサンプル集団に実施した実際のテストまたは課題における成績の原因として想定される。しかし，前述のように，Thomson（1916）にさかのぼる多くの心理測定法研究者が示してきたように，これが，因子や，構成概念と成績との因果関係についての妥当な解釈である一方，因子から単一の分散のソースを仮定する必要はない。繰り返して言うが，gのサンプリング理論によると，gの出現は，一連のテストが多くの基礎的な認知プロセスを共通に利用することによって説明される。このことが意味することは，WMCと知能が相関するのは，1つの一般的な因子を共有するからではなく，それぞれの構成概念の測度が複数の認知プロセスを共有するからであるということである。gのサンプリング理論が正しければ，gの因子と，モデル中のそれぞれの課題の間に因果関係を想定するgの因果モデルは，間違っていることになる。この見方は，一般的な認知能力といったものはないとする急進的な考えであるが，最近，注目されている（Bartholomew, Deary, & Lawn, 2009; Couway et al., 2011; Kovacs, 2010; Van der Maas et al., 2006）。

3節　今後の方向性

　本章では，WMと知能が，異なる目標のため開発され，異なる歴史的，理論的基盤を持った心理的構成概念であることを示した。その結果，知能の測定とWMCの測定は，相互にとても異なっているように見える。しかし，知能テストの得点は，WM課題の得点と高い相関がある。そのため，知能テストの試みは，WMの課題作成の新たな試みによって置き換えられる可能性がある。我々の意見では，これは，歓迎すべき変化である。しかし，gのジレンマは，依然として残っているのである。

第3章 ワーキングメモリの進化

Fred L. Coolidge
(Department of Psychology, University of Colorado, Colorado Springs, CO, USA)
Thomas Wynn
(Department of Anthropology, University of Colorado, Colorado Springs, CO, USA)
Karenleigh A. Overmann
(Department of Psychology, University of Colorado, Colorado Springs, CO, USA)

次のシナリオについて考えてみよう.

1. チンパンジーが土から植物を引き抜く.彼女は指を使って茎から葉を取り除き,端を歯で噛み砕いてそこから繊維を取り出す.それから彼女はそのシンプルな道具(繊維)をシロアリの巣に突っ込み,繊維を敵だと思わせることで噛みつかせる.そして,シロアリが繊維から離れてしまわないように,慎重に巣から繊維を取り出す.最後に彼女はその道具にくっついたシロアリを食べ,食欲が満たされたときにはその道具を捨てる.
2. 約250万年前,現在ではホモ・ハビリス(Homo habilis)として知られるヒト科動物が,石同士をぶつけて尖った石を作っていた.そして,1つか2つの尖った石以外の他の石を捨て,大型肉食動物によって殺されたアンテロープ(羚羊)の肉の残りを削ぎ取った.そして肉の削ぎ取りが終わったら,石を捨てて肉だけを持ち帰った.
3. 約180万年前,別の霊長類ホモ・エレクトゥス(Homo erectus)は,ある形を思い浮かべながら,石同士をぶつける強さと角度を巧みに調整し,手斧を作った(図3-1).手斧の作成が終わると,彼は手斧や大きな欠片,そして手斧を作る

のに使った岩石の残りを，今後のために取っておいた。
4．約20万年前，あるネアンデルタール人は，危険な大型動物を近距離で仕留めることに使うため，対称的な鋭い石を柄とする槍を作成した。槍を作ることは骨の折れる作業であるが，その努力は将来の狩猟の成功によって報われることとなる。
5．約10万年前，近代のヒトとほぼ変わらない解剖学的特徴を持つことで知られるホモ・サピエンス（Homo sapiens）は，先の尖った飛び道具を作った。道具の先が破損した場合には，常にそのためだけに携帯している道具を使い，その後も狩りが継続できるように修復するのだった。
6．4万年前から2万8千年前ほどの間のいずれかに，現代のヒトと変わらない行動をとるホモ・サピエンス・サピエンス（Homo sapiens sapiens）は，象牙の一部を薄く切断した。彼は，それからメスのライオンの頭部を模した想像力あふれる形の装飾用具を作った。
7．先週，宇宙物理学の研究室で働くホモ・サピエンス・サピエンスは，惑星の重力が星の軌道に与える影響を理解するためのモデル構築を行った。彼女は，政府・民間企業・私立基金複合体からの資金を得た電波天文学施設のプロジェクトによって測定された惑星挙動データを，そのモデルを用いて解析しようとしている。

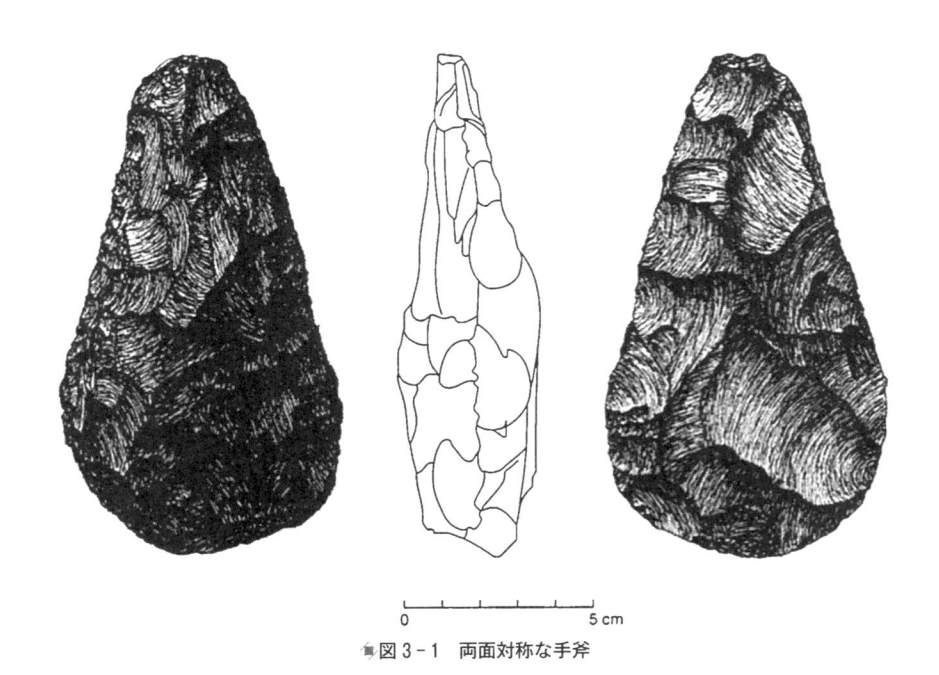

■図3-1　両面対称な手斧

第Ⅰ部　ワーキングメモリ：新しい知性

　1つ目と2つ目のシナリオを除けば，他の動物がこのような複雑な行動を思いつき，実行することは事実上不可能だろう。類人猿の神経解剖学的構造と認知能力は，我々現代人のものと非常に似通っているが，これらの行動を計画することは難しい。言語の有無でさえ，これらのシナリオを計画・実行できるかどうかとは関係がなさそうである。何か別の能力——非常に緻密な一連の行為を計画・実行する能力が重要である。その能力は，ヒトの思考に不可欠であり，我々の日常的行為の成功を下支えしているものである。神経心理学者や認知科学者は，これら情報操作・問題解決・一連の行為の計画といった高次な能力のことを実行機能（executive functions: EFs）あるいはワーキングメモリ（working memory: WM）と呼んでいる。上述のシナリオが示唆するように，ヒトの進化の過程でこの能力も進化を遂げたと考えられる。しかしそれは「いつ」そして「どのように」生まれたのだろうか？

　これからの議論で，増大したワーキングメモリ（enhanced working memory）という特定の認知能力が，ヒト認知の鍵となる進化的獲得形質であり，ヒトの現代社会を形成させるに至った能力である可能性について述べる。Baddeley によるワーキングメモリモデルの中心的概念である中央実行系（central executive: CE）は，計画などの複雑な行為を担う実行機能と基本的に同義であることを示したい。そして，現生人類の心的特性においてワーキングメモリがいかに重要であるか，またワーキングメモリがどのように考古学的記録に反映されているかについて議論する。

1節　Baddeley の中央実行系と実行機能

　Baddeley（1993, 2000, 2001, 2002, 2007）のワーキングメモリモデルにおける中央実行系の機能は，Miyake et al.（2000）によって提唱された実行機能の鍵となる機能と類似しているように思われる。Baddeley の言う「注意制御」は実行機能におけるシフト（shifting）と同一機能である。その両方が，ある課題や心的操作に向けられていた注意を別のものへと移動させる行為や，（特に，同一刺激に対して新しい行為を行う場合の）干渉やプライミングの抑制機能を含んでいる。また，ワーキングメモリにある心的表象が中央実行系によって保持・操作されるという考えは，ワーキングメモリに維持されている心的表象のモニタリングと，新しい情報の取り入れを行う更新（updating）と同様である。他にも，現実状態と目標状態との比較に基づいて行動を組み立てるプランニング（planning）という考えは，自動的・支配的な反応や行動の意図的な停止を行う抑制（inhibition）と関連している。実行機能であれ中央実行系であれ，これらの能力は自身の意志による注意の移動，新しい環境入力に基づく決断や調整，複雑な目的の計画や達成といった行為を可能にさせるものである。そして，

これらの能力的上昇（シナリオ２～５に見られるように緩やかなものもあれば，シナリオ６のよう急激なものもある）が，現代人の心の基盤になったと考えられる。

　Baddeley をはじめとする研究者ら（Baddeley & Logie, 1999; Miyake & Shah, 1999; Miyake et al., 2000）の間では，中央実行系を単一のシステムとして捉えるか，複数のシステム（注意，抑制，意思決定，プランニング，系列化，時間的タグ付け，2つの従属システムである視空間スケッチパッドと音韻ループからの情報の更新・維持・統合といった機能）として捉えるかで意見が分かれている。いくつかの脳機能モデルは，ワーキングメモリ（主に音韻貯蔵庫）を前頭前野の様々な機能のうちの１つとして位置付けている。しかし，新しい実験的証拠を鑑みると（最近のワーキングメモリモデルとその証拠については，D'Esposito, 2007 によるレビューを参照），Baddeley のワーキングメモリモデルは，伝統的に定義されてきた実行機能のある種の側面を含んでいると考えるべきかもしれない。現在のモデルのほとんどでは，ワーキングメモリは単に注意の焦点化や意思決定に関わるのみならず，長期記憶システムと言語理解・産出との間の連絡係としての機能も持つと仮定されている。実際，Baddeley（1993）は，記憶というよりも注意の観点からこれらのシステムにアプローチしており，「ワーキング注意」と名付ける方が適切かもしれないと述べている。

　研究によって結論が異なることは，高度に複雑に絡み合っているワーキングメモリと実行機能の特性を表している。先に述べたように，Miyake et al.（2000）の因子分析的研究は，心的構えの切り替え（シフト），情報の更新，反応抑制という実行機能の３因子を特定した。Oberauer, Suss, Wilhelm, & Witmann（2003）はワーキングメモリが内容要因（Baddeley の音韻貯蔵庫と視空間スケッチパッドに近い）と他の認知機能に関わる要因（Baddeley の実行機能）の２つに分類できるとした。彼らは，30 のワーキングメモリ課題の統計解析により，同時的な貯蔵と処理，スーパービジョン（実行機能や中央実行系），そして要素の構造への変換という３つがワーキングメモリに含まれている機能であるとした。ただし，すべての因子分析的研究の結果は，変数の初期セットに完全に依存していることは注意せねばならない。

　我々は，中央実行系が単一の機構か否かという決定を，いつ・どのように・なぜ行う必要があるのだろうか？　Miyake & Shah（1999）は，中央実行系における注意ならびに意思決定的な性質はおそらく創発的な特性であり，それらはワーキングメモリと関連する複数のシステム（２つの従属システムと複数の長期記憶システム，そして皮質および皮質下の結合）の間の動的な相互作用として現れると述べている。中央実行系の意思決定的性質は，Frankish（1998a, 1998b）も述べている。彼は，様々な考えを受け入れること，拒否すること，思いつこうとすることは，ヒト意識の生まれながらの性質であり，高次な意思決定によって構成される「スーパーマインド」の存

在を仮定している（Carruthers, 2002 の引用による）。これらの提案は，ワーキングメモリの構成要素である音韻貯蔵庫によって担われている内言や暗唱等の言語研究に基づくものである。ワーキングメモリの注意を適切に維持し，意思決定を行うという機能は，進化の自然選択によって形成されたものだろう。関連する刺激に注意を向けて，無関連な刺激を排除しつつ自動的な反応を抑制することで，すばやく効率的な意思決定を行う能力は，他の静的な処理よりも優れている。この優れた能力こそが，現代人の心性を形成したのではないだろうか。

2節　ワーキングメモリと現代人の心性

　現代人の心の形成におけるワーキングメモリの重要性は，フィネアス・ゲージ（Phineas Gage）という有能で責任感の強い，25歳の鉄道建築作業員の職長に起こった奇妙な出来事に現れている。1848年9月13日，太さ約3cmで1mを越す長さを持つ6kgの鉄の突き棒を，彼は誤って爆薬の仕掛けの中に落とし，爆発を引き起こしてしまった。その鉄棒は，彼の左顔面から入り頭蓋を突き抜けた。彼は近くのホテルに運ばれ，それから32日間，病床に伏した。彼はこの時点では，よく食べよく眠り，長期記憶にも問題はなかったように見えたと，診察した内科医のJ. M. Harlowは述べている。そして事故から72日後，彼は約50km離れた自分の家に戻った。しかし，健康や知性，記憶ではなく，その行動において，彼は以前の彼とは違ってしまっていた。彼を雇用していた建築業者は，彼のあまりの「心の変貌ぶり」を目の当たりにし，彼を再雇用することを拒絶した。フィネアスが街を徘徊し，価格を考慮することなく物を買いあさっていたという報告がある。Harlow（1868）は，フィネアスの心は「子供じみて」おり，何かをしようとしたかと思えばすぐやめてしまうなどの行動が見られたと記述している。また，Harlowは次のようにも述べている。

> ケガをする以前，学校での訓練を受けてはいなかったものの，彼はとてもバランスのとれた知性を持っており，彼を知る人々は彼のことを知性があり，鋭く，賢いビジネスマンであるとともに，計画実行に対して精力的で辛抱強い人間であると見なしていた。この点において，彼の心は非常に大きく変わってしまい，彼の友人や知人は「もはやゲージではない」と言うほどになってしまった。
> 　　　　　　　　　　　　　　　　　　　　　　　　　（Harlow, 1868, p.340）

　この「もはやゲージではない」という言葉は，様々な文献において，フィネアスの性格変化（礼を欠いた言動，鬱，いらついた様子や，気ままな行動）と関連づけて述べられている。しかし，これは最も重要な点を見逃しているのかもしれない。

Harlowは，フィネアスの最も重要な変化は，彼を価値ある職長たらしめていた能力，すなわち，ビジネス上の鋭く賢い洞察力と「計画を実行する力」にあると考えていた。Harlowの記述は実行機能やワーキングメモリの中央実行系が，現代人の心性にとっていかに重要であるかを示している。これらがなければ，意思決定をすることも，目的を設定することも，目的を達成するために手順を考え整えることも，初めの計画が失敗したときにそれを改めることも不可能である。実行機能や中央実行系なしに，現代の人類の成功はなしえなかっただろう。

ロシアの神経心理学者Luria（1966）は，実行機能について詳述した初めての人間である。前頭葉損傷患者が会話や運動，感覚の機能は比較的保たれているものの，心理学的に複雑な活動が顕著に悪化していることを彼は記している。特に，複雑な目標志向的行動の実行に障害を抱えているのだという。また，彼は患者たちが彼ら自身の行為の成功・失敗を評価できなくなっていることも発見している。彼らは自分自身の失敗に無関心であり，自身がどのような行動をしているかにも気づいていない様子であったという。アメリカの心理学者Lezak（1982）は，前頭葉における実行機能について，次のように述べている。

> 社会的に有用な，個人間の関係を高める建設的で創造的な能力……この機能の喪失や減退は，独立的で建設的な私利性のある，社会的に生産性の高い生活の維持を困難にさせる。どれほど見る・聞く・歩く・話す・検査を受けるといった能力が優れていようとも関係ない。
> (Lezak, 1982, p.281)

2001年，我々は実行機能の進化が現代人の行動と文化形成の鍵となっているという仮説を提唱した。そして，Baddeleyのワーキングメモリモデルをベースに，実行機能を包摂する形でこの仮説を拡張した（Coolidge & Wynn, 2001, 2005）。ワーキングメモリ容量の増大は，人類の歴史の比較的最近に起こったもの（シナリオ5に描かれている解剖学的な近代人類が最初に出現したころ）である。増大はヒトの推論能力や言語，文化の進化の最後の1ピースであり，認知的進化の最後の飛躍的上昇であると考えられる。

3節　考古学的記録に表れるワーキングメモリとその促進：方法論的考察

考古学的な記録（埋蔵品や遺跡）に表れるワーキングメモリとはどのようなものだろうか？　また，方法論的にどこまでのことが言えるだろうか？　ひとまず，認知科

学の視点から可能性のある方法を検討してみよう。そして，特定の認知能力なしには作成・形成が不可能な遺物・遺構を特定する。これらの考古学的記録の数々は，直接的な「心の痕跡」というよりは「行為の痕跡」であり，行為と認知との結びつきは明らかだ。最後に，これらの行為の痕跡を考古学的記録に認めるための基準（属性）を示す。複数の評価基準を用いて，考古学的記録を解釈するという試みだ。

最も説得力の高い，厳密な基準は次の2つの要素を持っている。

1. 認知的妥当性：証拠は，認知能力に還元できなければならない。その認知能力は認知科学によって認識あるいは定義されているものでなければならず，「痕跡」はその行為がなければ不可能なものでなければならない。もしその痕跡がより単純な行為や認知によって産み出すことが可能ならば，より単純な方に原因を帰属すべきである。
2. 考古学的妥当性：考古学的証拠それ自身が信頼に足るものでなければならない。対象となる証拠は，それが何であるか信頼に足る形で同定されるとともに，それがどの時代・場所で使われていたのかが判明せねばならない。

考古学的妥当性は複雑だ。単に認知的痕跡が間接的であるだけでなく，モノの痕跡に認知の証拠を見つけるための基準も明確でない。考古学的証拠そのものが巨大なジグソーパズルのようである。必ずしもすべてが同時に見つかるはずもない環境において，部分的に発掘される様々なパーツを系統立てて解釈し，それらの間の関係性まで考慮せねばならない。現代にまで保存されているものは，複数の偶然が積み重なった結果として残っているものである。何かが見つかっても（それ自身がなかなかありえないことであるが），それが本当にヒトの産み出したものなのか，動物が作ったものなのか，あるいは地理的な要因によって偶然に作られたものなのかを判別せねばならず，解釈をより一層難しくさせている（Villa, 1982）。後者の実例として，中部フランスのグロッテ・ドゥ・レンヌ（Grotte du Renne）におけるシャテルペロン文化時代の遺跡の再解釈がある（Gravina, Mellars & Ramsey, 2005; Mellars, Gravina, & Ramsey, 2007）。これは長らくネアンデルタール人のものと考えられてきたが，実は現代人類のものであり，ネアンデルタール人の象徴的行動を示す証拠はなくなったとの説がある（Mellars, 2010, p.20148）。

分析の第1ステップとして，認知能力の候補であるワーキングメモリが，よく定義され，活発に研究されている心的要素であることを述べねばならない。ワーキングメモリは遺伝によって受け継がれるばかりか（遺伝率77％という推定値がある。Coolidge, Thede, & Young, 2000を参照。他にも，Ando, Ono, & Wright, 2001;

Hansell et al., 2001; Rijsdijl, Vernon, & Boomsma, 2002），ヒトではない霊長類にも，ヒトよりも少ない形ではあるものの備わっており，それはヒトとその他動物との道具使用の差異に現れる（De la Torre, 2010）。シナリオ1・2が示唆するように，ヒト科の祖先のワーキングメモリは，現代の類人猿と質的にも量的にも，ほとんど差異はないように見える。（現代類人猿を超える）ワーキングメモリ容量増大のヒントは，ホモ・エレクトゥス（約180万年前）に見出すことができるが，現代人類ほどのワーキングメモリ容量に達したのは約1万5千年前という比較的最近に現れたものだと考えられる（Coolidge & Wynn, 2009）。

　分析の第2ステップは，ワーキングメモリだけではなく，ワーキングメモリ容量の「増大」を必要とする活動を見極めることにある。しかし，これには2つの実際的問題がある。まず1つは，ワーキングメモリ容量は離散的な項目の数（リーディングスパン課題における，指示された単語を記銘できた数など）に基づいて測定されるということである。我々は先史時代に対してそのようなテストを行うことはできず，量的な測定法を使うことはできない。したがって，ワーキングメモリ容量と相関する行動の痕跡を調べることとなる。2つ目は，ワーキングメモリ容量の心理学的測定が，基本的には考古学的な痕跡を残すものではないことである。よって考古学者は，適切な活動を選び取らねばならない。これは，我々が研究者としての目で，日常的な課題の順序比較を行う必要があることを意味している。順序比較とはすなわち，大か小かを判断することであり，緻密なものではない。たとえば，数か月や数年に及ぶ計画を立てることは，現代的なワーキングメモリによって可能となる思考の特徴であると議論することができる。しかし，現代的ではなく，古代的ワーキングメモリとは何だろうか？　基準に達する適切な活動を行わなかった先史時代のグループは，現代的ワーキングメモリに満たないと言うことはできるだろうが，それを連続量として捉えることはできない。そのような限界がある。また，少ない種類の活動にのみ着目してしまうと，ワーキングメモリを過小見積してしまうという危険が常に伴う。したがって，我々は信頼できる検討を行うために，多様な活動に着目する必要がある。以下で，我々はワーキングメモリ容量を反映する信頼できる行動指標として，技術的活動と生存的活動，情報処理活動について述べる。

　分析の最後のステップは，対象となる活動の考古学的証拠を丹念に磨き上げることであるが，この方法論には固有の落とし穴がいくつか存在する。その1つは，最終形態が単一であっても，それに到達する方法には複数あるということである。2つ目は，思わぬ発見をする特異な才能である。我々が探している証拠は，（旧石器時代の証拠には稀なことではあるが）保存状態が良い必要があるため，そのような証拠を見つける幸運を併せ持つ必要があるが，考古学者はそのような要因を意図的に操作はできな

い。しかし「証拠の不在は不在の証拠ではない」という言明に従う必要はない。証拠の不在はほとんどの場合不在の証拠である。とはいえ，ある遺跡からの証拠が絶対に最古であるというふうに，過度に年代順に拘(こだわ)ることも危険である。当然ではあるが，可能な限り多くの考古学的証拠を集めることが重要である。もし，多様な証拠が同一の結論を支持しているのならば，結論の信頼性は高まる。最後に指摘しておきたいことは，考古学的証拠のすべてが，考古学者が活動の物理的痕跡を見つけられるほどの直接的なものではなく，間接的なものも多いということである。たとえば，考古学者が偶然に木と糸でできた罠を見つけたとしよう。おわかりのように，有機物が長い年月を経てもそのまま残ることは，なかなかありえない。これの最古の例は8千年前である。では，罠が最初に使用されたのは8千年前だろうか？　考古学者は，それよりも昔だろうと考える。しかし，証拠はあくまで間接的である。とはいえ，罠なしに動物を効果的に捕らえ，殺すことは難しかっただろう。このような間接的証拠は，罠が最初に出現した時代を7万年前にまでさかのぼらせる（Wadley, 2010）。このように，直接的証拠と間接的証拠の差は大きい。

4節　技術におけるワーキングメモリとその増大の証拠

　考古学者にとっての皮肉は，技術的進展こそが，最も考古学的証拠の検討に役立つということであり，ワーキングメモリの増大も，またそもそもワーキングメモリそのものも必要としない。ほとんどの道具製作や道具使用は，熟練や達人の仕事として知られるような，広い意味での思考法に依存している（Ericsson & Delaney, 1999; Keller & Keller, 1996; Wynn & Coolidge, 2004）。また，この種の思考は，手続き的認知と長期記憶（数年にもわたる練習や訓練によって獲得される運動行為のパターン）にも依存しており，ほぼ非言語的であるという特徴を持つ。増大したワーキングメモリ容量による問題解決能力は，道具使用を行うために生まれてきたわけではない。むしろ，道具使用の柔軟性は数年にわたって学習される広範な手続き的認知や解決法に由来している。ヒトの進化の過程で作成された数百万もの石器は，ワーキングメモリではなく，これらの認知システムの産物である。ワーキングメモリが決して使われなかったというわけではなく，ただ，道具使用の背後にある認知システムとして，主に手続き的認知が関与した可能性を否定することがほぼ不可能なのである。けれども，増大したワーキングメモリ容量を必要とし，制作された要因が手続き的認知に還元できない器具は確かに存在する。その好例である合金や窯で焼いた陶器は，ヒトの進化のかなり後期の時期（約6千年前）に現れており，論争や興味もあまり持たれないほ

どである。しかし，それよりも前になると途端に例は少なくなる。

　ワーキングメモリのさらなる増大は，罠や落とし穴，維持可能な器具，柄を付けることといった様々なタイプの技術的発展に反映されている。

◆罠と落とし穴

　「設備（facility）」という用語は，考古学では比較的永続的な構造物を指して使われる（Oswalt, 1976）。狩猟採集者によって最もよく使われた設備は，おそらく罠と落とし穴であり，これらは動物を捕らえたり殺したりするために使われた。動物には魚も含まれており，代表的なものには梁（魚を捕るためのダム様の構造物）があげられる（図3-2）。罠や落とし穴を含む設備は，複数の下位装置から構成されており，時にはとても重く，作るのに時間がかかり，ヒトの直接的操作がなくとも遠隔で勝手に動作するものである。これらは，実行機能や増大したワーキングメモリ容量を暗示

図3-2　石の梁を使った魚捕り　モンテ・クルーズ（Monte Crews）とケネス・フィリップス（Kenneth Philips）の絵画（ニュージャージー州立博物館所蔵）の複製。

するものである。罠を作るためには，不確実な未来に対する行為を行わなければならない。実行機能による時空間的に長期にわたる計画考案の他，（報酬が遅れてやってくるため）ワーキングメモリの中央実行系の反応抑制も必要としている。

　上で述べたように，罠と落とし穴についての直接的な考古学的証拠は，比較的最近の年代に見られるものである。木製の魚用の罠は，北米では4千5百年前，欧州ではそれより数千年ほど前であるが，先に述べた合金ほど昔ではない。罠に関する最古の証拠は，中東の「砂漠の凧(たこ)」である（Moore, Hillman, & Legge, 2000）。それは重なった石塚からできていて，だいたいは数百mの長さを持ち，中心部には石の囲いが形成されている。これらはガゼルを捕らえるために使われ，古いものでは約1万2千年前にさかのぼる。

　一方，間接的な証拠は，罠と落とし穴の存在を3万5千年から7万5千年前にまでさかのぼらせる。ボルネオのニア（Niah）洞窟において，Barker et al.（2007）は，罠や落とし穴によって取られていたカワイノシシの大量の残骸が3万5千年前に見られるとしている。同様に，Wadley（2010）は最近，南アフリカのシブドゥ（Sibudu）洞窟でアオダイカー（サハラ砂漠以南のアフリカ大陸に見られるアンテロープの一種）の残骸は，7万5千年前の旧石器時代の南アフリカに住んでいた人々が，罠を使用していた間接的証拠であると述べている。まとめると，罠と落とし穴という，現代人と同等のワーキングメモリの存在を示唆する直接的証拠は1万2千年前，間接的証拠は7万5千年前にまでさかのぼることができる。

◆確実な武器

　25年前，Bleed（1986）は「維持可能な武器」と「確実な武器」という認知科学的に重要な意味を持つ技術的区分を行った。前者は，その作成にはさほど労力を必要としないが，壊れたときなどに修理が容易である（維持しやすい）という特徴がある。ほとんどの石器は，比較的近年のものも含め，維持可能なものに分類される。一方「確実な武器」とは，失敗する確率を可能な限り低減させ，きちんと機能するようにデザインされたものである。そのため，複数の関連するパーツから構成されるなど，過度にデザインされた複雑な構造を持ち，維持が難しく，重量がある。また，制作や修理のために使用できない期間が存在するため，短期間で集中的に使用される傾向がある。Bleedは，単純な石でできた鋭利な槍と，洗練された投射系武器（北米のパレオ・インディアンにおける槍投射機，柔軟性のある空気力学的シャフト，薄く縦溝の入った石鏃などから構成される武器など）との違いを理解するために，これらの区分を提唱した。しかし「維持可能」と「確実」という区分は武器以外のあらゆる技術に

も当てはまる。確実な武器の背後にある原則は，必要になる以前の時間と労力の投資が将来の成功を最大化させるということにある。より最近では，Shea & Sisk（2010）がより焦点を狭めて，複雑な投射系武器（槍投射機や弓矢）の使用が，技術的進展のよい指標となっていると主張しており，このような武器の発達が近代的行動に由来する特徴であると述べている。

> 我々は「複雑な投射系技術」という用語を「安全な位置から，比較的少量の投射物を目標に向けて十分なスピードで投射するために，身体外のエネルギーを利用する武器」という意味で用いている。
> (p.102)

　北米における考古学的証拠から，少なくとも1万1千5百年前のパレオ・インディアン時代（おおよそ砂漠の凪が近東に存在していた頃と同時代）には，「確実な武器」が存在したことは明らかである。

　初期の事例は，時間投資と技術がもたらす効用を判断する能力に基づいている。Pike-Tay & Bircker（1993）に従えば，旧石器時代の初期人工物の一部は確実な武器に該当しており，おそらく，欧州の旧石器時代後期に見られる複雑な（骨あるいは角から成る）投射系技術の一部を構成していると考えられる。これらを作成するために，職人は石でできた道具を使って骨や角から不要な部分を取り除き，しばらく水に浸けた後，特定の形への加工を行う。多くは，槍の柄に加工されるが，銛の先が作られることもある。骨器の再加工の証拠も多くあり，一から作り上げるために相当の時間がかかっていたことがうかがえる。銛を含めた，このような投射物の最たる例は，旧石器時代後期の1万4千から1万8千年前に見られる（より単純なものなら，3万年前ほどだろう）。アフリカでは，骨器はより早く登場しており，約9万年前のカタンダには存在していたようだ（Shea & Sisk, 2010; Yellen, Brooks, Cornelissen, Mehlman, & Stewart, 1995）。欧州における証拠はより確たるものであり，管理型の狩猟採集，投げ弓や銛などが発見されている。アフリカにおける証拠は基本的に骨器のみであるけれども，刺激的である。

◆ 柄の作製

　柄を付ける（槍に石の道具を付ける）ことは，それ自身技術的であり，ヒトの進化における認知的分水嶺となっている（Ambrose, 2001, 2010）。旧石器時代の人々は，分離した要素から1つの道具を作る，すなわち柄を付けるという行為を初めて行ったと考えられる（図3-3）。これらの合成道具は，3つの別々の要素（槍頭あるいは穂，

槍軸あるいは心棒，柄）から成り立っている。柄にとって重要なことは，その道具が使われるときの衝撃力に耐えることである。石製の柄の付いた槍は，ヒトの狩猟における躍進的出来事であり，技術史においても重要な出来事である。しかし，その認知的重要性を判断することは難しく，柄を付けるという行為がどのように行われたかに依存する。自然にある糊を用いた単純な柄は，腱(けん)を数日にもわたって浸ける行為や，槍軸に付けた綱の熱乾燥が必要な複雑な柄とは異なる意味を持っている。前者の作製は単純であるが，後者は数日を必要とする。前者は維持のしやすさを主眼としているが，後者はより「確実さ」に主眼が置かれている。ワーキングメモリ容量の増大に関して，示唆を与えるのは後者である。柄を付けるという行為は発明を喚起するものであり，革新的技術を体現してもいる。柄を付けることは偶然ではなく，誰かが意図的にそれをデザインせねばならなかったはずだ。柄の存在は，認知的観点からは，その人がどのように柄を作るというアイデアを思いついたかということについて大変示唆的である。しかし，現在のところ「よくわからない」という煮え切らない形で答えるしかないだろう。我々は推測することはできるが，その推測は後の認知的解釈のためのデータとしては使えない。

　柄の最初期の証拠は，欧州・中東・アフリカにおいて，現代人類とネアンデルタール人の両方を含め，約20万年前にまでさかのぼる（Mazza et al., 2006; Rots & Van Peer, 2006; Shea, Fleagle, & Assefa, 2007; Villa, Boscato, Ronaldo, & Ronchitelli, 2009）。これまでのところ，少なくとも最初期の柄はかなり単純なものであることがわかっているが，自然糊の利用によって若干の複雑性が加えられており，Grünberg (2002) や Koller, Baumer, & Mania (2001) は，カバ材のピッチ（木タールなどを蒸留した後に残る黒色の固形物であり，接着剤として使われた）の産生には熱に関する洗練された知識が必要であるとしている。柄の作製に数日をかけていた証拠が得られている年代は，この10万年後である。最も確かな証拠は，約7万年前の南アフリカのシブドゥ（アオダイカーの狩りに罠が使われたという間接的証拠が得られた場所）において現れる。ここでハンターたちは，アカシアのガム，蜜蠟，黄土粉末の混合物を，火で慎重に熱乾燥して接着剤を作っていた（Wadley, Hodgskiss, & Grant, 2009）。理論的には，このような柄の作製は手続き的認知があって初めて達成されるが，接着剤を作るための個々の行為，そして複数日にわたる作業そのものが，現代人と変わらないワーキングメモリ（特に，将来の行動や問題の予測，反応抑制や不測事態に対す

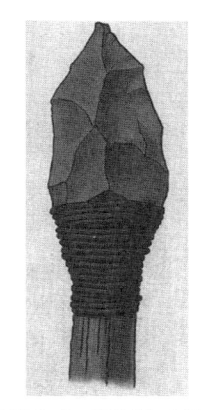

図3-3　柄の付いた石器

る対応計画といった実行機能）の使用を示唆している（Wadley, 2010）。しかし，興味深いことに Wadley は，先のような柄のための接着剤合成には複数のステップが必要であるにもかかわらず，それが必ずしも象徴的行動の使用を意味しないと述べている。

　要約すると，3種類の技術的証拠が存在すると言える。確実な証拠は1万8千年前にさかのぼるが，アフリカには約7万年前の強固な例が複数ある。これよりも昔となると，単純な柄についての例が1つだけ存在するが，これだけではワーキングメモリに関して何かを述べることはできない。重要なことであるので繰り返すが，技術はすぐさまワーキングメモリ容量に関する何らかの証明にはなりえないのである。手続き的認知は，効果的で柔軟であるとともに，すべての技術的行為にとって必要なものである。柄はもちろんのこと，複雑な投射系の作製でさえも，それ単独のみでは，現代人と同等の実行機能を備えていた証拠とはなりえない。これまでにあげた例のうち，現代的認知が存在していた証明となる唯一の考古学的証拠は，罠のみである。

5節　食料採集と労働システムにおけるワーキングメモリとその増大の証拠

　過去の技術に関する証拠は，他の技術以外の証拠を支持するか，あるいは他の種類の証拠がともに揃うことで，どのような心的機構が存在していたかについての証拠としての能力をより一層発揮する。技術に次ぐものは，生活に関する痕跡，すなわち食料の採集と加工に関するものである。技術と同様に，生活に関する痕跡も，（鹿やマンモスといった単独種に特化した狩猟等の）欧州の旧石器時代後期の記録の影響によって，考古学者の議論が分かれることになっている。特殊化されていない生活システムそのものは，現代的な実行機能や増大したワーキングメモリ容量による計画考案の機能を必ずしも必要としないことは疑いようがない。生活は，熟達した手続き的認知によって容易に組織化し，成し遂げることができる。実際，ワーキングメモリや実行機能を用いるよりも，よく学習された自動的な反応を用いる方が，危険な状況においてよりすばやく対処できると考えられる。ネアンデルタール人はこの種の行動を得意としており，特殊化された狩猟法に関する証拠は数多くある（Callow & Cornford, 1986; Gaudzinski & Roebroeks, 2000）。したがって，このような特殊化の例に着目するのではなく，実際に実行機能と増大したワーキングメモリ容量を必要とする生活活動を特定することが必要である。

　現代人類は，食糧供給の管理を行っている。（季節に依存するシステムを除き）年単位の計画に基づいて活動を行う農業経済を見れば，これは明らかである。この達成

のためには，実行機能による長期的な計画の考案と，ワーキングメモリにおける重要な要素である反応抑制（たとえば，たとえ大きな需要があろうとも，植え直しのために一部の穀物を残しておく行為など）が必要である。しかし，食糧管理の事例は農業だけではない。考古学者が「複雑」であると認識しているほとんどの狩猟採集もそうである（Price & Brown, 1985）。最近の民族誌的な好例は，アメリカ大陸の北西海岸，北極，そしてオーストラリアに見られる。オーストラリア北部ならびに西部では，土地を焼いてそのあとに緑を戻すことで，草食動物を集めるということを行っていた。どの土地を焼くかは持ち回りであり，一度焼いた土地には10年間戻らなかった（Lewis, 1982）。これは明らかに長期的な計画と反応抑制を必要とする管理システムである。

現代的な狩猟採集システムの他の事例は，年齢と性別による分業体制である（Kuhn & Stiner, 2006）。KuhnとStinerによると，経済労働における年齢と性別による分業は，近年のヒト認知の顕著な特徴であり，ヒト進化史の比較的最近に生じた出来事であるという。我々は，補完的な経済的役割と食料分配は，規律への従順と違反者への処罰の存在を示していると考えている。男女の労働分業は，労働者グループの個別的管理を必要とするが，より重要なことは，（ほとんどの場合）女性と子どもによって担われる計画的農耕を必要とする小規模な（植物や小動物等の）季節性資源への依存度の増大に現れている。組織や，権限移譲，論争解決などの機能は，強固にではないが，ワーキングメモリと実行機能の存在を示唆している。

農業に関する考古学的証拠が得られるのは，複数の大陸で約1万年前であり，管理型の狩猟採集システムに関する証拠は，さらに数千年さかのぼると考えられている。旧石器時代中期のアブ・ヒュレイラ（Abu Hureyra）遺跡（シリア）がその好例である（Moore, Hillman, & Legge, 2000）。そこでは，狩猟採集者のグループが，ガゼルを狩り，植物を取るための定住的コミュニティを形成したことがわかっている。当地の気候がさらに乾燥していた1万年から1万1千年前には，食料採集をライ麦農耕に抜本的に切り替えるということを成し遂げた。単に食料採集の範囲が多様であるということのみならず，気候変化に柔軟に対応したという点が興味深い。明らかに彼らはワーキングメモリ容量の増大によって可能となる，計画考案の能力を用いていたことだろう。

1万年以上前の管理型採集の証拠を見つけることは難しい。なぜなら，証拠が現在まで良好に保存されている可能性は低く，初期の狩猟採集者がアブ・ヒュレイラのように定住することは稀であったためである。したがって，残された物の量はより少なく，それを特徴づけることも難しい。それでも，いくつか魅力的な例が存在する。よく知られているのは，約1万8千年前の後期旧石器時代の欧州南西部における鹿狩猟

者の例である（Straus, 1996）。ここでは，狩りのスケジュールが定型化されており，家畜は秋に移住の過程で屠殺され，別の時期には動物種に応じた方法で狩りを行っていた。他種の狩りも行わなかったわけではないが，彼らは明らかに鹿を中心的なターゲットとしており，狩りに使う道具の作製・補修を行う狩りの休業期を含めた，季節に応じた方策を取っていた。ちょうど同じ頃，ロシア平原の狩猟者たちは，晩夏から初秋にかけて大量の動物を狩り，多量の肉を地下の貯蔵庫に冷凍保存して，将来の消費のために蓄えていた（Soffer, 1989）。貯蔵と遅延消費は，象徴行動やワーキングメモリ容量の増大を必ずしも必要としない，現代的なワーキングメモリの存在に関する強い証拠である。

　初期の証拠は，そのほとんどが間接的なものである。ボルネオのニア洞窟において（Barker et al., 2007），焼かれた地域で繁殖していた植物から，考古学者たちは大量の花粉を採取した。当地の気候は大変湿潤であり，発見した花粉の量は通常予測される量を大きく超えていたことから，人為的に火を入れていたことが示唆される。この事例は，4万2千年前から2万8千年前の間と考えられている。これよりもさらに早期の証拠は，罠を用いたアオダイカー狩りに関するものがある（約7万年前）。他の南アフリカの遺跡にも，焼いた後に植物が繁殖していた証拠となる，球茎の大量使用に関する証拠が見つかっており，ニアの人々が生態変化の手段として火を用いていたことが示唆される（Deacon, 1993）。Kuhn & Steiner（2006）は，南アフリカにおける生活拠点の広大化は，年齢・性別による分業の証拠であると主張している。まとめると，管理型食料採集に関する考古学的証拠は，技術の進化に伴って現れるようである。強固な証拠は1万8千年ほど前のものであるが，刺激的ではあるが散発的な（弱い）証拠は約7万年前にまでさかのぼる。

6節　情報処理におけるワーキングメモリとその増大の証拠

　ここまでの議論で，我々は（現代的実行機能とワーキングメモリ容量の増大の要素である）長期的計画の考案と反応抑制に着目し，技術的・生活史的な考古学的証拠を辿った。ここからは，ワーキングメモリ容量の増大によって促進される，実行機能の別要素である問題解決に焦点を向ける。ワーキングメモリは，アクティブな問題解決のための「空間」である。我々は，ワーキングメモリを使って類推や思考実験，あるいは緊急時の対処方法を考えたり，比喩を行ったりする。ワーキングメモリとはすなわち，様々な物事を思考の内に収めるやり方であり，場所でもあるのだ。しかし，エピソード・バッファに容量制約がある以上，現代人のワーキングメモリにも容量制約

は存在する。もしワーキングメモリ容量が情報によって消費された場合，他の物事に対する処理はほとんどできなくなる（4桁の数字のかけ算を頭の中でやってみるとよくわかるだろう）。この容量制約問題に関する現代人類の対処法の1つは，情報の外部化，すなわち，心の外に情報を保存するというやり方である。これは，近年認知科学（Wilson & Clark, 2009）のみならず，考古学（Malafouris, 2008, 2010）でも注目を集める拡張認知（extended cognition）という概念の一側面である。我々の興味は，拡張認知がワーキングメモリに対して持つ意味であり，情報をエピソード・バッファに留めておく必要性を軽減し，ワーキングメモリ容量を拡張することで，中央実行系の処理容量を解放するという効果にある。現代社会における外部記憶の例は，筆記，数字，計算機等である。外部システムは，必ずしも人工的である必要はなく，たとえば指を使えば数の代替となるが，そのほとんどは人工的であり，先史時代を検討する手助けになる。

　5千年前における初期の筆記・計算のシステムが，情報の外部貯蔵装置であったと断言することはできない。計算のために使われていたクレイ・トークン（clay token）のシステムは，初期新石器時代からさらに数千年前に存在していたと考えられる（Malafouris, 2010; Schmandt-Besserat, 1992）。1万2千年前のものと思われる，西フランスのグロッテ・ドゥ・タイ（Grotte du Tai）で発見された手がかりに注目してみよう（Marshack, 1991b）。飾り板は記憶装置として使われていた物のようである（図3-4a）。いくつかの長い横の線に，縦の線がいくつか彫られている。Marshack，そしてd'Errico（2001）は，そのマークを顕微鏡で分析し，それらが異なる時期に，異なる道具で彫られたものであることを突き止めた。Marshackは，月の満ち欠けの周期に対応するとした一方，d'Erricoは単に外部記憶装置であるとした。彫り方が何を意味しているのかはわからないが，これは明らかに何かを外部化するものであり，そのことによってワーキングメモリをその処理から解放するものである。

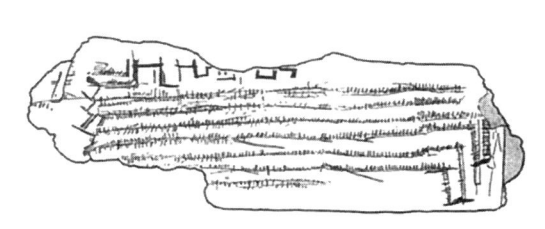

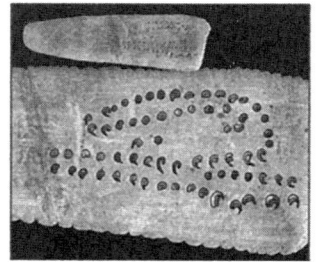

図3-4　(a) 約1万4千年前のグロッテ・ドゥ・タイの装置（左）。(b) 約2万8千年前のアブリ・ブランチャードの月齢カレンダーと思われるもの（右）。

似たような物体が，2万8千年前のヨーロッパにも発見されている（d'Errico et al., 2003）。一例には，アブリ・ブランチャード（Abri Blanchard）の飾り版がある（図3-4b）。Marshack（1991a）は，マークは月齢の視覚表現，すなわち月齢カレンダーであるとしており，この考えは最近の考古天文学のフィールド研究によっても支持されている（Jègues-Wolkiewiez, 2005）。これらの装置はやはり情報を外部化するものであり，その保持者のワーキングメモリを他の課題のために使えるようにするものである。

それより以前には，ドイツの獣人像，特に有名なものはシナリオ6でも言及したホーレンシュタイン・シュターデル（Hohlenstein-Stadel）洞窟で見つかった彫刻をあげることができる。図3-5はライオンの頭部を持つヒト（あるいはヒトの身体を持つライオン）の象牙彫刻であり，28cmほどの高さを持ち，約3万2千年前に作られたと考えられている（Hahn, 1986）。この彫刻は，後期旧石器時代の象徴主義と宗教的思想について様々な議論を巻き起こしているが，当時の認知，特にワーキングメモリについても重要な意味を持っている（Wynn, Coolidge, & Bright, 2009）。この彫刻は外部化された抽象概念である。このような生物は現実には存在せず，ヒトとライオンとが暗喩的に（後期旧石器時代人のワーキングメモリの中で）結びつけられたのではないかと考えられる。人々がその日常生活の中で解決しなければならない問題は，必ずしも実際的な事柄ばかりではない。社会的なものもあれば，形而上学的なものもある。ホーレンシュタイン・シュターデル洞窟の彫刻は，形而上学的な問題の外部化であり，その外部化された存在はそれを作った職人や見る者のワーキングメモリを解放させることで，他の現実の問題を熟考できるようにしたのではないか。今までのところ，外部化された情報処理についての我々の議論には，さほど驚くべきところはない。3万2千年前，現代的な認知を働かせていたヨーロッパの後期旧石器時代人がいたことは，新奇でもなければ疑わしい事柄でもない。しかし，さらに昔であればどうだろうか？　外部情報の起源は，罠や管理型食料採集を行っていた時代にまでさ

図3-5　ホーレンシュタイン・シュターデルの獣人像（約3万2千年前）

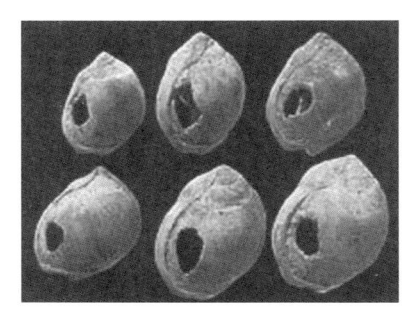

図3-6 ブロンボスの6つのビーズ（約7万7千年前）

かのぼるだろうか？　答えはイエスである。しかし，少し違う人工物であるブロンボスのビーズへの着目が必要となる（図3-6）。

ブロンボス（Blomnos）洞窟は，南アフリカの海岸沿いにある，中石器時代の遺跡であり，約7万7千年前のものと推定されている。この中石器時代には，骨の彫刻，成形された黄土，骨の錐，貝殻で作ったビーズなどが作られていた（Henshilwood & Dubreuil, 2009; Henshilwood & Marean, 2003; d'Errico, Henshilwood, Vanhaeren, & van Niekerk, 2005）。これらは，これまでで見つかっている中で，おそらく最も初期の人工物であり，多くの現代的な行動・認知の起源をこの年代にまでさかのぼらせる。しかし，初期の解釈は冷静な批判にさらされている。たとえば，Henshilwoodら（d'Errico, Henshilwood, Vanhaeren, & van Niekerk, 2005）は，装飾的なビーズの存在は統語的言語を有していたことの証明であると主張している。しかし，Botha（2008）は彼らの主張は明確でなく，ビーズと言語とを結びつける議論は説得力がないとした。この反論に対し，Henshilwoodは，つながりの一部を示しているが，確かにビーズの意味するところはほとんど明らかでないと返答した（Henshilwood & Dubreuil, 2009）（これは生産的な学術的意見交換の好例だろう）。我々は，代わりとなるアプローチは，人工物の象徴的役割ではなく，外部化された情報貯蔵装置としての役割を推定することにあると考える。HenshilwoodとBothaは，穴のあいた貝殻がビーズであり，装飾品であったという点では一致している。しかし，なぜビーズを身につけたのだろうか？　その1つの答えは，他者に自分自身についての情報を与えるためだったのではないだろうか。社会的地位に関する明示的なメッセージ（「私は成人である」「私は裕福である」「私はサーファーである」），あるいは潜在的なメッセージ（「私は将来良い配偶者になります」）を伝えていたかもしれない。着用者は，彼もしくは彼女自身についての情報を外部化し，他者の着用者に対する見方を変えていたのだろう。

奇妙なことに，ビーズには，HenshilwoodとBothaのどちらも考えつかなかった別の機能が存在する。ビーズは，何らかの系統的な現象を記録しておく，あるいは思い出すための（ロザリオの珠のような）計数装置だったのではないか（ロザリオには，祈りを繰り返し唱える際に，その回数を確認する機能がある）。この機能の社会的意味は，装飾とは異なるものであるが，情報的な意味は類似している。ビーズは情報を外部化したものであり，単に情報に対して注意を向けさせるというよりも，エピソー

ド・バッファで情報処理を行うスペースを設けるためにワーキングメモリを自由にするのだろう。

この情報の外部貯蔵という考え方は挑発的である。外部化された情報が支配・圧倒する近代社会に我々は住んでおり，そのルーツが石器時代にさかのぼるとは，挑発そのものである。しかし，ここでのトピックであるワーキングメモリにおいて，情報の外部貯蔵は曖昧な記号である。情報の外部化は，単にワーキングメモリだけでなくあらゆる心的資源のエピソード・バッファのために貯蔵スペースを空けるという役割を持つ。外部装置には十分な容量があり，エピソード・バッファにおいて処理する何らかの情報の代用としての機能を果たしてはいる。このワーキングメモリに関する曖昧さのため，外部記憶装置の使用そのものは現代的なワーキングメモリが存在していた決定的な証拠にはならないが，少なくとも低次な抽象化の過程（すなわち，何らかの内的な概念と結びついた心的表象の維持と操作）の存在を示しており，他の方法によって示唆される知見の傍証とはなりうるのではないか。実際，強固な証拠は3万年前に，弱い証拠は7万7千年前にさかのぼるという，技術と生活の痕跡から示唆された古代に関する推測と合致している。

7節　結論と今後の方向性

実行機能の考古学的実在性に対して厳格な基準を当てはめた場合，次のようなことが考えられる。

シナリオ2では，250万年前にホモ・ハビリスが道具を作り・使い・捨てていたが，その行動は現生類人猿とさほど変わらないように見える。シナリオ1で示唆されたように，現生チンパンジーは虫を捕るために道具を用いるが，現生類人猿は将来使うための道具を持ち歩いたりはしない。彼らは一度使ったらそれを捨ててしまう。しかし，シナリオ3で語られた，180万年前にホモ・エレクトゥスが手斧を作製したという行動変化は，重要な認知的変化の発達を示している。シナリオ3では，ヒト科が道具や，道具を作る素材を持ち歩いていたことが描かれている。持ち歩いていたことは，道具の素材がその産出地とは距離的に離れていることから推察されたものだ。ワーキングメモリの変化を示す考古学的記録は両面対称の手斧（図3-1）の存在であり，心的表象を維持する創発的な能力（すなわちワーキングメモリ）があったことを示している。これら考古学的記録の変化は，同時に生じていた脳容積の増大と比べて緩やかであったかもしれないが，何らかのワーキングメモリの向上が生じていたことを示唆している。

シナリオ4では20万年前のネアンデルタール人が「維持可能な」道具を用い（図

3-3)，シナリオ5では10万年前のホモ・サピエンスが「確実な」道具を作製していた。維持可能な道具と確実な道具は，さらなる認知的変化を示す行動的な変化の考古学的指標である。単純な技術から，維持可能あるいは確実な技術への移行は，ヒト科がエピソード記憶的な意味での時間の意識を身につけたことのみならず（Coolidge & Wynn, 2008; Tulving, 2002），緊急出来事の想定や，プランニング，反応抑制といった能力の向上を示唆している。確実な武器，特に複雑な投射系武器は，長期間に及ぶ計画を行う実行機能に依存しており，特にワーキングメモリの反応抑制（お腹が減っていたとしても今日は狩りを行わず，明日の成功確率を上昇させるために道具を作る方に労力を傾ける）や緊急時の対処（もし前軸が壊れたら，新しい前軸に置き換える。まったく新しい槍を作るよりも効率が良い）といった能力が関与していると考えられる。これらの考古学的記録における変化は，徐々にではあるが，確実なワーキングメモリの向上（おそらくはワーキングメモリ容量か，ワーキングメモリによってアクセス・操作できる情報）が生じていたことを示している。

シナリオ6では，4万年から2万8千年前のホモ・サピエンス・サピエンスが，象牙を加工した魅力的な物を作っており，認知的に劇的な変化があったことを我々に教えてくれている。ホーレンシュタイン・シュターデルの獣人像（図3-5）は，抽象化や，次元を超えた思考法（比喩等），心的表象を外部化し，ワーキングメモリ容量を他の処理に割り当てるといった現代的な認知能力の存在を示唆している。（心的表象を外部化した）人工物の精巧化はワーキングメモリ容量の増大を意味しており，その容量と，扱う情報の内容の両方において，我々とほぼ変わらないワーキングメモリを有していたと考えられる。技術と社会的組織のスケールも複雑さも増した，現代の宇宙物理学の例であるシナリオ7にも，多くの類似点を見出すことができるが，ワーキングメモリそのものはシナリオ6と同程度だろう。

獣人像と他の考古学的証拠（技術，生活の痕跡，他の情報処理装置）のすべてが，現代的な実行機能が，比較的近年に生じたものであることを示唆している。ほとんどの証拠は2万5千年前のものであるが，実行機能が確実に広がったと考えられるのは1万5千年前を待たなくてはならない。

読者がこの結果を解釈するとき，次の4つが考えられるだろう。

1. すべてを拒絶する。格言通り，証拠の不在は不在の証拠ではない。化石化までに要する年数（Bednarik, 1994）と，考古学的探検における思わぬものを発見する能力が，誤った解釈をもたらしてしまう。基準が厳格すぎるために考古学的推論に過度な要求を行ってしまう。
2. これは文化変化の不可逆効果から予期されるものである。実行機能は3万年以上

前から進化しており，現代の革新的な技術躍進や文化変化をもたらしたが，考古学的に可視化できる形に到達するには数千年を要した。
3．3万年より前にワーキングメモリ容量の増大をもたらした突然変異であるが，有意な数の人々が集団としての計画を実行できるようになるまでに実行機能が発達するには数千年を要していたと考えられる。（この解釈は 2. と類似しているが，ここでは文化変化ではなく，生物学的過程に重きが置かれている）
4．痕跡は正確である。解剖学的特徴の（現生人類並の）完成よりも後に，ワーキングメモリと実行機能の進化が生じたが，長期的計画や革新的反応の生存上の優越性のために，それはすぐに人類に広がったと考えられる。このようなワーキングメモリと流動性知能（新奇な問題の解決）との関係は，近年の研究により強く支持されていることである。

　よく知られている旧石器時代の記録の特徴は，4. と合致している。5万年から3万年前頃，現在まで保存されている人工物のバイアスやゆらぎ，更新世の気候変化等の要因によっては説明しきれないほど，劇的なペースで文化変化が生じた。確かに更新世後期には大きな気候変化が起こったが，非常に大きな環境変化はそれ以前に何度も起こっている。この変化のペースは，ホモ・エレクトゥスにおいて約180万年前に起こり，その後150万年かけて漸次的に増大した人類のワーキングメモリ容量の変化のペースとも異なる。紛れもない行動上の劇的変化が，5万年から3万年前に生じたという知見は，認知的「躍進」が存在したという考えや，ワーキングメモリの増大は遺伝あるいはエピジェネティックな出来事を通じて生じるという考えに合致している。更新世後期の厳しい環境に対するヒトの反応は，現代的な実行機能によって促進され，その長期的帰結こそ，我々が生きる現代社会であると考えられる。

第Ⅱ部

生涯にわたる
ワーキングメモリ

第4章 発達におけるワーキングメモリ

Tracy Packiam Alloway
(Department of Psychology, University of North Florida, Jacksonville, FL, USA)
Ross G. Alloway
(University of Edinburgh, Edinburgh, UK)

1節　はじめに

　ワーキングメモリ理論は，Baddeley & Hitch（1974）によって提案された初期のモデルから，大きく発展した。かつて，システムの主要な機能が情報の一時的な貯蔵と処理であると考えられていたが，はるかに大きな認知的役割を含むよう拡大されてきた。そのような役割の例は，大脳皮質におけるワーキングメモリの生理学的ダイナミクスに関するFusterの研究で確認できる（Fuster, 2005）。Fusterは，初期の研究で，霊長類の脳における最初の「記憶細胞」を発見した（Fuster & Alexander, 1971）。それは，情報を記憶する際，皮質細胞が大きく持続的な放電を示したときに見出された。それ以降，Fusterの研究はワーキングメモリの座である前頭前野の認知機能に着目し，組織的行動，目標指向的計画，そして，制御もしくは焦点づけられた注意（Fuster, 2008）の面も含めいろいろな役割を記述した。Fusterの研究は，当初ワーキングメモリに対して想定していた比較的小さな役割を非常に大きなものへ拡大するのに役立った。

　実際に，ワーキングメモリの役割は，注意を制御し，長期記憶の重要な側面を強調

し，そしてこれらを行動に移すことであるとCowan（2005）が指摘するように，心理学者もFusterの考えを取り上げてきた。実験的な観点からは，ワーキングメモリは，情報間のシフト，刺激の更新，そして計画など，実行機能の広範なスキルに関連している（Miyake & Shah, 1999を参照）。また，我々は，ワーキングメモリの役割は，刺激の特定のタイプに限定されないことも知っている。異なる年齢集団を対象にした大規模な研究では，ワーキングメモリの様々な理論的な構造は，統計的なモデリング技術を使って検討された（Alloway, Gathercole, & Pickering, 2006; Alloway & Alloway, 2013）。最も当てはまりが良かったモデルは，言語情報ならびに視空間情報の貯蔵と処理の要素が含まれているものであった。

2節　最新の研究

◆ ワーキングメモリの容量

　人は心の中にどのぐらいの情報を保持することができるのだろうか。この質問に答えるために，我々は最近，5～80歳の人に，一連の言語性，視空間性ワーキングメモリアセスメントへの参加を求めた（Alloway & Alloway, 2013）。ワーキングメモリは，言語性2つと視空間性1つから成る標準化されたワーキングメモリアセスメントテストのオンライン版を使用して測定した（Alloway, 2007a）。文字の再生テストでは，参加者は，コンピュータの画面上に，ある文字を提示された後，すぐに別の文字を見せられた。彼らは，それらの文字が同じかどうか判断し，提示された文字を順に思い出した。逆行再生テストでは，言われた数列を逆の順序で再生した。形の再生テストでは，参加者は，格子上に，ある形を提示された後，すぐに別の形を見せられた。彼らはそれらの形が同じかどうか判断し，対象となった形を正しい格子の位置で再生した。

　いくつかのパターンが出現した（図4-1参照）。まず，ワーキングメモリの成績は年齢とともに大きく変化するようである。5～19歳の間に，平均で標準得点が23（15 = $1SD$）増加した。対照的に，その後の40年間では，20～39歳の間では平均で標準得点が4増加し，50～69歳では1減少した。もう1つの重要なパターンは，ワーキングメモリの得点は30歳で最も高かったことである。

　驚くべきことに，高齢者ではワーキングメモリ容量がほとんど低下しなかった。50～80歳の間で，平均で標準得点が6減少しただけであった。60代の人々は20代と同様の水準の成績であった。高齢者における年齢帯の間のワーキングメモリ得点の違いは，子どもの場合より著しく小さかった。このことは，80歳で平均よりも15標準

第Ⅱ部　生涯にわたるワーキングメモリ

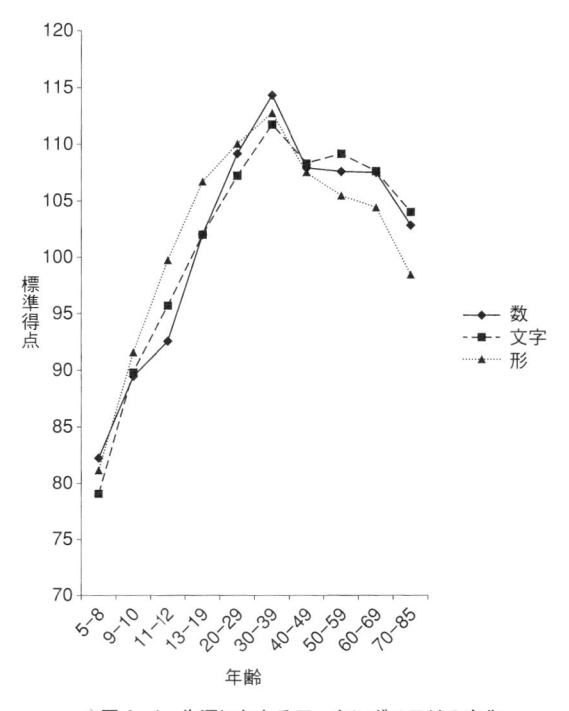

▌図4-1　生涯にわたるワーキングメモリの変化

得点低下し，それが認知障害の程度を示す流動性知能テストの場合とは対照的である（Kaufman, 2001）。

　最後に，ワーキングメモリの低下の性質において顕著な違いがあった。言語性ワーキングメモリのスキルは頑強で，70～80代中頃の成績は10代と同じぐらいであった。対照的に，同じ年齢群（70～80歳）における視空間性ワーキングメモリのスキルは，9歳・10歳と同じ水準であった（高齢者のワーキングメモリの詳細については，本書の第5章を参照）。

　個人ごとでは比較的固定された容量を持っており，それは他の人よりも大きい場合もあるし小さい場合もある。したがって，特定の精神活動は，ある人のワーキングメモリ容量の範囲内であっても，別の人では超えることがある（Alloway & Gathercole, 2006）。情報は，数秒間だけワーキングメモリに貯蔵されている。情報がワーキングメモリから消えるのは，貯蔵空間が他の入力情報によって占有されるためである。この減衰は，記憶すべき情報に注意を向けたり，常にそれをリハーサルしたり，長期メモリに転送したりすることにより，防ぐことができる。いくつかのことがワーキングメモリ内の情報の損失につながる。それらは次のことである。

◆多すぎる情報を保持しようとする

ワーキングメモリで保持できる情報の量には制限がある（Cowan, 2001）。たとえば，新しい場所への道順を覚え，途中で買う必要がある食料品のリストを反復しながら移動すると，おそらく失敗する。これは覚えるべき情報量が一般の人のワーキングメモリの容量を超えているためである。

◆注意散漫

心に湧く無関係な思考，他人による中断，電話の呼び出し音や子どもの泣き声など，環境内の気を散らす物事は，多くの場合，情報をワーキングメモリから失わせるのに十分である。

◆同時に他のことを行う

注意を別の精神活動に切り替える活動は，ワーキングメモリの限られた容量を消費する。これは貯蔵できる情報量を減少させる。電子メールをチェックしながらレシピを思い出そうとする，新しい学校の周囲の道を覚えながら新しいクラスメートの名前を思い出す，といった例がある。

発達におけるワーキングメモリの容量の変化を何によって説明できるだろうか。いくつかの提案がある。

◆知識

ワーキングメモリは，短期記憶や長期記憶とは別のものであるが，これらのシステムからの情報は，ワーキングメモリの働きを促す。たとえば，短期記憶内の情報をリハーサルする能力は，再生を向上させる（Gathercole, 1998）。このような再生の向上は，単語のリストが異なった響き（たとえば，bus, clock, spoon, fish, mouse）の場合の方が，類似した響き（たとえば，man, cat, map, mat, can, cap）よりも，起こりやすく，音韻類似効果として知られる現象である。長期記憶も，ワーキングメモリ容量を向上させる（Hulme, Maughan, & Brown, 1991）。一連の単語が好きな食べ物のリストのように意味のある場合の方が，単語のランダムな組み合わせよりも，覚えやすくなる。また，「パーティー」や「平均」といった高頻度の単語は，「大麦」や「野蛮人」のようにそれほど頻繁に使用されない単語よりも覚えやすい。

子どもは年齢を重ねると，より多くの情報を習得し，意味的および手続き的知識として，長期的な記憶の貯蔵を増やす。このような知識の貯蔵の増加は，新しい情報を

第Ⅱ部　生涯にわたるワーキングメモリ

■図4-2　視空間的記憶を調べる見慣れた形状の事例

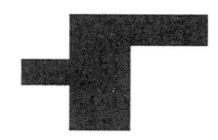

■図4-3　視空間的記憶を調べる見慣れない形状の事例

意味のあるやり方でグループ化することを可能にし（「チャンキング」として知られている），ワーキングメモリを向上させる。たとえば，BBCUSACNNのようなランダムな9文字を覚えておくことは難しい。しかし，これらの文字を，BBC-USA-CNNというように，小さな意味のある単位を形成するようにグループ化すれば，覚えることが容易になる。このように情報をチャンク化した場合，情報の単位は9つではなく3つになる。記憶しなければならない項目を共通の文脈や知識構造に割り当てることも，ワーキングメモリの容量を向上させる。たとえば，ダチョウ，オウム，スズメ，カモメというリストを覚える場合は，「鳥」というラベルを割り当てることで，記憶が容易になる。

　子どもの語彙知識の発達がメモリスパンに寄与することを裏付ける証拠もある（Gathercole, 2006）。リハーサルの割合などの他の要因を考慮しても，10歳児は，6歳児に比べ，非単語よりも単語を覚える場合で記憶得点が良かった。この知見は，10歳児が単語の知識をより多く持っているため，単語リストの記憶を高めることができたことを示している。

　文章内の単語は，無関係の単語列のほぼ倍の量，覚えることができることも，知識や経験によって説明される（Alloway & Gathercole, 2005）。文章では，再生を助ける意味的および文法的な情報の恩恵を受けるが，それは単語リストには存在しない。視空間的記憶に関しては，文字のように見える形状はそうでないものよりも覚えやすい（それぞれ図4-2と図4-3）。

◆リハーサルの速度

　リハーサルの速度はメモリスパンを説明できることが示唆されている（Barrouillet, Bernardin, & Camos, 2004）。我々は短期間（通常は数秒）でリハーサルできる情報量を覚えることができる。言語的記憶内の情報は，リハーサルによってすぐに十分にリフレッシュされなければ，失われる。リハーサルをしない情報を誰もが同じ割合で失うと仮定すると，リハーサル速度の違いは，ワーキングメモリ容量の違いを説明することができる。幼児（たとえば，4歳児）は，ゆっくりと話すので，少しの項目しかリハーサルできない。速度と記憶の関係は，反応を生成する時間にも拡張できる。反応の際，最初の項目の発音が遅すぎたり，その後に長い休止があったりすると，その間に2番目やその後の項目の記憶が消えたりすることがある。このことは，ウェールズとイングランドの子どもの間における数字の再生テストの得点差で示されている

（Ellis & Hennelly, 1980）。研究者らは，ウェールズの子どもの得点が低いことを見出した。彼らは最終的に，この現象は，ウェールズの数字はより多くの音節を持っていて，イングランドの数字に比べて声に出して言うのに時間がかかるため起きると理解した。この差を考慮すると，ウェールズとイングランドの子どもの成績は同等であった。

◆注意の容量

　特定の課題に焦点を当て続ける能力は，青年期まで成熟しない脳の前頭葉の発達と連動している（Blakemore & Choudhury, 2006）。注意能力は，無関係な情報を抑制し，長時間にわたって情報を保持する子どもの能力に影響を与える。いくつかの研究により，子どもの能力ぎりぎりの情報を記憶するよう求めたときに，情報を長時間覚えないといけないほど，忘れる可能性が高くなることが見出された（Astle, Nobre, & Scerif, 2010）。情報の処理とそれを忘れないためのリハーサルの切り替えは，注意を必要とする。子どもが年齢を重ね脳機能が強化されるにつれて，注意容量が増加し，それにより，情報をより速くより効率的に処理でき，記憶する項目のリハーサルをするためにより多くの時間を残せるようになる。

◆干渉

　ワーキングメモリの容量に影響する別の要因は，余分な情報が現在覚えている情報を記憶貯蔵の外に押し出す，干渉である。干渉には，順行と逆行の2種類がある。順行干渉は，事前の学習が新たな学習に干渉する場合を指す。たとえば，新しい携帯電話番号を覚える場合，古い番号と混同し苦労するかもしれない。教室では，第2次世界大戦についての学習をしている学生が，第1次世界大戦についても知っていることがあるため，事実を混同して受け取るかもしれない。順行干渉に関するある研究では，参加者は単語の短いリストを覚えるよう求められた。リスト中の単語がすべて同じカテゴリの場合（たとえば，動物であれば，ネコ，ゾウ，イヌ，ワニなど），参加者はリストの後半の単語を覚えるのにより時間がかかった。しかし，単語の後半が別のカテゴリの場合は（たとえば，家具であれば，テーブル，イス，ベッドなど），新しいカテゴリからの単語を覚える方がより簡単だった。同じカテゴリ（たとえば，動物）からの方が多くの単語が順行干渉を引き起こした。しかし，別のカテゴリ（たとえば，家具）からの単語は十分に異なっていたので，それ以前の単語と混同しないと思われる。逆行干渉は，新しい情報が事前の学習を混乱させる場合である。たとえば，学生が前の週に，ある概念を理解しても，それ以降に学んだ他の概念と混同してしまうと，その概念について正しく議論することができなくなる。

第Ⅱ部　生涯にわたるワーキングメモリ

◆教室でのワーキングメモリ

　我々は以前，ワーキングメモリを「学習のエンジン」と呼んだ。車のエンジンのように，ワーキングメモリは学習を前進させる。しかし，単独では作動せずに，脳の異なる部分と協働する。たとえば，我々が言語を使用する場合，ワーキングメモリはブローカ野と協調して作動し（Rogalsky, Matchin, & Hickok, 2008），数学の問題を解くために，頭頂間溝（IPS）と協働する（Silk et al., 2010）。教室ではワーキングメモリが重要になる。というのは，子どもたちは多くの場合，努力を要する活動をしながら，心の中の情報を保持しなければならないからである。たとえば，個々の単語を綴りながら文章を書く（Engle, Carullo, & Collins, 1991; Gathercole, Durling, & Evans, 2008）。また，課題の個々の段階を完成させながら一連の指示を覚えておく必要がある。ワーキングメモリに障害がある子どもたちは，課題を完成するための十分な情報を保持することができないので，これらの活動に苦労する。彼らは，ワーキングメモリから重要な情報を失うことにより，従わなければならない指示，ワークブック活動の詳細や書き留めなければならない情報など，多くのことを忘れる。ワーキングメモリの小さい子どもは，これらの忘却のために多くの場面で様々な活動に失敗しているので，普通の学習の速さを達成するのに苦労し，一般的な学力の進度が芳しくない。このため我々は，ワーキングメモリを学習の「ボトルネック」と言っている（Alloway, 2009）。

◆ワーキングメモリと学習

　これまで，知能テストの高得点が，学校での成功と関連してきた。しかし，過去10年間，ワーキングメモリが，より強く一貫して学習の成果と関連していることを示す研究が増えつつある。たとえば，定型発達児において，ワーキングメモリ課題の得点は，言葉の音韻や最初の子音を検出する課題などで測定する音韻スキルとは独立して，読みの成績を予測する（Alloway et al., 2004; Siegel & Ryan, 1989; Swanson, 2003）。読解困難児に関する研究では，言語領域内のワーキングメモリに固有の記憶障害を示した（Pimperton & Nation, 2010）。

　ワーキングメモリは，数学の成績とも関連している。たとえば，ワーキングメモリの得点は，幼稚園の教室での教師の算数の話と数感覚の獲得に関連していた（Boonen, Kolkman, & Kroesbergen, 2011）。ワーキングメモリの得点の低さは，算数の文章問題や計算能力の成績とも関連している（Alloway & Passolunghi, 2011; Bull & Scerif, 2001; Geary, Hoard, & Hamson, 1999; Gersten, Jordan & Flojo, 2005）。

我々が，学校での成功の基準として知能得点に依拠することから，ワーキングメモリへ注意を移すべきことを示唆している重要な理由が2つある。第1の理由は，ワーキングメモリの評価は，いくつかの環境要因の影響を比較的受けない，文化的に公平な認知能力の尺度となるかもしれないからである。このことは，知能テストが，母親の教育水準（Groth, 1975），教育に対する養育者の態度（Reynolds, Willson & Ramsey, 1999），文化の違い（Brody & Flor, 1998）などの社会経済的要因に敏感で，低所得の環境に置かれた生徒が不利になるので，重要な問題である。

　対照的に，ワーキングメモリの得点は，異なる所得環境の生徒も同様の遂行成績を示すのが一般的なパターンなので，「機会均等」な尺度であると思われる。600人以上の幼稚園児を対象にした研究では，子どものワーキングメモリ得点には，母親の教育水準（社会経済的環境の指標）も，就学前教育の年数（Alloway et al., 2005）も，そして，住んでいた地域（Alloway, Alloway, & Wooten, 2014）でさえ，影響しないことが判明した。様々な文化集団から，さらなる証拠が得られている。南米の低所得地域の子どもでは，結晶性知能を反映する語彙力がかなり低かったが，ワーキングメモリテストでは中所得の子どもと有意な差はなかった（Engel, Heloisa Dos Santos, & Gathercole, 2008）。オランダで移民と母国話者の違いを調べた研究では，移民の子どもは，ワーキングメモリテストを母語で受けると，母国話者と同じ水準の成績であることがわかった（Messer, Leseman, Boom, & Mayo, 2010；または，Leseman, Scheele, Mayo, & Messer, 2007）。このことは，移民の子どもが学校で良い成績を修める能力を持っていることを示している。しかし，新しい言語を学ぶ困難は，学習困難につながる可能性がある。ワーキングメモリがこのような環境要因の影響を比較的受けないことの説明の1つは，ワーキングメモリが，習得した技能の尺度ではなく，学習の潜在能力の比較的純粋な尺度である，というものだ（Alloway et al., 2005; Campbell, Dollaghan, Needleman, Janosky, 1997; Weismer et al., 2000）。

　学業の達成を説明するためにワーキングメモリを調べなければならない第2の理由は，ワーキングメモリの得点を知能の得点とは独立して学習の成果に関連づける多数の研究に基づいている。たとえば，定型発達の子どものサンプルにおいて，ワーキングメモリは幼稚園での読み，書き，算数の到達度を予測した（Alloway et al., 2005）。また，ワーキングメモリの得点は，小学校における子どもの教育到達度を予測する。7〜8歳の子ども約100人を対象にした研究では，ワーキングメモリの得点は子どもの成績の優れた予測因子であった（St Clair-Thompson & Sykes, 2010）。ワーキングメモリは，大学進学適性試験（SAT）での成績のように，大学生を対象とした場合においても一定の役割を果たしている（Turner & Engle, 1989）。

　ワーキングメモリが小さいと，学習の成果に悪影響を及ぼす可能性がある。国の助

成を受けたある研究プロジェクトでは，子どもたちの 10 〜 15％が学習困難につながるワーキングメモリの障害を持っていた（Alloway, Gathercole, Kirkwood, & Elliott, 2009）。ワーキングメモリに障害がある 3,000 人以上の子どもを対象にしたその大規模な研究では，読みと算数の標準化された試験で平均の範囲内の点数（＞ 96）を取ることができたのは，わずか 2％の子どもであった。ワーキングメモリの得点は，知能指数を統計的に考慮した後でさえ，これらの試験における得点を独自に予測した。

重要なことに，ワーキングメモリはその後の学力を予測するうえで大きな役割を果たしている。我々自身の研究で，ワーキングメモリと知能指数のどちらが経時的な学習の成果を予測するか調べた。我々は定型発達児において，最初は 5 歳のときに，次は 11 歳のときに，ワーキングメモリ，知能指数，そして学習の標準化された尺度を用いて検証した。その結果，5 歳時点の子どものワーキングメモリのスキルは，6 年後の読み，綴り，そして算数の成績の最良の予測変数であった（Alloway & Alloway, 2010）。このことは，学校教育の開始時におけるワーキングメモリの評価は，知能指数に比べて，その後の学業的成功のより強力な予測変数になることを示している。同様のパターンが学習上の困難を抱える生徒たちにおいても観察された。ワーキングメモリの得点は，知能得点に比べて，標準化されたアセスメントによって 2 年後に測定された学習成果をよりよく予測した（Alloway, 2009）。

ワーキングメモリと不安

一般によくある質問は，ストレスや不安がワーキングメモリの成績にどのように影響を与えるか，というものである（本書の第 10 章を参照）。これは，教室で難しい活動に直面したとき，不安を感じる子どももいるかもしれないので，考慮すべき重要なことである。実際に，不安の水準が子どもの成績に影響することを，いくつもの課題において確認している研究が数多くある。幼児の特性不安とワーキングメモリとの関係を調べた研究では，不安が高い子どもは，低い子どもよりも，言語性ワーキングメモリ課題で成績が低かったが，視空間性ワーキングメモリ課題ではそうでなかった（Visu-Petra, Cheie, Benga, & Alloway, 2011）。数学不安がある大学生も，ワーキングメモリスパンがより小さかった（Ashcraft & Kirk, 2001）。

不安は，環境内の視覚的な手がかりを探索するといった，単純な課題の成績にさえ影響を与える。ある研究では，参加者はトラックの周囲にあるライトを利用しながら，モーターレースのトラックをできるだけ速く運転しなければならなかった（Janelle, Singer, & Williams, 1999）。不安の水準が高くなると，参加者は導いてくれるライトに気がつくのに時間がかかり，その結果，運転が遅くなった。不安な参加者はより頻

繁に周囲を見回し，トラックに沿ってあるものは何でも，道を示す手がかりかもしれないと思い，気を取られた。彼らは，自分を導いてくれる手がかりと無関係な情報を区別することが難しかっただけでなく，無関係もしくは混乱させる情報により焦点を合わせたのだろう。

　なぜ不安がワーキングメモリの成績に影響するのだろうか。一部の研究者は，人は不安なとき，効果的に情報を処理するのにより多くの努力が必要になり，ワーキングメモリの処理と記憶容量を減少させると提案している（Owens, Stevenson, Norgate, & Hadwin, 2008）。通常，不安の増大は，課題が子どもにとって重要であることを示しており，彼らはそこでの成功を確実にするために，より多くの努力をする。心配や自己懸念などの情動は，利用可能な処理資源を使い果たし，結果的に，当面の課題のためにワーキングメモリで利用可能な資源を減少させる。これは，課題への対応の遅れをもたらし，上記の研究で見てきたように，気を取られる可能性を高める。

　課題の記憶負荷と不安の水準の間にも密接な関係がある。課題の負荷がワーキングメモリにとって最小限の場合は，子どもの不安の水準が高くなったとしても，課題の成績はあまり影響を受けない。それは，彼らが課題の処理負荷を制御するために，異なる方略を採用することにより，補うことができるからである。しかし，課題の負荷がワーキングメモリにとって大きい場合は，高水準の不安により，処理時間が長くなり成績が低下する。課題を遂行するために利用可能な認知的資源に過度な負荷をかけるのは，過剰なワーキングメモリの負荷と高水準の不安の組み合わせである。このことは，文法的な推論課題で不安の低い学生と高い学生の成績を比較した研究により，確認された（MacLeod & Donnellan, 1993）。どちらの群の学生も，記憶の負荷が低い条件と高い条件で課題を行う。記憶の負荷が高い条件では，不安の低い学生も高い学生も推論課題の完成が遅く，不安の高い群の方が，低い群より過度に長い時間がかかった。この結果は，不安の水準が成績に強い影響を与えるとともに，高い記憶負荷と不安の組み合わせは，教室での機能の著しい低下につながることを証拠づける。

◆ ワーキングメモリと自尊心

　ワーキングメモリにおける自尊心の役割も，教室で重要な役割を果たしている。たとえば，より自信を持っている子どもは，不安を克服し，これまで通りうまく遂行する。我々は，インサイトプライマリーテスト（Insight Primary Test: Morris, 2002）を用いて，自尊心に対するワーキングメモリの役割を調べた。そのテストは，子どもの自尊心の3つの要素を評価するために作成された，36項目の行動チェックリストから構成されている。3つの要素と項目例は以下の通りである。自己意識（この生徒

は励まされたら喜ぶか)，帰属意識（この生徒はいつも話題が豊富か)，個人的な力の意識（この生徒は攻撃的にならずに積極的に自分自身を擁護できるか)。各行動は，子どもの特性として，「ほとんどいつも」「よく」「たまに」「ほとんどない」の4段階で評定される。総合的な自尊心の得点は，3つの要素の得点を合計することによって得られ，高い（87～108)，良い（64～86)，脆弱（40～63)，非常に低い（0～39）に分類される。

ワーキングメモリに問題がある6～7歳，9～10歳の子どもを対象にした研究では，両方の年齢群とも，「自己意識」や「帰属意識」と比較して「個人的な力の意識」の質問における得点が低かった（Alloway, Gathercole, Kirkwood, & Elliott, 2009)。また，60％の子どもは自尊心の総合得点が，高いや良いではなく，脆弱や非常に低いに分類され，標本の半分以上が自尊心に問題があることが見出された。この結果は，ワーキングメモリに障害がある子どもの大半は，環境をある程度制御することが必要な分野で特に，自尊心が低いことを示唆している。このことは，彼らの自信に影響を与えることもあり，そうすると，教室でさらなる欲求不満や無気力になる。

◆ ワーキングメモリと行動

観察研究では，教師は時々，ワーキングメモリに問題がある子どもを注意力が乏しいと見なし，次のようなコメントをする（Gathercole, Lamont, & Alloway, 2006)。

1）自分自身の世界にいる。
2）話を聞いていない。
3）いつも空想にふけっている。
4）言うことを聞き流す。

しかし，これは，ワーキングメモリの小さい子どもが，注意や多動性，衝動性に問題があることを意味するのだろうか。この質問に答えるために，Allowayは，国の助成を受けたプロジェクトの一部で，ワーキングメモリがとても小さい子どもの教室での行動特性を調べた（Alloway, Gathercole, Holmes, Place, & Elliott, 2009)。これらの子どもは，5～6歳，9～10歳で，普通の学校から選ばれ，臨床的診断ではADHD（注意欠如・多動性障害）などの発達障害でなかった。すべての子どものワーキングメモリスキルは低かった。彼らの担任の教師が，教室での行動に基づいて注意障害やADHDを識別するために作成された診断項目を使用して，生徒の行動を評定した（コナーズ評定尺度；Conners, 2005)。そして，4つの下位尺度の値の合計を算出した。

下位尺度は，反抗性（たとえば，悪意のある，報復的な），認知的問題／不注意（たとえば，すでに学習した物事を忘れる），多動性（たとえば，いつもあちこち動き回る，モータで動かされているかのようにふるまう），ADHDの指標（たとえば，落ち着かない，いつも立ち上がって動き回る）であった。ADHDの指標は，ADHDと診断される可能性がある子どもを識別する項目の最適な組み合わせに基づいている。

両方の年齢群において，子どもたちの大部分は，認知的問題／不注意の下位項目に関して異常に高く評定され，注意力がすぐになくなる，散漫な程度が高い，自分の作業の質のモニターに問題がある，問題に対して新たな解決策を生み出すことが困難である，と判断された。特に，高得点であった項目は，次のものであった。

1）学んだ多くのことを忘れる。
2）綴りが苦手である。
3）算数が苦手である。
4）読みが標準以下である。
5）不注意で注意散漫になりやすい。
6）注意散漫もしくは注意持続時間の問題がある。
7）注意の持続時間が短い。
8）学業に対する関心が低い。
9）自分が本当に興味を持っていることにだけ集中する。

したがって，この子どもたちの標本を最も一般的に識別する問題行動は，読み，書き，算数の分野で学業成績が低いことや，注意の持続時間が短いことと関連する不注意と関係があった。ADHDと診断される子どもに典型的に見られる多動性／衝動性の症状は，この標本ではそれほど高くなかった。この知見は，ワーキングメモリ容量が小さい子どもには，学校で集中が難しく，じっと座ることができないといった注意の問題がある，という他の研究を裏付ける。また，このことは，ワーキングメモリ機能の低下が，多くのADHDの子どもに見られる，不注意な行動特性に寄与する要因であることを示唆している。ワーキングメモリ容量の低下は，これらの子どもたちの問題行動に重要な役割を果たしていた。

◆ ワーキングメモリと学習障害

学習障害の発生率は増加している。現在，アメリカでは500万人以上の児童が学習障害として分類され，特別な教育的支援を受けており，割合にすると就学児童数の

13％である（US Department of Education, 2010）。イギリスにおける数はこれよりはるかに多いが，それは学習障害をどのように定義するかによると言えよう。

　学習障害を持つ子どもが成長するにつれ，達成水準における彼らと定型発達児との間の隔たりが広がる。国の助成を受けた研究で，我々はワーキングメモリに問題のある5歳児と11歳児を調べた（Alloway, Gathercole, Kirkwood, & Elliott, 2009）。標準化された国語と算数のテストで，5歳児群に比べて11歳児群の方が，ずっと悪い成績であった。ワーキングメモリが小さいことの影響は，発達とともに累積されるようで，子どもが年齢を重ねるにつれて，学習成績でより大きな低下が起きる（Alloway, 2009を参照）。この成績の差は，両年齢群の教室環境によって部分的に説明できる。年齢が若い子どもほど，教室で利用できる大人の付加的な支援と記憶の補助がある可能性が高くなる。しかし，年齢が上がるにつれて，通常はより自律的な学習が期待されるので，彼ら自身で方略を発達させるために支援や補助がなくなる。また，年齢が上のクラスでは，教師は，より長く複雑な文章を使うようになり，それらはワーキングメモリを必要とする。

　一部の子どもでワーキングメモリが小さいことは，彼らが重要な学習スキルと概念の獲得に困難を示すことを意味する。ワーキングメモリを構成する能力が備わっていないと，彼らは同級生についていくことができない。ワーキングメモリの小さい子どもは，同級生に「追い付く」ことができないことをこれまでの研究が示している。支援がなければ，彼らは学習のすべての分野で困難を示し続ける（Alloway, 2009）。最近の研究では，2年前にワーキングメモリが小さいと診断された10代の子どもたちは，彼らの同級生に比べて，学校の成績がとても低いままであった。

　普通学級に通っている学習障害の子どもにも，様々な種類がある。それぞれのグループのワーキングメモリには強い領域と弱い領域があり，それを知ることが効果的な支援を行うために重要である。以下の段落では，異なる学習障害を持つ子どものワーキングメモリの特性を簡潔に述べる。

　読みや言語の問題を持つ子ども（たとえば，失読症）は，言語的な短期記憶課題において問題が見られ（たとえば，指示や単語の記憶），これらの問題は，子どもがさらに情報を同時に処理しなければならないときに，大幅に悪化する。単語を同定し文章を理解するのに必要な音声と概念を覚えておくには，かなりのワーキングメモリ容量が必要になり，失読症の人の容量を超えてしまう（Swanson, 2003）。このように，失読症の人にとっては，単なる情報の記憶より，言語情報の処理と記憶の組み合わせが，非常に困難になる。彼らの視空間性ワーキングメモリは，平均的な範囲にある（言語障害がある人の類似したワーキングメモリのパターンに関しては，Archibald & Alloway, 2008を参照）。

発達性協調運動障害（統合運動障害：DCD）は，視空間的記憶の悪さを特徴とする障害である（Alloway, 2007b）。運動の問題がない子どもと比較した場合，統合運動障害の子どもは定型発達児よりも，視空間的記憶が非常に悪い可能性が高い（Alloway & Temple, 2007）。彼らは，クラスで次の課題を思い浮かべながら，自分の道具箱を整理するなど，同時に2つの視空間的課題をやり遂げることがより難しいだろう。

　ADHDの子どもは一般的に短期記憶で困ることはない。オートメイティド・ワーキングメモリ・アセスメント（AWMA）のような標準化されたテストでは，彼らは，数字，単語，指示，そして空間的位置を，同級生と同じ速さで再生できる（Roodenrys, 2006）。教室では，彼らは通常，教師の話を覚えて，それを繰り返して言うことができる。問題が起きるのは，言語と視覚の領域で，情報の管理や操作をしなくてはいけない場合である。彼らが苦労するのは，課題や目標に向けて自分の行動を導くために，情報を保持し使用しなければならない場合である（Castellanos, Sonuga-Barke, Milham, & Tannock, 2006; Martinussen, Hayden, Hogg-Johnson, & Tannock, 2005）。実際に，視空間性ワーキングメモリの障害はADHDの生徒の顕著な特徴で，そのような困難によって，彼らを定型発達の同級生と確実に区別できる（Barkley, 1997; Holmes et al., 2010）。

　自閉症スペクトラム障害（Autistic Spectrum Disorder: ASD）と診断された子どものワーキングメモリのプロフィールは様々で，彼らが低機能であるか高機能であるかによって決まる。たとえば，低機能のASD児群の成績は，年齢を適合させた対照群よりも低いが，言語性と視空間性のワーキングメモリの評価は，知能指数を適合させた対照群と異ならない（Russell, Jarrold & Henry, 1996）。対照的に，高機能のASD児群の成績は，年齢と知能指数を適合させた対照群と同様であった（Belleville, Rouleau & Caza, 1998）。AWMAを用いた研究では，高機能のASDと診断された10代の子どもたちは，言語的短期記憶に問題を示したが，ワーキングメモリのスキルは平均的であった（Alloway, Rajendran & Archibald, 2009）。この説明の1つに，参加のためには会話を覚えることを含め社会的な相互関係を持つ必要があり，これらの言語的短期記憶の障害は，この障害における言語とコミュニケーションの問題と関連している，というものがある（Belleville et al., 1998）。

　最後に紹介する興味深いグループは，高い能力や才能のある子どもたちであり，一部は「二重に特別（twice-exceptional）」として知られており，特別な支援を必要とすることもある（Baum & Olenchak, 2002）。才能があり，高い能力を示す子どもは，多くの場合，認知能力の測定で同級生を上回る。しかし，彼らがワーキングメモリ課題でも際立った優位性を示すかどうかは，明らかでなかった。最近の研究で，高能力

の群は，非言語的な知能得点を統計的に考慮しても，言語性および視空間性のワーキングメモリ課題の成績において，平均的な群や低能力の群を上回ることがわかった（Alloway & Elsworth, 2012）。この知見は，ワーキングメモリのアセスメントにより，能力の正確な推定が得られることを示唆している。

3節　今後の方向性

◆ ワーキングメモリのテスト

　教室でのワーキングメモリの重要性を考えると，この領域における子どものスキルを知ることが重要に思われる。しかし，これまでの研究は，クラスにおけるワーキングメモリの障害に対する教師の認識は，まだかなり低いことを示している。最近の研究では，インタビューした教師の大半は，手のかかる子どもたちの大部分において，ワーキングメモリの行動的困難についての教師評価が高いにもかかわらず，子どものワーキングメモリによる失敗の事前兆候のサインが生じたとき，全体の25％しか注意を払わなかった（Alloway, Doherty-Sneddon, & Forbes, 2012）。インタビューは，子どもの対処困難な行動の説明として，教師がワーキングメモリをあげないことも明らかにした。このパターンは，教師がワーキングメモリの小さい兆候を誤って「意欲の欠如」や「空想にふけること」のせいにする傾向があるという事例の報告と一致している（Gathercole, Lamont, & Alloway, 2006）。

　クラスでワーキングメモリによる失敗を検出することが難しいので，効果的な診断ツールの利用可能性が非常に重要になる。先に強調したように，学習においてワーキングメモリが重要な役割を果たしていることは明白である。したがって，それを直接評価する手段があることが重要になる。多くの標準化された知能テストバッテリーには，ウェクスラー児童用知能検査WISC-IV（Wechsler, 2006），スタンフォード・ビネー知能検査（Roid, 2003），そしてウッドコック・ジョンソン・バッテリー（Woodcock, McGrew, & Mather, 2001）のように，ワーキングメモリの下位テストが含まれる。しかし，そのようなツールの使用は，認知テストの実施，得点化，および解釈において豊富な経験を必要とし，そのため心理測定のトレーニングを受けた人に制限され，事実上，教師を除外する。

　以下では，ワーキングメモリを評価するためのコンピュータ化されたツールである，オートメイティド・ワーキングメモリ・アセスメント（AWMA: Alloway, 2007a）を取り上げる。AWMAはコンピュータを使って行うワーキングメモリの評価で，テストの実施が自動化されていて，熟練者でなくても解釈しやすい形式で結果を表示する。

AWMA はテストの実施に関する事前の訓練を不要にしただけでなく，重大なワーキングメモリの問題がある子どもを選別する実用的で便利な方法を，教育者に提供する。これは，幼児期（4歳）から成人（22歳）用に標準化され，改訂版では，基準は85歳まで引き上げられた（AWMA-II）。AWMA は，言語的短期記憶，視空間的短期記憶，ワーキングメモリという3つの指標を提供する（Alloway, Gathercole & Pickering, 2006）。現時点で，ワーキングメモリの標準化されたアセスメントで，教育者が利用可能な唯一のものであり，現在までに 15 の言語に翻訳されている。

　4～11歳の子どもの大規模な標本で，AWMA におけるそれぞれの記憶の構成要素を評価する研究により，確認的因子分析を用いてワーキングメモリの構造が検討された（Alloway et al., 2006）。その結果，言語性および視空間性のワーキングメモリ課題の処理側面は，中央制御的な構成要素によって制御され，短期貯蔵の側面は，1つは言語情報，もう1つは視空間情報という，領域固有の構成要素によって支えられていることが確認された。ワーキングメモリの基盤となる認知構造は，最も年齢が低い群である4歳児でも整っていた。

　再検査信頼性は，テストが測定したいものを正確に測定できているかの一貫性を指す。繰り返し行っても，個人の成績が一貫していれば，それは信頼できると考えられる。AWMA の再検査信頼性係数は高く，ワーキングメモリのスキルの一貫性を示す。これらの係数の範囲は，.69～.90 である（Alloway et al., 2006）。AWMA の妥当性は，WISC-IV のワーキングメモリの指標の成績と比較することにより確認された（Alloway, Gathercole, Kirkwood, & Elliott, 2008）。その結果は，WISC-IV の下位検査の1つである数唱の高い分類精度（91％）によって証明されるように，AWMA には優れた診断的妥当性があることを示している。

　特別な学習支援が必要な子どもを識別するために AWMA を使用する利点は，すぐに実施できる点にある。スクリーン版は，2つのワーキングメモリのテストから構成されている（1つは言語性でもう1つは視空間性）。AWMA は標準化されたテストバッテリーであり，得点が同じパターンに従う。他の標準化されたテストバッテリーと同じように，85 と 115 の間の標準得点は，平均的な範囲と考えられる。115 以上の標準得点は，成績の平均水準よりも高く，85 以下の標準得点は，学習困難につながるワーキングメモリ障害を表している。その結果，これらの子どもは，カリキュラムの変更や調整などの特別支援教育サービスや便宜を利用できる。時間を重視すれば，テストの提示の自動化と，標準得点とパーセンタイル値を使用したレポートの自動作成により，教育者が簡単に利用しやすい。

第Ⅱ部　生涯にわたるワーキングメモリ

◆ ワーキングメモリのトレーニング

　子どものワーキングメモリのプロフィールで具体的な長所と短所がわかると，学習を支援するために，具体的で目標を絞った介入を実施することができる。学習が困難な子どもを支援する目的には，彼らのクラスでの適応を助けることに加え，成長させることがある。方略は足場と支援を提供し，学習を高めるために，彼らのワーキングメモリの可能性を引き出す（Alloway, 2010; Gathercole & Alloway, 2008）。これらは統合的なカリキュラムの一側面として，クラスの設定に容易に組み込まれ，子どものための個別教育プログラム（Individualized Education Programs: IEPs）の開発に使うことができる。

　ワーキングメモリの困難を抱えた子どもを支援するための別のアプローチは，認知訓練によるものである（本書の第14章，第15章を参照）。発達中の脳における大脳の大きな可塑性と，ワーキングメモリの容量がトレーニングにより改善する可能性があることを示唆する証拠が増えつつある。たとえば，これまでの研究により，ADHD（Klingberg et al., 2005），知的障害（Van der Molen et al., 2010），小さいワーキングメモリ（Holmes, Gathercole & Dunning, 2009）の子どもで，明らかに向上することが立証されている。最近の大学生における研究では，知能指数への転移効果が示されており（Jaeggi, Buschkuehl, Jonides, & Perrig, 2008），前頭前野と頭頂皮質といった神経基盤の共有の結果と考えられる（Gray, Chabris, & Braver, 2003; Kane & Engle, 2002）。

　最近，我々は，学習上の困難がある子どもの研究で，認知的トレーニングの潜在的な効果を検討した。そのトレーニングは，7〜16歳の子どもを対象にしたウェブベースのトレーニングプログラムである，ジャングルメモリ（Jungle Memory™）(2008）から成る。そのプログラムは，ワーキングメモリをトレーニングするために，3つの対話型コンピュータゲームを使用し，各ゲームの難易度は最大30レベルである。結果は，子どもの得点が，ウェクスラー式読書次元テスト（Wechsler Reading Dimension test）によって測定される読み書き能力の得点だけでなく（Alloway, 2012），言語性と視空間性のワーキングメモリ，言語性と非言語性の知能得点において，著しく改善したことを示した。スコットランドの失読症の支援団体（Dyslexia Scotland）と自閉症の慈善団体を対象にした異なる臨床試験で，我々は，標準のトレーニング（週4回）とインターバルトレーニング（週1回）の有効性を比較した（Alloway, Bibile, & Lau, 2013）。その結果，週に4回ジャングルメモリを使用した生徒（高群）は，統制群とインターバルトレーニングを行った生徒（低群）に比べて，多くの領域で著しい改善を示した。8か月後の追跡調査により，知能とワーキングメ

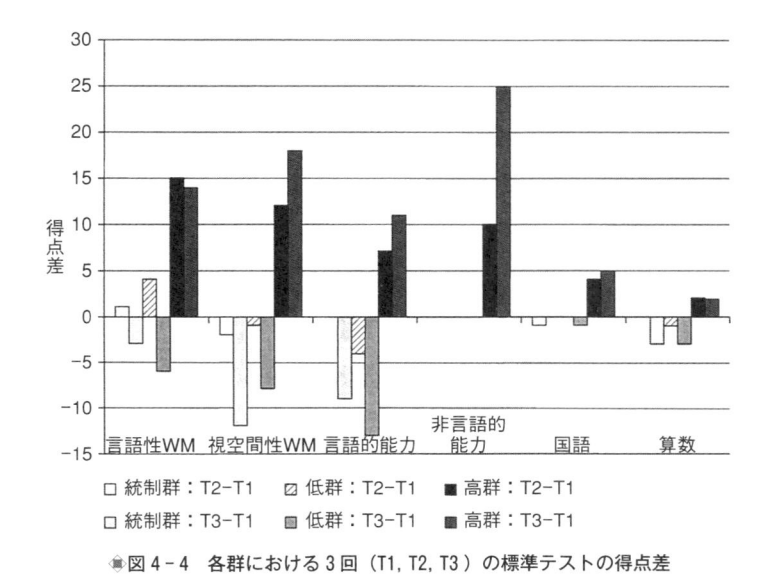

第4章　発達におけるワーキングメモリ

```
[グラフ: 各群における3回（T1, T2, T3）の標準テストの得点差]
縦軸: 得点差 (-15 ～ 30)
横軸: 言語性WM, 視空間性WM, 言語的能力, 非言語的能力, 国語, 算数

□ 統制群：T2-T1    ▨ 低群：T2-T1    ■ 高群：T2-T1
□ 統制群：T3-T1    ▩ 低群：T3-T1    ■ 高群：T3-T1
```

図4-4　各群における3回（T1, T2, T3）の標準テストの得点差

モリのテストにおいて向上した得点は維持されていたこともわかった。また，国語と算数の得点も改善され，8か月後も変わらなかった。図4-4は，事前トレーニング（T1）から事後トレーニング（T2），事前トレーニング（T1）から8か月後の追跡調査（T3）までの，3回のテスト時点間の標準得点の差を表している。

◆まとめ

　ワーキングメモリは，児童期に急速に成長する認知能力である。ワーキングメモリの容量が，言語スキルから，理解，算数的な推論といった幅広い教育活動で，重要な役割を果たしているという実質的な証拠がある。また，ワーキングメモリは，ADHD，失読症，統合運動障害（DCD），そして自閉症スペクトラム障害などの幅広い学習困難に関与している。発達におけるワーキングメモリの重要性に関する意識が高まるとともに，診断ツールや科学的根拠に基づいたトレーニングプログラムへの注目が高まり，そのような理論的な進歩が，教育と臨床の場へ早く導入されることが望まれる。

第5章
ワーキングメモリの階層モデルと健康な高齢者のその変化

Chandramallika Basak
(The Center for Vital Longevity, University of Texas, Dallas, TX, USA)
Elizabeth M. Zelinski
(Leonard Davis School of Gerontology, University of Southern California, Los Angeles, CA, USA)

過去に生きるな,未来を夢見るな,今の瞬間に集中しなさい。
Buddha（ca. 563 - 483 BC）

記憶を支配する真の技能は注意力である。
Samuel Johnson（1709 - 1784）

美人にキスしながら安全運転できる男性は,実際そのキスに十分な注意を払っていない。
Albert Einstein（1879 - 1955）

　上記の引用はワーキングメモリ（working memory: WM）と密接に関連した構成概念である注意の焦点とその容量の考え方を表している。引用した内容は歴史や文化背景が異なっているが,それらは現代的なWM機能の考え方を示している。1つ目の引用は,焦点の重要性を示唆している。2つ目の引用は,注意,さらに言えばWMが記憶にとって重要であることを示唆している。3つ目の引用は,複数の目標を維持するときでも,焦点は1つのものにしか当たっていないことを示唆している。

第5章　ワーキングメモリの階層モデルと健康な高齢者のその変化

　この章では，WM の加齢による変化や個人差について詳細に検討する。高齢者の WM の個人差が他の認知能力の成績にどのように影響しているかも含め，加齢に伴う WM の低下に関する歴史的な捉え方から議論を始める。その次に，加齢に伴い変化するプロセスを明らかにするために WM の階層説について説明する。この考え方は，最初，Cowan（1988）が提案し，Oberauer（2002）によって矛盾している調査結果を説明するのに採用され，最近では，Basak & Verhaeghen（2011a；2011b）によって明らかにされた2つのモデルの特徴を調整する境界条件と整合している。さらに，目標状態の維持のような他の高次プロセスがどのくらい WM の容量を反映しているのかについても調べている。また，WM 低下を抑え，認知能力の変化を補うのに有効であると見られる介入法についても検討する。最後に，高齢者の日常の実用的能力における WM の変化の影響を議論して締めくくる。

1節　はじめに

◆ ワーキングメモリの加齢における歴史的な捉え方

　ワーキングメモリは情報の保持と処理を同時に行うための能力として定義されている（Baddeley & Hitch, 1974）。WM への加齢の影響に関する初期の研究の大部分は Baddeley と Hitch の中央実行系が WM の2つのシステム（言語性および視空間性の貯蔵庫）に作用するモデルに基づいている。加齢の効果の検討を試みた初期の研究は WM スパン課題の年齢差の測定ならびに保持や処理の要求の増加と年齢の相互関係を調べる実験であった。

　成人を対象としたスパン課題の成績の比較では加齢による能力低下が一貫して示されている。数字系列再生スパン（forward digit span）の年齢差に関する123の研究を対象としたメタ分析は高齢者（〜7.1項目）が若年者（〜7.6項目）と比べて記憶容量が小さく（0.53の差），数字系列逆行再生スパン（backwards digit span：数字の系列を提示された順と逆の順で答える）でも，同様の年齢差があることを示した（高齢者は5.34，若年者は5.88，0.54の差；Bopp & Verhaeghen, 2005）。対照的に，最終的な反応をする前に保持に加えて複数の項目の処理や調整が必要になる複雑な課題では，平均スパンの差は約2倍になった。これらの課題には文章スパン（sentence span），リスニングスパン（listening span），計算スパン（computation span）が含まれていた（平均年齢差は順に 1.01，1.27，1.54）。加えて，メタ分析のデータの数学的モデリングは若年者が WM 内で4項目保持できるのに対して高齢者は3つだけしか保持できないことを示している。これらの結果は，Basak & Verhaeghen（2003）

の結果と一致する。彼らは高齢者のサビタイジングスパン（subitizing span）を測定した。サビタイジングとは数えることなしに瞬時にディスプレイに提示された数を把握する能力であり，WMの注意の焦点を測定していると考えられている。Basak & Verhaehenは高齢者のサビタイズスパンは2.07項目であるが，若年者のサビタイズスパンは2.83であることを示した。したがって，高齢者のWMスパンは小さく，多くの課題で若年者よりも容量が少ないと考えられる。

◆ ワーキングメモリの年齢差の推定に関するコホートの役割

　しかし，Bopp & Verhaeghen（2005）のような横断的な研究で測定された加齢に伴う若年者と高齢者のWMの低下の大きさにはコホート効果が交絡している可能性がある。コホート効果は，より認知的に複雑な環境を生み出す歴史的変化によって，最近生まれた参加者やより若い参加者の成績が上昇するという世代間の差を指す。それゆえ若年者と高齢者を比較する横断研究からWMの年齢変化を適切に推論するためにコホート効果を取り除かなければいけない。

　この問題は同じ人間を縦断的に調査し，比較することで部分的に解決できる。ヴィクトリア縦断研究（Victoria Longitudinal Study）は，60代と70代を対象とし，いくつかのスパン課題を用いて3年間の成績の低下について報告した（Hultsch, Hertzog, Small, McDonald-Miszczak, & Dixon, 1992）。65歳以上のキリスト教徒をサンプルとしたラッシュ修道会研究（Rush Religious Orders Study）では，4つのスパン課題を用いて8年間毎年調査が実施された。Wilson, Li, Bienias, & Bennett（2006）はワーキングメモリ課題の練習効果を統制すると成績が低下することを見出した。これらの研究は高齢者のWMに関して比較的短期間の成績の低下を示しているが，世代差について取り組んだわけではない。

　成人を対象に長期的なWMの低下について検討した研究はないが，推論変化の研究からWMの変化について推測できる。なぜなら推論はWMと非常に強く関係しているためである（$r = .90$; Kyllonen & Christal, 1990）。加齢に伴う推論成績の低下は30〜36歳と55〜81歳の成人を対象にした16年間にわたるロングビーチ縦断研究（Long Beach Longitudinal Study）で報告されている（Zelinski & Burnight, 1997）。横断研究の1年間の低下率と縦断研究の低下率はだいたい同じであった。これは成人期早期からWMが永続的で累積的に低下することを示している。しかし，16年間というスパンは，20代と60，70代を横断的に比較する場合の40〜50年の年齢範囲とは一致しない。加えて，生まれたコホートは異なるが年齢を一致させた参加者での直接的な比較はこれらのデータでは行われていない。

コホートの問題は推論にとって，そして暗に WM の研究にとって重要である。なぜなら，流動性知能の指標（Horn & Cattell, 1967）である推論は若年者の生まれたコホートと関係があることが示されており（Flynn, 1987），得点は世代を超えた同じ年齢の人と比較すると，1.5SD（標準偏差）分増加していた。コホートの違いが年齢の長期的な影響を低減するかどうかを調べるために，Zelinski & Kennison（2007）はロングビーチ縦断研究の推論成績の縦断的な変化に関して，16 年違いで生まれた 55 ～ 87 の年齢の 2 つのグループを比較した。第 2 次世界大戦前に生まれたコホートは 74 歳の時点で，16 年先に生まれたコホートよりも大幅に得点が高かった。最近生まれた 74 歳の平均成績は先に生まれたコホートの 59 歳のときの成績とだいたい同じであった。しかし，両方のコホートとも加齢による成績の低下を示し，世代が違うにもかかわらずその傾きには違いはなかった。したがって，推論，もっと言えば WM の加齢による低下はコホートによって説明されない。とはいえ，研究結果は横断研究における年齢差の大きさにコホートが重要な役割を果たしていることを示唆していた。これは WM の加齢による低下は横断研究で示されているほど大きくないかもしれないことを意味している。この章で示す残りの研究は横断的なデザインを用いており，知見を解釈するときにはこの点に留意する必要がある。

2 節　最新の研究

◆ワーキングメモリと他の認知能力との関係

　記憶への影響に加えて，WM の年齢差は他の認知システム（特に，流動性知能と関連する能力）にも影響を与えていると考えられる。それは WM が一般的な知能（Conway, Kane, & Engle, 2003），読解力（Just & Carpenter, 1992），数学能力（Gathercole, Pickering, Knight, & Stegmann, 2003），そして一般的な言語能力と強く関係するという若年者を対象とした研究からも明らかである（Kemper, Herman, & Liu, 2004）。
　ワーキングメモリは他の能力を予測する際の個人差の原因として加齢研究で検討されており，WM 容量は高齢者において多くの能力と関連している。実際に，WM と推論の非常に強い関係が，若年者（Kyllonen & Christal., 1990）だけでなく，28 ～ 97 歳の年齢範囲の成人で見られている（Zelmski & Lewis, 2003）。WM と関連する他の能力には，言語のリストや談話の記憶（Lewis & Zelinski, 2010），話し言葉と書き言葉の生成（Kemper & Mitzner, 2001），複雑な文章の一語一語の処理（Stine-Morrow, Miller, Gagne, & Hertzog, 2008），展望的記憶（Braver & West, 2008），そ

して文脈からよく知らない単語の意味を識別するための能力（McGinni & Zelinski, 2000）が含まれている。

　どのようにWMが課題成績に影響を与えるかについてはLight, Zelinski, & Moore (1982, Exp.3) の研究で説明されている。彼らは，言葉を再配列させる量が異なる線形順序課題（linear ordering tasks）を用いて高齢者の推論能力を評価した。課題は2種類あり，1つは言葉が隣接していて，再配列する必要がなかった。たとえば，「デイビットはボブよりも背が高い。ボブはジェームズよりも背が高い。ジェームズはロンよりも背が高い」。もう1つは言葉が隣接していないので必要に応じて並べ替える必要があった。たとえば，「ジェームズはロンより背が高い。ボブはジェームズよりも背が高い。デイビットはボブよりも背が高い」。そして，参加者は事実質問（「ジェームズはロンよりも背が高いですか？」）か，推論質問（「デイビットはロンよりも背が高いですか？」）のどちらかを尋ねられた。研究結果は高齢者が若年者よりも，再配列を求められる課題で推論質問と事実質問の成績が低いことを示していた。これは言葉の再配列の要求が高齢者ではWMの容量に強い負荷をかけることを示している。推論能力の低下や反応への自信の低下，記憶全体の衰えのような代替的な説明は除外された。高齢者は再配列条件で事実を記憶することが困難であることから，研究結果はWM容量に過度な負荷を与える課題が高齢者の記憶に影響を与えることを示唆している。

　同様に，近年では，コンピュータモデリングによって，親しみのある材料より親しみのない材料を関連づける方がよりWMの要求が大きいために，高齢者が若年者よりも新規な親しみのない関係を形成することが困難であることが裏付けられている（Buchler, Faunce, Light, Gotfreddson, & Reder, 2011）。

◆ワーキングメモリと他の能力の相関変化

　WMと認知能力の縦断的な変化の関係を検討している研究が少数だけある。認知能力の変化との関連を見た最も初期の研究（Zelinski, Gilewski, & Schaie, 1993）は，推論能力の3年間の変化がロングビーチ縦断研究の参加者である55歳以上の人の記憶の変化を予測することを示した。このサンプルでは推論とWMが非常に強く関連することが一貫して示されており（Zelinski & Lewis, 2003），記憶の変化がWM能力の低下によって予測されることを示唆している。ヴィクトリア縦断研究では，WMスパンの6年間の変化がエピソード記憶の変化と関連していた（Hertzog, Dixon, Hultsch, & MacDonald, 2003; Hultsch, Hertzog, Dixon, & Small, 1998）。ラッシュ修道会研究では，言語性WMの6年間の変化が，文章や単語の記憶，知覚スピード，

視空間能力を含む他の能力と相関していた（Wilson et al., 2002）。

◆ ワーキングメモリ：加齢の根底にある認知的基本要素？

　認知的基本要素，すなわち基礎的なプロセスがより複雑なプロセスを支えており，それゆえ少数の基本要素の能力低下が加齢によるより複雑な能力の変化を説明していることが示唆されている（Salthouse, 2004）。WMや関連する尺度の年齢差や年齢変化が他の能力の年齢差や加齢による低下と関連するという横断的な知見と縦断的な知見の一貫性は，WMの低下がどの程度認知的加齢効果のメカニズムで，認知的基本要素であるのかという問題を提起している。

　Salthouse（1996）は，処理スピードの尺度から他の認知能力を予測するほうが，他の認知能力から処理スピードを予測するよりも強く予測する傾向にあることから，加齢による処理スピードの鈍化はほとんどの加齢現象の根底にある認知的基本要素であることを示した。しかし，近年の研究では処理スピードと，リスト再生（list recall）で測定された記憶と加齢に重要な相関がみられること（Verhaeghen & Salthouse, 1997），年齢を統制した後の記憶成績のすべての分散を説明しないことがわかっている（Salthouse, 2004）。たとえば，Lewis & Zelinski（2010）は処理スピードに加えて，WMがリスト再生を直接予測することを構造方程式モデルによって示した。文章再生（text recall）は，処理スピードでは予測できなかったが，WMでは予測できた。

　さらに，文章再生へのWMの効果は他の研究でも見られたように年齢とは独立していた（Kemper & Liu, 2007）。Basak & Verhaeghen（2003）は，小さなWM容量では注意の焦点の内外の項目を移動するのに時間が必要になり処理の潜在時間が増加するので，WM容量の低下が高齢者の鈍化傾向を説明できると提唱している。

　ここで述べた研究は，唯一の認知的基本要素としての処理スピードの立場に疑問を投げかけるだけでなく，WMが認知的基本要素の1つであるかもしれないという間接的な根拠を提供している。加えて，WM容量の個人差は加齢による複数の目標状態の維持能力の低下を説明することができる。近年のメタ分析の結果は，一般的な処理スピードの鈍化に加えて，1つの目標状態から複数の目標状態への「グローバルスイッチング」を含む課題で年齢差があることを示している。グローバルスイッチングの成績は繰り返し同じタイプの操作を行う課題と同じブロック内で2つの操作のタイプのうち1つを行う課題での反応時間の差として測定される。しかし，全般的なスピードの低下を統制すると，同じブロック内で先行する試行が同じ操作タイプの試行と先行する試行が異なる操作タイプの試行の成績の差として測定される「ローカルスイッチング」では年齢差が見られなかった（Wasylyshyn, Verhaeghen, & Sliwinski,

2011)。複数の目標を管理するといった上位の処理と関連する一連の処理（WM とほぼ同義である）が基本要素である可能性がある（Braver & West, 2008）。以下では，加齢に伴ってどのように WM が変化するのかを明らかにできると考えられる特定のプロセスに的を絞るために WM の階層的モデルを参照する。

◆ ワーキングメモリの階層的モデル：
利用可能性 vs アクセス可能性の年齢差

　WM システムの重要な側面は意識下では容量が少数の項目や考えに制限されていることである（Baddeley & Hitch, 1974）。WM の貯蔵のもともとの概念はその容量が単一であるが音韻的な入力と視覚的な入力に分かれていたことであった。Cowan（1988, 1995）の階層理論は WM の容量に階層性を想定しており，それによって WM 内のある項目が他の項目よりアクセスしやすくなると提唱していた。Cowan のモデルは WM に関して 2 つの貯蔵構造を提唱した。約 4 ± 1 の項目の即時アクセスゾーン（「注意の焦点」）と，項目を容易に利用できるが即座にアクセスできるわけではない状態で貯蔵されているより大きく活性化された長期記憶（LTM）ゾーンに区別されていた。Oberauer（2002）は Cowan のモデルを採用し，WM システムが 2 部ではなく，3 部構造であることを示唆した。Cowan のモデルのように，1 つの情報ユニットにだけ注意を向ける内部の制限された注意の焦点が存在する。それは将来更新される情報ユニットが維持されている外部貯蔵庫に取り囲まれており，さらにそれらは受動的 LTM 貯蔵庫と呼ばれる活性化された LTM によって取り囲まれている。Cowan のモデルと違って，近年の研究結果は，Cowan の 2 つのゾーンが後の再生のために更新されない情報を貯蔵・維持している受動的 LTM 貯蔵庫から守られていることを示唆している（Basak & Verhaeghen, 2011b）。Basak と Verhaeghen の結果に基づくモデルの簡略版が図 5-1 の左側に示されている。このモデルは，連続的な記憶更新が求められるときに焦点容量が 1 項目に限られ，訓練の効果も見られないことを示唆する他の研究によって支持されている（下記参照）。しかし，他の条件下では容量はもっと大きくなるかもしれない。

　階層的モデルでは，WM 内の情報ユニットの数が注意の焦点の容量よりも少ないか同じであれば，焦点の中で保持され，即座に検索できる。項目へのアクセス時間は早く，情報ユニット 1 つあたり 40 ms で自動的に処理される。しかし，WM 内の情報ユニットの数が注意の焦点の容量を超えたときは，あふれたユニットが焦点の外部（外部貯蔵庫）に保持される。外部貯蔵庫内の情報ユニットの処理については，それらを外部貯蔵庫から注意の焦点に移す検索操作，つまり「焦点切り替え」を必要とし，

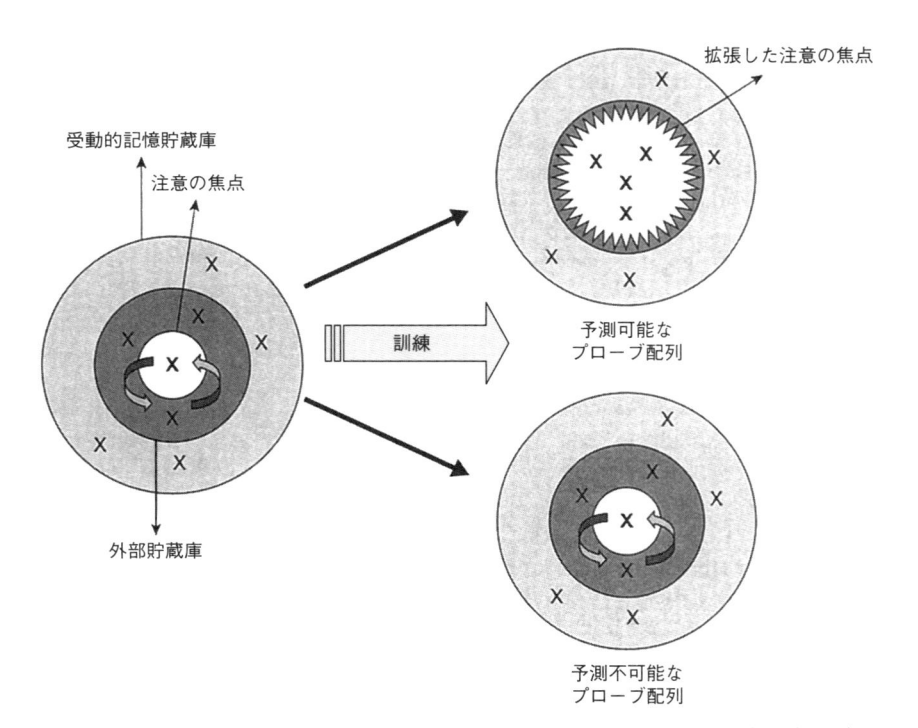

■図5-1　ワーキングメモリの3部構造の単純な図。連続的な記憶更新課題では焦点（focus）はまず関連する情報に直接注意を向け，それからアクセスし，それに続いて情報を更新する。プローブ手がかりの予測可能性（不可能性）は最初の役割に影響する。Cowan（1995）のモデルに従えば，訓練によって，焦点は予測可能なプローブの順序であれば1つから4つにまで拡張するが，予測不可能なプローブの順序であれば，焦点は拡張しない。

これらの項目へアクセスする時間は増加することになる（Verhaeghen & Basak, 2005）。注意の焦点の容量測定には，「焦点切り替えコスト」の測定が含まれている。それは，WM内の項目数に応じて観察される反応時間の差によって測定されるが，焦点切り替えコストは非常に大きい（情報ユニット1つあたり200〜600 ms）。そのことは，焦点切り替えコストが制御された処理を意味しており，注意の焦点内の反応時間とは異なる。焦点切り替えコストに関する研究は，注意の焦点の能力が課題要求とともに変化することを示している。

　サビタイジングスパン（一目見て正確に見積もれる項目の数）のような注意の配置に関して並行処理を求める課題に関しては，焦点の容量は若年者で4項目まで（Cowan, 2001），高齢者で3項目まで（Basak & Verhaeghen, 2003）ということが明らかにされている。連続的な注意処理を含む課題に関しては，焦点の大きさは1項目

に限られており，そのことは，以下のような多様な課題で示されている。

1）参加者が現在の項目と現在からN回前に提示された項目が同じかどうか判断するNバック課題（McElree, 2001; Verhaeghen & Basak, 2005; Verhaeghen, Cerella, & Basak, 2004）。
2）参加者が視覚ディスプレイ内の丸や三角のような複数のタイプの項目を追跡するランニングカウント課題（Basak & Verhaeghen, 2011b; Garavan, 1998）。
3）現在の項目がランダムに選択された以前の項目と比較されるランダムNバック課題（Basak & Verhaeghen, 2011a）。
4）複数の場所で情報を更新するために計算操作を行う必要がある計算更新課題（Oberauer, 2002）。

　焦点切り替えへの加齢の影響に関する研究の多くは自分のペースで行う修正Nバック課題を用いて検討されている（Vaughan, Basak, Hartman, & Verhaeghen, 2008; Verhaeghen & Basak, 2005）。参加者は現在の刺激がN回前に提示されたものと同じか異なるかを示すために2つのキーのうちどちらかを押す。キーを押すと次の刺激が現れる。参加者が項目の位置を追跡しやすくするために，刺激は列1に最初の刺激，列2に次の刺激といったように列ごとに色がつけられ，コンピュータスクリーン上に提示される。N刺激が呈示された後，新しい刺激系列は列1から始まる。したがって，参加者は現在の刺激と以前提示された同じ色の列の刺激とを比較する。このパラダイムは，項目の位置を追跡する参加者の努力を最小限にしながら，項目への「接近可能性」のスピードと検索や「利用可能性」の正確性を測定できる。
　系列処理のモデルは，記憶内で複数のユニットの中から特定のユニットを探索するときに，反応時間が情報ユニットの数に応じて単調に増加することを示した。それは我々がターゲットとなるユニットを見つけるまで個々のユニットをチェックしていることを意味している。Oberauer（2002）によれば，外部貯蔵の情報ユニットの検索率はユニットの数に応じて増加し，それが系列探索処理であることを示唆している。しかし，この結果は外部貯蔵からの処理に関する他の研究で再現されていないため（Verhaeghen & Basak, 2005; Verhaeghen et al., 2004），系列検索処理かどうか明らかではなく，系列検索処理の現れはプローブ（記憶探索）手がかりの予測可能性と関連している可能性がある。
　ランニングカウント課題を用いたBasak & Verhaeghen（2011b）は，情報がその後の更新のために焦点にアクセスされ検索される前に，注意の焦点が外部貯蔵内の関連する情報ユニットに向けられなければいけないと主張している。もし情報を選択す

第 5 章　ワーキングメモリの階層モデルと健康な高齢者のその変化

るためにプローブ手がかりが「予測可能」であれば，焦点切り替えコストは外部貯蔵の情報ユニットの数とは関係なく変化しない。一方，もし「予測不可能」であれば，系列検索を行うことになり，そこでは外部貯蔵内の適切なターゲットに注意を向ける必要があるため，情報のユニットが増えると同時に焦点切り替えコストも増大する。N バックパラダイムでは，プローブ手がかりが予測可能であるので，焦点切り替えコストは N = 1 から N = 5 まで一定である（Verhaeghen & Basak, 2005）。プローブ手がかりが予測不可能な「ランダム」N バック課題やランニングカウント課題では，焦点切り替えコストは N ＞ 1 の場合には N が増えると大きくなる（Basak & Verhaeghen, 2011a, 2011b；図 5 - 2）。

　将来提示される列が予測不可能なランダム N バック課題における切り替え試行の分析が，Basak & Verhaeghen（2011a）の説明を予測するかどうか検証するために行われた。各列内の，検索される情報ユニットの数はプローブ順に減少する（たとえば，4 バック版では，最初の切り替え試行で 3 項目，次の切り替え試行で 2 項目，最後の切り替え試行で 1 項目だけチェックされる）。系列検索処理が行われているときにはプローブ手がかり順に応じて反応時間が減少すると予想されたが，それは支持された。ランニングカウント課題を用いた別の研究では，介在する列の数や切り替え試行の遅延効果のような別の説明は除外された（Basak & Verhaeghen, 2011b）。近年の研究では，Basak らは新規の記憶更新パラダイムをプローブ手がかりの予測可能性と神経系の相関を調べるために用いた。結果は我々のモデルの行動研究の結果を支持しており，予測可能性はワーキングメモリ内の情報へのアクセスと更新において重要であった（Basak & Hamilton, 2012）。

　Basak らは修正 N バック課題では訓練によって 1 項目の注意の焦点の大きさを拡

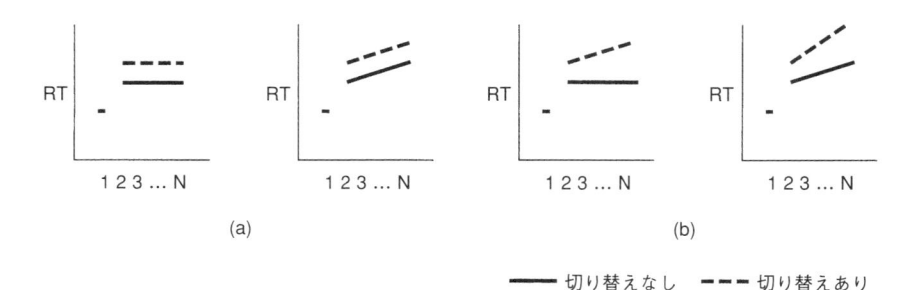

■図 5 - 2　N ＞ 1 の場合，焦点切り替えコストは切り替え反応時間と非切り替え反応時間の差として計算される。(a) プローブの順序が予測可能なとき，焦点切り替えコストは切り替え反応時間と非切り替え反応時間の傾きが平行と予測されるので一定である。(b) プローブの順序が予測不可能なとき，焦点切り替えコストは記憶する大きさに応じて増加する。

張することができるが（Verhaeghen, Cerella, & Basak, 2004），ランダム N バックや N カウント課題ではできないことも明らかにした（Basak, 2006; Oberauer, 2006）。プローブ手がかりが予測可能な場合は徹底した訓練によって 1 ～ 4 項目まで焦点を拡張できるが，予測不可能な場合は系列検索を行うことになるため徹底して訓練しても 1 項目以上の焦点に拡張できない。したがって，プローブ手がかりが予測可能な訓練やサビタイジングスパンのような並列処理を含む課題の訓練は注意の焦点を拡張する。図 5-1 の右側で説明されているとおり，一定の環境下で訓練によって記憶更新課題の 1 項目の注意の焦点を拡張できることが示されており，これは Cowan（1988, 1995）のモデルと単一焦点モデル（Basak & Verhaeghen, 2011b; Oberauer, 2002; Verhaeghen & Basak, 2005）の統合を意味している。

◆ 階層的ワーキングメモリモデルの加齢の知見

　加齢に関して，これまで上記のような仮想列を用いた研究が主に 4 つの知見をもたらした。1 つ目は，注意の焦点の容量の限界に年齢で違いが見られないことである。つまり，系列注意課題では，「高齢者も若年者もワーキングメモリの注意の焦点内には最大で 1 つしか情報ユニットを保持できない」。言うまでもなく，個々の情報がワーキングメモリ内で情報処理に関与している限り，焦点は空にできない。

　2 つ目はワーキングメモリ内の焦点を切り替えるプロセスでの項目へのアクセス可能性の加齢の効果に関してである。加齢に伴う比較プロセスそれ自身の反応潜時の低下を考慮すると，正反応の反応潜時の焦点切り替えコストに年齢差は見られない。これは課題の困難度が増加するとともに高齢者の反応潜時が若年者と比べて増加するという認知的加齢の知見（Cerella, Poon, & Williams, 1980）に反する。この結果は，たとえば，項目がランダムに連続的に提示されるとき（Basak & Verhaeghen, 2011a）や，すべての項目がスクリーン上の同じ場所に提示されるとき（Vaughan et al., 2008, Exp.1），すべての刺激が 1 桁ではなく 3 桁の数字であるとき（Vaughan et al., 2008, Exp.2）など，もっと難しい課題でも同じである。このポジティブな結果は予測外なことではなく，「高齢者は情報ユニットが利用可能であるなら，若年者と同じくらい効率よくワーキングメモリ内の注意の焦点の内外の情報ユニットにアクセスできる」という結論をもたらした。

　加齢に関する 3 つ目は，項目の利用可能性，つまり焦点切り替え後の十分な検索の可能性に関してである。焦点内の項目は非常に利用しやすくほぼ完璧な正確性である。外部貯蔵内の項目はほとんど利用できず，正確性は単調に減少する。N バック課題で，焦点を切り替えるプロセスの検索ダイナミクスに年齢差はなかったが，年齢は焦点を

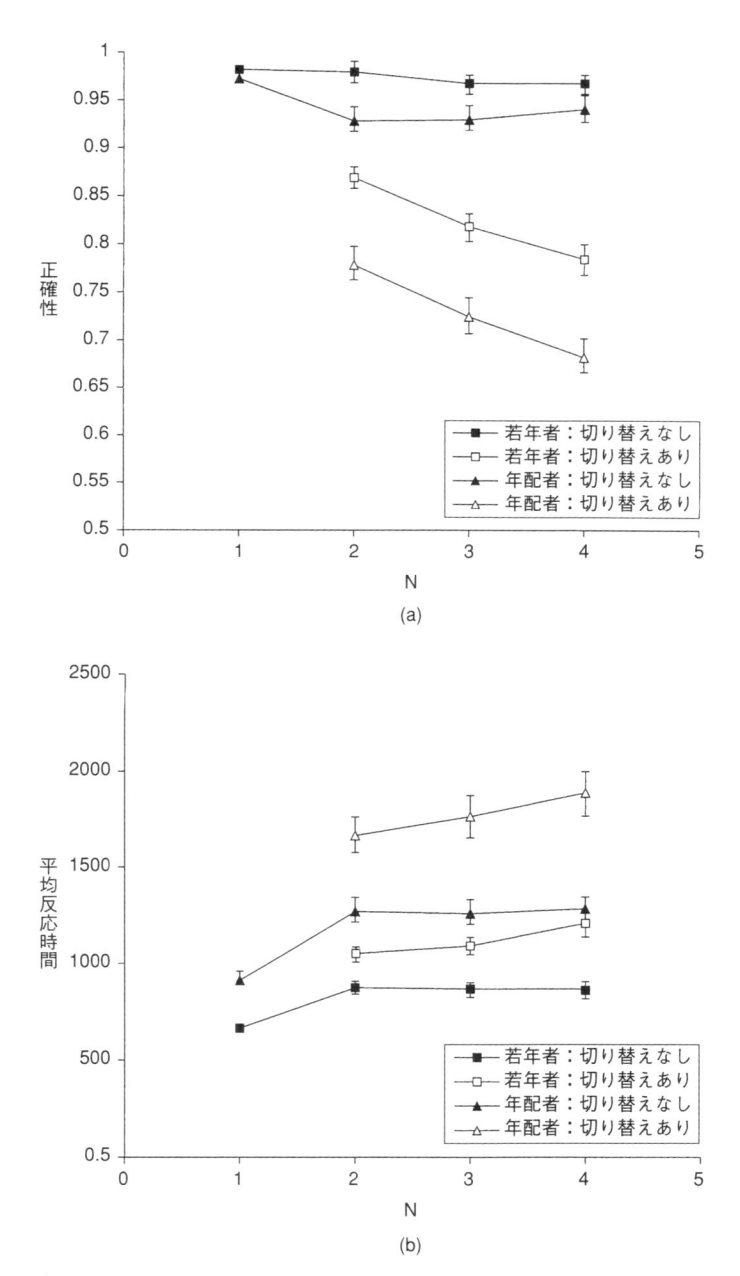

第5章　ワーキングメモリの階層モデルと健康な高齢者のその変化

図5-3　予測不可能なNバック課題での若年者と高齢者の利用可能性とアクセス可能性（Basak & Verhaeghen, 2011a）。(a) 正確性に関する年齢差はN＝2の切り替え試行と非切り替え試行の間で存在しているが，N＞2ではその差は増加していない。(b) 焦点切り替えコストはNの大きさの関数として増加しており，制御された検索プロセスを示しているが，検索効率で年齢差はない。

切り替える正確性と関連しており，高齢者は焦点を切り替える必要があるときに正確性を欠いていた（Vaughan et al., 2008, Exp.1; Verhaeghen & Basak, 2005, Exp.1）。これは情報を外部貯蔵から焦点まで検索する必要がある焦点の切り替えプロセスを若年者に比べて高齢者はあまり利用できないことを示唆している。同様に，ランダムNバック課題では，焦点切り替え試行は切り替えなし試行よりも正確性が低く，正確性の年齢差が切り替えなし試行よりも焦点切り替え試行で大きかった（Basak & Verhaeghen, 2011a; 図5-3a）。これらの知見は「外部貯蔵内の項目の利用可能性に年齢差が存在する」ことを示唆している。

加齢に関する知見の4つ目は，外部貯蔵内での検索のダイナミクスに関してである。先述したように，外部貯蔵から情報ユニットを検索するスピードの傾きはプローブ手がかりの予測可能性とともに変化する。プローブ手がかりが予測可能なときに，傾きはゼロかゼロに近くなる。もし予測不可能ならば，傾きはNバック課題ではNとともに大きくなり，それは制御された検索を示唆している（Basak & Verhaeghen, 2011a; 図5-3b）。重要なことは，課題の予測可能性の有無に限らず，一般的処理スピードの鈍化を統制すると，その傾きにはほとんど年齢差がなくなることである。つまり，「若年者も高齢者も同様の効率で外部貯蔵を検索できる」ことを示唆している。

したがって，WMの階層モデルに基づく研究は，系列注意課題での高齢者のWM成績の低さが一連の研究で明らかにされた4つのプロセスのうちの1つのみに基づいていることを示唆している。注意の焦点のサイズや，焦点を切り替える能力，あるいは予測可能試行と予測不可能試行での外部貯蔵からの情報を検索するダイナミクスに年齢差はない。しかし，外部貯蔵内の情報の利用可能性には年齢差がある（Basak & Verhaeghen, 2011a）。

並列処理の焦点のサイズに関する年齢差をどのように解釈できるかについてはほとんど明らかになっていない。Basak & Verhaeghen（2003）は高齢者がサビタイジングスパンにおいて若年者よりも注意の焦点の範囲が1項目狭かったことを示唆している。すでに述べている通り，これはほとんど利用できない外部貯蔵から注意の焦点まで項目を検索する必要があるので，高次の認知処理のスピードだけでなく，効率性にも影響を与えているだろう。

◆ ワーキングメモリ内の目標維持

この点を議論しているすべての研究が年齢差と課題内の成績差の変化に関してWMの評価に焦点を当てている。WMの加齢に関する考え方は幅広く，目標維持のような監視プロセスとも簡単に切り離せない（Braver & West, 2008）。たとえ情報が

課題状態や目標のレベルにあるとしても，加齢による情報の利用可能性の低下はパフォーマンスの重要な側面である。近年の WM の年齢差に関する説明は加齢が2つの課題状態を維持することの困難さと関連していることを示唆している。

　グローバルタスクスイッチコスト（切り替えが必要ないピュアブロックの反応時間と切り替えが必要なスイッチブロックの反応時間の差）は，前述したように，一般的な処理能力の低下を考慮しても若年者よりも高齢者でより大きくなる（Verhaeghen & Cerella, 2002; Wasylyshyn et al., 2011）。グローバルタスクスイッチングとローカルタスクスイッチングの行動における年齢差は fMRI の皮質活性研究の結果と類似している。高齢者は若年者よりもタスクスイッチングパラダイムにおいて前頭前皮質の持続的な活性化が少なく，一時的な活性化が多いことが示されている（Jimura & Braver, 2010）。これらの皮質活性化の年齢差は複数の課題状況を維持することが高齢者では困難であるという考えを支持している。

　Braver & West（2008）は，高齢者が目標に基づくトップダウン手がかりよりも刺激由来のボトムアップ手がかりを利用することで状態を維持する文脈モデルを提唱した。これは連続遂行課題である AX-CPT（Ax-Continuous Performance Task）を用いて検討された。AX-CPT では，参加者はプローブ文字 X を見たときに，文字 A が先行していた場合のみボタンを押す（AX 試行）。もし X に文字 B が先行した場合，反応を保留する（BX 試行）。もし文字 Y が提示されたら，文字 A が先行していても，反応を保留する（AY 試行）。A 文脈への反応にバイアスをかけるためにほとんどの試行が AX のペアであった。モデルは文脈（文字 A と B）が若年者よりも高齢者の正確性の得点により強く作用することを予測した。これは支持され，高齢者は若年者よりも BX 試行で多くのエラーを示し，AY 試行でエラーが少なかった。これは A と B の課題状態の維持よりも A 文脈に強く依存していることを示唆している。

　これらの知見は2つの認知的制御のモードを柔軟に調整する制御の二重機構モデル（Dual Mechanisms of Control model）を提起した（順向と逆向）。順向制御は目標表象を持続的に維持し，注意および行為システムへ予期的なバイアスをかける。一方，逆向制御はエラーを避ける必要があるときに目標情報を一時的に刺激に基づいて再活性化する（Braver, Gray, & Burgess, 2007）。fMRI によるこれらの活性化との相関は外側前頭前皮質（PFC）で見られる。外側前頭前皮質の持続的な活性化は順向制御と関連しているが，外側前頭前皮質の一時的な活性化と前帯状皮質と後連合野を含む他の領域は逆向制御と関連していた。高齢者は順向制御に苦労するが，逆向制御には苦労しないという予想は AX-CPT 実験中の皮質活性化パターンによって確認された（Paxton, Barch, Racine, & Braver, 2008）。若年者は順向制御を行う傾向が強く，それに関連する活性化パターンが見られる。これらの知見は高齢者が目標維持活動をほ

とんど行っておらず，トップダウンの目標を維持するために必要な活性化を自発的に持続させていないことを示唆している。

◆ 訓練を通してワーキングメモリを拡張する：訓練と転移効果

　加齢に伴って WM システムの機能に制限がかかることはこれまでの議論から明らかになっている。しかし，神経可塑性の研究はいくつかの能力低下が認知訓練によって改善される可能性があり，WM と関連する課題の成績も直接訓練していなくても回復するかもしれないと示唆している（Zelinski, 2009）。

◆ 認知的訓練

　高齢者を対象とした初期の記憶訓練の研究はエピソード記憶を改善するための方略使用に重点を置いていた。エピソード記憶訓練による記憶成績の被験者内変化への影響に関するメタ分析は，高齢者に訓練の効果があることを示した（平均効果量 .73）。それは何もしていない統制群とプラセボ効果に対処する群で示された効果量の約2倍であった。しかも，特定の記憶術の訓練でも問題はなかった（Verhaeghen, Marcoen, & Goossens, 1992）。しかし，方略訓練の研究は，一般的に訓練されていない材料や課題への転移が限定的であることを示していた。たとえば，イメージに基づく訓練は視覚化できる具体的な言葉の記憶成績は改善するが，視覚化が難しい抽象的な言葉ではそうではなかった（Stigsdotter Neely & Bäckman, 1995）。興味深いことに，WM 不足の観点からみると，高齢者は訓練された方略を日常の文脈で実行することが難しいのかもしれない（Brooks, Friedman, & Yesavage, 1993; Rebok, Carlson, & Langbaum, 2007）。記憶方略訓練は努力を要する。訓練された技術が WM 内で検索され維持される必要があり（Zelinski, 2009），目標状態を積極的に維持することを意味する過剰学習だが非効率的な記号化の習慣を避ける必要もある。これは WM への直接的な訓練が転移にとって重要であるということを示唆している。

　ワーキングメモリの訓練は結果が混在しており，幅広いスキルに転移する可能性を示す研究もある。二重課題，タスクスイッチング，N バック，WM スパンを含むパラダイムがこれまで検討されてきた。

　Kramer, Larish, & Strayer（1995）は若年者と高齢者を対象にアルファベット計算課題（alphabet-arithmetic task）に反応しながら変化するディスプレイをモニターする二重課題を用いて訓練した。二重課題形式の転移課題はスケジューリング（scheduling task）と対連合ランニング記憶（paired-associates running memory task）であり，訓練した内容とは異なっていた。訓練後，二重課題コスト（単一課題と二重課題間の差）に高齢者と若年者で違いがなく，転移課題でも高齢者と若年者で類似したコストの減少を示した。Bherer et al.（2005）は，聴覚課題とモダリティ間転移課題の両方で，訓練された高齢者は統制群で見られなかった二重課題コストの減少を示した。加えて，Kramer, Larish, Weber, & Bardell（1999）は二重課題の訓練効果が約2か月後にも高齢者で観察されたことを明らかにした。

　いくつかの研究ではNバック課題を直接訓練していた。Buschkuehl et al.（2008）は視覚材料を使用したNバック課題を用いて，80歳以上の参加者を対象に選択反応時間を指標にして訓練した。訓練された課題への反応速度と正確性に改善が見られ，視覚材料と数字の再生にも転移していた。1年後のフォローアップ調査でも訓練と転移の結果が両方とも維持されたままであったが，効果は弱まっていた。Li et al.（2008）は2バック課題を用いて視空間性ワーキングメモリを訓練した。訓練された2バック課題の成績が改善したのに加え，3バック空間課題と数字のNバック課題に転移が見られた。

　高齢者はタスクスイッチングにおいて若年者並みまで切り替えコストが減少し訓練の効果を示した（Kramer, Hahn, & Gopher, 1999）。タスクスイッチングを訓練することで，別のタスクスイッチングパラダイムでも切り替えコスト（Karbach, Mang, & Kray, 2010）や，ストループ干渉が減少し，言語と視空間のWMスパン課題への転移（Karbach & Kray, 2009）も見られた。最後に，高齢者を対象としたWMスパンの訓練によって，統制群と比べて逆行再生，流動性知能，ストループ干渉，そして処理スピードが改善された（Borella, Carretti, Riboldi, & De Beni, 2010）。

　しかし，すべての研究で転移が報告されたわけではない。ある研究では，若年者同様，高齢者も文字スパン課題の訓練で効果が見られたが（Dahlin et al., 2008），3バック課題への転移については若年者と違って高齢者では効果が見られなかった。事前テストでのfMRIの脳活性パターンは，若年者では更新課題とNバック課題で左の線条体（left striatum：WMと前頭領域のゲートキーピング機能を支えると考えられている）に類似の活性パターンが見られるが，高齢者では両課題でそのような線条体活性化の重複は見られないことを示していた。

　著者は，訓練の転移が対象となる課題や転移課題で必要とされる共通の神経システムに依拠しており，この場合，高齢者で転移が見られなかったのは線条体の不活性に原因があるだろうと主張している。しかし，理想的には，活性化は事前テストだけでなく事後テストでも訓練と転移課題の両方で測定されるべきである。これによって，高齢者が訓練課題の内容は学習しているが，若年者とは異なって，訓練と転移課題で同じ脳領域を使用しないという仮説の直接的な検証が可能になるだろう。

しかし，課題中の特徴的な活性化パターンの年齢差は行動の結果に伴い変化する。Braver, Paxton, Locke, & Barch（2009）はAX-CPTパラダイムにおける習慣的なコントロールパターンを変化させるために高齢者には課題方略の訓練を行い，若年者に金銭的なインセンティブを与えた。高齢者は順向コントロールパターンに変化し，若年者はバイアスをかけたことで逆向コントロールパターンに変化した。fMRI活性化の時間的な変化は行動の変化を反映しており，高齢者では活性化パターンをトレーニングによって操作可能であることが示唆された。

　Ｎバックや二重課題訓練のようなパラダイムを用いたWMの年齢差の実験的な検討がWMを表象するために理論化されたプロセスに関する加齢の問題を明確にするために行われてきたが，特定のプロセスがどの程度その課題で訓練され，転移課題に関与しているかについては実験的に検討されていないことを考慮することも重要である。つまり，WM訓練で測定された認知プロセスが別の転移課題で等しく訓練可能かどうか，等しく現れるのかどうかについて検討した研究はほとんどない。Miyake et al.（2000）は，WMと重複する概念である「前頭葉」課題の構成概念の独立性に関する仮説を検証するために多くの課題を用いて潜在変数モデリングを行った。その結果，3つに分かれるが互いに相関する因子を見出した（WM内の情報の更新とモニター，タスクシフティング，優性反応の抑制）。課題を超えたWMプロセスの代表性が明らかにされるまで，転移を生み出すために複数のWMに関連するプロセスの訓練を行うことが堅実であると思われる。

　商業的に利用可能でコンピュータ化された感覚弁別の訓練プログラム（参加者にスイープ音，音素，音節の各レベルの聴覚シグナル処理においてどんどん微少になる差異をより早くより正確に検出することを求めるコンピュータ訓練）について転移の可能性が検討された（Mahncke, Bronstone, & Merzenich, 2006a; Mahncke et al., 2006b）。訓練課題はワーキングメモリに関与した内容で，参加者に各試行の刺激が提示されるまで反応を保持することを求めた。いくつかの訓練課題ではWMの負荷が増加していく。ある訓練課題では試行ごとに大きくなるマトリックス内の一致する音節のペアの空間位置をモニターしたり，別の課題では音節スパンが長くなったり，また別の課題では完遂するためにより多くの行為を必要とし，言語的にもどんどん複雑になる聴覚的指示を実現するよう参加者を訓練した。訓練によっては，比較対照群や再テスト統制群に比べて直接的な訓練成績と音韻記憶などの転移の成績の両方が改善した（Mahncke, Bronstone, & Merzenich, 2006a; Mahncke et al., 2006b）。65歳以上の約500人の参加者を対象とした多施設二重盲検ランダマイズ臨床試験で，Smith et al.（2009）は実験群が比較対照群よりも逆行再生，語音整列（letter-number sequencing），言語リスト遅延再生（word list delayed recall），言語リスト総得点と

いった複数の記憶再生課題の成績で改善が見られたことを示した。3か月後の追加訓練のないフォローアップ調査では実験群の訓練の効果は維持されたが，弱くなっていたことが示された（Zelinski et al., 2011）。

ここまでに引用した研究は，WMに関与した内容を含む訓練が全般的に転移と関係していることを示唆している。より複雑でマルチモーダルなアプローチは結果的にWMの改善にとっても重要であった。Gopher（2007）は，車の運転のような複数の情報により早く正確に注意を向けなければいけない課題の訓練が，もし様々な課題の要素を同時に処理しなければならないなら，個々の要素を連続的に処理する訓練よりもよりよい学習効果を生み出すことを示唆した。このアプローチは参加者が個々の下位プロセスを超えてスキルを一般化するために課題のすべての要素に全体的に注意を向けることを求めている。Kramer et al.（1995）は二重課題への優先順位を変えることのできるアプローチ（参加者が各試行で優先順位をつけるように教示される）が優先順位が固定的なアプローチ（1ブロックの試行内で1つの課題だけ優先させる）よりも良い成績をもたらすことを明らかにした。Bherer et al.（2005）は可変的優先順位訓練が簡単な課題には影響しないが，難しい課題には影響を与えることを示した。Boot et al.（2010）は複雑なデジタルゲーム（Space Fortress）を用いて若年者を20時間訓練した。訓練群は可変的優先順位訓練を受け，統制群は総合得点を改善するよう求められた。訓練群はゲームの成績が改善しただけでなく，スタンバーグ記憶走査課題（sternberg's memory scanning paradigm）で測定した短期記憶と飛行シミュレータ（flight simulator）における二重課題のコスト低下に転移の効果が見られた。

デジタルビデオゲームは高齢者のWMを改善するためにも用いられてきた。ビデオゲームは基本的に可変的優先順位法を用いており，目標維持や感覚弁別のような加齢によって負の影響を受ける重要なWMスキルの総合的な訓練を可能にする。これまでに総合的にこれらの核となるWMスキルを改善することは認知システムに幅広く効果を持つことが示されている（Basak, Boot, Voss, & Kramer, 2008; Buschkuehl et al., 2008; Kramer, Larish, Weber, & Bardell, 1999）。

少数ではあるが，訓練されていない認知スキルへの総合的でマルチモーダルなデジタルゲームの訓練効果を検討した研究がある。高齢者を対象としたパックマン，ドンキーコング，スーパーテトリスのような第一世代のアーケード型のゲームを使った訓練では反応時間は改善したが，認知的コントロールは改善しなかった（Clark, Lanphear, & Riddick, 1987; Dustman et al., 1992; Goldstein et al., 1997）。たとえば，高齢者を対象に25時間テトリスを訓練しても，反応時間は改善できるが，優先的な反応傾向を抑制する能力を測定するストループ課題（Stroop Color Word Test）の成績は改善できない（Goldstein et al., 1997）。

近年の一般的なデジタルゲームはアーケードゲーム（ゲームセンター等に設置されるゲーム）よりワーキングメモリやそれに関連する能力の改善に役立つような構造を有している（Zelinski & Reyes, 2009）。リアルタイムストラテジーゲームはゲームのルールを覚え，どんどん困難になる状況に対応しながらそれらを使用することが求められる。それらはターン制ストラテジーゲームやストラテジーボードゲームの複雑性とアクションゲームのスピードを合わせた内容になっている。たとえば，ストラテジーゲームの「Library」のように構造物を作るための行動の順序は，十分な構造物の作製と有効活用のためにその後必要となる。いつ，どこでなぜそれを作るのかがプレーヤーによって検討されなければいけない。デジタルゲームはゲームを進めるのに失敗することを通して成績を改善するようプレーヤーを動機づける。これはプレーヤーに代替的な方略を生み出させたり，失敗から学ばせたり，最終的に目標に挑戦するように仕向ける。ワーキングメモリに関係する別のゲームデザインの要素はバックトラッキングである。バックトラッキングは下位の目標が満たされるまで達成していない課題を完遂するために以前訪れたエリアに戻ることを求める。

　前述したいくつかの方法を使用する 23 時間以上の複雑なリアルタイムストラテジーゲーム（Rise of Nations）の訓練によって高齢者の視空間 WM と N バック課題の焦点切り替えコストが再テスト統制群と比べて改善することが示された（Basak, Boot, Voss, & Kramer, 2008）。さらに，ゲーム成績の改善はタスクスイッチングのローカルスイッチコストと N バック課題の焦点切り替えコストの改善を予測した。前頭頭頂葉の脳領域と小脳の量の個人差が高齢者のゲーム成績の改善を予測し（Basak et al., 2011），認知コントロールや運動コントロールを支える脳領域の容量の多さが複雑な認知スキルの学習効率の良さと関連していることも示唆した。

　紙面の制約のため，より詳細な訓練研究のレビューは除外する（第 14 章と第 15 章を参照）。エアロビクス（Hindin & Zelinski, 2012）や，自己効力感（West, Bagwell, & Dark-Freudeman, 2008），認知的従事（Carlson et al., 2008; Stine-Morrow, Parisi, Morrow, & Park, 2008）を含む多様なアプローチが高齢者の WM を改善することを示す研究が増えている。より広範囲のレビューはこれらの知見を議論している（Stine-Morrow & Basak, 2011; Zelinski, Dalton, & Smith, 2011）。

3 節　今後の方向性

　上述した研究が，WM や他の能力内で起きているかもしれない問題を明確に示すために，実験場面で高齢者に限界まで能力を発揮するよう求めていることを理解しておくことは重要である。年齢差にはコホート効果も関係しているが，WM が加齢に

よって低下することは明らかである。しかし，最も大事なことは日常生活へのWMの能力低下の影響に関する論文が不足していることである。WMとの関係を検討するための，日常生活の機能的能力の認知要求を正確に測定する効果指標の開発に関する研究がほとんどない。しかし，日常生活とWMの関連を考えるうえで手がかりとなる領域の1つが主観的記憶評価である。

主観的記憶

　記憶の自己効力感は加齢に伴って低下していく（Cutler & Grams, 1988）。それは客観的な記憶成績というより主観的な記憶成績の指標として考えられているが，WMや長期記憶からの検索の失敗に関する質問によって定義されている。記憶機能質問表（Memory Functioning Questionnaire: Gilewski, Zelinski, & Schaie, 1990）の忘却頻度尺度（Frequency of Forgetting）の33項目から，回答者を弁別し，独自に分散を説明する項目が「ラッシュモデリング（Rasch modeling）」という統計手法を用いて実験的に選択され，簡略ながら同様に信頼性があり妥当な尺度が作成された。簡略版の尺度に含まれていた10項目（Frequency of Forgetting-10: FOF-10）のうち，4項目はWMと注意の低下を示唆していた。これらには「どこにものを置いたか」「何をしようとしていて，それが何であったか」をどのくらいの頻度で忘れるかを報告させる項目が含まれていた。そして読み続けながら以前読んだ内容をどのくらい忘れるかについての2つの質問があった（Zelinski & Gilewski, 2004）。FOF-10と鬱得点には負の相関があり，性格特性の誠実性とは正の相関があったが，リスト再生やWMスパンとも関連があった（Zelinski, in preparation）。同じように，前述したランダム化臨床試験での複雑な聴覚弁別訓練やワーキングメモリ訓練によって，健康的な高齢者ではSmith et al.（2009）で報告された比較対照群と比べて主観的な記憶評価が改善していた。

　我々は主観的記憶が臨床上重要であると考えている。なぜなら，神経心理学的に観察可能な障害がない自覚症状は，潜在的な障害として伝統的に解釈され，認識機能障害発現のリスクを示している可能性がある。加えて，記憶障害とは独立した目標維持やプランニングと関わるプロセスの障害は，認知症発現のリスクを示唆するものとして知られている（Storandt, 2008）。訓練の影響を受けにくいWMの慢性的な障害は加齢に伴う能力低下の指標となるだけでなく，初期の認知症の指標であるかもしれない。

補償

　健康的な高齢者（高齢者の大半）の場合，日常生活の中でWM不足をどのように補っているかについてはほとんど知られていない。しかし，補償が可能であるということが示唆されている。たとえば，病院に行く日にちのような重要な情報に関して，健康な高齢者で忘れてしまうようなことはほとんどない（Salthouse, 2004）。研究室で得られた展望的記憶の能力低下とは対照的に，実生活の展望的記憶は高齢者の方が代替的な方略を用いるので若い人よりも成績が良い。彼らは認知的な誤りを犯すリスクを認識しており，たとえば，カレンダーのリマインダー機能のような手がかりを使って課題を覚えようする（Henry, MacLeod, Phillips, & Crawford, 2004）。

　車の運転はWMの負荷が高い日常活動の別の例である。事故のような運転の失敗は滅多にないが深刻である。1995～2008年の間に，70歳以上の運転手の数が増えているが，致命的および非致命的両方の事故の割合は35～54歳の群より70歳や80歳の群の方が減っている（Cheung & McCartt, 2010）。これは車が安全になり，高齢者の運転免許法が厳しくなっただけではない。高齢者の視力や認知を含む健康の増進（Zelinski & Kennison, 2007）が重要な要因であることが示唆されている（Cheung & McCartt, 2010）。加えて，65歳以上の運転手はシートベルトを使ったり，安全な状況下でのみ運転したり，飲酒運転や注意散漫な運転をしない人が増えている。たとえば，高齢者は他の年齢群よりも運転中に，飲酒したり，携帯電話で話したり，メッセージを書いたりしていない（Centers for Disease Control Data and Statistics, 2011）。高齢者は自分の視覚と認知の衰えを自覚し，運転を自己制御している（Braitman & McCartt, 2008）。これらに関連して，新しい研究結果は運転のエラーがWM訓練によって減らせる可能性を示唆している。Nバック課題と二重課題の訓練を組み合わせた研究は高齢者の運転のシミュレータの成績が改善することを示した（Casasavaugh & Kramer, 2009）。これはWM訓練が機能的能力を改善することを証明した最初の研究の1つであり，高齢者の自立を支援するための重要な可能性を提示している。

ワーキングメモリ，機能的能力，そして健康

　加齢に関して，2050年までに高齢者が世界人口の多数を占めると考えられるので，高齢者が自立した生活をするために機能的能力を維持することは重要である。世界人口の年齢の中央値は20歳上昇すると考えられている（United Nations, 2002）。65歳以上の成人人口は世界で6.9％から12％まで増加し，北アメリカでは12.6％から20.3％，ヨーロッパでは15.5％から24.3％，アジアでは6％から12％，ラテンアメリカや

カリブでは 5.5％ から 11.6％ に増加すると考えられる（Kinsella & Velkoff, 2001）。この世界的な高齢者が占める割合の増加は，軽度認知障害や認知症のような加齢に伴い認知能力が低下する症状の増加をもたらすと同時に，重篤な依存状態を減少させ遅らせるための解決法も生み出す。高齢期に増える健康状態の問題を1年でも遅らすことができれば，広範囲に影響を与えられる（Brookmeyer, Johnson, Ziegler-Graham, & Arrighi, 2007）。Murphy & Topel（2006）は心臓疾患の死亡率の減少によって1970年から2000年までに増加した1年分の平均余命が95兆ドルの社会的富をもたらしたと示唆している。健康の質が1年改善されれば，2倍の経済効果が得られると見積もられている。疫学者には認知的パフォーマンスは健康の指標として捉えられている。そして，認知能力と機能的能力は双方向的な関係であり，神経的な機能が認知能力と課題遂行能力の両方を支えている可能性がある（Li, Lindenberger, Freund, & Baltes, 2001）。この場合，認知能力の低下を食い止める，あるいは回復させることで身体的機能を改善できるかもしれない（Jobe et al., 2001）。多くの高次認知プロセスに結びついているワーキングメモリは日常活動とも関係している。WM の年齢変化とそれに関連する機能的能力について深く理解すること，ならびに幅広い認知能力と行動的な結果に対する WM 訓練の効果に関する研究は，高齢者の生活の質を向上させる方法を検討するうえでも重要である。

第III部

ワーキングメモリと専門知識

第6章
熟達者のワーキングメモリ：
伝統的なワーキングメモリ概念との質的な相違

K. Anders Ericsson
(Department of Psychology, Florida State University, Tallahassee, FL, USA)
Jerad H. Moxley
(Department of Psychology, Florida State University, Tallahassee, FL, USA)

1節　はじめに

　19世紀後半に科学的心理学（一般心理学）が実験科学として確立され，すべての認知活動の基盤である学習と記憶（Ebbinghaus, 1885/1913）の基礎となる過程や一般的法則を明らかにすることに研究の焦点が当てられてきた。この時代には，主観的な鮮明さの違いに基づいて注意・意識（一次記憶）と長期記憶（二次記憶）が区別され，異なるものとして扱われた（James, 1890）。20世紀初頭になると，内観的手法では科学的な問題を解決することができなくなってきたため（Ericsson & Simon, 1993），研究者の関心は複雑な心的メカニズムから離れ，行動や，観察可能な刺激と反応の連合へと向けられるようになった（Watson, 1913）。電信技師に関する先駆的な研究において，Bryan & Harter（1899）は，モールス信号の送受信のような複雑な技能は，長期間に及ぶ訓練によって徐々に獲得され，膨大な量の領域固有の刺激と反応の連合によって構成されるものであることを示した。同様のプロセスがすべての行動に適用されると仮定されたために，研究の中心が，複雑な技能の研究から，1時間程度で実験可能な無意味綴りの記憶や，実験室での対連合学習といった単純な学習

の研究へと移っていったのも無理のないことであった。複雑な技能に関する研究を継続した研究者もわずかにいたが，多くのアメリカの心理学者がより複雑な認知過程の研究に関心を抱くようになるには，1950年代まで待たなければならなかった。

「マジカルナンバー7±2」という有名な論文で，George Miller（1956）は，瞬間的に呈示された項目の即時再生という短期記憶課題における人間の容量限界について，高い再現性を持つ数値を示した。彼は，即時再生には7個前後の無関連なチャンク（見（聞き）覚えのあるパターン）という限界があり，この即時再生数は個人の短期記憶（Short Term Memory: STM）の限界を示していると考えた。人間の認知に関する新しい情報処理モデル（Newell & Simon, 1972）において，STMの容量限界は，認知過程に制約をもたらす中心的なメカニズムとなった。大切なのは，STMという新しい概念が内観報告によって示されたものでなく，概念形成（Bourne, Goldstein, & Link, 1964），問題解決（Atwood, Masson, & Polson, 1980; Newell & Simon, 1972）や意思決定（Payne, 1976; Svenson, 1979）といった，思考を含む様々な認知の容量限界を説明する理論的構成概念であったことである。STMの容量限界の範囲が示されたことで，研究者たちはSTM容量の個人差と認知課題の遂行成績の個人差との関連についての検討に着手した。個人のSTM容量を測定する伝統的な手法は，数字や文字の記憶範囲といった即時記憶を直接テストするもので，Miller（1956）によって確立された。一方，Baddeley & Hitch（1974; Baddeley, 1986）は，重要なのは，情報の保持機能だけでなく，情報の処理とそのために必要な情報の一時的な保持という2つの機能を持つワーキングメモリの容量限界であると主張した。この主張を支持する研究者は，処理機能と保持機能の両側面を測定する記憶テストと，研究対象となる課題のパフォーマンスの間に強い相関があることを報告した（Daneman & Carpenter, 1980; Turner & Engle, 1989）。これらの研究が，領域に特化しない一般的なワーキングメモリ容量限界の実験的研究の理論的背景であり，熟達者の記憶とワーキングメモリに関する最初の研究である。

本章では，まず熟達者のワーキングメモリ研究の歴史を概観する。Simon & Chase（1973）による熟達者理論の紹介から始め，より精緻なワーキングメモリ理論（Baddeley, 1986），熟達者による技能の獲得と統合に関する理論（Ericsson & Kintsch, 1995），さらに熟達者の記憶に関する他の理論（Gobet & Simon, 1996; Vicente & Wang, 1998）について紹介する。また本章では，熟達者のパフォーマンスに影響するワーキングメモリに関するいくつかの中心的な理論的争点に焦点を当てる。熟達者のワーキングメモリは，ワーキングメモリスパン課題によって査定される一般的なワーキングメモリ容量と関連があるのか。ないとすれば，どのようなメカニズムによって，熟達者のワーキングメモリとその大きな容量を説明することができる

のか。もし，熟達者のワーキングメモリがその高次な技能と結びついているとすれば，いかにしてそのようなワーキングメモリが獲得され，技能が高度化されるのだろうか。

2節　熟達者に関する研究

　熟達者に関する最初の実験的研究は，Herbert Simon と Bill Chase（Simon & Chase, 1973）によるものである。彼らは，チェスプレーヤーに関する情報処理モデルを提案した。このモデルでは，チェスプレーヤーが対局途中の駒の配置パターンの再認をもとに長期記憶（Long Term Memory: LTM）から最適な一手を検索することが仮定されている。このモデルの最も重要な特徴の1つは，チェスの上級者は最適な駒の配置パターンを徐々に獲得していくのであり，戦略的な駒配置を記憶するための特別な容量は持たないとする点であった。このモデルで最も魅力的だったのは，短時間見せられた盤面の記憶力には大きな個人差があり，チェスプレーヤーとしての能力が優れるほど，記憶成績が良いことを説明できる点である。

　Djakow, Petrowski, & Rudik（1927）は，チェスの上級者は駒の配置に関して優れた記憶力を示すが，それはチェスに限定されており，他の対象の記憶では観察されないことを報告した。およそ20年後，Adrian de Groot（1978/1946）は，チェスの上級者がいかにして最適な一手を選んでいるかに関する興味深い研究を行った。彼は，プレーヤーに対して次の手を熟考している間に考えていることを声に出すように教示し，世界レベルのプレーヤーがわずか3〜15秒の間に，次の一手を選んでいることを確かめた。次に，彼はプレーヤーに対局中の思考過程を内観的に報告するよう求めた。その結果，上級者はあまり一般的でない局面でもすべての駒の配置を完全に再生することが可能であるが，初心者レベルのプレーヤーは，駒の配置を断片的に覚えているだけであることを示した。

　Chase & Simon（1973）の古典的研究では，チェス名人の実際の対局から抽出した駒配置の記憶課題を，熟達度が異なるプレーヤーに実施した。実験参加者は，駒が配置された盤面を5秒間呈示され，即座に別の盤上にそれを再現するよう求められた。注目すべきことに，Chase & Simon（1973）は，ランダムに配置された駒配置についても同一の条件で呈示し，再生させた。実際の対局で現れた局面を用いた条件では，プレーヤーの熟達度によって再生成績が顕著に異なっていた。上級者は中堅プレーヤーよりも成績が良く，中堅プレーヤーは初心者に比べ成績が良かった。一方，盤上にランダムに配置された駒の記憶では，プレーヤーの熟達度による再生成績の変化は観察されず，どのプレーヤーも少数の駒の配置を再生できただけで，その成績は，実質的には実戦の駒配置課題における初心者と同程度であった。さらに，Chase & Simon

(1973) は，再現の過程をモニターし，レベルの高いプレーヤーは複数の駒の位置を立て続けに再現することができることを示した。これは，LTM に複数の駒配置がチャンクとして保持されているという仮説と一致していた。彼らは，プレーヤー間の違いは再生できる駒の多さではなく，再生できるパターンの数であることを明確に示した。すなわち，チェス上級者は自身の LTM に貯蔵された膨大な局面の中から実戦で現れた駒配置を探し出すことはできるが，（対局の進行とは無関係の）ランダムな駒配置を思い出すことはできないということである。この結果は，Miller（1956）が数字や子音や無関連語のような伝統的刺激を用いた実験で見出したように，STM に保持できるチャンクの数は，チェスプレーヤーの熟達度によって違わないという仮説を支持する。

この Chase-Simon の研究パラダイムは，熟達者と初心者の，実際の対局から抽出した記憶材料と，対局内容とは無関係のランダムな記憶材料に関する STM 容量の差異を研究するという新しい実験室的研究方法を提供した。彼らが初めて見出した，熟達者は典型的な対局場面において優れた記憶力を発揮するが，対局に準じない場面においてはそうではないという研究成果は，ブリッジ（Charness, 1979; Engle & Bukstel, 1978），碁（Reitman, 1976），オセロ（Wolff, Mitchell, & Frey, 1984），調剤（Norman, Brooks, & Allen, 1989），電子回路図（Egan & Schwartz, 1979），コンピュータプログラミング（McKeithen, Reitman, Rueter, & Hirtle, 1981），ダンス（Starkes, Deakin, Lindley, & Crisp, 1987），バスケットボール（Allard, Graham, & Paarsalu, 1980），フィールドホッケー（Starkes & Deakin, 1984），バレーボール（Bourgeaud & Abernethy, 1987）といったチェス以外の領域においても再現性があった（詳しくは，Ericsson & Lehmann, 1996 のレビューを参照）。

3節　最新の研究

◆ Simon-Chase の熟達者理論におけるパターン - 行為メカニズムへの反論

Simon-Chase の熟達者理論（Simon & Chase, 1973）は，多くの時間を要するパターン（チャンク）の獲得と，LTM におけるパターンと行為との連合に焦点を当てた。それとは対照的に，Chase & Simon（1973）では，チェスプレーヤーの記憶に関して，プランニングのための「心の目」の利用や，LTM における「手」の連続の記憶といった，短時間呈示される情報に関する即時的な記憶以外の多くの側面が検討された。容量に限界のある STM に保持されたチャンクの働きを前提とする彼らの熟達者理論

は，熟達者やその優れた記憶に関する多くの研究を生み出した。

　Bill Chase の指導のもとに Neil Charness が執筆した学位論文によって，この熟達者理論に対する最初の批判が行われた。Charness（1976）は，チェスの盤面が5秒間呈示された後，再生前に STM に干渉する課題を実施しても，上級者の再生成績には何も影響がないことを報告した。この結果は，チェス上級者が通常の駒配置記憶課題において STM のみに駒の配置（チャンク）を保持しているという仮定に明らかに反するものであった。もし，LTM と STM の両方に情報が保持されるとしたら，STM の容量がどのように再生成績に影響するのかについては明らかでなくなる。

　別の批判は，STM の固定的な容量を測定すると仮定されていた課題における練習効果に関するものであった。STM の訓練に関する研究において，Bill Chase と Anders Ericsson（Chase & Ericsson, 1981, 1982; Ericsson, Chase, & Faloon, 1980）は，数字記憶範囲課題の成績は，通常の7から80程度まで向上させることができることを示した。チェスの駒配置の記憶について，Ericsson & Harris（1990）は，チェスに関して何も知らない実験参加者が，50時間の練習によって初心者レベルから名人レベルまで再生成績を向上させたことを報告した。短時間呈示されたチェス盤の記憶に関する練習効果は，その後 Gobet & Jackson（2002）の研究でも確認された。チェスの上級者にとっても，短時間呈示される駒配置を記憶する課題は，それまでにまったく経験したことのないものであり，練習によって認知過程を変化させ，成績を向上させていたと思われる（Ericsson, Patel, & Kintsch, 2000 の概説を参照）。

　Simon-Chase の熟達者理論に対するもっと一般的な批判は，チェスの対局で最適な一手を選ぶという状況と STM 課題が，同一の認知過程と記憶容量によって支えられているという彼らの前提についてであった。たとえば，チェスの対局においては，一時的な盤面の記憶よりも，最適な一手を指すことが必要である（Ericsson et al., 2000 を参照）。さらに，Daneman & Carpenter（1980）は，文章理解は（伝統的な STM 課題である）数字記憶範囲の成績とは相関がなく，処理と記憶の両方を測定する課題の成績と相関することを示した。この発見は，文章スパン（Daneman & Carpenter, 1980）や演算スパン（Turner & Engle, 1989）といった処理と記憶の両方を測定する記憶課題の成績と多様な実験課題の成績の相関を検討しようとする膨大な研究を生み出すことになった。次に，熟達者のパフォーマンスが一般的なワーキングメモリ容量測定課題によって測定される個人差と関連するかどうかを検討する。まず，熟達者研究で検討されてきた典型的課題を遂行するためのワーキングメモリの必要性について説明する。

◆熟達者のパフォーマンスにおけるワーキングメモリの必要性

　Chase-Simon のパラダイムは，de Groot（1978/1946）によるプレーヤーが最善の一手を選ぶという初期の研究の焦点に修正を加えた。Ericsson & Smith（1991）は，最善手の選択といった専門領域における重要な行為に研究者が焦点を当て，de Groot（1978/1946）による研究アプローチを継続することが必要であると主張した。パフォーマンスを測定するためには，練習効果が結果に影響する恐れはあっても，実験参加者に同じ課題を何度も実施してもらうことが必要である。しかしながら，何百時間も何千時間も専門領域での活動に費やした熟達者のパフォーマンスが，数時間の実験中に変化するとしたらむしろその方が驚くべきことであり，熟達者の特徴的な行為を測定することは可能であると考えるべきである。反対に，一度も体験したことがない課題を実験参加者が行う場合，上述した練習効果のように，数時間の訓練でも実質的な効果があるだろう。

　Ericsson & Smith（1991）は，熟達者のパフォーマンスを典型的な課題で測定するためのアプローチを提案した。de Groot（1978/1946）は，駒の配置に基づいて実験参加者に最善手を選ばせることによって，チェスの技能レベルを測定できることをすでに示していた。その後の研究では，実際のチェスの対局から取り出した典型的な局面で最も有効な次の一手を実験参加者に選んでもらうという実験課題の成績は，現実のチェスの成績と相関があることが示された（Ericsson et al., 2000; van der Maas & Wagenmakers, 2005）。次に重要なのは，再現性のある優れたパフォーマンスを生成するメカニズムを同定することである。これは，典型的な課題の解決過程を追跡することと実験的操作を結びつけることによって行われる（Ericsson, 2006a）。De Groot（1978/1946）は，その先駆的研究において，実験参加者に最適な一手を選ぶ間考えていることを声に出すように教示し，その発話の分析から，チェスプレーヤーはその局面で可能な一手の結果を1つひとつ検証しながら，一連の駒の動きを選択していることを示した。これは，チェスの上級者は，5〜15 くらいの駒を心の中で動かしてその結果を検討することができる大きな情報空間をワーキングメモリ内に構築することが可能であることを意味する。驚いたことに，de Groot（1978/1946）は，地域のクラブレベルのプレーヤーでも，世界的なチェスプレーヤーと同程度先まで手を読むことができることを示している。しかしながら，この研究結果はこれまで改めて検討されることがなく，チェスが上達するほど，より先の手まで読めるようになると考えられている（Charness, 1981b）。

符号化とLTMからの検索を基盤とする熟達者のワーキングメモリ理論

　ワーキングメモリに関する最も影響力のある理論は，LTMへの情報の参照を行わない一時的に活性化された情報資源としてワーキングメモリを定義している（Baddeley, 1986）。このワーキングメモリのモデルは，中心となる注意の制御システムを補完する2つの隷属システムから構成されており，1つは音韻的な情報を保持するためのシステム（音韻ループ）であり，もう1つは視空間情報を保持するためのシステム（視空間スケッチパッド）である。このような補完的な記憶システムの存在に関するいくつかの説得力のある証拠として，音韻ループを干渉するような課題（たとえば，"hiya"，"hiya"…と声に出して言わせる）や視空間スケッチパッドを干渉する課題（視覚的走査が含まれる課題を行わせる）を主課題と同時に実施することを参加者に課す実験の結果が報告されている。Baddeley（1986）は，このような二重課題状況において，主課題と妨害課題のそれぞれが2つの隷属システムに依存する程度によって，主課題の遂行成績の低下の程度が異なるという交互作用が観察されることを，多くの実験課題を用いて示した。

　このような二重課題の実験手法が，いくつかの技能の熟達に対して適用された。最も初期の研究は，数字スパン課題の訓練を受けた参加者（以下，SFと表記）に関するChase & Ericsson（1981）の報告である。彼らは，初期の実験結果に基づいて，SFは口頭で示された数字を音韻バッファ上で3ないし4つのまとまりに分割し，陸上競技の記録やその他意味のあるものと結びつけて符号化し，LTMに保持しているという仮説を立てた。再生時に数字グループを元の順序通りに再現するために，SFは階層的に構造化された検索方法を用いていた（Chase & Ericsson, 1981, 1982）。最も低いレベルでは，3～4個の数字のまとまりが意味を持つパターンとして符号化され，さらに，3つの数字グループが，上位のレベルにおいて，左，中，右といった空間的な位置と結びつけられていた。このように，刺激呈示時点で，対象となる数字グループをリハーサルバッファで保持することを除けば，SFは，LTMにすべての数字グループを貯蔵しようとしていた。Chase & Ericsson（1981）の研究では，数字スパン課題の実施中に二重課題として"hiya, hiya, …"と声に出すことをSFに課しても，SFの再生数は26（二重課題なし）から24前後（二重課題あり）に減少しただけであった。この結果はSFがLTMに数字を記憶しているという仮説に一致するものである。二重課題が干渉したのは音韻符号の生成段階であり，音韻バッファに最大4～6個の数字を保持できたのが，3～4個に減少したのかもしれない。SFは，数字スパン課題の実施中，幾何学的図形の回転課題も課されたが，二重課題のない場合の数字スパンである26と成績に差はなかった。これらの結果は，SFの数字記憶範囲は

視空間スケッチパッドに対する視覚的干渉には影響されず，唯一，構音を伴う二重課題にわずかに影響されることを示すものである。二重課題による一時的なワーキングメモリへの干渉に対する SF の数字スパンの抵抗力は，訓練なしではワーキングメモリの容量限界による制約が起こるような記憶課題においても，訓練によって優れた記憶技能を獲得することができることを示している。

　Chase & Ericsson（1982）は，数字の記憶以外にも，5桁の二乗を暗算で計算できる人や，メモなしで16人までのディナーの注文を覚えておくことができるウェイター（Ericsson & Polson, 1988）の記憶技能についても報告している。後に，Ericsson & Kintsch（1995）は，Chase と Ericsson の熟達者の記憶理論を一般化し，様々な分野の熟達者のワーキングメモリ容量の拡張を説明した。Long-Term-Working Memory（LTWM）とは，新しい情報をその後の処理に必要とされる時点で効率的に検索できる方法ですばやく符号化し，LTM に置く働きを意味するものであり，LTM にワーキングメモリを支える役割があると考える。これは，課題に関連するパフォーマンスの向上と優れた記憶能力は同時に獲得されるものであることを示す。その結果，ワーキングメモリ容量の拡張は，一般的な記憶材料の記憶ではなく，特定の課題の成績と関連した記憶に限定されることとなる（Ericsson et al., 2000; Ericsson & Roring, 2007）。Vicente & Wang（1998）の制約適合仮説とは矛盾するが，特定領域の課題経験の増加は，その領域の典型的な刺激に関する記憶の向上と常に結びつくわけではない。Ericsson ら（Ericsson & Lehmann, 1996; Ericsson et al., 2000）は，経験は豊富であるが優れた記憶を示すわけではない多くの事例をあげている。たとえば，音楽家が素人に比べて聴覚的に呈示されたメロディの記憶に優れていたわけではなく（Sloboda & Parker, 1985），ベテラン俳優が経験の浅い人に比べて台本の記憶がよくできるわけではなかった（Intons-Peterson & Smyth, 1987; Noice, 1993），また地図の専門家が，地図の記憶に関して優れているわけでもなかった（Gilhooly, Wood, Kinnear, & Green, 1988）。

◆ 熟達者のワーキングメモリの領域固有的特徴と一般的特徴

　ここでは，主に熟達者のワーキングメモリの働きと，ワーキングメモリの一般的で生得的な機能が，熟達者の卓越したパフォーマンスを支え続けることができるかどうかについて，今までの研究成果を概観する。一般的ワーキングメモリの関与を検討するために，多くの場合，演算スパンテスト（Turner & Engle, 1989）のような標準化された検査によってワーキングメモリ容量を測定し，その個人差と熟達者のパフォーマンスの相関が調べられる。やや間接的な方法としては，個人の流動的知能や基本的

記憶のような一般的能力を測定し，特定の領域における熟達者の行為や初心者の将来の行為との相関を査定するというものがある。有意な高い相関がこれらの間に見られた場合，その領域における子どもや初心者の熟達化の潜在力がこのような基礎的能力によって予測されることを意味する。

　LTWMによる記憶技能獲得仮説について検討することで，LTWMの特性について調べることもできる。LTWMを利用する実験参加者は，課題遂行中に考えたことや関連する事象を思い出すように尋ねられた場合，課題終了後にそれらを答えることができる。一方，ワーキングメモリのみを利用している参加者は，課題遂行中の記憶を課題終了後に再生することができないであろう。さらに，記憶技能獲得仮説では，LTWMは，熟達者になるために必要な他の側面の発達とともに，訓練によって獲得されると仮定する。最初は，領域固有の課題においてLTWMは存在しない。したがって，初心者は，実験室で新奇な課題を行うときと同様に，一般的な記憶方略に頼るであろう。

　タイピングや車の運転といった日常的な技能の獲得に関して，現在最も影響力のある理論は，40年以上前にFitts & Posner（1967）によって提案されたものである。このモデルは異なる3段階から構成されており，図6-1の最も下部の矢印にあたる。誰でも新しい活動に取り組むときには，まずルールを理解し必要な知識を得る必要がある。たとえば，タッチタイピングができるようになるためには，すべてのキーの位置を覚えなければならない。初期の認知的な段階（図6-1，最下部の矢印）においては，行動は意図的に開始され，ゆっくりで間違いが多い。このような間違いは，テニスのミスショットやタイプミスのようにはっきりと観察でき，反復練習によって徐々に改善されるものである。一連の関連する行為を学習し実行できるようになると，2つ目の連合段階へと進む。モールス信号やタイピングといった職業的な技能（Ericsson, 2006bのレビューを参照）と同様に，スキー，テニス，車の運転といった多くの娯楽的な活動においても，まずまずの水準に到達するには50時間の経験で一般的には十分である。さらに経験を積むことで，行為の自動化が進み，様々な面のモニタリングが行われなくなり，3番目の"自動的"段階に到達する（Fitts & Posner, 1967）。このモデルをもとに，Ackerman（1988, 2000）は，性質の異なる個人差が，異なる段階と結びついていると考えた。第1段階に関してAckerman（1988）は，一般的なワーキングメモリと一般的な認知能力に関するテストの結果が，訓練の初期におけるパフォーマンスを予測すると予想し，実際にそれを示した。しかし，滑らかでスムーズな動きが増えてくる2段階目においては，新しい行為は視空間的能力といった異なる特性を反映し，多くのスキルを獲得した後の自動化したパフォーマンスは，徐々に感覚運動的能力と相関するようになった。熟達者の記憶能力に焦点を当てると，

第6章　熟達者のワーキングメモリ

予想は Ackerman（1988, 2000）のものとは異なってくる。その理由は，彼が5～10時間以内で自動化が達成されるような比較的簡易な課題を主に検討しているからである。獲得される記憶能力に関する我々の仮説は，領域固有の記憶表象は技能の獲得に伴って改善，精緻化され，訓練を続けることで変化し続けるというもので，図6-1の上部の矢印で示されている。獲得された記憶能力は，次第にワーキングメモリを制御し，領域に関連した記憶課題における熟達者の成績を決定するようになる。特定の領域における特に高水準な遂行成績を，一般的なワーキングメモリのみで予測することはできないであろう。

最後に，Ericsson & Kintsch（1995; Ericsson et al., 2000 と Ericsson & Roring, 2007 も参照）は，熟達者は，訓練により獲得したメカニズムを用いることにより，典型的な課題で好成績を収めるだけでなく，特別な訓練をしたことのない記憶課題においても優れた成績を示すと主張している。たとえば，チェスの上級者は余裕があったとしても呈示された駒配置を覚えるのに多くの時間を費やさない。にもかかわらず，彼ら

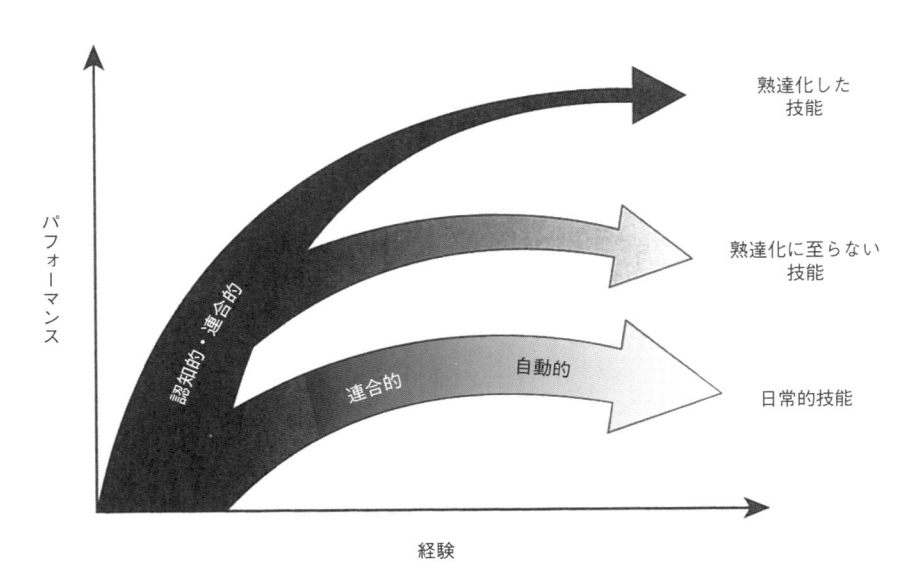

■図6-1　専門的活動と日常的活動の改善過程の質的差異。日常活動のゴールはできるだけはやく安定的で自動的なレベルに到達することである。認知的・連合的状態を経た後，最小の努力で完全に自動化がはかられる（図最下部）。反対に，熟達者は高水準の専門化のために複雑な心的表象を形成することから自動化は妨げられ，認知的・連合的状態にとどまる。熟達者の中には，キャリアの途中で向上することをあきらめ，自動化していくために必要な探究トレーニングを中止していく人たちもいる（"The scientific study of expert levels of performance: General implications for optimal learning and creativity" by K. A. Ericsson in *High Ability Studies*, 9, p. 90. Copyright 1998 by European Council for High Ability より引用）。

は優れた再生成績を示す。したがって，ある領域の典型的な課題の成績向上をもたらすメカニズムが効果的訓練によって獲得される過程や，そのメカニズムが新しい課題の遂行に応用される仕組みについて，理論を構築していく必要がある。

記憶課題と熟達者によって獲得された認知メカニズムがよく一致する場合がある。たとえば，チェスの上級者は，次の一手を選ぶためにLTWMを使って局面を瞬時に符号化しなくてはいけない。短時間呈示される駒配置の優れた再生成績は同じメカニズムに支えられており，チェス技能と記憶能力の高い相関をもたらしている。ベテラン俳優やコンサートのピアニストといった他の領域では，この一致度は低く，前述したように熟達者の記憶能力の優位性は見られない。次に，これらの仮説に関する先行研究を概観する。まず，熟達者のパフォーマンスに一般的ワーキングメモリや一般的認知能力が関与するという仮説から始めることにする。

◆一般的ワーキングメモリと一般的認知能力の個人差

成人においては，一般的な処理容量や基本的能力は安定したものであると仮定されている。しかし，それは成人までは発達し，加齢によって減衰していくものである。熟達者のパフォーマンスに関する最近の研究レビュー（Ericsson, 2007a, 2007b; Ericsson, Roring, & Nandagopal, 2007a, 2007b）では，身長や体格を除いて，熟達者のパフォーマンスと関連する一般的処理容量や基本的能力について再現性のある実証データは見出されていない。しかし，これらのレビューは，将来の研究で，熟達者のパフォーマンスと特定の遺伝子あるいは遺伝子の組み合わせの関連性が解明される可能性を除外しているわけではない。

この種の研究では，研究対象となる領域の熟達者のパフォーマンスを測定するための客観性と再現性の高い測度が必要である。残念なことに，一部の研究者は，自己推薦や同僚や部下からの評価によって熟達者とされた実験参加者を対象として研究を行ってきた。多くの領域で，経験豊富な人がそうでない人に比べて常に優れた成果をあげるわけではない（Ericsson, 2006b）。それは，翻訳（Jääskeläinen, 2010），コンピュータプログラミング（Doane, Pellegrino, & Klatzky, 1990），看護師（Ericsson, Whyte, & Ward, 2007），医師（Ericsson, 2004）といった専門領域において実証されている。

客観的測度を用いた研究に限れば，一般的な認知能力と知能は新奇な課題における初期のパフォーマンスと相関するという我々の仮説を支持する結果が得られている。しかし，技能獲得後長い時間を経た後では，パフォーマンスと一般的な能力の間にはもはや統計的に有意な相関は見られない。

チェスでは，熟達度は知能や視空間的記憶能力と高い相関があると仮定されてきた。Robbins et al. (1996) は，チェスのパフォーマンスが，目視できないキーパッドのキーを決められた順序で押し続けるという視空間的な同時課題によって干渉されるという，この仮定と一致する結果を見出した。この同時課題により，駒配置の記憶課題の得点は統制条件の85％程度に低下し，有効な次の一手を選ぶという課題の成績も30％程度低下した。反対に，これらの2つの課題の成績は，メトロノームの音に合わせて一秒ごとに"the"と声に出すという同時構音抑制課題によっては影響されなかった。これらは，視空間的記憶がチェスのパフォーマンスに重要であることを支持する結果である。

チェスの上級者に関する初期の研究で，Doll & Mayr (1987) は，知能テストの結果とチェスの熟達度の間に有意な相関を見出すことはできなかった。一般的知能とチェスの熟達度の有意な相関は，子どもを対象としたいくつかの研究で報告されている(Frydman & Lynn, 1992)。子どものチェス技能の獲得に関する典型的な縦断的研究で，Bilalić, McLeod, & Gobet (2007) は，チェスが上達するにつれてIQによるチェス技能の予測力は劇的に減少し，訓練後のチェス技能の熟達度を予測できないことを示した。実際，Bilalić et al. (2007) がチェスの上級者のみを分析した結果，チェス技能と知能とは負の相関があった。これはおそらく，練習と知能の間の負の相関に基づくものである。Waters, Gobet, & Leyden (2002) も，視空間テストとチェスの熟達度の間に有意な相関を見出していない。Masunaga & Horn (2001) は，碁の熟達度の異なる250人について調べた結果，流動性知能や一般的ワーキングメモリといった一般的な能力と碁の熟達度や盤面の記憶成績の間には，有意な負の相関のみがあったと報告している。チェスや碁といったゲームに関する研究では，一般的な認知能力が，熟達者の卓越したパフォーマンスを支えているという明確な証拠は得られていない。

同様の結果は，音楽の領域においても観察されている。Ruthsatz, Detterman, Griscom, & Cirullo (2007) では，知能は学校で音楽部に所属する初心者の技能レベルと相関があった。しかし，音楽専門学校の上級者においてはそのような相関はなかった。ただし，音楽専門学校の学生の平均IQは，一般的な学生のIQよりも有意に高かった。また，Doll & Mayr (1987) の研究では，実験に参加したチェス名人の平均IQは，大学生の平均IQと同程度であった。これらの結果は，熟達者のレベルに到達するために最低限必要な知能の閾値があることを示すと考えられている。残念なことに，現在のところ熟達者のパフォーマンスがどのような要因に影響されるのかについて十分な結論は出ていない。IQが100以下の人でもチェス名人 (Grabner, Neubauer, & Stern, 2006) あるいは世界的なチェス名人 (Doll & Mayr, 1987) にさ

えなれるという研究もある。さらに，Grabner et al.（2006）は，言語的知能とチェスの技能に中程度の有意な相関があることを報告している。このGrabnerらの研究については，参加者の募集方法や，チェスの試合経験や，1人で行った練習時間などに関する情報の収集方法について標準的な手続きを確立し，今後再現実験を行う必要がある。

さらに，スクラブルゲームのトッププレーヤーの中には，言語的知能が平均を下回る者がいる（Tuffiash, Roring, & Ericsson, 2007）。多くの音楽学校や大学では，入試の際にIQの低い志願者を排除し，入学後も優れた成績をあげることを常に要求するという別の問題も存在する。Unterrainer, Kaller, Halsband, & Rahm（2006）は，チェスプレーヤーと，年齢と教育歴を統制した対照グループを比較した。その結果，流動性知能や視空間的記憶能力に有意な差はなかった。ロンドンタワー課題の成績には違いが見られたが，これはおそらくチェスプレーヤーの方が回答するまでに長い時間課題に取り組んでいたためであると考えられる。同様に，Helmbold, Rammsayer, & Altenmuller（2005）は，音楽専攻生と他の大学生と比較した。その結果，両グループの知能に有意な差はなかった。ただし，現在では，音楽家と非音楽家の脳活動や脳の構造の違いに関する多くの研究報告がある。最も大きな記憶成績の差を報告したのは，聴覚的な刺激の記憶を扱ったものである（Cohen, Evans, Horowitz, & Wolfe, 2011）。したがって，音楽に関して観察されるこれらの結果は，生得的ではなく訓練によるものであると言える（Trainor & Corrigall, 2010）。

ワーキングメモリへの負荷が明らかに高い技能の1つに，同時通訳がある。同時通訳者は，聞くことと話すことを同時に行う必要がある。話者が話す内容の聞き取りと，通訳して話す内容との間隔は2〜6語である（Christoffels & de Groot, 2005）。そこで，多くの研究が，同時通訳者，バイリンガル，モノリンガルのワーキングメモリ容量の比較を行ってきた。いくつかの研究ではグループ間に有意差があったが，最近のレビューでは，一般的ワーキングメモリのテスト結果や指標は，相手の内容の聞き取りと翻訳を同時に行う同時通訳者の能力を説明できないとされている（Liu, 2008）。Signorelli（2008）は，広範囲の研究をレビューし，年齢，通訳経験，実験方法の違いが交絡して，結果の一貫性のなさをもたらしているとした。ただ，2つだけ例外があり，同時通訳者は，無意味綴り記憶課題やリーディングスパン課題においては常に高い成績を示している。Signorelli（2008）は，同時通訳における負荷の大きさは，通訳技能の水準に一致すると述べている。同時通訳者は，名前という無意味な綴りを保持する技能が必要である。ある文章を読みながら呈示された言葉を保持し続けなければならないというリーディングスパン課題の状況は，同時通訳の状況と似通っている。Ericsson（2010/2001）のレビューでは，何人かの同時通訳者に同じ課題を実施

させることによって客観的な通訳能力を測定する研究が必要であることが指摘されている。客観的な同時通訳能力の測定を試みているのは，ごく一部の研究に限られる。Dillinger（1994）は，特に訓練を受けていないバイリンガルに比べ，同時通訳者はより多くの意味のまとまりを通訳できることを示した。縦断的研究において，Gerver, Longley, Long, & Lambert（1984）は，同時通訳に関する集中的なセミナー中のパフォーマンスの変化を検討し，通訳者の第一言語における論理的な記憶と理解の程度が，セミナーにおける通訳の質の変化に影響することを報告した。セミナー終了後の同時通訳の質に最も影響を与える要因は，同義語や文章中の欠損語を生成する能力であった。これらの結果は，同時通訳は自動的な段階に達することはなく，徐々に複雑な表象を増やすことによって通訳の過程をモニターし，統制し続けるだけであるという，同時通訳に関するこれまでの多くの議論（Ericsson, 2010/2001）と一致するものである。同様に，Moser-Mercer（2000）は，同時通訳者が，段階的に特定の種類のミスをなくすことによってどのように通訳の水準を向上させているのかについて報告している。同時通訳者に関する研究では，通訳の能力は，基本的な能力の個人差よりもむしろ長い時間をかけて獲得した技能や複雑な表象能力を反映しているという見解で一致している。このようにして獲得された技能が，いくつかの記憶課題における成績の差を生じさせているのであろう。

　ワーキングメモリが必要な他の技能として，タイピングや音楽における初見演奏がある。これらの技能では，優れたパフォーマンスは見ている情報と実行する行為の間のズレに関係している。優れた初見演奏ができる音楽家ほど，実際に演奏している箇所よりも先の楽譜を読んでいる（Sloboda, 1974; Thompson, 1987）。また，能力の高いタイピストほど，原稿の先の方を読んでいる（Salthouse, 1984）。最高の初見演奏家は，ほんのわずかな練習だけで，あるいはなんの準備もなく演奏する伴奏者であり，初見での演奏はコンサートピアニストよりも優れていることがしばしばある。もちろん，コンサートピアニストは十分に楽譜を覚え，練習した後には，その曲をマスターできる（Lehmann & Ericsson, 1993）。ワーキングメモリ容量と初見演奏の能力の関係について検討した研究が3つある。Thompson（1987）は，レベルの異なるフルート奏者の記憶範囲を測定した。この研究では，音楽に関する記憶，楽譜の目視位置と演奏位置のズレ，および演奏能力の間に有意な相関が示された。しかし，記憶範囲と演奏能力の間に有意な相関はなかった。Kopiez & Lee（2006, 2008）は，複数のワーキングメモリスパン測度との関連を検討した最初の研究で，初見演奏の技能の個人差について検討するために，音楽家や伴奏者を目指す学生を対象として，複数の心理測定課題と，現在および過去の練習量に関するインタビューを実施した。Kopiez & Lee（2008）によれば，ピアノ演奏の構成要素であるすばやい指の動きと初見演奏の

経験は，初見演奏の能力にとって重要であったが，ワーキングメモリはそうではなかった。Kopiez & Lee（2006）の研究では，初見演奏の能力とワーキングメモリの関連について，演奏の難しさ別の分析を行った。最も簡単な課題（レベル1〜3）では，両者に有意な相関があった。しかし，課題が難しくなると（レベル4）相関は有意でなくなり，最も困難な課題（レベル5）でも，有意な相関はなかった（$r = 0.08$）。ごく最近の研究で，Meinz & Hambrick（2010）は，ワーキングメモリ測定課題の成績と，過去および現在の練習量に関するデータを収集し，初見演奏の能力との関連を検討した。彼らは，ピアノの練習量を統制したうえで，ワーキングメモリの個人差は初見演奏の能力と有意な相関があることを示した。MeinzとHambrickは，この結果を，訓練によって獲得された技能に対してもワーキングメモリの個人差が一定の影響を及ぼすことを示すものであるとしている。Meinz & Hambrick（2010）の結果の別の説明として，初見演奏の能力に関して幅広い範囲の参加者がいたことがあげられる。能力がそれほど高くない参加者のデータが含まれることにより，Kopiez & Lee（2006）の研究と同様に，初見演奏の能力とワーキングメモリの間の相関が示されたのかもしれない。したがって，Meinz & Hambrick（2010）は，高水準の初見演奏能力とそれに関連するLTWMメカニズムはすべて訓練により獲得されたというEricsson & Charness（1994）の仮説を十分に支持することはできなかった。さらに最近になって，Drai-Zerbib, Baccino, & Bigand（2012）は，初見演奏の上級者が演奏の前に短い音楽を聞くことにより，パフォーマンスが向上することを示した。音楽を聴いている間，参加者は難易度の高い部分でどの指がどの鍵盤を叩くのかを確かめるように「運指」を行っていた。彼らは，優れた音楽家によるモダリティが異なる情報の効果的な統合は，Ericsson & Kintsch（1995）のLTWM理論によって説明できると主張している。

タイピング研究では，目視位置とタイプ位置のズレの大きさがタイプ速度と最も強く関連することは一般的に認められているが，ワーキングメモリの個人差とタイピング能力の間の関連には焦点が当てられてこなかった。Salthouse（1984）の古典的研究では，STMの伝統的指標である記憶範囲とタイプ速度の間に有意な相関はなかった。しかし最近の研究では，タイピングにおけるワーキングメモリの働きについて異なる知見が得られている。Hayes & Chenoweth（2006）は，メトロノームの音に合わせて"tap"と発声する構音抑制がタイピングに影響することを示した。タイプ速度は10％程度遅くなり，ミスが10〜20％増加し，タイプ内容の記憶も減少した。

まとめると，多くの研究結果は，熟達者のパフォーマンスを支えるワーキングメモリの拡張は，基本的な認知能力と関連しないことを示唆している。熟達化が，個人がもともと持っている一般的な能力や容量の個人差と関連しないならば，熟達化は獲得されるものであり，拡張されたワーキングメモリはその優れたパフォーマンスの一側

面であるという仮説が支持されることになる。次に，LTM の利用，特に獲得された LTWM の妥当性について調べてみよう。

◆ 専門領域における典型的パフォーマンスの記憶

　チェスの技能が向上するにつれて対局で現れた駒配置の記憶成績が良くなることを示した Chase & Simon（1973）の研究については，2節で触れた。呈示される盤面が駒をランダムに並べたときのように意味を持たない場合，チェスの上級者の記憶に関する優位性は劇的に減少し，しばしばまったくなくなってしまった。この研究では，呈示された刺激を記憶するように教示しているので，LTM や LTWM がどの程度専門家の優れたパフォーマンスと関連するのかについて最適なデータを示すことにはならない。最適な一手を選ぶという典型的な課題における駒配置の偶発的な記憶を取り扱った研究がいくつかある。最初の研究は，実験の前半で参加者が最も良い一手を指したときの局面を思い出してもらうという，Neil Charness（1981a）の研究であった。彼は，チェスの熟達度はその局面で正確に再生できた駒の位置の数と関連することを示した。Lane & Robertson（1979）も，最適な一手を選ぶ課題の後に，駒の位置の再生という参加者が予期しない課題を課した場合，上級のチェスプレーヤーは初心者に比べ，有意に多くの駒の位置を再生したことを報告した。興味深いことに，チェスの熟達度が異なる2つのグループに同じ駒配置を呈示し，駒の色とチェス盤の格子の色が同じ駒の数について尋ねた場合，その成績にチェスの熟達度による違いはなかった。先述したように，de Groot（1946/1978）の先駆的な研究は，最適な次の一手を選ぶという課題に焦点を当て，チェスの上級者は下級のプレーヤーに比べて多くの駒配置を再現できることを内観報告によって明らかにした。

　他の領域においても同様の結果が報告されている。たとえば，Gerver（1975）は，文章は単にシャドウイング（同じ言語で繰り返す）するよりも，翻訳する方がよく再生されることを報告した。

　多くのスポーツにおける熟達者のパフォーマンスには，本質的に，特定の状況での最適な動きを知っていることと，その動きを実行できることが含まれている。たとえば，サッカー選手が実際の試合のビデオを見せられて，特定の状況で次にどう動くのが最適かを尋ねられた場合，その選手の能力が地方レベル，国レベル，国際レベルと上がっていくに伴い，選択した動きの質や，場合によってはその行為のスピードまでが増加する（Helsen & Starkes, 1999; Ward & Williams, 2003）。スポーツにおいて，プレーの水準が向上するということは，（フィールド上のプレーヤーの位置や，ボールを持っているプレーヤーの体の動きの情報といった）知覚的な手がかりをもとに相

手の動きをより正確に予測することと結びついている。これによって，優れた選手は対戦相手の動きに対抗するためのより望ましい動きを準備することが可能となる。

　サッカーにおいて，優れた選手は試合のポイントとなるような場面でより多くのプレーの選択肢を持っていることが実証されている（Ward & Williams, 2003）。その研究では，状況が次々とすばやく変化するチームスポーツのビデオを呈示し，ある時点で画面を停止し，消したうえで，最後の場面に関する選手の記憶が調べられた。研究によっては，選手はさらにボールをコントロールするための最適な動きを報告するよう教示される。サッカー（Ward & Williams, 2003）だけでなく，バレーボール（Bourgeaud & Abernethy, 1987）でも，レベルの高い選手は優れた記憶成績を示した。同様に，バスケットボールにおいても，レベルの高い選手は試合の場面の写真に関して優れた記憶成績を示した（Allard et al., 1980）。これらの結果は，チェスの研究と同じである。しかし，チームスポーツは，1つひとつのプレー時間がとても短く，先の状況を予見することも困難で，仮に十分な時間が与えられたとしても，先々までのプランニングはあまり有効でない。

◆ LTWMのメカニズムを獲得するために必要な時間

　熟達者の卓越した記憶能力が獲得されるものであるとしたら，それは訓練に応じた発達過程として跡をたどることが可能である。大量の数字や文字，あるいは単語を覚えるようになるための訓練（Ericsson, 2003, 2006b; Ericsson & Kintsch, 1995を参照）と同じように，特定の技能に熟達し，その領域の典型的な課題に関連する記憶課題で優れた成績を収められるようになるためには，焦点を定めた訓練が必要であろう（Ericsson, 2006a; Ericsson & Kintsch, 1995; Ericsson, Krampe, & Tesch-Römer, 1993; Ericsson et al., 2000; Ericsson & Lehmann, 1996）。

　熟達者のパフォーマンスにおける探究トレーニングの役割について，1人で行う練習の量はプロの音楽家の演奏水準に密接に関連するが，音楽に関する他の活動とはあまり関連しないことが報告されている（Ericsson et al., 1993）。同様に，チェスの技能も1人で行う練習量と有意な相関があり，チェスのトーナメントに参加したプレーヤーの個人差の半分程度を説明できることが報告されている（Charness, Krampe, & Mayr, 1996; Charness, Tuffiash, Krampe, Reingold, & Vasyukova, 2005）。優れたチェスプレーヤーが個人練習に費やす時間は驚くべきものである。たとえば，Charness et al.（1996）は，国際的なチェスプレーヤーでは，チェスを始めて最初の10年間で，個人練習の時間がおよそ6,000時間に及ぶと見積もっている。一方，国内レベル，地域のクラブレベルの選手の個人練習時間は，それぞれ3,000時間，1,500時間程度で

ある。また，ダーツの個人練習時間はパフォーマンスと関連するが，ゲームに費やした時間は無関係であることが，Duffy, Baluch, & Ericsson（2004）の研究で示されている。

スポーツでは，競技者のレベルが高くなるほど（アマチュア，地域，地方，国内，さらには国際），より多くの多様な訓練を行っている（Helsen, Starkes, & Hodges, 1998; Starkes, Deakin, Allard, Hodges, & Hayes, 1996; Ward, Hodges, Williams, & Starkes, 2004）。チーム競技に関して，現在のところ，どのような種類の訓練が，実践練習ではない探究トレーニングを構成するのかについて，様々な議論がある（Côté, Ericsson, & Law, 2005）。探究トレーニングと実践を結びつけた練習（探究的実践，Côté, 1999）の総量が選手のパフォーマンスと有意に相関することが見出されている（Côté, Baker, & Abernethy, 2003）。

訓練の細かい内容は，それぞれの領域によって異なるであろう。しかし，意欲のある優れた選手たちは，パフォーマンスの特定の側面が改善するよう意図された訓練を必要とするという一般的な原理は同じである。ある部分が改善されたら，次には別の

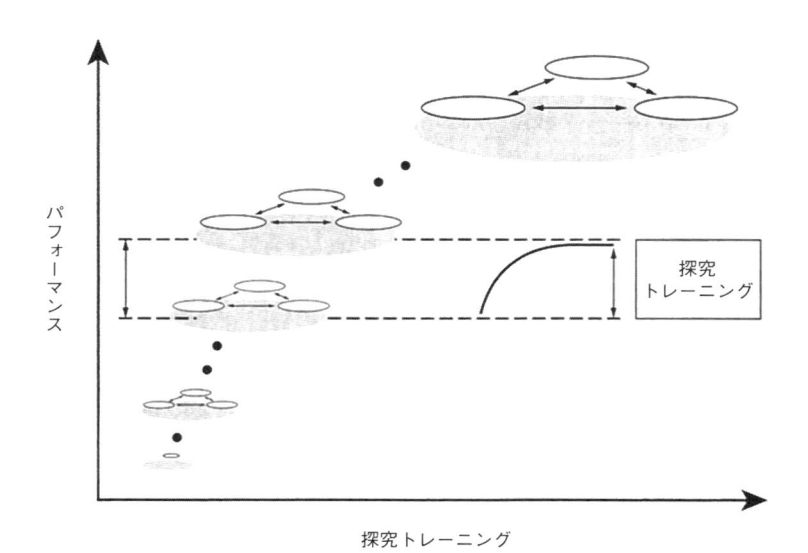

●図6-2 モニタリングの複雑性の増加と特定の側面の改善に伴う熟達者のパフォーマンスの変化（"The scientific study of expert levels of performance can guide training for producing superior achievement in creative domains" by K. A. Ericsson in Proceedings from International conference on the cultivation and education of creativity and innovation (p.14). Beijing, China: Chinese Academy of Sciences. Copyright 2009 by International Research Association for Talent Development and Excellence. より引用）

部分の改善を目指すことになる（図6-2）。向上心の強い選手は，目標状態をイメージし，自分たちの努力の結果をモニターし，改善する。このような訓練が，集中的に，即時のフィードバックを伴って，繰り返し行われた場合，探究トレーニングと呼ばれるものになる（Ericsson et al., 1993, 図6-2を参照）。

パフォーマンスを改善するための目標のすべてが，記憶能力の向上をもたらすメカニズムの獲得に関する個人差と関連しているわけではない。領域固有の記憶能力の向上が観察された領域においては，熟達レベルと探究トレーニングの量が関係することも示されてきた。記憶能力と探究トレーニングの関係について直接的に検討した研究はほとんどないが，熟達化の程度と記憶能力の間，および熟達化の程度と練習量の間に高い相関が観察されれば，熟達者の卓越した記憶能力は何年にも及ぶ探究トレーニングによって獲得された技能を反映しているという我々の主張を強く支持するものとなる。

◆ LTWMの発達過程

ここまでレビューしてきたことから，熟達者の優れた記憶能力に関して十分に説明するためには，その詳細な発達モデルが必要であろう。これは，記憶そのものが目標ではなく，卓越したパフォーマンスを支えるために優れた記憶能力を必要とする領域における熟達化を解明するためにも，探究トレーニングによってパフォーマンスを改善し続ける方法について理解するためにも，大切なことである。

チェスのような領域では，上級者の記憶能力はそうでないプレーヤーを大きく上回っており，訓練とワーキングメモリの拡張を関連づけることは容易である。チェスにおける熟達者のパフォーマンスは，de Groot（1946/1978）のように，特定の局面で最適な次の一手を選択するという課題で測定される。次の一手を決める間に考えていることを声に出してもらうと，チェスのプレーヤーは，まずその局面の一般的な特徴，特に弱点を評価していることがわかる。次に，特定の手がもたらす結果について，相手の対抗手段やそれに対する次の一手というように調べていく。この種のプランニングは，何手か先の駒の配置を心に思い浮かべなければならず，多くのワーキングメモリ資源を必要とする。したがって，チェスの探究トレーニングでは，最善手を見つけるために様々な局面の生成と駒の動きのプランニングに多くの時間を費やすことになるであろう。最善手（名人が選択した手）を即座にフィードバックすることで，より良い手を見逃したかどうかの判断ができる。良い手を逃す原因の多くは，数手先の局面全体を正確に思い浮かべることができないことにあるようである。チェスの重要な局面に関する心的表象についてさらに調べることで，このような失敗について分析す

ることができるだろう。

　現在では，チェスの上級者は下級のプレーヤーに比べて，局面の進行による駒配置の変化を正確に思い浮かべることができることを実証した多くの研究がある。実際，Ericsson と Oliver（詳細は Ericsson & Staszewski, 1989 を参照）は，あらかじめそのような練習は行っていないにもかかわらず，チェス名人の候補者は，盤面を見なくても高い水準で手を選択することができたと報告している。一般的に，チェスの名人は誰でも，盤面を見ても見なくても，ほぼ同等のレベルで対局することができる（Chabris & Hearst, 2003; Karpov, 1995; Koltanowski, 1985）。また，チェス名人は，外的な記憶補助がなくても，実験者が読み上げる駒の動きによって，複数の対局の局面をそらで更新できることもわかっている（Saariluoma, 1991, 1995）。Cowley & Byrne（2004）は，チェスの上級者は，次の一手を決めるために手を次々と読んでいった結果得られる局面の駒の配置を，より正確に評価できることを示した。Saariluoma & Kalakoski（1998）の研究は，最も興味深いものである。彼らは，チェス名人に一度に全部の駒の配置を見せないようにし，その代わりに個々の駒の配置を実験者が読み上げた。チェス名人はこの断片的な情報を統合できただけでなく，頭の中で駒の配置を検討し，最適な一手を選ぶことができた。この卓越した記憶能力は，チェスにおいてのみ発揮できることから，一般的な記憶能力の優秀さによって説明することはできない。また，LTM 内の情報に依存している点で，ワーキングメモリ容量による説明もできない。LTWM の獲得過程の説明を試みた研究が，いくつか存在する。Chase & Ericsson（1981, 1982; Ericsson et al., 1980）による先駆的研究では，典型的な STM 容量（Miller, 1956）が 7 前後の学生（SF）に対する訓練について，詳細なデータを収集した。200 時間を超える訓練期間中，記憶課題後に思考過程の内観的報告を行わせることによって SF の認知過程の変化をモニターした（Ericsson & Simon, 1993 も参照）。記憶スパンが向上するにつれ，SF は数字を 3 つずつにグループ化し，彼自身が熱心なクロスカントリーの選手であったことから，レースの記録時間と結びつけて符号化していた。たとえば，SF は 358 について，4 分を下回る 3 分 58 秒という 1 マイル走としてはかなり速い記録として符号化していた。

　このような内観的な言語報告が，記憶能力の改善に役立つ心的過程を適切に反映しているかどうかは，大きな問題である。この点を検討するために，記憶を補助する符号化の効果を調べるための実験が計画された。ランダムな数字リストに加え，特定の性質を持つ数字リストが SF に呈示された。あるリストは，364（3 分 64 秒），895，481 のように，競技の記録として符号化できないような数字列のみで構成された。予測通り，SF の成績はランダムな数字リストよりも悪かった。3 桁の数字がすべて競技記録として符号化できる（412, 637, 524, …）ように作成された別のリストでは，

再生成績は向上した。このように多くの工夫を凝らした実験をとおして，検索構造，数字スパンを下回る長さの数字列の記憶のスピードアップといったSFが獲得したいくつかの記憶技能（Chase & Ericsson, 1981, 1982; Ericsson, 1985）を確認することができた。SFが行った特別な訓練は，後に探究トレーニングと呼ばれるものの特徴をすべて備えていた（Ericsson et al., 1993）。最も重要なことは，SFは数字列の記憶とその成績を向上させることに集中させられていたことである。呈示される数字列の長さは，（平均して50%を再生できるという）SFの能力の限界に合わされており，彼の記憶能力の向上に伴い，難易度が同じになるように常に調整されていた。また，SFは数字の再生と内観的な言語報告を行った後すぐに，誤りに関するフィードバック情報を得ることができた。記憶能力の向上をもたらすメカニズムについてまず言語報告によって推測し，その後実験的に確認するという手続きを用いて，2人の大学生が50〜200時間の訓練後に顕著な記憶能力を獲得したことが確かめられた（Chase & Ericsson, 1981, 1982）。参加者の1人は後にJim Staszewskiによる訓練を受け，100桁を超える数字記憶範囲を獲得した（Richman, Staszewski, & Simon, 1995）。Wenger & Payne（1995）のように，訓練による記憶課題成績の劇的な向上を示した参加者の認知過程を調べるために，プロトコル分析やその他の技法を活用する研究者もいる。

　同様の方法は，暗算（Staszewski, 1988），ウェイター（Ericsson & Polson, 1988），あるいは優れた記憶能力そのものに焦点が当てられる領域の研究でも利用されてきた。たとえば，30,000桁を超える数字の記憶ができる人（Thompson, Cowan, & Frieman, 1993）や60,000桁を超える円周率を覚えている人（Hu, Ericsson, Yang, & Lu, 2009）の記憶能力の研究が行われてきた。これらの卓越した記憶能力が生得的な一般的記憶能力に基づくものであることを示す確たる証拠は，現在のところ存在しない（Ericsson, Delaney, Weaver, & Mahadevan, 2004; Hu et al., 2009）。しかし，彼らの卓越した記憶能力は，獲得されたLTWMのメカニズムによって十分に説明可能である。

　その他の領域の熟達者研究では，すばやい符号化と情報の記憶に焦点が当てられているわけではない。それでもやはり，それぞれのパフォーマンスを支えるために，記憶能力は拡張される。たとえば，舞台俳優は，役を演じるに当たり，すべてのセリフを正確に覚えておかなければならない。同様に，コンサートピアニストは独自の，情感のこもった表現を行いつつ，複雑な曲を記憶に基づいて演奏するという記憶課題に直面する。曲の記憶と再生のためのLTWM，特に検索構造の利用に関しては多くの研究がある。コンサートピアニストによる曲の習得に関する研究で，Chaffin & Imreh（2002）は，ピアニストは技巧的な手がかりと解釈上の手がかりの両方を利用

して曲を部分に分け，構造化することを示した。曲の再生において，そのピアニストは予測通り，検索構造において手がかりが切り替わる箇所で少し間をあけて演奏した (Chase & Ericsson, 1982)。訓練期間中のこのような記憶構造の発達は，音楽家にとって楽譜を見ずに記憶のみで演奏するための準備となる (Chaffin, 2007)。チェロ奏者 (Chaffin, Lisboa, Logan, & Begosh, 2010) やジャズピアニスト (Noice, Jeffery, Noice, & Chaffin, 2008) の研究でも，曲の演奏の準備段階において同じような検索構造の利用が報告されている。様々なレベルにある多数の音楽家を調べた Williamon & Valentine (2002) は，ピアニストは全員，曲を意味のある部分に分節化し，それを階層的な構造を持つように再構成していることを見出した。コンサートピアニストや熟達した俳優による専門的な記憶は，聴衆に感動を与えることを究極の目標としている。彼らが獲得した記憶技能は，情報をすばやく表面的に記銘するためではなく，音楽家や俳優に，聴衆に伝えるべき深い解釈をもたらすためのものである。専門領域や熟達者に必要とされる典型的能力によって，獲得される記憶能力の性質は著しく異なっており，それを理解するためには，それぞれの専門領域のパフォーマンスの特性を注意深く分析する必要がある。

4節　今後の方向性

　この章では，LTM に貯蔵されたパターンやチャンクの蓄積による熟達者の卓越した記憶能力について，固定的な容量を持つ STM あるいは一般的ワーキングメモリという概念によって，従来どのように説明されてきたかを示した。そして，熟達者のワーキングメモリの説明として従来の考え方は十分でないことを示す新たな証拠が集まりつつあることも示した。さらに我々は，LTM への貯蔵や記憶能力の獲得について，LTWM を強調した，容量制限のあるワーキングメモリと機能的に同等な説明が可能な新しい理論を提案した (Ericsson & Kintsch, 1995; Ericsson et al., 2000)。ただし，優れた記憶に関しては，テンプレートに基づく別の説明もあることは承知している (Gobet & Simon, 1996)。

　我々は，熟達者の高度な技能と結びついた優れた記憶能力を支える一般的なワーキングメモリに関する証拠をレビューしてきた。初心者の技能レベルは一般的な認知能力やワーキングメモリ容量の個人差と相関することは示されているが，これらの容量の個人差が熟達者のパフォーマンスと関連するという証拠はない。さらに，一般的なワーキングメモリの個人差では説明することができない熟達者のパフォーマンスに関する研究結果もある。たとえば，熟達者の記憶は，LTM における符号化に支えられており，これは LTWM (Ericsson & Kintsch, 1995; Ericsson et al., 2000) やテンプ

レート（Gobet & Simon, 1996）の考え方と一致する。また，熟達者の記憶能力は領域固有的で，課題固有的でさえあり，ワーキングメモリの関与は領域固有的な課題負荷に密接に関連しているということも様々に実証されている。同じように，パフォーマンスの改善や，熟達者の優れたパフォーマンスと結びついた記憶能力を獲得するためには，単なる経験だけでは不十分であり，特別な訓練（探究トレーニング）が必要であることも示されている。前節の最後では，さらに一歩進めて，典型的な課題と記憶課題の両方に関わる認知構造を変化させる探究トレーニングについて検討した。メカニズムの詳細を特定し，一連の系統的な実験によってそのメカニズムを実証することによって，参加者が記憶能力を獲得する過程が，探究トレーニングや熟達者のパフォーマンスの発達によってどのように説明できるかを示してきた。STMは，数百時間の訓練によって著しい向上を示すことから，研究対象として特に興味深く，取り組みやすいものである。比較的簡単に記憶能力が獲得される主な理由は，訓練課題と記憶課題が基本的に同じであることである。我々は，音楽家や俳優といった領域の熟達化についても論じた。これらの領域では，研究の焦点は，熟達化がゆっくりと進行すること，記銘速度やワーキングメモリ容量に関して，熟達者と非熟達者の間，あるいは初心者との間に明確な違いがないことにあった。

　熟達者のパフォーマンスの獲得過程やその構造について解明を進めるためには，熟達者の記憶能力が一般的な要因やメカニズムによるものではないという事実を認識することが重要である。先行研究により，探究トレーニングによって複雑な心的メカニズムと表象が徐々に獲得されることが指摘されている。いくつかの領域では，このようなメカニズムによって，熟達者はそうでない人たちに比べて優れた記憶能力を示す。このような優れた記憶能力をもたらす認知過程を分析してみると，ワーキングメモリ容量といった一般的特性で説明しようとするよりも，熟達者の卓越したパフォーマンスをもたらすメカニズムの変化そのものを明らかにする方が，熟達者の優れた記憶能力の理解につながると思われる。何人かの参加者の優れたパフォーマンスをもたらす認知過程やメカニズムを詳細に述べることができたら，Chase & Ericsson（1982; Ericsson, 1985, 1988, 2003）が見出したことを再発見することになるだろう。すなわち，数字リストの記銘のための細かな知識や精緻化の方法（たとえば，SFやDDの走競技記録）はそれぞれ異なるが，符号化の方法を制限する記憶構造やそれと関連する検索構造は，特定の領域における熟達者に共通しているのかもしれない。少数の熟達者に関する同様の研究によって，熟達度に関わる原理と新しい認知構造が明らかになることは間違いない。このような認知構造についてもっとよく理解することによって，探究トレーニングを開発し，効果的な方法でより高水準のパフォーマンスの達成を援助することが可能になるであろう。熟達者の卓越したパフォーマンスをもたらす

メカニズムと，実験室課題のパフォーマンスを決める詳細なメカニズムの両方について知ることで，一般的ワーキングメモリや知能のような一般的メカニズムが人間のパフォーマンスを説明する可能性と限界が明確になるであろう。

第7章 ワーキングメモリ容量と音楽の技能

David Z. Hambrick
(Department of Psychology, Michigan State University, East Lansing, MI, USA)
Elizabeth J. Meinz
(Department of Psychology, Southern Illinois University, Edwardsville, IL, USA)

1節 はじめに

◆ ワーキングメモリ容量と音楽の技能

　我々が,卓越した複雑な技能をどのように獲得し,維持するのかは,心理学において長い間論争の的であった。ヴィクトリア朝の大学者Francis Galton卿は,1800年代中頃に,この問題について最初の科学的な研究を行った。チャールズ・ダーウィン（Charles Darwin）という著名な従兄に影響を受けたGaltonは,体格のような身体的な特徴と同様,知的能力も遺伝すると信じていた。これを確かめるために,Galtonは,裁判官,科学者,詩人,音楽家,芸術家といった優秀なイギリス人の家系を調べた。問いは,単純であった。彼らの間に関係性はあるのだろうか。著書『天才と遺伝（*Hereditary Genius*）』（1869）における彼の答えは,Yesである。たとえば,Galtonが調べた26人の音楽家は,たった14の家族の出であった。バッハ（Bach）の一族についての記述は,こうである。

> バッハ家は，8世代にわたり多くの傑物を輩出した音楽一家であった。その家系は，1550年代に始まり，セバスティアン（Sebastian）の時代に全盛を極め，……最後の子孫が1800年代を貧乏な境遇で生きたレジーナ・スザンナ（Regina Susanna）であった。記録によると，バッハの家系には少なくとも57人の音楽家がおり，そのうち特に著名な者だけでも，優に20を超える。　　　　　　　　　　　　　　　　　(p.240)

Galtonは，知的能力は遺伝するに違いないと考えた。後に「氏か育ちか（*nature vs. nurture*）」という表現を広めたが，彼の立場は明確である。「赤ちゃんは皆同じような性質を持って生まれ，男の子同士，人同士の違いを生み出すのは，絶え間ない勤勉と道徳的な努力である……などと時折主張されるが，私は，それに我慢できない」(p.14)。念のため，Galtonは，人が偉大な作家や科学者や音楽家になるためには，一生懸命に努力しなければならないことを否定しているのではない。誰でもがそのように偉大な人物になることができるということを否定したのである。この見解は，図7-1に，天賦の才能が乏しい人，中くらいの人，豊富な人の学習曲線として示されている。これらの曲線は，その漸近線，つまりいくら練習をしてもそれ以上は上達しないレベルが異なっている（最初の遂行レベルと学習の速さも異なる）。この図が表すのは，到達点は人によって異なり，その違いは先天的な要因によるという考え方である。

Galtonの見解は，物議を醸した。リベラルな思想家たちは，ジョン・ロック

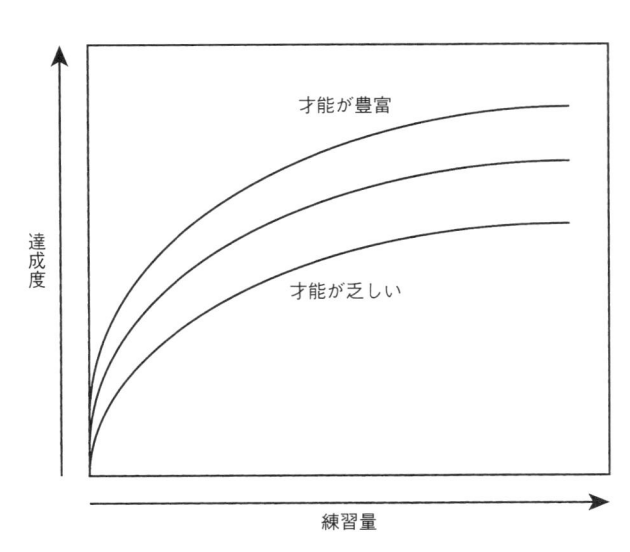

■図7-1　先天的な能力のレベル別の学習曲線

（John Locke）やトマス・ホッブズ（Thomas Hobbes）のようなイギリスの経験主義者によって擁護された，人は「白紙（tabula rasa）」の状態で生まれ，卓越した人物になるかどうかは完全に経験によって決まるという考えにすばやく飛びついた。人気小説家のホレイショ・アルジャー（Horatio Agler）は，後に歴史学者のジェームズ・トラスロウ・アダムス（James Truslow Adams）がアメリカンドリームと呼ぶことになる思想を，少年向けの小説で表現した。物語は，本質的には常に同じであった。不遇な少年が，その勇敢な行動によって裕福な老紳士の目に留まり，紳士は少年の後援者となる。少年は，一生懸命勇敢に働いて貧乏から這い上がり，清廉に生活し，中流階級として相応しい人生を送る。

　数十年後，行動主義の創始者である John Watson は，貧しさからの立身出世物語に科学的な解釈を加えた。当時の心理学の中心的研究テーマであった「意識」という概念の曖昧さと，その主たる研究法である「内省」の信頼性のなさに飽き足らず，Watson は，科学としての心理学は客観的に観察可能なもの，すなわち行動とそれが生起する環境のみに焦点を当てるべきであると考えた。Watson はまた，行動は本能でなく経験によって形成された習慣を反映するとも確信していた。実際，彼が『行動主義（*Behaviorism*）』（1970/1930）において次のように宣言したことはよく知られている。

　　　健康な幼児を1ダースと，彼らを育てる適切な環境を与えてもらえば，どの子でも，その才能，好み，性向，能力，親の職業，人種とは関係なく，医者，弁護士，芸術家，大商人，そして乞食や泥棒，何にでも育ててみせる。
　　　　　　　　　　　　　　　　　　　　　　　　　　　　　　　　　　　　　(p.104)

　その直後の文で，Watson はこれが誇張であることを自ら認めている。「これが現実的でないことは認める。しかし，正反対の主張をする者も，長い間そうしてきたのだ」(p.104)。しかし，Watson は，特別に優れた能力を天性のものであるとする見方を，養育によるとの見解に Galton が反対したのと同じように，強く否定した。Galton が，Watson の言う「正反対の主張者」の一人であったかどうかはわからない。『行動主義』では，天才に関する Watson 自身の見解が述べられている。

　　　若い時期に，他人よりも何時間も多く働くこと，あるいは他人よりも集中して訓練することによって早期に形成される労働習慣が，おそらく，あらゆる職業における成功だけでなく，天才に関しても，今のところ最も理にかなった説明である。
　　　　　　　　　　　　　　　　　　　　　　　　　　　　　　　　　　　　　(p.212)

　歴史的な興味はさておき，熟達者について心理学では2つの長年続く立場がある。

1つは「生まれつき」であり，もう1つは「作られる」というものである。我々は，これらの見解について，「才能説」および「獲得された特性説」として紹介した（Hambrick & Meinz, 2011a）。

2節　最新の研究

◆ 章の目的と構成

　本章の目的は，これらの見解に関して音楽の分野で得られた証拠を概観することである。多くの人が，どのようにしたらヴァイオリン，チェロ，ピアノのような楽器を弾けるようになるのかについて学ぼうとしてきた。しかし，ジュリアード音楽学校のオーディションに受かるだけの十分な技量を獲得する人はごくわずかであり，地域の交響楽団の入団テストでさえそうである。真に「並外れた」と形容されるような技能水準に到達し得るのはさらに少数で，百万に一人といったところである。もっと具体的に言うと，我々の目的は，音楽の技能におけるワーキングメモリ容量（working memory capacity: WMC）の役割について考察することである。WMCは，言語理解，問題解決，意思決定，複雑な学習，および推論など多様な領域における個人差の主たる原因であると，広く見なされてきた（Hambrick, Kane, & Engle, 2005のレビューを参照）。最近，およそ65万年前に始まったWMCの増大という進化が，人間の創造的文化の引き金となり，現人類がネアンデルタール人に取って代わることを可能にしたと言われている（Coolidge & Wynn, 2009; 本書の第3章も参照）。ここでは，音楽の技能におけるWMCの役割について，未熟な，あるいは熟達した音楽家，子ども，そして成人に関する証拠を調べてみよう。本章は，大きく2つの部分から成る。まず，音楽の技能に対する科学的アプローチと，音楽が熟達者研究の領域でよく取り上げられる理由について議論する。次に，音楽の技能における獲得された特性と基本的な能力，特にWMCの役割についての証拠を概観し，未解決な問題を明らかにするとともに将来の研究の方向性を示す。

◆ 熟達者研究の対象としての音楽

　音楽は，熟達者研究において頻繁に扱われるテーマである。熟達者研究の対象としてチェスがよく取り上げられるが，音楽領域の熟達者に関する研究報告も，少なくともチェスと同じくらいに多い。これほど強い関心が向けられてきた理由として，音楽が研究対象としやすいことがあげられる。コンピュータプログラマーや放射線技師，

あるいはチェスプレイヤーに比べて，音楽家の数は多い。ほとんどの大学に音楽科や音楽専攻があり，研究に参加してくれる学部生を少なくとも数名は確保できる。そして，多くの町にはその地域の音楽グループがある。

　音楽的課題を実験室に持ち込むのが簡単であることも，理由の1つである。Ericsson & Smith（1991）は，熟達者について科学的に研究するための方略を，熟達者アプローチと名付けた。そこでは，熟達者かどうかを，名声，地位，あるいは資格証明書のような主観的な基準ではなく，その領域において客観的に実証可能な行動によって判断すべきであるとされる。すなわち，熟達とは，当該領域で要求される基準を満たす技能が必要な課題において，一貫して優れた成績を示すことである。この考え方は，図7-2に示されている。この図では，その領域を代表する課題における遂行成績が正規分布することが想定されている。そして，熟達とは，平均より上に3SD（標準偏差）もしくはそれ以上離れた成績と定義されている。

　熟達者研究で音楽が頻繁に扱われるもう1つの理由は，人間的なものである。ほとんどの人が，何かしら音楽が好き，あるいは大好きであり，多くの人は，楽器や歌が上手になりたいと思ったことが少なくとも一度や二度はあるだろう。言い換えれば，音楽に関する多くの研究は，自分自身についてよく知りたいという研究者の関心に動機づけられた「自分のための研究」ではないかと思う。これらの研究が，音楽における熟達をもたらすものについて何を明らかにしてきたかを考えてみよう。

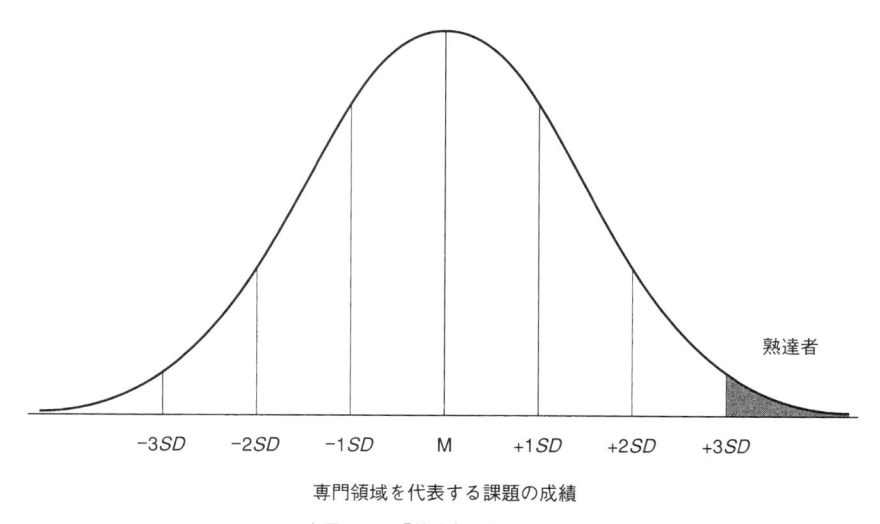

図7-2　「熟達」の統計的定義

◆ 獲得された特性の重要性

　認知心理学の研究が明らかにしたように，複雑な領域で成功するかどうかを最もよく予測するものの1つは，単に人が何を知っているか，つまり，ある領域で何年もの経験を通して身につけた，個々の課題を遂行する際に利用できる，その課題に特有な表象，手続き，処理，そして方略である。de Groot（1946/1978）をはじめ，領域に関する知識が高次の認知のために重要であることは，最初，チェスの研究で示された。彼は，チェスプレイヤーが未熟者か熟達者かを分けるのは，盤面の知覚の仕方であると主張した。de Groot（1946/1978）は，チェスの名人は，下手なプレーヤーに比べて，5秒という短い時間見せられたゲーム中の駒配置についての記憶が優れることを発見した。彼によれば，「"経験"が名人の偉業の土台であることは明らかである」（p.329）。この経験の結果，盤上の駒の配置が見慣れたものになったと，彼は主張した。より統制された実験手続きを用いて，Chase & Simon（1973）は，3つの技能レベル（熟達者，中級者，初心者）にあるプレーヤーを対象とした研究を行い，de Grootの発見を再確認した。実験参加者は，ゲーム中の盤面に加えて，ランダムな駒の配置も想起した。熟達者は，実際の（構造化された）配置の記憶では優れていたが，ランダムな（構造化されていない）配置についてはそうではなかった。またChaseとSimonは，再生中の2秒以上の間がチャンク間の区切りを示すと仮定し，それぞれのプレーヤーのチャンクの大きさを評定した。その結果，熟達者のチャンクが下手なプレーヤーより大きいことを見出し，熟達者は長期記憶に貯蔵された見慣れたチェスの盤面に対応する比較的少数のラベルを短期記憶内に保持していると考えた。それによって，熟達者は短期記憶の容量の限界を超えることなしに大量の情報へのアクセスを維持できる。対照的に，下手なプレーヤーは，個々の駒を大量に短期記憶内に保持しなければならないので，短期記憶に負荷がかかりすぎる。

　この種の技能と構造の交互作用は，その後も音楽を含む幅広い専門領域で繰り返し認められた。たとえば，Halpern & Bower（1982）は，音楽家と非音楽家に良いメロディ，悪いメロディ，ランダムなメロディを聴かせ，音楽家はどのメロディについても非音楽家よりもよく覚えている（主効果）が，その差は良いメロディで最も大きく，ランダムなメロディで最小となることを見出した（Meinz & Salthouse, 1998も参照）。Chase & Simon（1973）を追試したほとんどの研究で，考察で触れられることはあまりないが，ランダムな駒配置についても熟達者の記憶がわずかに，時には有意に優れていることが見出されている（Gobet & Simon, 1996も参照）。HalpernとBowerもまた，以前の研究で用いられたいくつかのメロディについて一致性得点――メロディ内の音のまとまり（すなわち，チャンク）に関する音楽家間の判断の一致の程度――

を計算し，得点の高いメロディで熟達者の優位性が最も大きく現れることを示した。したがって，領域に関連する情報を大きくまとめて有意味なパターンとして認知できることは，音楽の技能の重要な構成要素であると思われる。眼球運動を用いた研究でも，チェスにおけるチャンク化の役割を支持する結果が得られている。たとえば，熟達したプレーヤーは，初心者に比べて特徴的な駒に視線を固定させることが多く，チェスの情報に関して大きな視覚的スパンを持っている。すなわち，熟練者は初心者に比べ，一度見ただけでチェス盤から多くの情報を符号化することが可能なのである（Charness, Reingold, Pomplun, & Stampe, 2001; Reingold, Charness, Pomplun, & Stampe, 2001; Reingold, Charness, Schultetus, & Stampe, 2001）。同じように，音楽に関する研究では，熟練した視奏者は，1回の固視で未熟な者より多くの音を取れること（Furneaux & Land, 1999; Goolsby, 1994）や，上手な演奏家は，演奏時に下手な演奏家よりもずっと先の音符を見ていることが示されている（Gilman & Underwood, 2003; Truitt, Clifton, Pollatsek, & Rayner, 1997）。

◆探究トレーニングと音楽の技能

最近の研究は，音楽における熟達は，長期間の「探究トレーニング（deliberate practice）」の結果であることを明らかにした。Ericsson, Krampe, & Tesch-Römer（1993）の定義によれば，探究トレーニングとは，その領域における技能の上達に強く関連すること，高度の集中力を必要とすること，特に楽しいというわけではないこと，という3つの基準を満たす活動に関与することである。先がけとなった研究において，Ericssonらは，ドイツの音楽アカデミーの学生たちに，音楽に関連した様々な活動についてこれらの3つの次元（関連性，努力，楽しさ）から評定させた。また，楽器を始めて以来，各年の典型的な一週間で，それぞれの活動に費やした時間数を尋ねた。その結果，探究トレーニングを特徴づける活動——一人で練習すること——に従事した累積時間数が人によって大きく異なることがわかった。国際的なソリストとなる可能性があると評価された優れたヴァイオリニストたちは，一人での練習時間が20歳までに累積1万時間に達しており，その域に達していない演奏者より何千時間も多かった。その後の研究結果はさらに劇的であり，熟達ピアニストが1万時間の単独練習をしていたのに対し，アマチュアはたった2千時間であった。他の研究者も，探究トレーニングにかけた時間と様々な方法で測定した音楽の技能との間に強い関連性を見出している。たとえば，Ruthsatz, Detterman, Griscom, & Cirullo（2008）は，探究トレーニングと音楽的達成度との間に，音楽専攻の大学生で$r = .54$，音楽専門学校学生で$r = .31$という，中程度ないし強い相関が見られることを報告している（他の例として，Sloboda, Davidson, Howe, & Moore, 1996を参照）。

◆探究トレーニングへの反論

　上記の研究報告は，熟達者となるためには探究トレーニングが必要である可能性を支持しているが，それらは単に相関関係を示しているにすぎないという批判もある（Sternberg, 1996）。したがって，探究トレーニングと音楽の技能の間の正の相関は見せかけであり，音楽的才能という第三変数を反映している可能性について考える必要がある。この見方では，音楽的才能が豊富であるほど技能は上達し，また探究トレーニングへの関与が強いと考える。しかし，探究トレーニングと音楽の技能の間の真の相関がゼロであるかという問いであれば，答えは間違いなく No である。音楽や他の領域においては，何年にもわたって専念することなしには，特筆すべき技能水準を獲得することはまずできない（Sosniak, 1985）。また，何もないところから卓越した音楽的パフォーマンスが生じるという科学的な証拠はない。サヴァン自閉症——全般的な知的障害にもかかわらず，1つの特殊な領域で優れている人たち——の場合でさえ，音楽的パフォーマンスは獲得された技能を反映しているようである（Ericsson & Faivre, 1988; Howe, 1990）。

　にもかかわらず，探究トレーニングが熟達した技能の原因であるという Ericsson らの解釈は，唯一適切なものというわけではない。探究トレーニングが成功をもたらすことは明白であるように思えるが，成功が探究トレーニングを継続しようとする学生たちの動機を維持させ，それがより高い技能水準の獲得につながったということも考えられる。この説明は，我々の日常体験と一致している。我々は得意なことには持続的に取り組んでますます上手になるが，不得意なことはしようとしないか，単なる娯楽として関わる。さらに，Ericsson らは，探究トレーニングが熟達化のための十分条件であるという説得力のある証拠——異なる人が質，量ともに同じ練習を行えば，到達する技能水準も同じである——を提供してはいない。

　ほとんど努力しないで，あるいは少なくとも他の人ほど努力せずに音楽の技能を身につける人がいるようにも思える。これは，他者よりも音楽的才能に恵まれた人が存在することを意味する。著名なヴァイオリニストのジョシュア・ベル（Joshua Bell）には，ビデオゲームをするためにヴァイオリンの練習を頻繁にすっぽかしていたという伝説がある。逸話は時に誇張され，まったくの創作ではないとしても，時間が経つと重要な細部が省略されてしまう。*Mother Jones* 誌のインタビュー（Mechanic, 2011）で，ベルはこう告白している。

　　熱中というより，もう中毒でした。実際振り返ってみると，それはひどい状態で，不

安とか離脱症状といった典型的なものを含め，依存症を示すいろんな症状がありました。私は，練習しなければならない音楽学校の裏口から逃げ出したのを覚えています。母の車から降りると，私はすぐに裏口に走って外に飛び出し，文字通り全速力でゲームセンターに向かいました。薬物には決して手を出しませんでしたが，どうやらそれに似た感覚であったように思います。私はゲームセンターに入ると，本当に幸せでした。

しかし我々には，彼がどのくらいの頻度でさぼっていたのかとか，それをどのようにして埋め合わせたのかについてはわからない。また，こじつけのようにも思えるが，ビデオゲームが，ベルのヴァイオリン演奏に何らかの良い影響を及ぼした可能性も否定できない。たとえば，ビデオゲームにより，ヴァイオリン演奏に必要な何らかの側面が鍛えられていたのかもしれない。

もう1つの天才にまつわる物語も，細かい点では同じようにうさんくさい。モーツァルト（Mozart）が音楽的に早熟であったことは歴史的な記録から明らかなようである。たとえば，彼はとても幼いときからピアノを弾くことができた。しかし若きモーツァルトのものであるとされる成果については，疑問がもたれている。特に，音楽史家は，モーツァルトの父であるレオポルト・モーツァルト（Leopold Mozart）が息子の初期の曲のいくつかを代作したと長い間疑ってきた（レオポルトは，彼自身が優秀な作曲家であっただけでなく，当時の最も優れた音楽教師の一人であり，初めてドイツ語で書かれたヴァイオリン教本の著者でもある）。つまり，モーツァルトの逸話は，音楽における熟達に関して「生まれ」を強調する立場の証拠としても，「育ち」の役割を否定できないとする立場の証拠としても容易に使えるものである。このような例は，他にも数え切れないほどある。たとえば，技術をどうやって磨いたかについて，有名なジャズサキソフォン奏者のチャーリー・パーカー（Charlie Parker）は，1954年のラジオインタビューで次のように回顧している。「相当練習はしていました……実際，西地区近辺に住んでいたとき，引越しするよう母親が近所の人たちから脅されたことがありました。母親によると，私の楽器のせいで近所の人たちをいらいらさせていたようです。少なくとも1日に11時間から15時間を練習に当てていました」。チャーリー・パーカーもまた，才能がないといって，高校のバンドを追い出されたことがある。要は，熟達者になるために才能が必要かどうかの疑問に応えるためには，逸話は信用できないということである。もっと良い証拠はないだろうか。

◆ 基本的な能力の重要性

才能とは何かについて，合意の得られた唯一の定義があるわけではない。しかし，

Howe, Davidson, & Sloboda（1998）が指摘するように，特定の特性あるいは特性群が才能の構成要素として認められるためには3つの条件を満たす必要があることについては，ほとんどの研究者の意見が一致している。第1に，その特性は先天的でなければならない。つまり，たとえば，二卵性双生児よりも一卵性双生児間で強い相関が認められるといった事実によって，その特性の個人差が，完全にではなくても実質的に遺伝的な要因によるものであることが示されなければならない。第2に，その特性は，ある領域での技能の獲得に貢献するものでなければならない。つまり，その特性を多く備える人は，少ない人に比べて，より速く技能を獲得するか，より高いレベルに達するか，あるいはその両方でなければならない。最後に，特性には個人による違いがなければならない。才能という考え方を認めるということは，人は皆同じように生まれるのではないことを認めることであり，ある特性が才能の一部分であるならば，その特性を備える程度は人によって異なるということである。

　「認知能力」がこれらの条件を満たすものであることについては，知能研究者間でほぼ合意が得られている。第1に，認知能力は実質的に遺伝する。遺伝の程度は研究の対象によって幅があるが，双生児や養子の研究では，一般知能で50～70％の範囲，空間的能力や言語能力のような特定の能力ではもう少し低くなることが示されている（Plomin, DeFries, McClearn, & McGuffin, 2008）。第2に，ある能力に優れるものがどの領域での技能獲得に有利であるかを予測することができる。たとえば，Lubinskiらは，縦断的な研究により，視空間能力は自然科学の成績を，言語能力は人文科学の成績を予測することを見出した（Robertson, Smeets, Lubinski, & Benbow, 2010を参照）。最後に，認知能力――実際にはそれを測定する検査の得点――は，ほぼ正規分布する。それでは，熟達したパフォーマンスにおける認知能力の役割について，何がわかっているのだろうか。

◆認知能力の構造

　1世紀以上前，Spearman（1904）は，生徒たちの古典，フランス語，英語，数学などの成績を調べ，すべての科目の間に，一方の成績が良ければもう一方の成績も良いという関係があることを発見した。また，Spearmanは，このような関係性（正の相関群）から推測される一般因子が各科目の成績を決める程度を明確に評価するための統計的手法として，因子分析を開発した。1世紀以上経った今でも，Spearmanのg（一般因子）は，心理科学において最も再現性の高い発見の1つである。子どもであれ，青年であれ，大人であれ，ある程度大きいサンプルであれば，認知能力の諸測度を因子分析すれば，ほぼ間違いなくg因子が得られる。Spearmanの発見後ほぼ1世紀の間，知能研究者は，g因子が人間の知能のすべてであるかどうかについて議論

してきた。知能は，単一の因子で説明できるのか，複数の特殊な能力の集合であると考える方が良いのか，という問題である。Thurstone（1938）は後者の立場をとり，言語理解，推論，知覚の速さ，数的能力，言語の流暢さ，連想記憶，および空間の7つの主な精神機能の存在を主張した。同じ頃，以前はSpearmanの学生であったRaymond Cattellは，2つの一般的知能の区別を提唱した。1つは新規な問題を解決するための能力を反映する流動性知能（Gf），もう1つが，経験を通して身につけた知識を反映する結晶性知能（Gc）である（Cattell, 1971）。1990年代の初めになって，Carroll（1993）の画期的研究により，この論争にようやく終止符が打たれた。Carrollは，それまでの因子分析を用いた研究で得られた400以上のデータセットを再分析し，認知能力は3つの段階もしくは「層」に組織化することができると結論した。第1の層には，認知能力に関する様々な測度の共通性をもたらすg因子——Spearmanのgに相当する——がある。第2層は，少数の広範囲の課題に関連する認知能力である流動性知能（Gf）と結晶性知能（Gc）を含む。第3層には，数多くの課題特異的な能力が含まれる。過去20年間，Carrollのモデルに対して大きな反論はない。

音楽の技能と認知能力の諸測度間の関係性について，数多くの研究が行われた。否定的な研究もいくつかあるが（Shuter-Dyson, 1968），多くは両者に，統計的に有意な，ある程度強い正の相関を見出している。Spearman（1904）自身，一般的知能と学校における音楽的な才能の評価との間に.70の相関を報告した。最近では，Lynn, Wilson, & Gault（1989）が，子どもたちに伝統的な知能テストと4つの下位テスト（ピッチ：連続する音の比較，音程：連続する音程の比較，リズム：連続するリズムの比較，和音：和音中の音の数）から成る音楽能力テストを実施した。各下位テストのg因子に対する負荷量は，.45～.59であった。Phillips（1976）も，認知能力テストの得点と，音楽的な素質を調べる2つの標準化されたテストに基づく「音楽性」の指標の間に，.60より大きな相関があることを示している。音楽の技能と，より特異的な能力の間にも正の相関がある。たとえば，Lynn, et al.（1989）は，Gfをよく反映するとされるレーヴン漸進的マトリックス検査の得点と音楽的能力の間に中程度の正の相関があることを報告した。また，高校のバンドのメンバーを調べたRuthsatz et al.（2008）によると，レーヴン検査の得点と音楽的聴力の評定の間に中程度の正の相関があった。

◆ **ワーキングメモリ容量：40年間の進歩**

このように，認知能力は，音楽技能の獲得に少なくとも何らかの役割を担っているようである。にもかかわらず，認知能力のどの測度（たとえば，レーヴン検査）が，情報処理のどの水準を反映するのかという疑問に対して，満足のいく答えは示されて

いない。実際，Spearman（1904）以来，心理測定における g は，非理論的な構成概念——心理学におけるもう1つの「ブラックボックス」——であるとして非難されてきた。この疑問に答えようとするアプローチの1つが，認知的相関アプローチである。このアプローチの基本は，認知システムを構成する基本的機能を測定する方法を工夫し，それとは別に評定される g との相関を調べようとする考え方である（Deary, 2011 のレビューを参照）。ワーキングメモリ容量（WMC）も，そのような構成要素の1つとして概念化されてきた。

1970年代に，Baddeley & Hitch（1974）が，一連の実験で，短期記憶を占有する第二課題を行わせても，推論や理解のような主課題の遂行には驚くほどわずかしか影響しないことを見出した。たとえば，ある実験では，短期記憶への負荷によって文法的推論に要する時間は長くなったが，判断の正確さは影響を受けなかった。これらの結果は，短期記憶が情報処理における中心的なボトルネックになっているという考え（Atkinson & Shiffrin, 1968）では容易に説明できず，Baddeley と Hitch は，短期記憶は，推論やプランニングのような制御的過程を支える中央実行系と，音韻ループと視空間スケッチパッドという，一時的な情報保持のための2つの従属システムから成る複雑なシステムであると考えた。

1980年代になると，Daneman & Carpenter（1980）が，WMC を測定するためのテストを開発した。ワーキングメモリは情報の保持と処理の両方に関わるシステムであるという Baddeley & Hitch（1974）の見解にしたがって，Daneman と Carpenter は，リーディングスパン課題と呼ばれるテストを作成した。そのテストでは，情報の保持の側面と処理の側面が組み合わされていた。実験参加者は，いくつかの文を読みながらその文の最後の単語を覚えて，最後に再生するよう求められた。Daneman と Carpenter は，リーディングスパン——参加者がすべての文の最後の単語を完全に再生できた文の数——は，読解力の様々な測度と非常に強い相関を示すことを見出した。その後の研究で，Turner & Engle（1989）は，リーディングスパンと読解力の間に強い正の相関があるという Daneman と Carpenter の発見を再現した。しかし，もっと重要なのは，Turner と Engle が実施した別の WMC テスト——オペレーションスパン——の得点も，同じように読解力と強い相関を示したことである。Turner と Engle は，リーディングスパンやオペレーションスパンが捉えるものが何であれ，それは課題には依存せず，一般的な能力を反映すると結論した。

1990年代には，Kyllonen & Christal（1990）が，WMC と知能——g——の個人差に関する，最初の大規模な研究を実施した。この研究が主張するのは，これら2つの構成概念は強く関連しており，おそらく同じものであるということである。この重要な発見に基づき，Kyllonen（1996）は，「ワーキングメモリ容量という要因の果たす

中心的役割を考えると，これが本質的に Spearman の g であるといえる」（p.73）と述べている。Engle, Tuholski, Laughlin, & Conway（1999）は，1990 年代の後半に，WMC の個人差が生じるメカニズムに関する説明を提案した。この研究では，参加者は，Gf テストとともにシンプルスパン課題とコンプレックススパン課題の両方を行った。Engle らは，シンプルスパン課題では情報の貯蔵のみが必要であるが，コンプレックススパン課題では，貯蔵と処理の両方を調整するために，注意の働きも必要になると考えた。重要な発見が 2 つあった。1 つは，因子分析の結果，コンプレックススパン課題の得点とシンプルスパンの課題の得点は別々の因子と関連しており，2 つの因子間に正の相関はあるが，それらが同じものであるとは到底言えない程度のものであったことである。この発見は，それほど新しいものではないが，WMC と短期記憶が異なるものであることを示した最初の因子分析的証拠として，やはり重要である。もう 1 つの発見は，WMC 得点の分散のうち，WMC と短期記憶という 2 つの因子では説明できない部分——Engle らによると，制御的注意を反映する——と Gf が正の相関を示したことである。

　2000 年代になって，WMC と Gf との間の強い関連性についてさらに多くの研究報告が行われた。Oberauer らは，ワーキングメモリの関連性統合機能——記憶内の要素間を結びつけ，新たな表象を作り出す働き——と，推論能力とがほぼ完全に相関することを見出した（Oberauer, Süß, Wilhelm, & Wittmann, 2008）。このような事実に基づき，Engle（2002）は，WMC が「少なくとも一般的な流動性知能と関連しており，おそらく両者は同じものである」（pp.21-22）ことを示唆した。「関連する」という表現が，結局は正しかった。Kane et al.（2004）は，参加者に，WMC を測定する言語スパン課題と空間スパン課題，および Gf を評価するための言語的推論課題と空間的推論課題のすべてを実施した。構造方程式モデルにより，言語的 WMC と空間的 WMC を分離できることがわかった。しかし，両者の間には強い相関（> .80）があり，一般的な WMC 因子が存在することを示していた。この因子をモデルに組み入れると，Gf と強い（$r = .64$）相関を示したが，1 にはほど遠いものであった。その後の Ackerman, Beier, & Boyle（2005）によるメタ分析では，レーヴン検査得点とコンプレックススパン得点の相関は，平均しておよそ .40 であった。したがって，WMC と Gf の関連は Engle が想定したよりもかなり弱いものであった。しかし，Kane, Hambrick, & Conway（2005）は，Ackerman らのメタ分析は潜在変数より顕在的な関連性に焦点を当てたために，WMC と Gf の関連性の程度を過小評価していると批判した。そして，12 の研究データを再分析した結果，これら 2 つの構成概念間に平均して .72 の相関があることを見出した。

　2000 年代には，WMC の違いをもたらすメカニズムに関する研究にも大きな進展

があった（Conway et al., 2007 参照）。Engle や Kane らは，一連の報告で，WMC が，特に妨害や干渉のある条件下で情報を強く活性化させ利用可能な状態を維持するための注意能力を反映することを示した。特徴的な研究を2つ紹介すると，1つ目の研究（Kane, Bleckley, Conway, & Engle, 2001）では，実験参加者を低スパン群と高スパン群に分類した。参加者は2つの条件で，画面上の凝視点の左右どちらかに呈示される文字――B，P，あるいはR――に対し，それぞれに応じたキーを押して反応した。順サッカード条件では，文字が呈示される直前に，文字と同じ位置に手がかり刺激が呈示された。逆（アンチ）サッカード条件では，手がかり刺激は常に標的文字とは反対の位置に呈示された。Kane らは，反応時間と正答率の両方において，高スパン群は低スパン群よりも成績が良く，その差は逆サッカード条件で大きいことを示した。

　2つ目の研究については，少し背景を説明する必要がある。1950年代に，イギリスの Colin Cherry が，両耳分離聴と呼ばれる一連の実験を報告した。その実験では，参加者は「注意を向けた」方の耳に呈示されるメッセージを口頭で繰り返し，「注意を向けていない」耳に呈示されたメッセージを無視するよう教示された（Cherry, 1953）。参加者がこの課題を行うのに何も問題はなかった。参加者は，注意を向けていないメッセージをほとんど覚えていないだけでなく，途中で話の内容が変わっても，英語からフランス語に変わっても，気づかなかった。このような発見に基づいて，Donald Broadbent は著書『知覚とコミュニケーション（*Perception and Communication*）』（1958）の中で，注意は，関連情報をワーキングメモリ内に取り込む一方で非関連情報を遮断する悉無フィルターとして働くと主張した。しかし，Moray（1959）は，注意を向けていないメッセージの内容が完全には排除されていないことを証明した。参加者の3分の1は，非注意側の耳に同じ単語が35回繰り返し呈示されても気づかなかったが，自分の名前には気づいた。しかし，Conway, Cowan, & Bunting（2001）は，Moray の実験で多く（3分の2）の参加者が，なぜ自分の名前に気づかなかったのかに疑問を持った。結局のところ，Dale Carnegie が書いたように，「どんな言語においても，自分の名前はその人にとって最も心地よい大切な音なのである」。それでは，なぜ100％でなかったのだろうか。Conway らは，もしコンプレックススパン課題が注意の制御能力を測定しているのであれば，高スパン者は非注意側の耳に呈示される自分の名前にほとんど気づかないだろうと予想し，まさにその通りの結果を得た。Moray の実験を再現した結果，低スパン群では65％の参加者が非注意側の耳に呈示された自分の名前に気づいたのに対し，高スパン群ではわずかに20％にすぎなかった。2000年代には，WMC の神経学的な基盤にも多くの関心が向けられた。たとえば，Gray, Chabris, & Braver（2003）は，Nバック課題を遂行中の前頭前皮質の活性化の程度とレーヴン検査の得点の間に，中程度の正の相

関があることを見出した。

◆未解決の問題：構成概念妥当性と予測的妥当性

　この原稿を書いている間にも，Daneman & Carpenter (1980) のリーディングスパン課題に関する論文は，何度も繰り返し引用されている。そして，WMCは心理学の領域で最もよく研究されるトピックの1つである。WMCはまた，研究者以外の人々の関心もひきつけている。Michael Kane らによる WMC とマインドワンダリング（思考が目の前の課題の遂行とは無関係なものに逸れること）の研究が，多くのニュース記事で取り上げられている（たとえば，「注意を向けないことに注意を向ける科学」msnbc.com を参照）し，我々も，音楽の技能における WMC の働きについて，ニューヨークタイムズの特集記事で紹介している（Hambrick & Meinz, 2011b; この研究については次節で触れる）。しかし，WMC に関しては未解決の理論的，あるいは測定上の問題も多い。その1つは，WMC が既存の能力概念と異なることを実証的に示せるかどうかという，構成概念妥当性の問題である。Salthouse らは，WMC と Gf の相関は非常に強いので，認知における個人差を説明するための新たな要因として WMC を取り上げることは意味がないのではないかと主張した（Salthouse, Pink, & Tucker-Drob, 2008 を参照）。しかし，この見解に対しては，WMC を Gf と同一視することは，どちらの構成概念の理解にとっても利益がないという批判がある（Engle & Kane, 2004）。もう1つ未解決なのは，WMC が Gf や他の能力とは独立に結果を予測できるかという，予測的妥当性の問題である。WMC の予測的妥当性を示す証拠はいくつかある。我々は，海兵を対象とした研究で，WMC は Gf 以上に多重課題における成績をよく予測することを見出した。さらに，Gf によって説明される分散を取り除いた後の多重課題の成績を WMC によって予測できる程度は，その逆に WMC によって説明可能な分散を除いた成績を Gf が予測する程度よりも大きかった（Hambrick et al., 2010）。しかしながら，現時点では，広範な領域における複雑な課題のパフォーマンスを説明するのに，WMC が独自の貢献をすることを示す十分な証拠はない。

◆ ワーキングメモリ容量と音楽の技能

　WMC が音楽の演奏に関与しているかどうかを考えることには意味がある。音楽を奏でることは，何といっても高度に複雑な認知課題である。演奏者は，楽譜上の記号を解読し，指示された動きを実行するために，ある時間その表象を維持しなければならない。ワーキングメモリがこれらすべてに関わっているという主張の正しさを確か

める簡単なテストは，初心者に，ランダム数列の生成のように WMC に負荷をかける二次課題を課しながら演奏させることである（我々は第二著者の夫——熟達したトロンボーン奏者ではあるがピアニストとしては初心者——にこの苦痛を味わわせたが，彼はかろうじて弾くことができた）。我々にとってもっと興味深いのは，音楽の技能における個人差が，WMC の個人差によるものであると解釈できるかどうかである。

子どもの音楽の知覚における個人差について，いくつかの研究で調べられている。Anvari, Trainor, Woodside, & Levy（2002）は，4〜5歳児を対象に，数字スパン課題とともにリズム，メロディ，および和音の下位テストから成る音楽的知覚検査を実施した。4歳児では，下位テストの得点の因子分析で，音楽の技能を反映する単一の因子が得られた。この因子は，数字スパンと非常に強く関連していた（$r = .68$）。ところが，5歳児では，ピッチの知覚とリズムの知覚という2つの因子が得られ，その両方とも数字スパンと強い相関があった（それぞれ $r = .46$, $r = .54$）。音楽適性検査を初めて開発した Carl Seashore（1938/1967）は，その検査を考案する際，このような事実を予想していたようである。

> 測定可能な音楽的才能の中で，音楽的記憶にはきわめて多様な側面があるだろうが，もし，当面の目的のためにその中から1つだけ選ぶならば，それは間違いなく聴覚的記憶スパン，すなわちメロディから音のまとまりを取り出して把握し，短時間保持しておく能力であろう。
> (p.338)

成人の研究からも，関連した証拠が得られている。初見演奏——ほとんど，あるいはまったく準備せずに楽譜を見て演奏すること——における WMC の役割に関する研究が2つある。まず，Kopiez & Lee（2006）は，52人の大学レベルのピアノ練習生に対して，初見演奏の練習量を調べるための質問紙調査，初見演奏の技能を評価するための課題，および WMC を含む認知能力の検査を実施した（関連論文として Kopiez, Weihs, Ligges, & Lee, 2006 を参照）。初見課題の難易度には5段階あり，成績は，ピアニストが楽譜を見ながら弾いた音楽と比較するソフトウェアを用いて客観的に点数化された。WMC 課題は「心的計数」課題であり，参加者は3×3のマトリックスのセルに表示される複数の数字に基づく計算とその結果の記憶を求められた。初見演奏の練習量は，初見演奏課題の成績と正の相関があった。それだけでなく，WMC と全体的パフォーマンスの相関は，両側検定では慣例的な有意水準に達しなかった（$r = .26$, $p = .06$）ものの，この研究においては十分妥当であると思われる片側検定では有意であった。

2つ目の研究では，57人のピアニストに対し，探究トレーニングに関する質問紙調

査,初見課題,およびWMCを測定するための複数のコンプレックススパン課題を実施した。参加者のピアノ経験は実に様々で,たとえば,ピアノ演奏歴は1〜57年,探究トレーニングの累積時間は200時間以下から31,000時間以上といった具合であった。この研究の目的は,我々が最近提唱した限界回避仮説について検討することであった。限界回避仮説とは,領域特異的な知識を獲得することによって,認知能力が複雑な課題の遂行に及ぼす影響が減少ないし消失するという考え方である。

　この考え方は,多くの技能獲得研究者が言及,ないしは示唆してきたものである。Ackerman (1988) は,Fitts & Posner (1967) や Anderson (1983) の技能獲得モデルを個人差の説明にまで拡張し,訓練の初期段階では一般的知能は複雑な課題の遂行にとって重要であるが,訓練を続けて知識が手続き化されるにつれて,重要性は減少すると主張した。Ericsson & Charness (1994) も同様に,「熟達者は,ワーキングメモリ容量や継時的処理の基本的限界を回避する技能を獲得することができる」と述べている。

　我々は,探究トレーニングが初見演奏の成績のばらつきの多くの部分——実際のところ約半分 (44%) ——を説明することを見出した。しかし,WMCを考慮すると,説明率は7.4%——かなり小さい数字であるが,寄与度はある程度大きい——増加し,WMCと探究トレーニングが交絡することを示す証拠はない。言い換えると,図7-3に示すように,WMCは初心者にとっても,多くの時間を探究トレーニングに

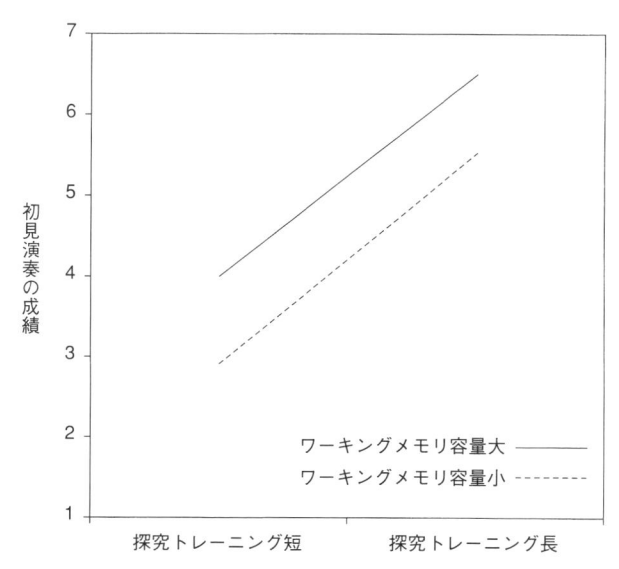

■図7-3　ワーキングメモリ容量と探究トレーニングの関数としての初見演奏の成績 (Meinz & Hambrick, 2010)

費やしたピアニストにとっても，初見演奏の成績を予測する重要な指標である。これでわかるように，探究トレーニングは高度な初見演奏に必要ではあるが，それだけで十分とは必ずしも言えない。

◆訓練研究

　音楽家の一般的認知能力が非音楽家に比べて優れていることを報告した研究がいくつかある。たとえば，音楽の訓練を受けた子どもは，そうでない子どもと比較して，言語，数学，そして視空間に関わるパフォーマンスに優れる（Schellenberg, 2001 のレビューを参照）。ただし，これらの効果が一時的なものであるとする報告もある（Costa-Giomi, 1999）。とりわけ，Schellenberg（2004）は，実験計画法に則った研究で，音楽のレッスンを受けた子どもは，わずか 36 週間後には，対照群（何もしない，あるいは演技のレッスンを受ける）の子どもよりも IQ が有意に高くなったことを示した。また，Brandler & Rammsayer（2003）は，成人の音楽家では，非音楽家よりも有意に言語記憶得点が高く，逆に抽象的推論の得点が低いことを報告している。

3節　今後の方向性

　これまでの研究は，多くの人が音楽の熟練者についてこうだろうと思っていることを確認したと言える。長年の練習をとおして獲得する知識と技能は間違いなく大切である。音楽における熟達は，一夜にして身につくものではない。しかし，本章で概観した研究は，話がそれで終わるわけではないことを示している。WMC を含む基本的能力と音楽の技能の間に正の相関があることを示す研究がいくつかある。しかし，この点については，直接的な証拠は驚くほど少ないことも付け加えなければならない。WMC と音楽の技能の関係についての研究がまず取り組まなければならないのは，両者が関係することを，より納得がいくように立証することである。音楽家を対象として，ピアノからピッコロまで幅広い楽器を使用し，様々な課題（初見や暗譜）を実施し，同時にテストバッテリーによって WMC や認知能力を測定するような研究を行ってみたい。予想されるのは，WMC は準備なしの初見演奏の成績は予測するが，記憶に基づく暗譜演奏については予測できないという結果である。WMC と音楽の様々な技能の間に関係があることを示すしっかりした証拠が得られたら，次の課題は，その関係をもたらすものは何かを明らかにすることである。たとえば，WMC が初見演奏に影響するのは，演奏者が実際に演奏している箇所よりもどの程度先まで楽譜を見ることができるかが WMC によって決まるからではないか。つまり，他の条件が同じであれば，WMC が大きいピアニストは，小さいピアニストに比べて，直後に演奏

すべき音をより多く保持しておけるのではないだろうか。この仮説は，眼球運動をモニターすることで検証することができるだろう。これら2つ——WMCと音楽の技能が関係することを確実に示すこと，そしてその関係の背後にあるメカニズムを理解すること——を目的とする研究によって，WMCと技能それぞれの理解が大いに進むと期待できる。

第IV部

ワーキングメモリと身体

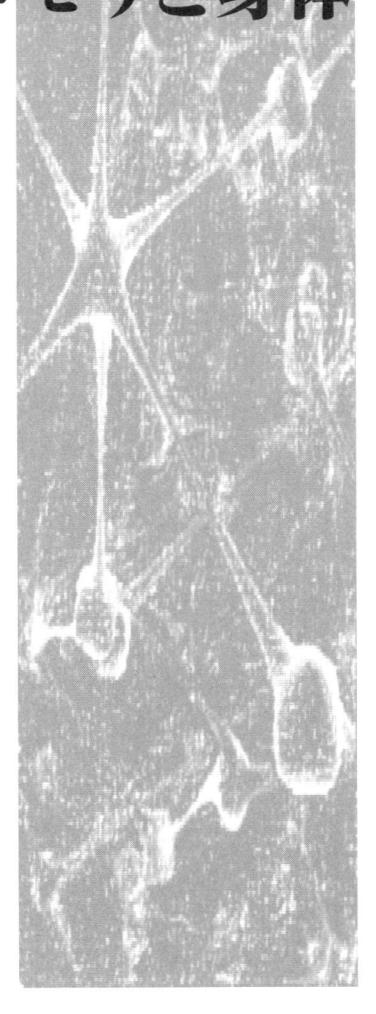

第8章 ワーキングメモリと食習慣

Scott E. Kanoski
(Department of Biological Sciences, University of Southern California, Los Angeles, CA, USA)

1節 はじめに

　ワーキングメモリ，すなわち情報の能動的な貯蔵と操作のための能力は，当たり前の日常的な機能において重要であるばかりでなく，認知の他の領域に対しても大きく関わっていると考えられている。日々積み重ねられるデータは，ワーキングメモリが関与する学習と記憶の機能が，食習慣や代謝状態（metabolic status）によって影響を受けることを示している。栄養不足が多様な領域における認知成績の低下を引き起こすことは以前から実証されている（Del Parigi, Panza et al., 2006 参照）。しかしながら，現代欧米文明はもはや栄養不足によって悩まされることはない。むしろ，アメリカやイギリス，その他様々な欧米文化圏は過度の栄養摂取という問題に直面しているように見える。実際，アメリカにおける肥満率（obesity rates）は1980年代初頭から75％増加し，今日，成人の3分の1以上が，体重と身長の関係から算出されるBMI指数によって，肥満と分類される30を超えている（Ogden, Yanovski et al., 2007; CDC, 2011）。イギリスにおいても肥満率は成人人口の約25％にまで増加している（Department of Health, 2011）。今日，アメリカでは，肥満は避けられた死の主要

な原因の第2位とされ，1998年以来，一人あたりの年間医療費を約2倍に押し上げている（Finkelstein, Trogdon et al., 2009）。これらの憂慮すべき傾向のもとで，認知に関する食習慣や代謝状態の影響に関して，我々が考えなければならないことは記憶機能に及ぼす過度のエネルギー摂取と体重増加の影響についてである。最近の（この20年間の）「肥満の蔓延」に伴い，研究者は，認知や神経心理学的機能に及ぼす太り過ぎや肥満症，不健康な高カロリー食品の消費の影響についても明らかにしつつある。また，BMIや肥満の増大がワーキングメモリや他の認知機能の領域における障害と関係している一方で，欧米の食事に一般的に見られる飽和脂肪や炭水化物（たとえば，砂糖）のような特定の食事成分が，肥満発生とは独立に，記憶機能を制御する脳基質（brain substrates）に悪影響を与えうることも明らかとなってきている。さらに，食習慣の因子と肥満の両者がアルツハイマー病や他の認知症の発生と関係している（Kalmijn, Launer et al., 1997; Berrino, 2002; Kanoski & Davidson, 2011）。このことは，食習慣や代謝状態，脳機能，認知の間の関係についてさらなる理解の必要性を強く示すものである。

2節　最新の研究

　この章では，最初に，2つの脳構造，すなわち前頭前野（prefrontal cortex: PFC）と海馬（hippocampus）に焦点を当てながら，中枢神経系によるワーキングメモリの制御という問題を取り上げる。次に，欧米の食習慣と肥満がワーキングメモリの障害や他のタイプの記憶機能障害と関係していることを示す証拠を概観する。そして，この種の食習慣や代謝状態によって引き起こされる認知障害の発生に役割を果たしていると考えられる神経心理学的メカニズムの問題を取り上げる。最後に，肥満の蔓延の増大に関してこれらの知見が意味することについて議論する。

◆ワーキングメモリの脳基質

　複雑な行動は，脳の単一領域における処理のみによって担われているものではなく，むしろ脳の複数の領域間の複雑な相互作用を伴っている。ワーキングメモリもまた例外ではない。さらに，ワーキングメモリはそれが機能するために必要となる情報タイプ（視空間的，言語的，対象認知など）に依存するために，異なる脳領域における神経的処理の必要性が示されている（Honey & Fletcher, 2006; Postle, 2006）。ここでは，ワーキングメモリ機能と関連し，食習慣や代謝の因子によって変化することが示されている2つの脳構造に焦点を当てる。すなわち前頭前野と海馬である。

前頭前野は，運動野の前方，脳の前面にあり，意思決定や複雑な行動のプランニングを含む様々な「高次」の認知過程の実行に関して重要であると考えられている（Rushworth, Noonan et al., 2011）。前頭前野は，ワーキングメモリ機能の概念において必須であり，Goldman-Rakic らによる研究が草分けとなった（Goldman-Rakic, 1987）。Goldman-Rakic は，人間以外の霊長類を用いて，遅延見本合わせパラダイムとして知られるワーキングメモリ課題の遂行中に背外側前頭前野（dorsolateral prefrontal cortex）における神経が遅延期間と関連した活動（ニューロン発火）を見せることを実証した。重要なことは，前頭前野に誘導された薬理学的混乱（PFC-directed pharmacological disruption: Sawaguchi & Goldman-Rakic, 1991）や前頭前野に障害のあるワーキングメモリ機能の選択的損傷（Funahashi, Bruce et al., 1993）が明らかにされたことである。この脳領域のワーキングメモリへの関与は，ワーキングメモリ課題の遂行中に前頭前野が活性化することを示す，人間の脳機能イメージング研究によっても支持されている（Rama, Sala et al., 2001; Gruber & von Gramon, 2003; Rama Poremba et al., 2004）。ワーキングメモリにおける前頭前野の関与が，短期記憶の貯蔵，あるいは注意に基づく処理，あるいはワーキングメモリにおける感覚シグナルの通門（ゲート）に基づいているかどうかは，行動との関連性から，いまだ十分に実証されておらず，論争の対象となっている（Postle, 2006）。いずれにしても，人間と人間以外の動物モデルからのデータは，ワーキングメモリ機能の通常の実行において，これらの脳構造が重要な役割を果たしていることを強く支持している。

　1957 年，Scovill と Milner は，海馬，すなわち脳の側頭葉内側にある脳構造を損傷した人の記憶喪失について最初の報告を行った（Scovill & Milner, 1957）。そのときから，海馬の機能は熱心に議論され続けてきた。海馬の機能に関して最も影響力のある2つの理論は次の通りである。①海馬は宣言的記憶，あるいは事実や出来事の記憶のために必要である（Squire, 1992）。ただし，この理論は後に修正された（Cohen, Poldrack et al., 1997; Eichenbaum, 2001; Squire, 2004 を参照）。②海馬は空間的情報の処理を必要とする記憶にとって重要である（O'Keefe & Dostrovsky, 1971）。海馬は伝統的にワーキングメモリ機能と関係づけられてこなかったが，その一方で，この脳構造はある種のワーキングメモリ，特に空間的な情報の保持を要求するワーキングメモリにおいて必須とされる。ラットを用いた海馬の選択的な損傷の実験では，高架式迷路における空間的ワーキングメモリが大きく阻害された（Jarrard, 1993; Jarrard, Davidson et al., 2004）。人間においても，対象と場所の連合を含むワーキングメモリ課題は海馬の活性化を引き起こし（Piekema, Kessels et al., 2006），また海馬を損傷した脳損傷の患者では，同様のワーキングメモリ課題の遂行が阻害された（Piekema, Fernandez et al., 2007）。しかし，海馬の損傷後に非空間的情報に基づくワーキング

メモリの障害が生じることが人間（Piekema, Fernandez et al., 2007）ばかりでなく齧歯類（Jarrard, Davidson et al., 2004）についても報告されているように，海馬のワーキングメモリへの関与は空間的情報に限られているとは言えない。

◆ 欧米の食糧消費と肥満，記憶障害

　最近では，太り過ぎや増え続ける肥満症が，認知障害やアルツハイマー病，その他の形態の認知症の発生と関わっていることが示されている（Naderali, Ratcliffe et al., 2009；Hassenstab, Sweat et al., 2010）。さらに，体重増加と肥満の一因として知られている食生活の因子（たとえば，飽和脂肪）の摂取もまた認知障害や認知症との関連がある。たとえば，Morrisとその同僚は，一連の人口ベースの研究における食物脂肪の摂取量と認識能力の低下や認知症発生との関係を精査した（Morris, Evans et al., 2003; Morris, Evans et al., 2004; Morris, Evans et al., 2006）。彼らは，およそ過去5年間にわたって，飽和，不飽和脂肪の摂取量の多さと認知障害やアルツハイマー病の発生可能性の増加とが関連していたことを報告している（Morris, Evans et al., 2003; Morris, Evans et al., 2004）。他の縦断的研究においても飽和脂肪の摂取と認知障害とが21年間という期間を超えて関連を持つことが見出されている（Eskelinen, Ngandu et al., 2008）。後者の研究では，特定の時点において予定された行動を実行することに関わる記憶である展望的記憶が飽和脂肪の摂取量と負の相関を示したのに対し，言語情報のためのワーキングメモリはそうではなかったと報告されている。このことは，展望的記憶と比較して，言語的ワーキングメモリが食事の因子に影響されにくいことを示唆している。しかし，人に関するこれらの縦断的な研究の限界として，食事摂取を記録するために用いられる食物の摂取頻度の質問紙の信頼性や妥当性の低さに関する批判がある（Maffeis, Schutz et al., 1994; McNaughton, Hughes et al., 2007）。実際のところ，食物の摂取頻度の質問紙の信頼性と妥当性について，ワーキングメモリスキルの乏しい個人に関してとりわけそれらが低かったことを報告している研究もある（Jia, Craig et al., 2008）。したがって，人を対象とする場合，食事の因子とワーキングメモリ能力との関係を実証することはとりわけ困難である。これらの懸念のいくつかは，人間以外の動物モデルを用いることによって払拭できる。人間以外の動物モデルでは，食物の摂取を実験者が制御でき，また自己報告による測定の信頼性，妥当性の問題を解消できるためである。

　人間以外の動物モデルを用いた最近の研究は，飽和脂肪や単糖類（たとえば，グルコース（ブドウ糖）やサッカロース（蔗糖）など，あるいはその両方を高い割合で含む食物を摂取した後にある種のタイプのワーキングメモリを含む記憶機能が損なわ

れることを明らかにしている。上述の人間のデータと同様で，飽和脂肪は齧歯類の記憶障害と関連があるように見える。しかし，その一方で，不飽和脂肪の摂取は関連がないことが示されている（Greenwood & Winocur, 1996）。他の実験結果は，単糖類の摂取が複合糖質（澱粉）の摂取と比べて齧歯類の記憶機能を弱めることを示している（Jurdak & Kanarek, 2009）。KanoskiとDavidsonとその同僚の一連の研究は，ラットを用いて，どのようなタイプの記憶機能とどの脳構造が欧米の食習慣による影響を受けやすいかを調べている（Kanoski, Meisel et al., 2007; Kanoski, Zhang et al., 2010）。彼らは，パヴロフ型条件づけパラダイムを用いた。パヴロフ型条件づけとは，短い光や音のような刺激が報酬の餌の予告信号となることを学習する事態である。それらの研究では，健康的な低脂肪の食事に比べて，現代欧米文化において日常的に目にするものと同様の食事（飽和脂肪と単糖類を多く含むもの）を長期間（数か月）にわたって摂取した場合に，海馬の健全性に依存するパヴロフ型の学習課題の遂行に深刻な障害が生じた。実際，いくつかの事例では，海馬が選択的に除去されたときに見られるものに匹敵する程度の障害が観察された。一方，難易度は同等であるが海馬の健全性に依存しないパヴロフ型学習課題の遂行では，食事によって生じる混乱に敏感であるようには見えなかった。これらの実験結果は，現代の欧米型の食事の過度の摂取が，海馬に依存する記憶課題の遂行において，機能障害の原因となりうるということを強く支持するものである。実際のところ，海馬は，環境毒素や心血管疾患，様々な認知症を含む多様な原因によって容易に損傷を被る脆弱な脳構造である（Walsh & Emerich, 1988）。これらの実験結果は，この脳領域が特に食事と代謝の影響に弱いということを示している。

　これまで議論してきたように，海馬は，とりわけ視空間情報の利用を含む場合のワーキングメモリの実行に必須である。ラットを用いた実験では，このタイプのワーキングメモリの課題として，高架式放射状迷路パラダイム（radial arm maze paradigm）が用いられている。このパラダイムでは，中央のプラットフォームから放射状に8本の腕が伸びた高架式の迷路を使用する。ラットを被験体として，このパラダイムを用いて空間的課題と非空間的課題の両方を行わせた研究がある（M'Harzi & Jarrard, 1992）。空間的課題では，食事を制限されたラットが被験体とされ，8つの腕のうちの特定の4つに一貫して報酬の餌が置かれていることを学習する実験が行われた。報酬の餌は，迷路の中心にあるプラットフォームからは中身が見えないようにそれぞれの腕の端に嵌めこまれた餌入れの中に入れられた。餌がどの腕の先に入れられているかは，迷路が設置された部屋の空間的な情報に基づいて学習する必要があった。空間的な位置情報は，迷路の外に置かれた空間的手がかりの存在，たとえば壁にポスターが貼られているかどうかや，貼られたポスターの形状の違いなどによって

顕著になる。ラットは，毎日この迷路に置かれて訓練される。幾日かの訓練が繰り返されると，ラットは餌の置かれていない腕を無視し，迷わずに餌の置かれた腕に行って餌を食べるようになる。学習の成績は，①参照記憶エラー，②ワーキングメモリエラー，という2通りの異なるエラーに基づいて評価される。①の参照記憶エラーとは，ラットが餌の置かれている場所（腕）を忘れてしまい，餌の置かれていない腕の1つに入り込んでしまう誤りである。②のワーキングメモリエラーとは，その試行においてすでに訪れたことのある腕に再び入り込むエラーである。海馬に選択的に神経毒性の障害を被っているラットは，この実験における空間的参照記憶と空間的なワーキングメモリの両方で重篤な損傷が生じていることが示されている（Jarrad, Davidson et al., 2004）。

　放射状迷路を用いた非空間的課題の手続きも，ただ1つの違いを除いて同様である。ただ1つの違いとは，視空間情報が餌の場所の手がかりにならないという点である。その代わりに，8つの腕のうち餌の置かれた4つの腕とそれ以外の腕とでは，それぞれの腕の床に差し込まれているものが木であるか，プラスチックなどであるかによって肌触りが異なるようにしてあった。この餌の場所を示す挿入物は，餌の場所の記憶にとって空間的な情報が手がかりにならないようにするために，試行ごとに餌を置く腕を変えるのとともに差し替えられる。このような非空間的課題の場合では，選択的に海馬を損傷したラットの参照記憶エラーの生起頻度が，損傷を受けていないコントロール条件のラットと差がないことが示されている。しかし，空間的な課題ほどではないものの，ワーキングメモリエラーの生起頻度はコントロール条件のラットよりも高くなる（Jarrad, Davidson et al., 2004）。このように，海馬は，人間とラットの双方にとって空間的ワーキングメモリにおいて重要な役割を果たしていることが示された。しかし，その一方で，高架式放射状迷路を用いた非空間的課題の実験から，海馬もまた非視空間的あるいは触知覚的などの他のタイプの情報に基づくワーキングメモリにおいても重要な役割を果たしていることが実証されたと言えよう。

　KanoskiとDavidsonは，高架式放射状迷路を用いた空間的，非空間的課題によってラットを被験体として，参照記憶とワーキングメモリに及ぼす欧米型の食事摂取期間の影響を調べる実験を行った（Kanoski & Davidson, 2011）。まず，コントロールされた健康的な食事を摂取した後に食事制限を受けたラットに対して，空間的と非空間的課題の両方について最大の成績を上げるまで訓練が行われた。その後，半数のラットは欧米型の食事をいつでも食べられる状態（不断給餌）に切り替えられた。一方，残りの半数のラットは，コントロールされた健康的な食事を不断給餌で与えられた。その後，欧米型の食事，あるいは健康的にコントロールされた食事のいずれかを与えられている期間の影響を調べるために，数回にわたって記憶成績が調べられた。注目

すべきことに，欧米型の食事が与えられたラットは，わずか3日間の間，それを摂取しただけで空間的参照記憶と空間的ワーキングメモリに明らかな障害を示した（図8-1を参照）。つまり，健康的な食事をいつでも食べられる状態で3日間与えられたラットよりも，欧米型の食事が与えられたラットの方が空間的参照記憶エラーと空間的ワーキングメモリエラーの出現頻度が高かったのである。その一方で，欧米型の食事を3日間与えられた後でも，高架式放射状迷路の非空間的課題では障害が観察されなかった。このことは，課題遂行の背後にあって記憶が機能するために必要とされる視空間情報の利用の阻害が原因となって，空間的課題の遂行成績が低下したという可能性を示唆するものである。

この成果から導かれる重要な知見は，欧米型の食事に起因する食習慣の因子が，太り過ぎやそれと関連する代謝疾患（たとえば，2型糖尿病や心血管疾患）を促進するということとは独立に，記憶プロセスを損傷することが可能であるということである。以前に述べたように，太り過ぎや肥満症の増加は人の認知障害と関係している。2週間にわたって飽和脂肪と単糖類が高い割合で含まれる餌を摂取しているラットがコントロールされた餌を摂取しているラットと比較して体重が増加し，太り過ぎになるとすると，齧歯類を用いた多くの研究においては，学習の障害を肥満か，または肥満から独立している食事の因子のどちらかに帰属することは困難である。しかし，この研究においては，欧米型の食事を3日間摂取したラットは，健康的な食事を摂取していた統制条件のラットと比べて体重の増加はなく，それでもなお空間的参照記憶とワーキングメモリが損なわれていた。この実験結果は，欧米型の食事の摂取が，太り過ぎ

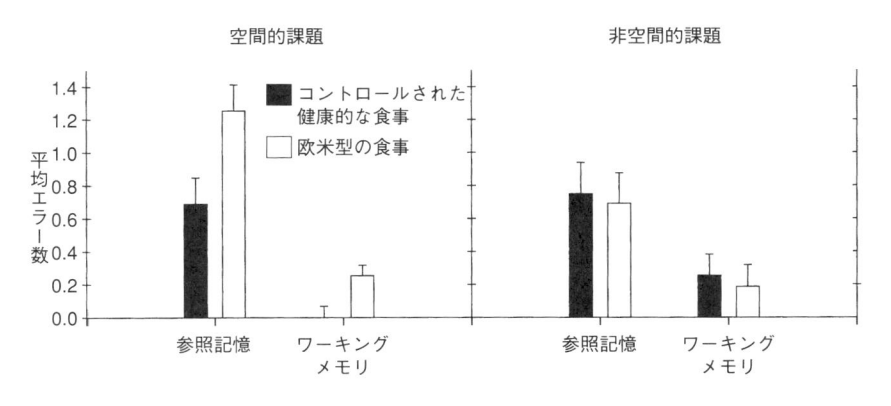

●図8-1 欧米型の食事を3日間だけ摂取したラットであっても，視空間情報に基づく参照記憶とワーキングメモリが損傷されるが，非空間的な情報に基づく記憶は損傷されなかった。
(Kanoski & Davidson, 2011 より作成)

やそれと関連する代謝疾患が発症するよりも前に，記憶機能に対して有害な影響を与える急速な代謝の適応や生理的適応を引き起こすということを示唆している。

著者たちは，欧米型か，または健康的にコントロールされた食事を摂取する期間を伸ばして，さらに同じラットの記憶成績を評価し続けた。欧米型の食事を摂取し続けた条件においては，わずか3日後に起こった空間的な参照記憶とワーキングメモリの障害が，90日に及ぶ実験期間中に行われた5回の記憶テストのすべてで比較的安定して観察され続けた。その一方で，非空間的課題に関する参照記憶とワーキングメモリの障害は，欧米型の食事の摂取が1か月続くまで現れなかった（図8-2を参照）。強調すべきは，欧米型の食事によって引き起こされる体重増加と肥満症の増加が，摂取開始から2～3週間後に起こったということである。このことは，非空間的課題の障害が肥満の発生によって生じているということを示唆している。この研究によって

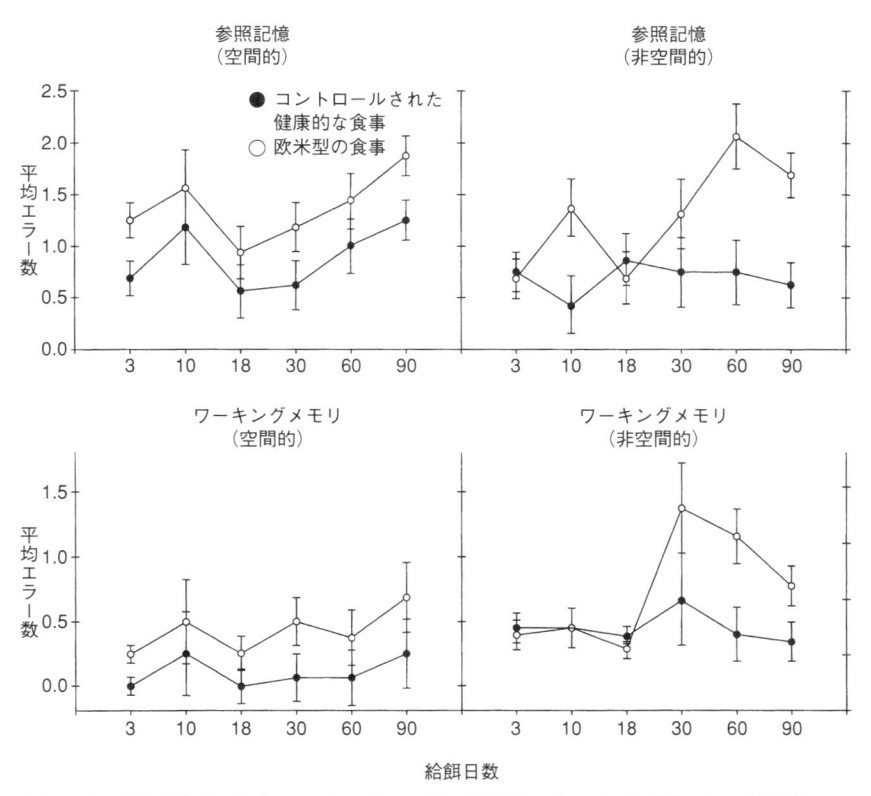

■ 図8-2　視空間情報に基づくワーキングメモリと参照記憶の障害は，欧米型の食事を摂取している全期間にわたって安定して生じている。しかし，非空間的情報に関するワーキングメモリと参照記憶の問題は，摂取が長期間になって初めて発生する。（Kanoski & Davidson, 2011 より作成）

明らかにされたワーキングメモリ機能に与える欧米型の食事の影響についてまとめると，以下のようになる。

1）欧米型の食事を短期間（3日間）摂取すると，視空間的な情報の利用に基づくワーキングメモリ機能が損傷されるが，非空間的情報（たとえば，触知覚的，非空間的など）に基づく機能については損傷されない。
2）その後，空間的なワーキングメモリの障害は弱まることはなく，欧米型の食事の摂取期間が長くなるにつれて増大することもある。
3）非空間的情報の利用によるワーキングメモリの障害は，長期間（30日以上）の欧米型の食事摂取の後で，明らかな体重の増加に伴って出現する。ただし，人間の食習慣の因子の影響について，これらの実験結果が何を意味するのかを考える場合には，齧歯類の平均寿命がおよそ2～3年である点に留意する必要がある。

最近では，この研究以外にも，欧米型の食事において一般的な食習慣の因子が空間的ワーキングメモリ課題の遂行の障害と関係することを報告する研究がある。水路仕様の放射状迷路を用いて，飽和脂肪やコレステロールの多い食事を2週間摂取することによってラットの空間的ワーキングメモリが損傷されることを示した研究である（Granholm, Bimonte-Nelson et al., 2008）。餌の摂取を制限されたラットが報酬の餌の位置を覚えるという伝統的な放射状迷路とは異なり，この研究で用いられた放射状迷路は，水面下1cmの位置に隠されている回避用プラットフォーム（その上に上がれば，泳ぎ続けなくてすむ上陸場所）が設置された4本の腕の位置を覚えるというものであった。この実験の結果は，食習慣によって引き起こされる空間的ワーキングメモリの障害が，食物を報酬とする強化と関連した記憶過程に限定されるものではなく，他のタイプの強化，たとえばストレス状況からの脱出を報酬とする事態にも及ぶことを示している。もう1つの研究は，餌を報酬とする高架式放射状迷路を用いた標準的な手続きによる研究で，飽和脂肪を多く含む餌を与えられたマウスにおいても空間的ワーキングメモリの損傷が生じることが報告されている（Valladolid-Acebes, Stucchi et al., 2011）。この研究において重要なことは，飽和脂肪を多く含む餌を与えられたマウスが健康的にコントロールされた餌を与えられていたマウスよりも多くのカロリーを摂取していたわけではないということである。この実験結果は，飽和脂肪を多く含む食事が，カロリーの摂取量とは関わりなく，空間的ワーキングメモリに障害を与えうるということを示している。

これまで述べてきたように，齧歯類モデルを用いた欧米型の食事の影響に関する研究の多くにおいて，統制条件とされたコントロールされた健康的な食事と欧米型の食

事との主要な差異は，①欧米型の食事は，高い割合で飽和脂肪を含み，脂肪の総量も多くなっている，②欧米型の食事は，コントロールされた食事と比較して，複合糖質（澱粉）よりも単糖類（砂糖）を高い割合で含んでいる，というように操作されてきた。人についての研究（Morris, Evans et al., 2004），あるいは動物モデルを用いた研究（Greenwood & Winocur, 1996）は，飽和脂肪が認知障害の一因となること，摂取する脂肪の総量は認知障害と関わらないことを明らかにした。しかしその一方で，単純な炭水化物が記憶障害の一因となるかどうかは，十分に実証されたとは言えない。しかし，最近のいくつかの研究が，飽和脂肪と組み合わされているかどうかとは独立に，単糖類が記憶機能障害の一因となることを示唆している。Jurdak とその同僚は，脂肪の増加がなく，蔗糖のみの増加であってもラットの空間的記憶機能が弱められることを示している（Jurdak, Lichtenstein et al., 2008; Jurdak & Kanarek, 2009）。脂肪成分に差がない餌を用いた研究で，食事に含まれる果糖もまたラットの空間的な記憶機能を阻害することが示されている（Ross, Bartness et al., 2009）。また，海馬が関与するパヴロフ型の学習課題において飽和脂肪とブドウ糖を含む欧米型の食事の摂取が，蔗糖を含む類似した食事の摂取と比べてより大きな記憶の障害を引き起こすことを報告した研究もある（Kanoski, Meisel et al., 2007）。これらの実験結果は，ブドウ糖が蔗糖よりも高い血糖負荷（glycemic load：炭水化物が血糖値を速やかに上昇させる能力）を持っているとすると，砂糖は高い血糖負荷を持ち，そのためにより大きな記憶障害をもたらすと解釈された。この解釈と一致する結果を示す研究として，成人を参加者として血糖負荷の高い食事と低い食事がワーキングメモリ（数唱課題によって測定された）における記憶の障害に及ぼす影響を比較した研究がある（Papanikolaou, Palmer et al., 2006）。同様に，子どもを参加者として，記憶テスト前にとった高い血糖負荷を持つ食事が言語性ワーキングメモリを弱めることを示した研究がある（Benton, Maconie et al., 2007）。しかし，長い期間にわたって単糖類を摂取することが，ワーキングメモリや他の認知の障害に関係しているかどうかに関して，人を対象とする縦断的研究はこれまでのところ不足している。

　以上をまとめると，欧米型の食事において一般的に見出される食習慣の因子（飽和脂肪と血糖値を上昇させる糖類）が記憶機能，特に視空間情報のためのワーキングメモリを損傷することを示している。そして，それらの影響は，肥満やメタボリック症候群の発生とは関係なく，さらに，カロリー摂取量が増加していなくても生じることがある。次の項では，それらの影響に関与すると考えられる生理的，神経学的メカニズムを取り上げる。

欧米型の食事と肥満による記憶障害の基礎をなしているメカニズム

　欧米型の食事の過度な消費は，脳機能に直接または間接的に影響する重複した神経生理学的変化をもたらす可能性がある。これらの変化は，糖調節（glucoregulation：血糖値の調節）の障害，中枢神経系のタンパク質とレセプターのレベルの低下，トリグリセリド（一種の脂肪）の循環の増加，炎症マーカーの増加，内皮細胞の構造や機能の変化などを含むが，それらに限定されるものではない。この項では，食事や代謝の因子が，脳由来神経栄養因子（brain-derived neurotrophic factor: BDNF）や糖調節の変化を通して，脳機能にどのように影響を与えるか，に焦点を当てる。脳由来神経栄養因子（BDNF）は，学習と記憶，特に海馬が関与する記憶機能において重要な役割を演ずるタンパク質である。BDNFの障害は，記憶形成（シナプス可塑性と神経発生を含む）の基礎となると考えられている分子プロセスを混乱させる可能性がある（Bergami, Rimondini et al., 2008; Danzer, Kotloski et al., 2008）。2，3か月の間，飽和脂肪と蔗糖分が高い食事を摂取したネズミは，海馬におけるBDNFの低下を示すことが報告されている。また，同じラットが，海馬に依存する空間記憶課題の遂行において，記憶の障害を示すことも報告された（Molteni, Barnard et al., 2002）。他にも，3か月間飽和脂肪とブドウ糖分が高い食事を摂取したラットが，海馬と前頭前野におけるBDNFの低下を示したことを報告している研究がある（Kanoski, Meisel et al., 2007）。これらのBDNFの低下は，海馬あるいは前頭前野の損傷によっても損なわれることのあるパヴロフ型条件づけにおける学習成績の低下を伴う。ワーキングメモリ機能に関与する脳領域において，食習慣によってBDNFの変化が生じるとすると，欧米型の食事の摂取が脳におけるBDNFの低下を引き起こし，ワーキングメモリの障害に関与しているという可能性がある。

　飽和脂肪と単糖の摂取は，メタボリックシンドローム（metabolic syndrome）の発生と関連がある（Hu, van Dam et al., 2001）。そして，それは主要な特徴として血糖調節の障害を伴う。糖調節の障害（たとえば，耐糖能異常：glucose intolerance，あるいはインスリン抵抗性：insulin resistance）は，肥満体の人の約80％に見られ，血糖値の調節のために膵臓で作られるインスリンの有効性が低下したことによる血糖のコントロール不良によって特徴づけられる（Martyn, Kaneki et al., 2008）。インスリン抵抗性は，欧米型の食事を長期間摂取することによって記憶が損なわれるメカニズムの1つであろう。人の場合，他の点では健康な個人において，インスリン感受性の低下と認知機能障害との間に強い相関があることが見出されている（Kalmijn, Feskens et al., 1995; Kaplan, Greenwood et al., 2000）。2型糖尿病がある人では，糖調節を改善する処置によって認知機能が向上する。そして，この認知の改善はワーキ

ングメモリが関わる課題において著しい（Ryan, Freed et al., 2006）。

　記憶に対する食事の影響の原因がインスリン抵抗性であるということについて，動物実験は，納得のいく他の証拠を提供している。高い割合で飽和脂肪を含む餌を 1 か月間与えられたラットと，コントロールされた健康的な餌を与えられたラットを比較した実験がある（Pathan, Gaikwad et al., 2008）。実験では，空間的課題における記憶機能のテストの 1 週前に，ラットにインスリン増感剤ロシグリタゾンまたは溶媒（ロシグリタゾンの投与のために用いられた溶媒のみが投与される対照群）が連日投与された。これまでに示してきたように，飽和脂肪を含む餌を与えられたラット（対照群）は，空間的課題において機能が損なわれた。しかし，それらのラットに，インスリン増感剤（それは糖調節を改善するが，体重には影響を与えない）を 1 週間投与すると，記憶障害が解消された。人にとっても齧歯類にとっても，インスリン抵抗性の改善が，耐糖能障害（glucose intolerance）と欧米型の食事の摂取とが関与する記憶の障害を低減する可能性が示されている。

　インスリン抵抗性は，どのようにして記憶の障害を引き起こすのだろうか。齧歯類において，インスリンとその受容体が海馬に十分存在し，インスリンが脳内投与されると，海馬に依存する記憶が改善することが報告されている（Park, Seeley et al., 2000）。脳内のインスリンは，脳それ自体においてはほとんど，あるいは，まったく作られず，末梢に循環するインスリン（膵臓から放出される）が血液脳関門（blood-brain barrier）を越えて脳に運ばれてきたものと仮定されている（Woods, Chavez et al., 1996）。高脂肪の食事によって太りすぎた動物では，末梢から脳に運ばれるインスリンの量が，健康的に体重をコントロールされた動物と比べて減少していることが報告されている（Kaiyala, Prigeon et al., 2000）。したがって，インスリン抵抗性とワーキングメモリやその他の認知機能の障害との関係は，脳に運ばれるインスリンの量の減少と，それに続く海馬と前頭前野におけるインスリン受容体の活性化の低下が基礎となっていると考えられる。一方，食事によって太りすぎた齧歯類においては，脳内でインスリンとインスリン受容体が結びついた後に活性化される細胞内信号伝達経路（intracellular signaling pathway）に対して，インスリンの効果が低減されることを報告している研究もある（Mielke, Taghibiglou et al., 2005; McNay, Ong et al., 2010）。インスリン抵抗性と記憶機能の障害との関係は，①食事による肥満によって末梢から脳へ運ばれるインスリンが減少する，②ある種の脳インスリン抵抗性は受容体レベルで生じ，インスリンが記憶能力の増大に及ぼす影響を低減する，という 2 つの仮説の組み合わせで説明される可能性がある。

3節　今後の動向

◆ 欧米型の食事によって生じる記憶機能障害が意味すること

　食事によって引き起こされるワーキングメモリの障害が意味することの1つは，そのような機能障害が罹患した個人の生活の質にネガティブな影響を及ぼしている可能性があるということである。ワーキングメモリが障害を被ると，教室における学習行動や（Gathercole, Lamont, & Alloway, 2006），一般的なスキルや知識の獲得がうまくいかなくなる可能性がある。ワーキングメモリの障害が認知活動に伴う様々な要求をうまく管理する能力に悪影響を与えることは明白である。欧米，特にアメリカとイギリスにおいて，太りすぎと思われる子どもや大人の人数がただならぬ率で増加しているとすると，そして，欧米の文化において不健康な食品が低コストで容易に入手できるようになっているとすると，欧米型の食事とそれによってもたらされる過度な体重増加の結果として，ますます多くの人がワーキングメモリの障害と他のタイプの認識機能障害を示すようになるだろう。

　食事によって引き起こされるワーキングメモリの障害が意味することのもう1つは，そのような障害が不健康な食品のさらなる摂取と体重増加に関与する可能性である。欧米型の食事の摂取が記憶の障害を引き起こし，一方で，その障害がそもそも記憶障害の原因となった食事の因子のさらなる摂取に関与しているという一種の「悪循環」モデルである（このモデルは，Davidson, Kanoski et al., 2007 によって最初に提唱された）。この考えは，齧歯類の海馬の選択的な損傷が，擬似損傷統制群（sham-lesioned control）と比較して，さらなる食物摂取と体重の増加を生じさせる（Davidson, Chan et al., 2009）という，食物摂取と体重の制御に寄与する記憶機能の重要性を強調する知見によって支持される。欧米型の食事の摂取が海馬の機能にネガティブな影響を及ぼすとすると，この結果は，過度の食物摂取を抑制するという能力が欧米型の食事の摂取と肥満によって損なわれる可能性があるということを示している。この悪循環は，海馬に依存する高次の記憶過程が撹乱されることによって生じるとする「出来事セッティング（occasion setting）」と呼ばれるメカニズムによって生じる（詳細なレビューは，Davidson, Kanoski et al., 2005; Davidson, Kanoski et al., 2007; Kanoski & Davidson, 2011 にある）。また，それとは別に，欧米型の食事の摂取がワーキングメモリの機能に障害を与えることによって過度の食物摂取を生じさせているという可能性もある。Higgs（2002）は，人を対象とした実験において，食べている場面（たとえば，食事場面）に関する直近のエピソード記憶が，その後の食事

テストにおける食物摂取量を低減させることを示している。この食物摂取に及ぼす記憶の影響は，空腹か満腹かの違いに基づくものではない。この実験では，食事テストの前に，実験参加者にそれ以前の食べている場面に関するエピソード記憶の検索手がかりが与えられるかどうかによって摂取量に差が生じていた。この現象には，おそらくワーキングメモリが関与しているだろう。ワーキングメモリに以前の食事で食べた物に関する記憶が保持されているときに，その一方でそれよりも前の同様の食事で食べた物の記憶も保持されているならば，それによってワーキングメモリの記憶の流れに混乱が生じ，過度の食物の摂取が引き起こされるかもしれない。言い換えると，直近で摂取された食物の記憶表象がワーキングメモリにおいて活性化している場合，今の食事やその後の食事における食物の摂取量が低減する可能性があるということである。この仮説は，自己申告された食事の記録の信頼性がワーキングメモリの能力の低い人ではとても低いことを示し，食べている場面に関する直近のエピソードの記憶にワーキングメモリが関与していることを示唆する研究（Jia, Craing et al., 2008）によっても支持される。

結　論

　肥満と欧米型の食事に一般的に見出される不健康な食品（飽和脂肪と単糖類を多く含む食品）の摂取は，ワーキングメモリ機能の損傷を含む認知機能の障害に関係している。これらの食事因子の摂取は，肥満やそれと関連する代謝性障害が生じる前から，齧歯類の記憶機能にネガティブな影響を与える。そして，それらは記憶障害に食事が関与をしていることを示すものである。食事によって引き起こされる記憶の障害は，おそらくワーキングメモリ機能が正常に実行されるうえで重要な2つの脳構造，すなわち海馬と前頭前野におけるタンパク質由来神経栄養因子の減少に基づくものだろう。そのような記憶の障害は，食事によって引き起こされる記憶障害が糖調節を改善する薬によって改善されるように，血糖調節を変化させる欧米型の食事によって引き起こされるものであろう。これらの知見は，不健康な低コスト食品の摂取量と，肥満や体重超過がただならぬ率で増加していることを考えれば，欧米の文化に対して重要な意味を持つ。過度の食物摂取を抑制するための正常な記憶機能を損なうことによって，飽和脂肪と高血糖糖分を多く含む食品の摂取によってもたらされる記憶障害がさらに過度の食物摂取と体重増加の一因となるかもしれないからである。

第9章
断眠とパフォーマンス：ワーキングメモリの役割

Paul Whitney
(Department of Psychology, Washington State University, Pullman, WA, USA)
Peter J. Rosen
(Department of Psychology, Washington State University, Pullman, WA, USA)

1節 はじめに

◆ なぜ断眠とワーキングメモリを研究するのか？

　睡眠不足が人間のパフォーマンスや心的処理に及ぼす影響に関する研究は，実験心理学の歴史，特に学習と記憶の領域に深く根差している（Feldman & Dement, 1968; Morris, Williams, & Lubin, 1960; Van Ormer, 1932）。初期の研究では，疲労がいつどのように記憶違いを引き起こすのかといった実用的な問題を検討するだけでなく，忘却における減衰と干渉の役割といった基礎理論を検証するために睡眠を利用することも目的としていた。近年では，認知に対する疲労の影響への関心が劇的に高まっている。そして，勤務日数の長さや不規則な交代勤務が増加すると，慢性疲労と睡眠障害の訴えも増加し（Alhola & Polo-Kantola, 2007; Golden & Figart, 2000），疲労の影響を理解し，健康や安全を脅かすミスを防ぐための介入方法を開発する必要性が生じている（Dawson, Noy, Harma, Akerstedt, & Belenky, 2001）。それに加え，認知神経科学の進歩により，睡眠の本質や，睡眠と認知の関係に関する新たな情報がもたらされ

るようになってきた（Kerkhof & Van Dongen, 2010）。

　研究の蓄積によって得られた最も重要な教訓の1つは，認知のあらゆる側面が等しく睡眠不足の影響を受けるわけではないということである。様々な認知課題を用いた研究のメタ分析によって（Koslowsky & Babkoff, 1992; Lim & Dinges, 2010），完全な断眠と部分的な睡眠制限の両方がそれぞれ認知に影響を及ぼすことが示された。特に，覚醒水準や持続的注意に対する特に大きな影響，ワーキングメモリ（WM）に対する中程度から大きな影響，そして複雑な意思決定能力に対する小さな影響などがあげられる。他の章で説明しているように，WMはほぼすべての認知課題の活動の中心であるため，WMに対する疲労の影響を検討することは特に興味深い。断眠がWMに及ぼす影響を深く理解することによって，自然な活動環境下での様々な疲労の影響に関する知見がもたらされると期待される。さらに，断眠とWMに関する研究は，WMシステムそのものや，WMが他の認知回路とどのように連動しているかについてよりよく理解するうえで非常に重要な情報をもたらすかもしれない。なぜなら，脳損傷によって引き起こされる機能の解離が，WMのサブシステムの分離に関して非常に有益な情報をもたらす（Baddeley & Hitch, 1994; Gathercole, 1994）のと同様に，断眠がWMに関連した種々のプロセスの解離を引き起こすといった研究成果が見られ始めているからである。疲労の影響に関する研究は，脳機能の阻害が実験的に操作できること，またその影響の方向が逆であることから，損傷に関する研究と比較して特別な利点を享受している。

2節　最新の研究

◆ 認知に対する断眠の影響の選択性

　睡眠研究と認知研究が相互に情報を提供し合うという見解の中心となるのは，断眠の影響が選択的だという考えである。認知に対する疲労の影響のメタ分析によって，議論は認知システムの中にも断眠の影響を受けるものとそうでないものがあるという考えに収束するが，最も影響を受ける機能とそうでない機能の本質をどのように特徴づけるかについて顕著な意見の相違がある（Harrison & Horne, 2000; Lim & Dinges, 2008; Pilcher, Band, Odle-Dusseau, & Muth, 2007）。この議論は，WMに対する疲労の影響の研究に重要な意味を持つ。ある意見によると，前頭前皮質（PFC）が断眠の影響を特に受けやすく，PFCに強く関連する認知能力に負荷がかかる課題は，疲労下において最も急激な遂行成績の低下を示すと考えられている（Harrison & Horne, 2000; Horne, 1993; Jones & Harrison, 2001）。この仮説によれば，断眠はWMや認知

制御機能に対して選択的・直接的に影響を及ぼす。その一方で，Dinges らは，断眠が引き起こす認知障害によって，持続的注意の維持が困難になると主張している（Dinges et al., 1997; Lim & Dinges, 2008）。この意見によれば，WM や他の複雑な認知機能に対する断眠の影響は，様々な課題にわたって高いパフォーマンスを発揮するための必要条件とされる課題への持続的注意に関する問題の間接的な結果である。

これまでの研究から明らかなように，認知に対する断眠の影響は一様でないだけでなく，たとえ短期記憶やWMに対する断眠の影響に焦点を絞っても，結果は，睡眠不足の期間はもちろん，パフォーマンスを評価するために用いられた課題によっても変化する。表 9-1 は，用いられた様々な課題と得られた典型的な結果の一部を示したものである。多くの研究によって小程度から中程度のWMに対する断眠の影響が示されているが，そのような影響を示していない研究もある。その違いは，断眠時間の操作や課題の複雑さに単純に原因を特定できない。最も大きな影響は，覚醒水準検査において不規則な間隔で提示される刺激の検出能力を指標とする検査で得られている（Lim & Dinges, 2010 を参照）。

概して，PFC 脆弱性仮説は，睡眠不足後のWMのパフォーマンスに関する研究からの明確な支持を得ていない。確かに，WM は主にPFCに局在する能力と考えられているが，WMとPFCの対応は完全ではない。脳代謝の研究が睡眠不足とWMとPFCの関係の解明に役立つかどうかを判断することは重要である。断眠がPFCに対して特に大きな影響を及ぼすという考えの裏付けとして，陽電子放射断層撮影法（PET）研究は，PFCと後部頭頂連合野でグルコース摂取が明確に減少し，それが認

表 9-1 短期記憶とワーキングメモリに対する断眠の影響を評価するために用いられた代表的な課題

課題	引用文献例	結果	覚醒時間
数字スパン	Glenville et al.（1978）	影響なし	30
	Quigley et al.（2000）	影響なし	24
N バック課題	Smith et al.（2002）	中	21
	Choo et al.（2005）	中	24
	Volkow et al.（2008）	影響なし	24
ランダム生成	Sagaspe et al.（2003）	影響なし	36
	Heuer et al.（2005）	中	24
	McMorris et al.（2007）	影響なし	36
WM スキャニング	Habeck et al.（2004）	中～大	48
	Mu et al.（2005）	中～大	30
	Tucker et al.（2010）	影響なし	51

知パフォーマンスの低下と対応していることを見出した（Durmer & Dinges, 2005; Wu et al., 1991）。機能的磁気共鳴イメージング（fMRI）を用いた研究は，睡眠不足によってWMに関連した主要な脳領域の賦活が一貫して減少し，こうした賦活パターンがWMのパフォーマンスの低下と相関することを報告した（Chee & Chuah, 2007, 2008; Chee et al., 2006; Choo, Lee, Venkatraman, Sheu & Chee, 2005）。

しかしその一方で，WMに対する断眠の影響が，持続的注意に対する影響の間接的な結果であることを示唆する研究成果もある。たとえば，断眠後の頭頂部の賦活の減少はWM課題中の行動の減少と相関していることが見出されたが（Lim, Choo, & Chee, 2007），最も明確に影響を受けた行動指標は被験者内の反応時間の変動であった。こうした反応時間の変動は，持続的注意の欠如と一致する。Chee & Chuah (2007) は，同様の見解を支持している。彼らは断眠後のWMの負荷を変化させ，断眠した被験者において，WM容量が飽和する前に頭頂部の賦活の減少が生じることを見出した。また，同じ研究では，しばしば知覚負荷と関連しているとされる（Todd & Marois, 2004）腹側後頭外線条皮質（ventral occipital extrastriate cortex）の賦活が，WMの低負荷レベルで減少することも見出した。興味深いことに，Luber et al. (2008) は，断眠した被験者のスタンバーグWM課題のパフォーマンスが，上内側後頭回（upper medial occipital gyrus）の経頭蓋磁気刺激によって改善されることを見出している。しかしながら，この部位の刺激は，WMそのものの効率に影響を及ぼしているというよりもむしろ，刺激の符号化の視覚処理を改善していると考えられる。

断眠の影響の原因についての議論と関連して，脳活動の電気生理学的研究も行われてきた。こうした研究では，個々の心的操作と関連が強いため，刺激特異的位相性脳波検査（EEG），あるいは事象関連電位（ERP）が利用されてきた（Bressler, 2002; Corsi-Cabrera, Arce, del Río-Portilla, Pérez-Garci, & Guevara, 1999; Luck, 2005）。P2とP3bは，一般にWMと関連したERP成分であり，WMの文脈更新や，ターゲット刺激とWMの内容との比較のような処理の指標として理論化されている（Bressler, 2002; Donchin, 1981; Kok, 2001; Lenartowicz, Escobedo-Quiroz, & Cohen, 2010; Polich, 2007）。全断眠，部分断眠ともに，振幅の著しい減少やP2とP3b成分の潜時の増加をもたらす（Corsi-Cabrera et al., 1999; Lee, Kim, & Suh, 2003; Morris, So, Lee, Lash, & Becker, 1992; Smith, McEvoy, & Gevins, 2002）。これらのERP成分それぞれで見られる全潜時延長は，それらが指標になると考えられているプロセスの全般的な認知的低下を示しており，断眠に起因する全処理速度の低下を説明する重要な研究として期待されている（Corsi-Cabrera et al., 1999; Horne, 1978, 1985）。ERPの振幅の減少によって，適切な情報処理に必要とされる皮質賦活の減少が示唆される。

断眠がP2やP3bの振幅に及ぼす影響は,様々な形で解釈されうる。直接影響理論を支持する可能性の1つは,断眠がWMにおける文脈表象の維持にかかわる通常の処理を妨害しているということである。文脈表象を維持するために,課題切り替え(Monsell, 2003)や瞬間的な注意欠如(Lenartowicz et al., 2010)によって継続的な文脈更新が生じる。こうしたERPデータは,WMにおいて文脈表象に再び焦点を合わせ,維持する能力が睡眠不足によって低下していることを反映している可能性がある。断眠が持続的注意のパフォーマンスを著しく低下させるため(Lim & Dinges, 2008),注意欠如から効率よく回復できなければ,断眠をした人の認知的機能はさらに悪化する。それに対して,P2とP3bはどちらも注意に大きく左右されるERP成分であり,P2やP3bの振幅は,断眠から直接影響を受ける,あるいは断眠によって低下した注意から影響を受けることに留意することは重要である。

課題パフォーマンスに対する断眠の影響の分離

　WMに対する断眠の直接的影響と間接的影響の区別に関する研究成果を行動学的に解釈するか生理学的に解釈するかにかかわらず,与えられたWM課題(あるいは認知能力に関する他の複合的な測定)のパフォーマンス全体の低下を解釈する際には注意が必要である。スタンバーグ記憶スキャニング課題を断眠の30時間前と30時間後に実施したMu et al. (2005)の研究について考えてみよう。Muらは,断眠に強いと見なされた被験者集団(断眠強靭群)と断眠に弱いと見なされた被験者集団(断眠脆弱群)のパフォーマンスと機能的神経画像を対比させた。被験者は0項目または6項目の記憶セットを保持し,プローブ(検査項目)が記憶セットにあったかどうかを回答した。断眠脆弱群では,断眠後のパフォーマンスは安静時のベースラインと比べて,6項目条件の反応時間が長くなった。断眠後のWMスキャニング中の脳賦活を比較すると,断眠強靭群では,両側前頭前野回路と両側頭頂葉回路でより強い賦活が起こることが示された。

　Muらの結果は,PFCが断眠に対して特に脆弱であり,断眠の影響を最も受けやすい人は疲労状況下で効率的にWM課題を行うための前頭葉回路の回復力が低いという仮説と合致しているように思える。しかし,同様の結果は,断眠に脆弱な被験者では,疲労時の刺激セットへの持続的注意が劣っており,WMに情報を符号化する時間が増加するといった仮説によっても説明される。しかしながら,Muらの行動データも画像データも,損傷したWMシステムと通常機能のWMシステムを区別するほど細分化されていない。

　WM課題は,まさにその性質上,刺激の符号化,情報の保持と操作,意思決定と

反応出力にかかわるプロセス間の相互作用を含む。WM 課題のパフォーマンス全体は種々のプロセスが混在することを反映しており，一部は疲労（もしくは他に脳機能を損傷する源）によって低下するがその他は低下しない可能性もあるため，課題特異性（task specificity）の問題に取り組むことは，疲労が認知パフォーマンスをどのように低下させるかを理解するうえで鍵となる。パフォーマンスに対する疲労の影響の源（もしくは複数の源）を特定するために，WM の測定は成分プロセスに分解される必要がある。課題を成分プロセスに分解するための統計的アプローチが，実行機能や WM に関する研究で実施されてきた（McCabe, Roediger, McDaniel, Balota, & Hambrick, 2010; Miyake, Friedman, Emerson, Witzki, Howerter, & Wager, 2000; Unsworth & Engle, 2007）。たとえば，Miyake らは，潜在変数分析を用いて種々の実行機能テスト間の相互関係を検討し，3 つの実行機能（注意のシフト，WM の更新，活性化の抑制）を見出した。近年では，McCabe らは，大規模な WM バッテリーと実行機能課題を実施し，2 つの領域間の関連を検討するために因子分析モデルを用いた。そして，彼らは以下のことを見出した。

（1）これらの課題は，彼らが「実行機能」と見なした共通因子に起因する分散を強固に共有していた。
（2）実行機能は処理速度と区別できる。

　WM や実行機能課題内の要因を抽出する研究では，これらの課題の複雑性，そして疲労などの状況下で生じるパフォーマンスの低下の原因を単一の要因に求めることの危険性が示されている。現段階では，WM と実行機能課題の認知的成分に関する研究間で意見の一致が見られるかどうか，そしてこれらの要因が疲労の影響を受けやすいかどうかについては，それほど明らかになっていない。さらに，断眠の研究は，実施に多くの費用や人手がかかるために，統計的にパフォーマンスに寄与する特定の認知的要因を抽出するのに十分な数の被験者を得るのが難しい。そのため，認知プロセスを切り離して考えるための因子分析法の使用を，睡眠不足の認知的影響に関する研究に直接組み入れることは非常に難しいだろう（Kerkhof & Van Dongen, 2010 の睡眠と認知研究の方略と計画の概要を参照）。
　様々な従属変数に分解できるように考案された課題を使用することでも，断眠研究で実施されてきた複雑な認知課題のパフォーマンスの一因となる特定の認知能力を明らかにすることはできる。Tucker, Whitney, Belenky, Hinson, & Van Dongen（2010）では，WM に関するこの方略が説明されている。被験者は，2 項目または 4 項目の記憶セットのスタンバーグ記憶スキャニング課題を行った。安静時のベースラインのパ

フォーマンスと比べると，51時間眠らなかった被験者は，課題の総反応時間の大幅な増加を示した。しかし，記憶セットサイズの関数として反応時間を調べると，反応時間は，WMスキャニングを表す傾きと，符号化や決定や反応プロセスを表す切片に分解され，顕著なパターンが明らかになった。WMスキャニングに対する断眠の影響は見られず，符号化や決定，課題の反応成分を反映する切片に対する影響のみ見られた。断眠をした被験者の脳の後頭部の興奮と同時にスタンバーグ課題のパフォーマンスの向上を示した先述のLuber et al.（2008）の結果をふまえると，おそらくはTuckerらの結果が睡眠不足後の情報の符号化に関する問題を明らかにすることになりそうである。

また，Tucker et al.（2010）の研究に組み込まれたスタンバーグ課題は，プローブ認知課題に用いられたフォイル（ターゲット以外の記憶）の親近性の操作（前の試行の記憶セットに関連しているか否か）を含んでいた。直前の試行のフォイルを有する試行とそうでない試行間の反応時間の違いは，WMの順向干渉を克服する能力に左右される（Jonides, Smith, Marshuetz, Koeppe, & Reuter-Lorenz, 1998）。安静条件下でも断眠条件下でも，この操作を用いる先行研究と同様に，直前のフォイルからの著しい干渉が見られた。しかし，断眠条件において順向干渉の克服が非常に困難であることを示す兆候はまったく見られなかった。WMスキャニングもWMの干渉克服も，どちらもPFCと強く関連している（Konishi, Chikazoe, Jimura, Asari, Miyashita, & Mishkin, 2005; Rypma & D'Esposit, 1999）。そのため，疲労がWMスキャニングとWMの干渉克服には影響を及ぼさず，それらの課題のWMと関係しない成分に強い影響を及ぼすといった結果は，断眠がWMや他のPFCの機能に対して特に強い直接的影響を持つという意見にとっては問題があるものになっている。

WMは断眠の影響に対して特に，あるいは選択的に脆弱ではないというさらなる研究成果は，Tucker, Stern, Basner, & Rakitin（2011）から得られる。彼らは，安静状態か断眠状態かどちらかの若年成人にスタンバーグ記憶スキャニング課題を用い，若年成人の結果と高齢者の安静時の結果を比較した。WMと実行機能のパフォーマンス全体が断眠状況下や高齢者において低下するため，断眠脳が老齢脳のモデルだと主張する研究者は存在する（Harrison, Horne, & Rothwell, 2000; Muzur, Pace-Schott, & Hobson, 2002）。Tucker et al.（2011）の研究では，安静状態の若年成人に比べて，断眠群も高齢者群も記憶スキャニング課題の低下を示した。しかしながら，パフォーマンスの低下の本質が，2群間で異なっていた。Tucker et al.（2010）で示されたように，断眠は，反応時間を記憶セットサイズに関連付ける関数の切片にのみ影響した。その一方，年齢は記憶スキャニングの傾きのみに影響し，WMに対する年齢の直接的影響を示唆している。

スタンバーグ記憶スキャニング課題の結果は，断眠と年齢が引き起こす認知的影響を分離できることや，WMに固有の機能を対象とする指標からというより，パフォーマンス全体からWM課題に関して結論を導き出すことが危険を伴うということを示している。しかし，どんな認知的操作が特に断眠の影響を受けるのかという疑問にはまだ答えておらず，また，影響を受けた認知的操作がWMの操作や複雑な課題のパフォーマンス全体にどの程度間接的影響を及ぼすのかということを十分に研究してきたわけでもない。認知神経科学には活発に研究される分野があり，我々はこれらの疑問に対して完全に回答することはできない。しかしながら，この章の残りで，我々はその疑問への回答に着手し，有意義だと思われる将来の研究の方向性を明らかにすることができる。

◆ 睡眠不足によって生じるパフォーマンスの低下回避におけるワーキングメモリの役割

　先行研究から，WMが断眠に対して特に脆弱であるという仮説を裏付けることは困難である。その代わり，断眠が認知に及ぼす影響を研究することで，ある種のパラドックスのようなものが明らかになる。意思決定と推論を含む多くの複雑な認知課題においては，断眠の影響は小さく一貫しないことが多いが，覚醒水準と選択反応時間についての単純なテストにおいては，断眠がパフォーマンスに及ぼす影響は一貫して大きい傾向が認められる（Lim & Dinges, 2008, 2010; Witney & Hinson, 2010）。機能上，WMシステムは，断眠の影響を強く受けると推測される注意の初期段階や符号化プロセスと，断眠の影響が不明瞭な複雑な認知操作を伴う推論との間に位置する。したがって，断眠が「現実世界」のパフォーマンスのミスをどのように引き起こすのかについて理解する際に重要な問題は，情報処理能力に対する断眠の影響をWMへの符号化から突き止めることと，パフォーマンスに対する処理能力の影響を捉えることである。また，疲労した人は，非効率的な低水準の処理を補う方法としてWMや実行機能操作を用いている可能性があるため，WMを通じた情報の流れやそれと複雑な課題のパフォーマンスとの関係を理解することも理論的に興味深い。そうだとすれば，断眠とWMの研究は，WMの適応制御をよりよく理解するのに役立つかもしれない。

　断眠がパフォーマンスに及ぼす影響を説明するトップダウン型の制御メカニズムの重要性に関心を向けてきた研究はいくつかある。たとえば，Drummond, Brown, Salamat, & Gillin（2004; Drummond & Brown, 2001も参照）は，被験者にBaddeleyの論理的推論課題を行わせた。課題は，文字セットの順序を説明する文（AはBの

前になく，B は C の後ろにない）と文字セット（BCA）を比較するというものであり，課題の困難度は文字数を変化させることによって操作された。その結果，通常の休息をとった被験者と 35 時間断眠した被験者のパフォーマンスに違いは見られなかった。しかしながら，神経画像では，睡眠の操作に応じた課題の困難度の増大に対する様々な脳反応パターンが示された。特に，Drummond らは，断眠状態の被験者が安静状態の被験者と同一の部位における課題の困難度の増大を示す一方で，安静状態の被験者では賦活の増大が認められなかった皮質の新しい部位が賦活しているという脳の代償プロセスに関するエビデンスを見出した。これらのデータは，Baddeley の WM モデルの中央実行系や，Cowan（1995, 2005）のモデルにおける分散制御プロセスに起因すると考えられてきた注意配分プロセスが，WM への情報の流れが悪くなる断眠状況下でのパフォーマンスを維持するうえで重要な役割を担っていることを示唆している。

現在のところ，断眠状況下で複雑な課題を行う際に，新たな脳回路を採用する注意制御操作を引き起こすメカニズムについては明らかになっていない。順向制御と逆向制御の違いに着目することが，こうした疑問を解明する糸口となるかもしれない（Braver & Barch, 2006）。順向制御では，現在の目的に関する情報は WM に能動的に保持され，トップダウン的に新情報の処理を導く。逆向制御では，新情報はトップダウン的に処理されず，課題遂行中に，目的に関連した情報を必要に応じて検索したり利用したりする。1 つの可能性として，睡眠不足で生じた疲労が増大し，課題遂行中に WM への情報の流れが悪くなることで，課題実行を導く順向制御メカニズムへ移行すると考えられる。

WM の制御プロセスが断眠状況下でのパフォーマンスの維持に役立つ代償プロセスに関与しているのであれば，長時間の睡眠不足，もしくは代償能力に負担をかける他の状況と睡眠不足が組み合わさることで，WM の制御プロセスが機能停止すると考えることは理に適っている。確かに，軍人や緊急作業員，医療関係者などは，睡眠不足に苦しむと同時に，ストレスの多い複雑な決断によく直面する。こうした状況は，時に悲惨な結果をもたらすこともある。WM と断眠に関する統制された実験室研究では，この手の状況の根底にあるプロセスを検討するようになってきた。Chuah, Dolcos, Chen, Zheng, Parimal, & Chee（2010）が興味深い例を示している。彼らは，安静状態の被験者と断眠状態の被験者を対象に，スタンバーグ記憶スキャニング課題で WM に保持された画像の再認能力を検査した。その際，記憶セットの提示と再認プローブの提示の間のインターバルにおいて，ディストラクタ画像（ネガティブ情動とニュートラル情動）が提示された。その結果，断眠は，ディストラクタがある場合に，ターゲット画像を WM に保持する能力を低下させた。しかし，最も興味深いデ

ータは，ネガティブ情動のディストラクタが用いられた条件の画像結果から得られた。睡眠不足で苦しんでいるときにネガティブ情動のディストラクタの影響を最も受けた人々では，ネガティブディストラクタに対する扁桃体の反応の増大や，扁桃体と背外側 PFC の結合性の減少も示した。少なくとも何人かの人にとっては，断眠の影響は，WM における処理や，パフォーマンスを維持するためのトップダウン制御過程を利用する能力に影響を及ぼす可能性のある情動反応性を増大させるようである（Yoo, Gujar, Hu, Jolesz, Walker, 2007 参照）。

　断眠，WM，そして複雑な課題のパフォーマンスについて引き続き研究するうえで，Chuah et al.（2010）や関連研究（Sterpenich, Albouy, & Boly et al., 2007）で得られた 2 つの一般的な含意を心に留めておくべきである。第 1 に，断眠の影響はいわゆる冷たい認知に限定されない。WM が感情と冷たい認知の情報源の統合に関わるために，断眠状況下で変化する情動的処理は課題のパフォーマンスに直接影響を及ぼし，冷たい認知のメカニズムの効率性にまで波及する可能性がある（Hinson, Jameson, & Whitney, 2002; Pessoa, 2008）。断眠と WM の関係に関する今後の研究における実践的，理論的に重要な含意の 1 つは，WM における処理での情動と認知の複合的役割について理解を深めることであるかもしれない。第 2 に，Chuah et al.（2010）で観察された断眠の影響には大きな個人差があった。断眠に対する反応の個人差は，情動的ディストラクタの影響に限定されない。Van Dongen, Baynard, Maislin, & Dinges（2004）によって，睡眠不足による低下は個人間で著しく異なるが，個人内では安定していることが立証されており，脆弱性といった特性の個人差が存在することが示唆される。しかしながら，「この脆弱性の個人差が課題の種類によっても異なる」ことには注意しなければならない。つまり，断眠に対する脆弱性を示す単一で一般的な特性はないが，人や課題に応じて脆弱性が変化する可能性が考えられる。したがって，WM が断眠からどのような影響を受けるのかという疑問に答えるためには，WM 課題と非 WM 課題の要素に対する断眠の影響の識別に必要な個々の課題の特徴を入念に分析するだけでなく（Tucker et al., 2010），その疑問に対する答えが所定の個人の特定の処理に対する強さや弱さに左右されるかもしれないことも認識しなければならない。おそらく，断眠と WM に関する研究を続けることの最大の効用は，断眠への強靭性と複雑な課題における代償制御プロセスに関与する能力との関係についての理解が深まることであろう。

第10章 ワーキングメモリと嗜癖行動

Bonnie J. Nagel
(Department of Psychiatry and Behavioral Neuroscience, Oregon Health and Science University, Portland, OR, USA)
Megan M. Herting
(Department of Behavioral Neuroscience, Oregon Health and Science University, Portland, OR, USA)
Anita Cservenka
(Department of Behavioral Neuroscience, Oregon Health and Science University, Portland, OR, USA)

本書のここまでの章で示されているように,我々が日々行っている多くの行動をうまくこなすためには,ワーキングメモリスキルが重要である。ワーキングメモリスキルは生涯を通じて変化し,様々な活動を行うことで,ポジティブにもネガティブにも変わりうる。本章では,我々がワーキングメモリを使って行う日常的活動の1つである意思決定について説明しよう。ワーキングメモリと意思決定過程の異常が,薬物乱用やギャンブルなどの嗜癖行動に及ぼす影響について論じる。

1節 はじめに

◆ 意思決定におけるワーキングメモリの働き

人は毎日,常に,どう行動するかを決定し続けなければならない。どう行動するかを決定するときには,入ってくる刺激をただ処理して弁別すればよいわけではなく,自分の現在と将来の目標,価値,社会規範と,その情報を総合する必要がある。たとえば,あなたが通りを歩いていて,見知らぬ人が近づいてきたとしよう。この入力刺激(見知らぬ人)とは別に,あなたの行動は,あなたのそのときの目標によって変わ

る。もし，あなたが歩いているときの目標が早くバス停に着くことであれば，その見知らぬ人をやりすごそうとして右によけるかもしれない。そうではなく，あなたがただぶらぶらと散歩しているのであれば，その人とアイコンタクトをとり，あいさつでもするかもしれない。我々はいつでも，周囲の状況や刺激と，自分の思考や目標を総合して，どう行動するかを決定しているのである。このように，選択肢の中からある動作や行動を選ぶという過程が，意思決定である。

先ほどの通りを歩いているときの例に出てきたように，最終決定を下すためには，意思決定をしている間，同時に多くの情報を活性化させ，総合しなければならない。これこそがワーキングメモリの働きである。つまり，行動を制御して最適な決定を下すために，情報を一時的に貯蔵し，操作するのがワーキングメモリなのである。したがって，ワーキングメモリの処理は，意思決定には欠かせない構成要素である。ワーキングメモリと意思決定のこのような相互作用は，たとえば次のような例を見るとわかりやすい。

> サムは自分の席で仕事をしている。そのとき，おなかがぐうとなる。時計を見ると，午後12時15分である。サムは，ランチを買いに行こうと決める。カフェテリアでサンドイッチを買おう。彼は席を立ち，カフェテリアに向かう。しかし，カフェテリアに着いてみると，サンドイッチは売り切れている。そこでサムは，次にどうするかを急いで考える。代わりにサラダを買うか，それとも少し離れたサンドイッチ屋まで行くか，という2つの選択肢について比較検討する。サンドイッチ屋まで行くと，食べる時間がほとんどなくなってしまうと考え，サムはサラダを注文する。お金を払い，ランチを買っておなかを満たし，時間にも間に合う。

サムがランチを買うためには，計画を立てて，それを遂行する間，様々な目標（たとえば，カフェテリアに行く，サンドイッチを注文する，おなかを満たす）を覚えておかなければならない。さらに，カフェテリアに着いてサンドイッチが売り切れていたときには，複数の選択肢について，それぞれのコストとベネフィット（つまり，もともと食べたかったサンドイッチを買うと，食べる時間が短くなってしまう，など）を評価しながら検討しなければならない。ワーキングメモリの処理過程が意思決定の基盤になっているとすれば，ワーキングメモリの制限要因の影響で，意思決定もうまくいかなくなってもおかしくないだろう。たとえば，ワーキングメモリ容量，情報を心内で操作し無関係な情報を抑制する能力，そして，一定の時間，複数の項目を活性化させておく能力はいずれも，最適な意思決定を行うために重要なワーキングメモリの特性であるとされている（Finn, 2002）。意思決定を行う文脈や状況は変化するため，これらの要因はすべて，適切な意思決定を行うのに役立つのである。

このようにワーキングメモリは，適切な意思決定を行うために重要な役割を担っている。そこで，上にあげたワーキングメモリ用語をさらに詳しく説明しよう。そして，そもそも決定とは別であるこれらの処理過程が，決定にどのように役立つかを説明しよう。まずワーキングメモリ容量とは，同時に頭にとどめておける項目数のことである。複数の選択肢とその結果を考慮して決定を下すという状況で，この容量が重要になってくる。誰でも，一度に頭にとどめておける物事の数には限界がある。実際，選択肢が増えるほど，ワーキングメモリ負荷が増大するほど，それらの選択肢の結果を記憶しておく認知リソースは消費されてしまうため，意思決定がうまくできなくなるのである。意思決定を扱う実験室実験でよく用いられるアイオワ・ギャンブル課題（IGT）を例にあげて，この現象を説明しよう（Bechara, Damasio, Damasio, & Anderson, 1994）。IGTでは，4つのカードの山があり，そこからカードを選ぶことで金銭的報酬か損失が生じる。参加者は知らないが，4つの山のうち2つは有利な山（報酬は小さいが損失も小さい），2つは不利な山（報酬は大きいが損失も大きい）である。課題目標は，なるべく多くの金銭を獲得することであり，つまり失わないことである。参加者は試行錯誤する中で，どの山を選ぶとより多くの金銭を獲得できるかを学習していく。多くの人は，最初は不利な山から選び，多くの報酬を獲得する。しかし健常な成人であれば，すぐに有利な山に移行する。長い目で見れば，そちらの山の方が利益が大きくなるからである。IGTでも他のタイプのギャンブルでも，このように報酬の量と報酬を得る確率とは関連している。たとえば，次の例における選択肢を考えてみてほしい。選択肢1は，10％の確率で50ドル獲得でき，90％の確率で獲得金が0である。選択肢2は，90％の確率で10ドル獲得でき，10％の確率で獲得金が0である。これらの2つの選択肢を提示された場合，獲得できる利益と獲得できる確率という異なる2つの要素がある。最適な決定のためには，両方を総合する必要がある。これらの要素がより複雑になったり，さらに別の要素が加わったりすると，さらに，ワーキングメモリに頼ることになる。IGTで意思決定をするときには，ワーキングメモリはかなり大変である。課題に含まれる要素は多く複雑であるうえ，各試行での利益と損失を記憶し，それを合計しなければならない。なぜならどの山が最も利益を増大させるかを決定するためである。では，この課題中に，さらに別の情報を覚えておくように指示されたらどうなるだろうか。どの山からカードを選ぶのが最適かを判断するために情報を覚えておき，総合するために使えるリソースがさらに減少してしまう。したがって，選択はうまくいかないだろう。実際，ワーキングメモリに負荷をかけると，この通りのことが起こるのである。課題中にランダムな数字を覚えさせ，だんだん数字を増やしていく。すると，不利な山から有利な山への移行のタイミングが遅くなり，結果的にギャンブル課題で不適切な決定をすることになる

（Dretsch & Tipples, 2008; Hinson, Jameson, & Whitney, 2002）。もし，ギャンブル課題の方でもっと複雑な分析や戦略が必要になったら，ワーキングメモリ負荷の増大と，ギャンブル課題のパフォーマンスの低下の間の関連は，さらに強くなるだろう（Gozzi, Cherubini, Papagno, & Bricolo, 2011）。

　ワーキングメモリ能力と衝動的な意思決定の関連については，遅延価値割引課題を用いた別の実験室実験でも似たような結果が得られている（Green, Fry, & Myerson, 1994）。この課題の参加者は，より少額の金銭が即座に得られる場合と，それより多くの金銭が一定の時間後に得られる場合のいずれかを選んでいく。たとえば参加者は，「100 ドルを今もらうのと，1 か月後にもらうのと，どちらが良いですか？」と尋ねられる。もちろん，この場合はほぼ全員，100 ドルを今もらうと答えるだろう。しかし，「80 ドルを今もらうのと，100 ドルを 1 か月後にもらうのと，どちらが良いですか？」「80 ドルを今もらうのと，100 ドルを 1 年後にもらうのとでは？」「20 ドルを今もらうのと，100 ドルを 1 年後にもらうのとでは？」などと尋ねられた場合は，先ほどのように単純には決められないだろう。多くの人は，通常，今もらえる，より少額の価値が高いと考えた場合には，今もらう方を選ぶ。しかし今もらえる金額の価値が低いと考えた場合には，遅延される方を選ぶ。先ほどの質問例からわかるように，もらえる金額も遅延期間も変化していき，決定はだんだん複雑になっていく。この課題では，様々な遅延期間と金額のオプションを提示することで，衝動的な意思決定をしやすいかがわかる。ここでいう衝動的な意思決定とは，より多額の金銭を後でもらうより，少額の金銭を即座にもらう方を選ぶということである。IGT と同様，この実験室実験での意思決定にも，ワーキングメモリが必要である。現実世界において今と将来の得られるものを比較検討して決定するときと同じように，この課題でも，2 つの選択肢のいずれかを選ぶためにはワーキングメモリを使って報酬のオプションを覚えておき，情報を操作し，総合する。ワーキングメモリがうまく働かないと，最適ではない，より衝動的な，即座に結果が得られる決定をしやすくなる。IGT と同様に，ワーキングメモリに負荷をかけると，最適な意思決定が阻害される。たとえば，Hinson, Jameson, & Whitney（2003）の実験では，44 人の健常な成人に，課題中，ランダムな数字を保持させ，その数字の数を増やしていった（つまり，ワーキングメモリへの負荷を増大させた）。課題中に余分な情報を多く保持させた条件では，ワーキングメモリへの負荷の小さいベースライン条件よりも，衝動的な意思決定が多く生じた。さらに，記憶負荷を増大させたときに衝動的な意思決定をしやすくなるというだけでなく，もともとのワーキングメモリの処理能力によって，この課題でのパフォーマンスが異なっていた。言語性の N バック課題や様々なスパン課題のような古典的なワーキングメモリパラダイムによってワーキングメモリを測定してみると，特にそれらの

パフォーマンスが低い者は，遅延価値割引課題で衝動的な意思決定をしやすいという関連が見られたのである（Bobova, Finn, Rickert, & Lucas, 2009; Shamosh et al., 2008）。ワーキングメモリの能力と一般的知能とには関連があるため，ワーキングメモリと意思決定の間の関連も，部分的にはそれで説明されるだろう（Shamosh et al., 2008）。しかし，個人がもともと持っているワーキングメモリの能力も，実験的にワーキングメモリに負荷をかけた場合も，適切な意思決定に影響を与えるのである。

　多くのことを記憶しておくだけでなく，余分な情報を抑制し，必要な項目をワーキングメモリ内で活性化し続ける能力も，ワーキングメモリの重要な機能であり，適切な意思決定ができるかに影響する。妨害項目すなわちディストラクタを抑制し，心内で情報を操作する能力は，そのときワーキングメモリストア内にある情報に干渉しないよう，不要な項目をうまく抑制できるかどうかにかかっている。そしてこれは，意思決定を行っている間，活性化する項目のどれに注意の焦点を向けるかを制御する能力にもかかっている。ワーキングメモリに高い負荷がかかっている状態で，たくさんの項目を処理・操作しなければならない場合を考えるとわかりやすいだろう。その場合，あまり役に立たない項目にリソースを割いてしまうと，より重要な項目に使うべきリソースが消費されてしまい，その処理はうまくいかなくなる。しかし，項目の保持しやすさ，邪魔になりやすさは何によって決まるのだろうか。ワーキングメモリ内に項目を保持しやすいかは，その項目の顕著性によって異なることがわかっている。顕著性の高い目立つ項目は，低い項目より，保持しておきやすい（Fine & Minnery, 2009）。そしてそれがディストラクタであれば，やはり，顕著性の高いディストラクタの方が，そのとき遂行中のワーキングメモリの処理を妨害しやすい。このことは神経イメージング研究で実証されている。感情的に顕著性の高い刺激をディストラクタとして提示すると，健常者の，ワーキングメモリに関連する脳部位の反応が妨害され，結局，ワーキングメモリ課題のパフォーマンスは低下する（Dolcos & McCarthy, 2006）。この現象が現実世界でどのように起こるかは，簡単に想像できるだろう。たとえば，他の人たちの会話の中で自分の名前が出てきたとき，それを聞き取れることは多い。自分の名前は顕著性の高い刺激だからである。その場合，あなたは認知リソースをその刺激に向けようとするだろう（たとえば，誰が呼んだのかを把握し，その呼び出しが，話が一段落つくまで待ってもらえそうかどうかを決めるなど）。しかし，他の人の名前が出てきたときには，そのようにはならないだろう。そもそも気づかないかもしれない。非常に顕著性の高い刺激はワーキングメモリの処理を促進するのに有効だが（たとえば，サムにとって，空腹感は顕著性が高くて無視できない刺激なので，ランチを忘れてしまわずにすむ），顕著性の低い項目を保持しておこうとするときには，逆にそれが障害になってしまう。顕著性に惑わされずに項目をワーキングメ

モリ内に保持しておく能力は，意思決定の際にはより重要になってくる。たとえば，遅延価値割引課題において意思決定をしているときのことを考えてみよう。顕著性の高い情報は，即座に得られる報酬や結果である。これらを，顕著性の低い情報，すなわち将来期待される結果と比較しなければならない。両者の顕著性に惑わされず，これら両方の結果を保持し，ワーキングメモリ内で更新し，操作して初めて，比較判断ができるのである。このことを考えると，遅延価値割引課題を行っているときに，ワーキングメモリに高い負荷をかけた場合，将来の報酬より即座に得られる報酬を選択しやすくなっても不思議ではない（Hinson et al., 2003）。この場合，ワーキングメモリリソースが使われてしまっているために，残っているリソースではより顕著性の高い刺激しか保持できない。結局，少額の即時の報酬を選んでしまうことになり，それは往々にして最適な意思決定ではないのである。

　まとめると，ワーキングメモリは日々の意思決定において重要な役割を担っている。ワーキングメモリ容量が大きくなれば，ワーキングメモリ内にとどめておきたい項目を活性化しておくことができ，かつ，妨害項目に干渉されないよう抑制することができる。また，顕著性の高い項目を活性化させておくのは容易なのだが，ワーキングメモリ容量が大きい場合は，顕著性の低い項目も，意思決定を行う間，活性化させておき，保持し，操作することができる。逆に，ワーキングメモリ容量が小さい場合には，最適ではない衝動的な意思決定をしてしまうことになるのである。

2節　最近の研究

◆ 意思決定とワーキングメモリと嗜癖

　前節では，様々なオプションを考慮に入れて最適な決定をするために，ワーキングメモリスキルが必須であることを示してきた。我々は，日々行っている決定の多くにおいて，ある活動をするかしないかを決めている。そして特に重要なのは，これらの選択肢や活動の中に，適応的で必要なものもあるが，そうではないもの，むしろ繰り返すと不適応状態になるものもあるということである。「嗜癖」とは，個人の時間の多くを占め，その人の身体的精神的心理的ウェルビーイング（well-being：幸福）をひどく阻害する行動やもののことをいう。嗜癖にはいろいろなものがある。薬物，アルコールといった物質もあるし，ギャンブルのように物質を伴わない行動もある。そのため，心理的な依存による嗜癖もあるし，薬物乱用のように身体的な依存を含む嗜癖もある。しかし，どちらのタイプの嗜癖でも，行動特徴や神経生理学的な特徴は類似していると考えられており，衝動性の制御や意思決定の不具合を反映していること

が多い（Grant, Potenza, Weinstein, & Gorelick, 2010）。特に，嗜癖行動の鍵となる構成要素は次の7つである。

1．明らかな制御不足：しようと意図したよりも多く（長く，強く），その行動をする。
2．やめようとしても，やめられずに繰り返す。
3．その嗜癖行動に関連する活動，あるいはその影響から立ち直ろうとすることに，日常生活の多くを割く。
4．切望：その行動や関連する活動に夢中になる。
5．その行動が，ネガティブな結果を引き起こしても続ける。
6．耐性：だんだん，その行動の強さや頻度を増大させざるを得なくなる，あるいは，同じ強さで続けているのでは効果が小さくなってくる。
7．禁断症状：その行動をすることができないと，落ち着かなくなったりいらいらしたりする。

リストの中には，制御不足や，ネガティブな結果が起こったにもかかわらずその行動を続けてしまうなどがあり，嗜癖の鍵となる行動特徴の多くが意思決定の失敗によることがわかる。薬物乱用・精神衛生サービス局（Substance Abuse and Mental Health Services Administration, 2011）によれば，残念ながら，何百万人もの米国人が，嗜癖に関連する不適切な意思決定をしている。米国人の7%がアルコール依存，2.8%が違法な薬物依存，そして0.5〜1%の人がギャンブル依存である（Wareham & Potenza, 2010）。さらに，物質を伴う嗜癖と伴わない嗜癖の間で似たような不適切な意思決定が生じていることを考えると，これらの依存症を併発しているケースも多いだろう。たとえば，病的なギャンブル依存者における，アルコールや薬物乱用率は高い。単一でも，併発していても，これらの依存者本人と家族の心理的苦痛は大きい。社会的にも損失が大きく，年間600兆ドルを超える。したがって，これらの依存症の予防・治療のために，嗜癖行動について解明する必要がある。たとえば，ギャンブルをする人やお酒を飲む人はたくさんいるのに，その中で依存症になる人とならない人がいるのはなぜか。不適切な意思決定，あるいはワーキングメモリの低さのせいなのか。この問いに対する答えは複雑であり，完全にはわかっていない。しかし，この問題に関する研究は蓄積されており，嗜癖を持つ人々はワーキングメモリ容量に様々な違いがあること，それによって彼らの不適切な意思決定が説明できることが明らかになってきている。

◆嗜癖行動における，ワーキングメモリの低さと非典型的な意思決定の実証

　物質を伴う嗜癖，伴わない嗜癖のいずれも，ワーキングメモリの不具合と関連している。物質を伴う嗜癖の場合，急激な使用も慢性的な使用も，ワーキングメモリを使う行動を阻害する。たとえば，急激にアルコールを摂取すると，情報を保持しておけなくなり，様々な音韻的・視覚的ワーキングメモリ課題のパフォーマンスが低下する（Saults, Cowan, Sher, & Moreno, 2007）。他の研究でも，急性アルコール中毒によるワーキングメモリへの影響は，血中アルコール濃度が低下するときに最大になることが示されている（Schweizer et al., 2006）。薬物は，その使用中にワーキングメモリの不具合が見られるうえに，慢性的に使用すると，断薬中でもワーキングメモリが低下してしまう。そしてこれらの影響は，身体的な禁断症状を伴う薬物の場合，特に明確に現れる。急激にニコチンを投与した場合のワーキングメモリ課題のパフォーマンスについては結論が出ていないが（Greenstein et al., 2010; Heishman, Kleykamp, & Singleton, 2010），禁断症状がひどくなってくるとパフォーマンスが低下する。これは，Mendrekらの実験で明らかになった。Mendrek et al.（2006）は，ニコチンタバコの喫煙者に1時間以内または13時間以上の禁煙をさせた後，ワーキングメモリ課題として2バック課題を行わせた。その結果，13時間以上と長時間禁煙した場合，1時間以内の禁煙しかしなかった場合より反応時間が長く，エラーが多かった。このような結果は他の薬物乱用においても得られており，薬物依存者のワーキングメモリの低下は，その摂取・使用をやめた後にも見られることがわかっている。麻薬様薬物依存者が薬物使用をやめてすぐには，複雑なワーキングメモリ課題におけるパフォーマンスが低下するが，そのパフォーマンス低下と，薬物をやめてからの日数との間には負の相関がある。すなわち，やめてから日が経つと，パフォーマンスは改善される（Rapeli et al., 2006）。メチレンジオキシメタンフェタミン（MDMA）やマリファナの重度の使用者が使用をやめてすぐのとき，非使用者と比べ，言語的ワーキングメモリスキルが低かった（Gouzoulis-Mayfrank et al., 2000）。興味深いことに，この関連はマリファナの使用と関連していた。MDMAとマリファナ両方の使用者と，同量のマリファナ単独使用者の間には，差が見られなかった。これらの結果を考えると，重度のマリファナ使用者の青年が，使用をやめてから数週間後でも，言語的ワーキングメモリ課題において低いパフォーマンスを示したことはおかしくない（Hanson et al., 2010）。薬物の使用で頭がいっぱいになると，特に禁断時に，認知リソースが占有されてしまう。そして他の課題を遂行するのに使用するリソースは少なくなる。本章1節に出てきた昼食の例で，サムが喫煙者だったとしてみよう。昼食をどうするか，よ

り適切な意思決定をしようとしているときに，タバコを吸いたいという欲求や，数時間タバコを吸っていないということにも認知リソース，注意リソースが使われる。ディストラクタ（たとえば，タバコを吸いたいという欲求）を抑制しながら，複数の関連する刺激（たとえば，ランチに何を食べるか）を活性化し続けることになり，サムのワーキングメモリシステムにかかる負荷は大きくなる。この負荷によって，最適な決定はしにくくなるだろう（たとえば，タバコを吸うためにランチを抜く，あるいは，ワーキングメモリに情報を保持しておけず，仕事に戻るのが遅くなってしまう）。これで，禁断の直後，特に，心理的であれ生理的であれ両方であれ禁断症状の出ている時期に，なぜワーキングメモリの低下が生じるのかはわかっただろう。しかし，慢性的な薬物依存によっても，長期のワーキングメモリの低下が生じるのである。

　長期のアルコール乱用は，継続的なワーキングメモリの低下を招く。アルコール依存症の男性たちが1か月間断酒した後の測定では，コントロール条件の参加者に比べ，視覚的ワーキングメモリスキルを含む実行機能が低下していた（Sullivan, Rosenbloom, & Pfefferbaum, 2000）。同様に，アルコール依存症の女性たちの神経心理学的機能を調べた研究では，平均3か月半の断酒期間後でも，言語的・非言語的ワーキングメモリスキルの低下は続いていた（Sullivan, Fama, Rosenbloom, & Pfefferbaum, 2002）。アルコール以外の薬物乱用の場合も，ワーキングメモリ能力への悪影響は継続する。たとえば，コカイン，アルコール，マリファナ，ヘロインの依存者で，レミッションつまり寛解に達した者を対象に，平均8か月間の断酒・断薬の後，空間的スパン課題，語音整列でワーキングメモリを測定した結果，健常者のコントロール群と比べ，パフォーマンスが低かった（Ferandez-Serrano, Perez-Garcia, Schmidt Rio-Valle, & Verdejo-Garcia, 2010; Hildebrandt, Brokate, Eling, & Lanz, 2004）。ワーキングメモリ測定時に薬物を摂取していなくても，薬物を長く大量に摂取してきた者ほど，ワーキングメモリ課題のパフォーマンスは低い。このことから，認知や行動への薬物の影響は，長期間持続し，その摂取量に関連していることがわかる。ギャンブル依存のような物質を伴わない嗜癖行動を示す者の場合も，薬物嗜癖と似ており，やはり健常者よりワーキングメモリ課題におけるパフォーマンスが低い（Leiserson & Pihl, 2007）。ワーキングメモリは嗜癖行動をもたらす中心的特徴であることが示唆される。これまでに論じたように，ワーキングメモリは適切な意思決定をするためには欠かせない要素である。そして，嗜癖行動に見られるような，制御不足や，ネガティブな結果が得られているにもかかわらずその行動を継続してしまうといった不適切な意思決定には，ワーキングメモリが影響している。ワーキングメモリのサブコンポーネントが阻害されている場合，嗜癖行動につながるような不適切な意思決定は生じやすくなる。ワーキングメモリ容量が小さかったり，ディストラクタを抑

制できなかったり，選択肢を活性化させ続けられなかったりするためである。嗜癖行動の場合には特に，嗜癖関連の選択肢の顕著性が高いため，それがディストラクタとなってワーキングメモリや意思決定に影響するのであろう。

　嗜癖行動をする者にとっては，嗜癖行動自体も，その行動の手がかりや周囲の文脈も，報酬となっていく。そのため，嗜癖行動のない者よりも，ある者にとって，それらは顕著性の高い刺激なのである。非常に顕著性の高い刺激がワーキングメモリ内では優位になりやすいこと，また干渉を生じさせやすいことを考えれば，嗜癖に関連した項目は，ワーキングメモリの処理をゆがめ，意思決定に影響を与えるだろう。たとえば，次のような状況を考えてみてほしい。アルコール依存者が，スポーツの試合を観るために，パブに行くか家で観るかを決めようとしている。この決定を下すには，たくさんの選択肢を考慮しなければならないし，それぞれの選択肢を選ぶことで得られる即時および将来の結果を考えなければならない。これらの選択肢は，即時性（即時に得られる結果の方が顕著性が高い），その者にとっての重要さ，期待される結果がそれぞれ異なる。アルコール依存者にとって最も顕著性の高い側面は，飲酒（それによるリラックス）という生理的，心理的報酬や，バーで他の人と楽しく過ごすという社会的報酬を即時に得られることであろう。さらに，先述したように，ワーキングメモリ容量の小さい者は，顕著性の低いオプションについてはあまり考慮しない。たとえば二日酔いなどの飲酒のネガティブな結果のように，将来どうなるかというオプションは，顕著性が低いことが多い。あるいは，家で試合を観ることによる，ポジティブではあるが顕著性の低いオプション（家族やウェルビーイング）もある。このように，嗜癖行動は即時の報酬と関連していて顕著性が高いこと，その者のワーキングメモリ容量が小さいことはいずれも，不適切な意思決定につながりやすいのである。

　ワーキングメモリが低いと嗜癖行動に関する不適切な意思決定をしやすくなる。これを支持する結果として，嗜癖を持つ者は意思決定自体のパフォーマンスが低い。実験室実験において，ギャンブル依存者やアルコール依存者は，そのような嗜癖行動を示さない者より，衝動的でリスクの高い意思決定をしやすい（Lawrence, Luty, Bogdan, Sahakian, & Clark, 2009）。たとえばIGTを行うと，ギャンブル依存者，アルコール依存者，断酒中のアルコール依存者は，コントロール群の参加者より，有利なカードを選ぶ回数が少ない。薬物依存者の場合，やはり薬物の使用期間が長いほど，そして使用量が多いほど，パフォーマンスが低くなる。長期の断酒期間を経た後に調べても，アルコール依存のピーク時の期間が長いほど，不利な山からカードを引くという選択が多くなる。つまり，アルコール摂取量が多く，その期間が長かった者は，有利なカードを引くという行動に移りにくいのである（Fein, Klein, & Finn, 2004）。これらの研究結果から，長期の依存は，ワーキングメモリと同様，意思決定の不具合

とも関連していることがわかる。さらに，抑制制御や意思決定における神経認知的な不具合が大きいと，薬物依存（Bowden-Jones, McPhillips, & Joyce, 2006），ギャンブル依存（Goundriaan, Oosterlaan, De Beurs, & Van Den Brink, 2008）を再発しやすくなるということもわかっている。つまり，ワーキングメモリが阻害されていると，嗜癖に関連する行動を減らしたり止めたりするための新しい情報や方略の獲得が妨害される可能性がある。

　嗜癖行動者は，IGT での不適切な意思決定以外にも，衝動的な意思決定を行う。この衝動的な意思決定は，嗜癖を獲得する段階，だんだん増大する段階，そして再発する段階といった様々なフェーズに，潜在的に影響する行動特性とされている。現在，理論的に嗜癖行動は，即時の報酬（すなわち薬物）を選び，後のもっと大きな報酬（人生の目標，家族，ウェルビーイングなど）を選ばなかった結果であると考えられている。この理論の根拠として，薬物依存症の青年・成人は，そうでない者に比べ，一貫して，将来の報酬を軽視するという研究結果が繰り返し得られている。実際は，アルコール，メタンフェタミン，コカイン，ヘロイン，ニコチンを使用する者たちの目の前にも，より大きな将来の報酬はずっと示されている。しかし彼らはどんどん，即時の小さい報酬を選ぶようになっていくのである。そして，ギャンブル依存症のような物質を伴わない嗜癖行動をする者も同様に，将来の報酬を軽視する（Dixon, Marley, & Jacobs, 2003）。Petry & Casarella（1999）は，薬物依存者のうち，ギャンブル依存を伴う者と伴わない者を対象として，これら2種類の嗜癖行動が衝動的な意思決定に加算的に影響しているかを調べ，興味深い結果を得た。薬物乱用者でギャンブル依存のない者は，健常者のコントロール群よりも，即時報酬を選びやすかった。しかし，ギャンブル依存も併発している者は，彼らよりもさらに衝動的で，即時の小さい報酬を選びやすかったのである。これらの結果から，衝動的な意思決定は嗜癖の鍵となる要素であることがわかる。そして，損傷のないワーキングメモリによって最適な意思決定ができるという議論をふまえると，ワーキングメモリと嗜癖行動に強い相互作用があることもまた確かである。

　ここまで述べてきた研究でも，嗜癖行動を示す者はワーキングメモリも低く意思決定も不適切であることが堅固に実証されている。しかしさらに近年になって，嗜癖において，これら2つの認知的不具合が関連し合っていることが示されている。たとえば，Lawrence et al.（2009）は，アルコール依存者はそうではないコントロール群の参加者に比べてリスク下での意思決定に失敗し，ワーキングメモリにも不具合があることを示した。同様に，アルコール，メタンフェタミン，コカインを含む様々な薬物乱用者を対象とした研究では，ワーキングメモリと意思決定の両方において，年齢や性別などを統制したコントロール群よりずっとパフォーマンスが低かった

(Bechara & Martin, 2004)。これらの実験は非常に重要である。なぜなら，2つの認知的不具合の両方が同じ個人内に見られることを示しており，ワークングメモリの低さが不適切な意思決定につながる可能性を支持しているためである。しかし興味深いことに，物質を伴わない依存に関しては，この考えはほとんど検証されていない。実は，Lawrence らは，ギャンブラーもアルコール乱用者と同様，コントロール群の参加者よりリスクの高い決定をするが，ワーキングメモリの不具合はアルコール乱用者群にしか見られなかったことを示しているのである。ギャンブル依存者の認知的領域に機能低下が見られないという研究結果は，他の嗜癖の研究と一致していない。しかし，ワーキングメモリの不具合が，薬物関連の嗜癖行動に，より強く影響するということかもしれない。類似した研究を蓄積し，物質を伴う依存と伴わない依存を比較検討していくことで，嗜癖におけるワーキングメモリの中核的な特徴が，より明らかになるだろう。

　さらに，嗜癖を持つ者にワーキングメモリと意思決定の両方の不具合が見られることがわかっても，それら2つの関係が非対称なのか，そして因果関係にあるのかは重要である。つまり，ワーキングメモリの低さが直接，不適切な意思決定に影響しているのだろうか。最近まで，この問いの答えはわかっていなかった。しかし最近，Bickel らが始めた研究では，ワーキングメモリ能力を上げることで，薬物乱用者における意思決定の不具合がなくなるかを調べている（Bickel, Yi, Landes, Hill, & Baxter, 2011）。Bickel らは特に，コカインとメタアンフェタミン使用者で，治療を求めており，断薬中の者を対象とした。一方の群の患者にはワーキングメモリトレーニングを施した。もう一方のコントロール群の患者には，治療の中にそのようなワーキングメモリトレーニングを入れなかった。その結果，前者のトレーニング経験者は後者のコントロール群より，遅延価値割引課題において衝動的な決定をすることが有意に少なかったのである。具体的に言うと，ワーキングメモリスキルのトレーニングを行った者は，将来のより大きい報酬より即時の小さい報酬を選択する確率が，50％減少した。これらの結果は，ワーキングメモリ過程と，嗜癖行動における過去と将来の選択肢評価との間に因果関係があることを示す強力な証拠である。しかし，まだ多くの疑問が残っている。たとえば，即時の報酬を我慢し，衝動的判断をしなくなるという変化は持続するのだろうか？　そして，トレーニングによる衝動性の低下には限界があるのか？これらの疑問を解決するためには，今後の研究が必要である。しかしそれでも，最近の研究結果によって，ワーキングメモリが意思決定に影響すること，ワーキングメモリの低さが，少なくとも，嗜癖行動に伴う不適切な意思決定を説明できる1つの神経認知的要因であることは示されている。

嗜癖行動におけるワーキングメモリの神経イメージング研究

　現在まで多くの研究で，アルコールや他の薬物依存者にワーキングメモリの機能障害があることが報告されている。これらの研究では，ワーキングメモリと関連する行動の不具合が，アルコールや薬物の摂取・使用に関する不適切な意思決定につながることが示されている。しかし，これらの行動の脳基盤については，まだ研究が始まったばかりであり，検証すべきことがたくさんある。脳活動とワーキングメモリのパフォーマンスはどのように関連しているのか。ワーキングメモリがうまく機能するには，どの脳領域が重要なのか。嗜癖を持つ者と健常者とでは，ワーキングメモリで何かを保持しているときの脳の働きが，どのように異なっているのか。嗜癖の根底にある神経生物学的基盤の解明を目指している近年の研究では，ワーキングメモリ機能の低さと関連する神経的表現型を解明することが主な目的となっている。

　ここ20年間の脳の神経イメージング研究によって，脳のワーキングメモリ関連領域における様々な異常が嗜癖と関連していることを示す結果が蓄積されてきている。脳機能イメージング研究で使われる方法の1つが，機能的磁気共鳴イメージング（functional magnetic resonance imaging: fMRI）である。これは，非侵襲的なツールであり，酸素を運んでいる血流量の変化を測定することで，脳機能を調べることができる。特に，fMRIで調べているのは脳内の血中酸素濃度であり，それが間接的に脳の活性化を反映しているのである。たとえば，課題中にfMRIを用いて収集したデータを見れば，参加者がfMRIスキャナの中で課題を行っている間，脳のどの部分が強く活性化したかがわかる。そのため，このツールは非常に有用である。患者と健常者を比較し，脳のワーキングメモリ関連領域の働きに，精神的な障害がどのように影響を与えるかがわかる。嗜癖研究においても，薬物乱用者と健常者の脳活動の違いを理解するためにfMRIが使用されている。行動研究と同様に，薬物を依存的に使用すると，それが急激な中毒状態であっても慢性的使用であっても，ワーキングメモリ関連領域の脳反応に影響が出る。したがって，嗜癖とワーキングメモリの神経基盤の関連を調べる際には，どちらのタイプも考慮することが重要である。

　ワーキングメモリがうまく機能している場合，言語的，視覚的・空間的関係を処理する際には，多くの脳領域が活性化する。高次の実行制御に必要な領域，すなわち，背側前頭前野，腹側前頭前野，上前頭皮質，そして後頭頂葉等である（Wager & Smith, 2003; Walter et al., 2003）。前に示したように，ワーキングメモリがうまく機能していないと，目標志向的な情報を保持しておくための容量が減ってしまい，洗練された分析的な意思決定方略をとりにくくなる。そのため，アルコールや薬物の使用に関する不適切な選択をしてしまうのである。前頭葉，特に前頭前野は，このように

ワーキングメモリ機能を支えている上に，有効な決定を下し，適切な判断をし，適切に抑制制御する際にも主要な役割を担っている。そして嗜癖を持つ者の実行機能には不具合があるということがしばしば示唆されている。したがって，当然のことながら，アルコールや薬物依存患者や，急性中毒者の前頭葉の活動が異常を示すという証拠はたくさんあるし，このことは，ワーキングメモリ課題を行っているときにfMRIでの計測を行えば例示することができる。

　急激にアルコールを摂取した場合に，行動面にワーキングメモリの不具合が現れることを考えると，ワーキングメモリ課題中に脳反応の異常も見られるのではないか。実は，このことは実証されている。Gundersenらは，健常な成人男性を対象とし，fMRI研究を行った。ワーキングメモリ課題として言語性の数字のNバック課題をさせた場合，急激にアルコールを摂取すると，前頭前野と背側前帯状皮質における脳反応が減衰することを示した (Gundersen, Specht, Gruner, Ersland, & Hugdahl, 2008)。他に，急激なアルコール摂取の影響について，視覚的ワーキングメモリスパンを用いて調べた研究もある。男性も女性も，アルコールを急激に摂取すると，背外側前頭前野における脳反応が弱まることが示されている (Paulus, Tapert, Pulido, & Schuckit, 2006)。似たような研究で，Gundersenらの追跡調査では，アルコールを急激に摂取した者はそうではない者に比べ，ワーキングメモリ課題のパフォーマンスは低くなかったものの，課題中，負荷に伴って，前部帯状回背側部と小脳 (fronto-cerebellar brain regions) における脳反応が減衰していた (Gundersen, Gruner, Specht, & Hugdahl, 2008)。アルコールの急激な摂取によってワーキングメモリ機能が阻害されるという行動実験の結果と，これらの研究結果は合致している。これらの機能の不具合が，神経生理学的にもアルコールの急激な摂取と関連していることが実証されたことになる。

　薬物の神経回路への影響は，急性中毒にのみ見られるのではない。より多く見られるのは，そしてより重要なのは，慢性的使用者に影響が見られることであり，しかも使用を断った後にも影響が見られることである。たとえば，慢性的なアルコール依存は，多くの神経的異常と関連しており，認知的機能低下，実行機能を測る神経心理学的検査のパフォーマンスの低下が見られる。神経イメージング研究によって，前頭前野は，特に慢性的アルコール摂取に弱いことが明らかになっている (Cadete-Leite, Alves, Tavares, & Paula-Barbosa, 1990)。したがってアルコール依存者は，ワーキングメモリのように前頭葉を媒介する能力に異常が見られることが多いのである。慢性的アルコール乱用者のワーキングメモリパフォーマンスを調べた最初の研究の1つは，Pfefferbaum et al. (2001) の研究である。この研究では，平均4か月断酒中のアルコール乱用者に，空間的ワーキングメモリ課題を行わせ，fMRIで脳活動を調べた。こ

の課題で参加者は，スクリーンに提示される文字の位置が，2画面前に提示された文字と同じかを判断するよう指示された。アルコール乱用者と健常者のパフォーマンスに差はなかったが，注意や空間的ワーキングメモリを司るとされる，前頭前野のいくつかの領域で，アルコール乱用者の脳活動は弱かった。逆に慢性的なアルコール乱用者においては，前頭葉のもっと後ろの領域で，強い脳活動が見られた。ごく最近の研究で，アルコール依存者とそうでない者を対象に，空間的ワーキングメモリ課題を行っている間の脳の機能的整合性を調べた研究もある。その結果からは，やはり両者の課題パフォーマンスには差がないにもかかわらず，アルコール依存者においては，後帯状皮質と小脳を含む，後頭部のネットワーク間に，非典型的な機能的整合性が見られた（Chanraud, Pitel, Pfefferbaum, & Sullivan, 2011）。これらの研究結果から，アルコール依存によって，ワーキングメモリ課題を行うときの方略が変化したり，ワーキングメモリ機能を担うとされている脳領域がダメージを受けてそれを補う脳機能の再体制化が起こっていたりすると示唆される。特にワーキングメモリ内での保持に必要な脳領域がうまく機能しなくなる場合，このような脳機能が，アルコール摂取に関する不適切な意思決定につながっている。

　そして重要なことだが，アルコール乱用者におけるワーキングメモリの不具合は，先述した研究で使われたような空間的情報を処理する課題だけではなく，様々なワーキングメモリ課題で見られる。たとえば，最近の研究で，アルコール依存症の患者が言語的ワーキングメモリ課題を行った際，先の研究と類似した結果，つまり前頭葉の異常が見られたという研究がある。この研究では，言語的なワーキングメモリを用いるNバック課題で，2画面前に提示される文字を覚えるように教示した。この課題は比較的シンプルだが，アルコール依存者における前頭葉の反応は弱かった（Park et al., 2011）。しかし，アルコール依存者のワーキングメモリ機能を調べている多くのfMRI研究で，様々な異なる証拠が得られていることも忘れてはいけない。アルコール依存者において，前頭葉と小脳を結ぶ回路における脳活動が強かったという結果もあるのである。そのような研究からは，アルコール依存者は健常者に比べ，前頭のより多様な部位をより多く使って補うことで，健常者と同レベルのパフォーマンスを維持していると推測される（Desmond et al., 2003）。このように混在した結果が得られるのは，もともとその機能を持っている脳部位の活動が減衰しても，あるポイント（ここではアルコール乱用者のパフォーマンスレベル）まで，それを補うことができるという脳の能力のためである。

　アルコール依存以外の薬物依存者も，やはり健常者とは異なり，上のような脳活動を見せるのだろうか。つまり，様々なタイプの薬物依存に共通して，このように健常者と異なる神経活動が見られるものなのだろうか。この答えは，おおむね，イエスで

ある。アルコール依存者の研究同士でさえも，いくらか違いはある。しかしアルコール依存者と別の薬物依存者の両方を調べたワーキングメモリ研究では，非常に類似したパターンが見られている。たとえば，コカイン依存者がワーキングメモリ課題を行っているとき，アルコール依存者と類似した脳活動のパターンを見せる。コカイン依存者のワーキングメモリについては，注意シフトの能力と，それに関連した脳活動が調べられている。注意シフトは，注意を切り替えてワーキングメモリ内のある項目を再活性化したり，逆にある項目を抑制して，そこから注意を切り替えたりするスイッチングを含んでいる。これらの機能は，実行機能や注意を司る前頭－頭頂領域で媒介される。そして，注意シフトの機能障害は，嗜癖の特徴の1つとされている。たとえば，薬物に関連しない思考を再活性化させることができない者や，薬物関連思考を抑制することが難しくて，それに関連したことにスイッチしてしまう者は，注意シフトに不具合が見られていると言えるだろう。Kubler, Murphy, & Garavan（2005）は，コカイン依存者とそうでない者を対象に，言語的ワーキングメモリ課題における注意シフトを検討した。この課題で参加者は，スクリーンに次々に提示される刺激のうち，赤の丸の数を覚えておいたり青の丸の数を覚えておいたりする課題をスイッチするよう求められた。コカイン依存者とコントロール群のパフォーマンスには違いがなかったが，イメージングデータを分析したところ，前頭前野や頭頂葉など，実行機能に必要な領域の多くにおいて，コカイン依存患者の脳の活性化が弱かった。コカイン乱用者の注意シフトにおける，このような非定型的な脳機能は，薬物使用に関する不適切な意思決定に結びつくだろう。特に，彼らが薬物を切望しているときにその思考を抑えるのが難しかったり，薬物に関連のない思考を再活性化させるのが難しかったりするだろう。

　これと似たような研究で，断薬を始めたコカイン乱用者においても，前頭前野や視床，線条体における活性化が弱いという研究がある（Moeller et al., 2010）。これらの脳領域は，嗜癖において重要な役割を果たしている皮質－視床－線条体ループ（cortico-thalamo-striatal loops）の一部であり，コカインを何年も慢性的に使用したことで，ドーパミン系機能の変化が生じてもおかしくない。この回路は運動・認知機能も司っており，コカイン使用者がワーキングメモリ課題を行っているとき，これらのシステムがうまく働かなかったのかもしれない。この研究の参加者は，遅延見本合わせ課題をするように求められた。一連の数字が提示され，その後ディストラクタが提示された。続いてプローブ刺激が提示され，参加者は，一連の数字が，ディストラクタの前，つまり数秒前に提示された数字とまったく同じかどうかを判断した。やはり，コカイン依存者とそうでない者とで，解答の正確性には差がなかったが，コカイン依存者の皮質－視床－線状体ループの活性化は低かった。ディストラクタの提示時，

認知機能の働きが弱かったと推測される。嗜癖を持つ者にとって，薬物関連刺激は，日々，ディストラクタの働きをしていると考えられるだろう。それらの刺激によって，認知・運動を司る回路の脳活動は弱まり，薬物使用に関する不適切な意思決定につながるのではないか。

　コカイン乱用に関するこのような研究結果に加え，生理的な依存度がより低く，むしろ心理的な依存に基づくとされている他の薬物乱用も，ワーキングメモリ課題中の異常な脳反応と関連しているという結果がある。慢性的マリファナ使用は，空間的ワーキングメモリを測定する2バック課題において，前頭前野，特に下前頭回や中前頭回における脳反応を増大させる（Smith, Longo, Fried, Hogan, & Cameron, 2010）。さらに，彼らの空間的ワーキングメモリ課題遂行中の脳活動は，ワーキングメモリ関連領域（たとえば，前頭前皮質，前帯状皮質）や空間的ワーキングメモリとは一般的に関連が見られない領域（たとえば大脳基底核）といった，より広範囲で見られるという結果もある（Kanayama, Rogowska, Pope, Gruber, & Yurgelun-Todd, 2004）。このことからは，やはり，課題を遂行するために補完的な神経反応が生じていると考えられる。しかも，ワーキングメモリ課題遂行中に生じる，このような補完的脳反応は，断薬後1か月経過しても続いている（Padula, Schweinsburg, & Tapert, 2007）。

　これらの結果をふまえるとき，嗜癖を持つ患者のワーキングメモリに関する脳機能について調べることが，なぜ重要なのだろうか。脳のワーキングメモリ機能の違いが，どのように，薬物使用に関する不適切な意思決定につながってしまうのだろうか。fMRI課題でよく使われる課題の1つは，これまでにも出てきたIGTである。金銭的報酬および損失と関連している4つの山からカードを選ぶ課題であり，意思決定を測る課題である。Tanabe et al.（2007）の研究では，薬物依存者で，ギャンブル依存を併発している者としていない者が，IGTで意思決定を行っているときの脳反応を調べた。どちらのグループの参加者でも，情動的な意思決定と関連している前頭前野腹内側部の脳活動が弱かった。この課題における意思決定中に弱い脳活動を示したということは，薬物依存者は，課題が進んでいったとき，報酬と損失に関する情報を保持しておくことが困難であり，自分の判断についてのフィードバックに敏感ではないということだろう。おそらく，嗜癖を持つ者のワーキングメモリ容量が小さく注意スキルが低いことは，このような意思決定関連部位の脳活動が弱いことと関連している。たとえば，実験室実験において，薬物依存者は，そうではない者に比べ，行動面でのパフォーマンスに差はなくても，前頭前野の脳活動が弱い。このことは，彼らが日常生活における本物の意思決定時に，不適切な決定をするということと関連している。ルーレットの次のスピンで低確率高配当にお金を賭けるか，それともよく考えて我慢するかを決定する場合，嗜癖を持つ者は，ワーキングメモリの不具合と意思決定関連

部位の弱い脳反応のコンビネーションによって，不適切な判断をしてしまうのである。

多くの神経イメージング研究で，アルコールや他の薬物依存者のワーキングメモリ機能が調べられてきたが，研究間の比較をすることは困難な場合が多い。使用している薬物，使用期間，参加者の年齢，治療経過，使用をやめてからの期間などが異なっているためである。さらに，これらの違いに加え，研究で使われているワーキングメモリ課題や，その負荷の高さも研究間で異なる。たとえば，空間的ワーキングメモリ課題，言語的ワーキングメモリ課題，注意シフト課題，そして，遅延見本合わせ課題などは，fMRI 研究でよく用いられる課題の一部である。さらに，イメージングデータの分析方法も研究間で異なるため，それによって結果が異なることもある。しかし，これらの様々な違いによって結果の解釈が困難であるにもかかわらず，嗜癖が，認知的制御，ワーキングメモリ，そして注意制御に必要な前頭葉や頭頂葉といった脳領域（Smith & Jonides, 1998）における非定型的な脳活動と関連していることは共通しているようである。さらに，皮質－視床－線状体ループという，実行制御，運動制御，そして報酬系に含まれる部位も，薬物依存患者と健常者では異なっている（Belin, Jonkman, Dickinson, Robbins, & Everitt, 2009）。

3節　今後の展望

◆ 嗜癖の高リスク者のワーキングメモリや意思決定を変える

ここまで示してきた研究や事例でわかるように，この10年の神経イメージング研究により，嗜癖という領域におけるワーキングメモリ機能の脳と行動の関連の理解は目覚ましく進んだ。これらの研究で確認されたのは，多くの薬物依存やギャンブルのような嗜癖行動は，ワーキングメモリ機能の異常と関連していること，中毒の状態であっても長期間使用をやめた後であってもそうであること，そして課題のパフォーマンスそのものは落ちなくても，ワーキングメモリの神経生物学的基盤には異常があるということである。嗜癖を持つ者とそうでない者の間に見られる脳活動の違いの多くは研究間で共通しており，その違いは薬物乱用の性質（持続期間や使用量など）によって異なるのだが，重要な疑問が1つある。嗜癖を持つ者における，このような行動的，神経生物学的な違いは，長期にわたり大量のアルコールや薬物摂取を続けたからなのか。それとも，嗜癖に陥る前から，彼らは神経生物学的に嗜癖を持ちやすい高リスク者であったのか。この「鶏が先か卵が先か」問題について，最近，研究が始まっている。アルコールや薬物使用についての家族歴に基づいて嗜癖のリスクが高いとされた者のワーキングメモリ機能を調べる研究である。ただし重要なことは，研究対象

となっている青年は，高リスク者であっても，この研究を行っている時点でアルコールや薬物を多く摂取したことがないことである。つまり，高リスク者の脳活動が他の人と違っていても，アルコールや薬物摂取経験が原因だという可能性は除外できる。さらに，対象となった青年は皆，出生前のアルコール暴露，薬物暴露がなかった。アルコール依存症の家族歴を持つ成人で，物質を伴わない嗜癖行動を持つ者を調べた行動研究では，ワーキングメモリの実行系や意思決定に異常が見られた（Lovallo, Yechiam, Sorocco, Vincent, & Collins, 2006）。さらに，我々の実験室研究において，アルコール依存症の家族歴を持つ青年は，そのような家族歴を持たない青年と比べ，遅延価値割引課題で，判断結果には差がないものの判断に時間がかかることがわかっている（Herting, Schwartz, Mitchell, & Nagel, 2010）。この反応の遅れは，おそらく，ワーキングメモリ，つまり，それぞれの選択肢の結果を同時に考える能力の不具合によるものだろう。ただしこの研究ではワーキングメモリスキルとの関連を調べたわけではないため，これは推測である。神経レベルでは，最近，fMRIを用いて，アルコール依存症の家族歴を持つ青年とそうでない青年に空間的ワーキングメモリ課題を課し，比較した研究が行われ，興味深い結果が得られている（Spadoni, Norman, Schweinsburg, & Tapert, 2008）。空間的ワーキングメモリを行っている間の脳反応は，家族歴によって差が見られなかった。しかし，ビジランス条件では，高リスク群とそうでない群で差があったのである。特に脳反応が増大したのは脳の正中線構造であり，ここは通常，ビジランス条件のような認知的負荷が小さい場合には活性化しないと考えられている領域である。著者たちは，このような非典型的な脳活動は，マインドワンダリング（mind wandering）と関連しているのではないかと述べている。マインドワンダリングが，適切な意思決定の不具合につながり，アルコール依存の家族歴のある高リスク者が，アルコール摂取に関する意思決定時に不適切な決定を下してしまうのではないかと考えられている。これらの研究結果に加え，最近，我々の研究では，ワーキングメモリを測定する言語性の2バック課題において，アルコール依存の家族歴を持つが，本人は依存者ではない場合，そのような家族歴を持たない者に比べ，背外側前頭前野の活動が異常に高いという結果を得た（Cservenka, Herting, & Nagel, 2012）。これらの脳反応の異常は，依存の家族歴を持つ青年の反応時間の長さとも関連していた。しかし，これらの反応時間の違いで，脳反応の違いを完全に説明できたわけではない。これらの研究結果は，薬物乱用や行動面での依存症と関連していると考えられている，ワーキングメモリを使う行動の異常の多くが，実際は嗜癖行動発生前のリスク要因と関連していることを示している。これらの予防や介入方法を開発する研究は，まだ始まったばかりである。

4節　結論

　嗜癖を対象とした行動研究，そして神経イメージング研究から，ワーキングメモリや意思決定を課す様々な課題時に，アルコールや薬物などの物質，そしてギャンブルのような物質を伴わない嗜癖行動の依存者のパフォーマンスと脳機能に異常が見られることがわかった。さらに，これらの違いが嗜癖行動の高リスク者にも見られるかを調べるという，重要かつ喫緊の課題についての研究が始まっている。このような研究によって，今後，アルコールや薬物の乱用やギャンブル依存になるかを判断するための神経マーカーや行動の表現型を見つけることができる。これらの研究の進歩は，蔓延している嗜癖行動を減らすための治療や予防方法に役立ち，個人にとっても社会にとっても膨大な負担の軽減につながるだろう。

第 V 部

ワーキングメモリと意思決定

第V部　ワーキングメモリと意思決定

第11章
ワーキングメモリと不安：
個人差と発達の相互作用を探る

Laura Visu-Petra
(Developmental Psychology Lab, Department of Psychology, Babeș-Bolyai University, Romania)
Lavinia Cheie
(Developmental Psychology Lab, Department of Psychology, Babeș-Bolyai University, Romania)
Andrei C. Miu
(Cognitive Neuroscience Laboratory, Department of Psychology, Babeș-Bolyai University, Romania)

　人間の生活において，情動と認知は切り離せないものであり，両者の相互作用の研究は，最新の認知科学研究の一翼を担っている（Gray, 2004）。情動と認知の相互作用の追究においては，不安を取り上げることが望ましい。なぜならば，不安を生じさせる脅威関連情報は優先的に処理され（最近のメタ分析についてはBar-Haim, Lamy, Pergamin, Bakermans-Kranenburg, van Ijzendoorn, 2007を参照），その処理は人間の身体，情動，認知，行動に影響を及ぼすことがわかっているからである（Eysenck, 1992）。不安により，優先的に脅威に「注意」を向けてしまうことは広く知られているが，不安がもたらす「記憶」バイアスについては議論が続いている。不安にまつわる認知スタイルの成立と維持において記憶が深く関わることと，そのことが心理療法に対して示唆を与えること（Williams, 1996）については共通認識が得られているが，不安と記憶の相互作用については一致した見解を導き出すことができていない（MacLeod & Mathews, 2004）。本章の目的は，多角的な視点から先行研究の知見をまとめ，将来的な理論の統合の方向性を展望し，不安の認知的発達的モデルの開発や，不安への治療的介入に資する見解を提示することである。

　まず，暗示的な不安関連効果の研究において測定されている「ワーキングメモリ」（WM）に着目しよう。ワーキングメモリの捉え方には研究者によって相違があるが

（たとえば Banich et al., 2009）。Cowan（2008）は，認知課題に対処する短期記憶，短期記憶内の情報を保持し処理する多要素システム，注意制御という3種の機能を提案した。不安関連効果の研究も Cowan（2008）の定義を採用しているが，ワーキングメモリのどの構成要素を検討しているのかについては明確ではないことが多い。従来，不安がワーキングメモリの容量と処理に及ぼす妨害が検討されてきたが（処理効率理論，Processing Efficiency Theory: PET; Eysenck & Calvo, 1992），最近では，注意制御に及ぼす影響についても注目が集まっている（注意制御理論，Attentional Control Theory: ACT; Eysenck, Derakshan, Santos, & Calvo, 2007）。PET アプローチは，主に行動面に焦点を当て，不安の高い被験者が，負荷の高い記憶課題では自身の心配事には関連するが課題には関連しない情報を処理してしまうため，パフォーマンスが下がることを明らかにしている（Eysenck & Calvo, 1992）。ACT アプローチは，行動反応，電気生理，神経イメージングデータ（Eysenck et al., 2007）に基づいて中央実行系の機能，そして課題目的と遂行パターンの関連性を明らかにし，強い不安を抱く被験者が注意制御に失敗することを示している。

　情動的に中立な刺激を使用した場合のワーキングメモリ課題のパフォーマンスの低下に加え，（特に脅威という）「情動に関連した」情報を使用した場合の不安関連記憶バイアスについても検証されている。しかし，記憶バイアスの検証に際しては，群間差（不安の低い群と高い群）や群内差（中立情報と脅威情報）が分析されているが（Mitte, 2008），被験者の不安傾向の程度（診断，未診断，状態不安 vs 特性不安），記憶システム（明示的 vs 暗示的），実験パラダイム（再生 vs 再認），実験手続き（刺激モダリティ，符号化過程，保持時間）の違いによって結果が異なっている（Coles & Heimberg, 2002; MacLeod & Mathews, 2004; Mitte, 2008; Miu & Visu-Petra, 2010 のレビューを参照）。本章では，診断を受けてはいないが「不安の高い被験者」を対象とし，再生もしくは再認パラダイムを用いた「明示的な記憶バイアス」研究に焦点を当てる（不安障害を持つ被験者の明示バイアスや暗示バイアスについては Coles & Heimberg, 2002 参照）。

　注意に比べると，不安が記憶（短期記憶，ワーキングメモリ，長期記憶）に及ぼす影響を検討する研究は少ないが，認知バイアスの発達を縦断的に明らかにする研究を求める声はますます高まっている。発達的に考えれば，注意が情動的に"一瞬捕らわれる"ことから，永続的に"逃れられない"認知スタイル（Riskind & Williams, 2005）へと移行していく過程において，記憶プロセスが重要な役割を果たすと言えよう。そして，そうした認知スタイルが，不安に対する個人差を生み出しているのであろう。

　本章では，不安障害の診断を受けていない被験者に着目するが，不安の連続体モデ

ル（不安の連続体アプローチと分類アプローチについては Endler & Kocovski, 2001 参照）に賛同する。不安の連続体モデルは，気質的素因（たとえば行動抑制），次元的発現（状態－特性不安），そして不安障害などが，遺伝環境相互作用の結果として，表面化したりしなかったりする現象を描写することができる（Pine, 2007）。このモデルは，不安の生起や維持の「発達過程」において，記憶プロセスが重要な役割を果たすことを強調するものであり，本章を貫く主張にもかなっている。

1節　不安に関する認知研究

　長い間，不安は認知パフォーマンスを低下させると考えられてきた。哲学者であり政治理論家でもある Edmund Burke（1756）によれば，"恐れほど，行動や思考のための力を，人から瞬時に奪う情動はない"のである。実際に，過去数十年間の研究は，脅威状況の判断（たとえば評価）において不安を抱くという永続的な傾向が，知能（Calvin, Koons, Bingham, & Fink, 1955；しかし，Kraus, 1965 や Kanekar, Neelakantan, & D'Souza, 1976 は反する結果を示しているので参照のこと），学習（Spence & Spence, 1966; Weinstein, Cubberly, & Richardson, 1982），問題解決スキル（Deffenbacher, 1978; Sinclair, 1974）とネガティブに関連することを明らかにしてきた。

　不安と認知パフォーマンスとのネガティブな関連性について，Sarason（1984）は，「認知干渉」理論（Cognitive Interference Theory）によって説明している。具体的には，何か気にかかることがあると，課題に関連する情報に効率的に注意を向けることができず，課題の遂行に必要な認知資源を確保できないということである。認知干渉理論に以下の2点を取り入れた「処理効率理論」（Processing Efficency Theory: PET）（Eysenck & Calvo, 1992）は，さらに広く受け入れられている。第1に，不安関連効果を Baddeley と Hitch のワーキングメモリモデルに位置づけ，"不安の高い被験者は，課題に関連しない情報処理から逃れられず，課題解決に必要なワーキングメモリの処理資源や処理容量を無駄にしている"（Eysenck, 1979, p.363）と説明した。そのため，不安は中央実行系の処理と保持を必要とするワーキングメモリ課題に最もネガティブな影響を及ぼすと考えられている。第2に，パフォーマンスの実効性（質，正確さ）と効率性（課題に費やす資源）とを区別した。不安が動機づけに関連することからも，不安のネガティブ効果は，実効性よりも効率性により強く影響すると想定した。不安の高い被験者は，パフォーマンスの低下に際して，心配事によって低減した容量を補うために多大な努力をする（そのために，認知的な効率性が低下する）ということになる。これらの予測は，対象年齢や実験状況を多様に設定した広範囲にわたる研究によって支持されている。具体的には，中央実行系に負荷を与えるワーキン

グメモリ課題，たとえば処理に高い負荷をかける課題（Ashcraft & Kirk, 2001; Darke, 1988; Eysenck, 1985; Richards, French, Keogh, & Carter, 2000; Tohill & Holyoak, 2000）や二重課題（Calvo & Ramos, 1989; Derakshan & Eysenck, 1998; Eysenck, Payne, & Derakshan, 2005; MacLeod & Donnellan, 1993; Visu-Petra, Cheie, Benga, & Alloway, 2011）では，不安が課題のパフォーマンスを低下させることがわかっている。加えて，言語的に示される心配事がワーキングメモリの遂行不全の決定的な要因であるという仮説（Crowe, Matthews, & Walkenhorst, 2007; Hayes, Hirsch, & Mathews, 2008; Leigh & Hirsch, 2011; Rapee, 1993）があるが，実際に，視空間的ワーキングメモリ課題よりも言語的ワーキングメモリ課題において，不安による干渉が大きい（Ikeda, Iwanaga, & Seiwa, 1996; Markham & Darke, 1991; Rapee, 1993; しかし，Shackman et al., 2006 は，電気ショックのような強い刺激が状態不安を引き起こし，空間ワーキングメモリを選択的に阻害することを示しているので参照のこと）。そして，不安が課題の実効性には関連しないが，効率性（反応時間，心的労力）に影響を及ぼすことも示されつつある（Darke, 1988; Derakshan & Eysenck, 1998; Elliman, Green, Rogers, & Finch, 1997; Eysenck, 1989; Eysenck, Payne, & Santos, 2006; Hadwin, Brogan, & Stevenson, 2005; Ikeda, et al., 1996; Murray & Janelle, 2003; Visu-Petra, Miclea, Cheie, & Benga, 2009）。

　上述の研究では，実験材料に脅威が明示された刺激が含まれることはない。しかし，脅威の程度を操作し（たとえば自己脅威状況），ストレスの高い状況下では，不安の高い被験者のワーキングメモリが低下することがわかっている（Beilock, 2008; Ng & Lee, 2010; Sorg & Whitney, 1992）。一方で，「脅威」情報が記銘項目に含まれている場合，不安が記憶を阻害するかどうかについては様々な立場がある。たとえば，不安の明示記憶バイアスに懐疑的な Williams, Watts, MacLeod, & Matthews は複合モデルを提案し（1988，1997 にモデル修正），不安を持つ被験者の情報処理を，自動的（統合）段階と方略的（精緻化）段階に分けた。そして，不安は，初期の符号化段階において気分一致統合処理を促すが，現存と新奇の心的表象を結合させて後の再生を助けるような気分一致精緻化処理を促進することはないと考えた。不安の高い被験者が選択的に注意を向ける脅威刺激は，知覚的には符号化されるが概念的には精緻化されず，それは①進化的適合性と生物的防衛のためであり，②嫌悪する出来事についての深い思考から意図的に逃避するためではないかと解釈している（Mathews, Mackintosh, & Fulcher, 1997）。したがって，高い不安を持つ被験者は，（特に知覚的に負荷のかかる課題において）暗示記憶バイアスは示しても，（概念に関する再生課題において）明示記憶バイアスは示さないと推測されるのである。しかし，このように洗練された理論ではあるが，明示記憶バイアスと同じように，暗示記憶バイアスに

ついても研究結果は一致していない。最近のレビューでは，明示記憶測定法（再生や再認）よりも，知覚的処理を必要とする暗示記憶測定法の方が，不安が記憶にもたらす影響を検出すると主張されているが（MacLeod & Mathews, 2004），その後のメタ分析では，高い不安を持つ被験者の暗示記憶バイアスについて確証が得られず，その主張は支持されていない（Mitte, 2008）。

しかしながら，適応的，進化的な意義を越えて，不安の高い被験者が脅威刺激に対して明示記憶バイアスを示すことは，ある程度認められている（Nairne, Thompson, & Pandeirada, 2007）。「スキーマ理論」では，不安の高い被験者が幼少期から獲得した脅威スキーマ（Kendall & Ingram, 1987）が，スキーマに一致した情報の処理や検索を促し（Beck & Emery, 1985），自動的また方略的な情報処理に影響を及ぼすとしているとする（Beck & Clark, 1997）。Bower の情動の意味ネットワーク理論（1981）では，脅威が潜在的に示されているときに，情動コードに連結する表象の活性化が高まり，気分一致処理バイアスが生起することを確認している。

他のアプローチでは，不安関連記憶効果に関して，即時的な効果と遅延して生じる効果とを区別している。「覚醒－記憶」関連性については，覚醒が短期記憶にネガティブに影響する一方で，長期再生を促進することが示されている（Kleinsmith & Kaplan, 1964）。このことについては，不安の高い被験者が脅威関連刺激にさらされた場合，それは覚醒経験となり，短期記憶の容量の不足をもたらす一方で，その刺激が長期的に記憶されるためでないかと考えられてきた（Eysenck, 1977; Mitte, 2008）。しかしながら，情動を揺さぶる経験は，記憶に対しては諸刃の剣であり（Strange, Hurlemann, & Dolan, 2003），情動刺激の記憶を促進する一方で，それ以前に提示された刺激の忘却をもたらす。さらに，特性不安の個人差が，促進と阻害という両方の記憶バイアスと関連することが示されている（Miu, Heilman, Opre, & Miclea, 2005）。

Cloitre & Leibowitz（1991）は，知覚的もしくは概念的という処理のタイプに着目した。不安は，脅威関連刺激の即時的な知覚的処理を促進する一方で，認知的回避が働いて刺激にアクセスしにくくなり，その後の概念的，精緻化処理が抑制されるというのである。そうした場合，不安の高い被験者では，脅威情報の知覚的記憶は強まり，概念的記憶は低下すると推測される（しかし，その仮説はパニック障害を持つ被験者では確認されていない；Cloitre & Leibowitz, 1991）。即時であれ遅延であれ，知覚的また概念的記憶バイアスは，不安の高い被験者が，ネガティブな手がかりに「注意を向けることから逃れられず」（Derryberry & Reed, 2002; Fox, Russo, Bowles, & Dutton, 2001; Koster, Crombez, Verschuere, & De Houwer, 2004; Yiend & Mathews, 2001），それらの項目をより深く符号化し，よく再生することを反映していると考えてよさそうだ（Daleiden, 1998; Reed & Derryberry, 1995）。

本項で紹介した先行研究は，特に中央実行系に高い負荷がかかる（そして音韻ループにある程度の負荷がかかる）課題の遂行に際して，不安がワーキングメモリを阻害することを示している。不安の高い被験者は，時に不安の低い被験者と同等のパフォーマンスを示すこともあるが，課題に関連しない心配事に注意を向けることによって生じる容量と処理の消耗を補うために，さらなる資源を必要とする。不安の高い被験者が脅威情報に対して優先的に注意を向けることを示す膨大な研究結果をふまえれば，そのことによってもたらされる記憶バイアスが存在していると考えてもよさそうである。しかし，この見解に関する研究結果は混在しており，一致していない。今後，包括的なレビューによって統合的，理論的な枠組みを提起し，そうした枠組みをふまえた組織的な研究の蓄積が求められる。

2節　不安に関する最近のワーキングメモリ研究

　ここ10年の間に，不安が認知パフォーマンスに及ぼす影響に焦点を当てた研究が一段と増加した。それらの研究の関心は以下の3点にまとめられる。①注意制御メカニズムに焦点を当て，中立的もしくは情動的な文脈で生じる不安関連効果を説明する統一理論の検証，②神経イメージング方法の普及による成果，③注意バイアス修正法パラダイム（Bar-Haim, 2010; Mathews & MacLeod, 2002 のレビューを参照）などの記憶バイアスの治療方法に関する成果である。まず，はじめの2点に基づいてワーキングメモリ研究をレビューする。残念ながら，不安がもたらす記憶バイアスの存在について議論が分かれているということもあり，3点目の記憶バイアスの改善を目指した治療研究は少ない。最後に，（目下研究中ではあるものの）極めて重要な以下の2点について詳説する。それは，発達の過程において不安が形成され維持されるうえでの記憶処理の役割と，不安が記憶に及ぼす影響を調整するワーキングメモリ容量の個人差についてである。

◆ 理論の統合に向けて

　注意制御理論（ACT）（Derakshan & Eysenck, 2009; Eysenck et al., 2007）は，PETの枠組みを活用しつつ，新たに以下の2点を組み入れた。第1に，不安が認知に干渉する「機構」の説明に際して，目的志向（トップダウン）注意システムと刺激志向（ボトムアップ）注意システムを設定した（Corbetta & Shulman, 2002）。鍵となる仮説は，不安はワーキングメモリシステムの中央実行系が果たす注意制御を阻害するというものである。不安は，"目的を脅かす出来事／対象／解釈を取り除いたり，

変更したりすることができない状態"（Derakshan & Eysenck, 2009 が Power & Dalgleish, 1997, pp. 206 - 207 を引用）をもたらす。そのため，課題に関連しない（が，脅威に関連した）刺激により多くの注意を割くことになり，目的志向システムと刺激志向システムのバランスが崩れ，後者が優先されることになる。

　この仮説に基づけば，脅威関連刺激が外的に提示された場合であれ，主観的な解釈によって内的に生成された場合であれ，不安の高い被験者はそれらの刺激から逃れられないということを，刺激の情動の程度を操作しながら検討することができる。さらに，課題の回答に際して，目的志向注意システムではなく，刺激駆動注意システムが必要とされた場合に，不安がパフォーマンスを促進すると考えられ，その検証が始められている（Derakshan & Eysenck, 2009; Eysenck et al., 2007; Eysenck & Derakshan, 2011 のレビューを参照）。Mitte（2008）は，不安の高い被験者が脅威関連刺激をよく記憶し，再認や再生に影響を及ぼすことを示す研究結果のメタ分析を行った。被験者内比較では，中立的な（言語的ではない）画像刺激よりも脅威関連画像刺激の方をよく再認した。被験者間比較では，不安が低い被験者よりも高い被験者の方が，言語的な脅威刺激の再生成績が高く，ポジティブな刺激の再生成績が低かった。暗示記憶バイアスについては，一貫した結果は得られなかった。優先的に処理される脅威情報にも違いがあり，たとえば，被験者が実際に抱いている心配事が提示された場合は，その記憶が促進される（Calvo, Avero, Dolores Castillo, & Miguel-Tobal, 2003; Reidy, 2004）。研究方法が多様であることに加え，脅威刺激に対する個人的な経験の違いにより，研究結果に不一致が生じるようだ（Mitte, 2008）。

　第2に，中央実行系のホムンクルス説（Cowan, 1988）は，Miyake et al.（2000）が提起したより実行機能モデルに書き換えられた。このモデルでは，（相互依存的ではあるが）独立した3つの実行機能として，シフト（複数の課題，操作，心的状態を容易に往来する），更新（ワーキングメモリの表象を活用し，モニターし，新しくする），抑制（支配的，自動的，優勢的反応を，意識的に抑制する）を想定している。ACT は，不安は主として「抑制」機能（"ネガティブ"注意制御）と「シフト」機能（"ポジティブ"注意制御）に影響を及ぼすが，更新機能にはさほど影響しないと主張している。不安が抑制にネガティブな効果を及ぼすことは，実験，電気生理，神経イメージング研究によって検証されており（Eysenck & Derakshan, 2011 の最近のレビューを参照），不安の低い被験者よりも高い被験者の方が，（特に脅威に関連した）妨害刺激に注意を向けやすいようだ。神経イメージング研究は，不安の高い被験者が，（刺激が脅威に関連していなくても）一般に注意制御が困難であることも明らかにしている（Basten, Stelzel, & Fiebach, 2011; Bishop, 2009; Fales et al., 2008）。抑制困難のみならず，高い不安を持つ被験者は，心的／課題セットを柔軟にシフトすることも

難しいようだ（Eysenck & Derakshan, 2011 の最近のレビューを参照）。

　記憶の機能を踏まえれば，不安が「更新」機能にはあまり影響しないという ACT の解釈が気になる。ACT では，更新は"情報の一時的な保持と関連し，注意制御そのものよりも短期記憶と関わる"（Derakshan & Eysenck, 2009, P. 12）と定義されているが，"更新とは，情報の受動的な保持ではなく，ワーキングメモリにおいて関連情報を能動的に操作することによって生じる"（Miyake et al., 2000, p.57）と考えられてきたのであり，両見解は矛盾している。最初期の解釈では，更新とは，課題目的の達成に向けて，随時入力される情報をモニターし，符号化し，上書きし，そして更新するために（下位プロセスの細分化については Ecker, Lewandowsky, Oberauer, & Chee, 2010 を参照），注意制御を必要とする実効的な処理（Smith & Jonides, 1999）であった。その解釈に基づけば，不安は，脅威関連妨害刺激を含む情報の更新にも影響を及ぼすのではないだろうか。不安効果に着目しているわけではないが，Schmeichel（2007）は，最初の実行制御は，その後の実行制御を一時的に侵害するという仮説を立てた。そして，情報を単に保持する場合は実行制御における先行処理の影響を受けないが，情報の維持や更新は先行処理によって阻害されることを明らかにした。そうした資源枯渇アプローチは ACT にも類似しており，中立もしくは不安明示刺激を提示したときに生じる更新機能の不安関連効果の分析に有用であると言えよう。おそらく，不安の高い被験者が，課題に関連しない心配事の除去のために実行系を制御すると，その後の更新に必要となる実行資源が減衰するのであろう（Fales et al., 2008, Fales, Becerril, Luking, & Barch, 2010; Visu-Petra et al., 2009, 2011 を参照）。しかしながら，これらの見解についてはさらなる検証が必要である。

◆ 機能的神経イメージングを用いた不安と ワーキングメモリの相互作用の解明

　不安と実行機能との関連性を説明する神経メカニズムについては，事象関連電位（Ansari & Derakshan, 2011）や機能的神経イメージング（Banich, et al., 2009; Bishop, 2007; Braver, Cole, & Yarkoni, 2010 のレビューを参照）を用いて検証されている。機能的神経イメージングにより，特定の情報処理（たとえば，情動，実行機能）が行われる脳領域において，操作された刺激（たとえば，高い干渉と低い干渉）に対する被験者内の感受性の違いがどのように表れ，また，被験者間の課題パフォーマンスの違いとどのように相関するのかを分析することができるようになった（Braver et al., 2010）。本項では，機能的磁気共鳴イメージング（fMRI）を用いて，不安と実行機能に関する理論を検証し，新しい仮説を生み出している研究を紹介する。

神経イメージング研究によれば，不安の高い被験者の情動的（脅威）妨害刺激への感受性が高まると，扁桃体（amygdala）や腹内側前頭前野（ventromedial prefrontal cortex）といった情動を処理する脳領域の活動が活発になる。以下の2つのfMRI研究は，ワーキングメモリとの関連からもこの仮説を支持している。ある研究では（Denkova et al., 2010），被験者は，記憶テストに先行して，3種の情動的に中立な表情をワーキングメモリに符号化し維持することを求められた。5秒の遅延インターバルの間，被験者には，口を開けた中立もしくは怒りの表情が提示された（それらは，スクランブルもしくは口を閉じた中立表情を変形して作成された）。その後，プローブの表情が提示され，被験者はその表情が符号化段階で提示されたかどうかについての確信度を3段階で評定した。妨害刺激である怒りの表情は，情動（扁桃体や腹内側前頭前野）や表情処理（紡錘状回）を担う領域を活性化した。特性不安とこれらの脳領域の活性化との間には，正の相関が認められた。ただ，紡錘状回については，特性不安（左半球）とワーキングメモリパフォーマンス（右半球）の両方と関連していたため，特殊なケースであると言えよう。そして，もう1つの研究では（Fales et al., 2010），ある表情が2試行前に提示された表情と同じか異なるかを判断するという2バックワーキングメモリ課題が実施された。その結果，特性不安は，中立表情試行よりも恐怖表情試行において左扁桃体の活性化と正に相関し，中立表情試行よりも幸福表情試行において左下前頭回の活性化と負に相関した。特性不安がワーキングメモリパフォーマンスに有意な影響を及ぼすことはないようであるが，Denkova et al. (2010)では，被験者は情動的な妨害刺激に対してのみ，プローブ試行にて高い確信度で再認しており，ワーキングメモリに部分的に影響することを示している。特性不安はワーキングメモリパフォーマンスには影響しないものの，ワーキングメモリにおける情動的な妨害刺激のボトムアップ処理を担う脳神経の活性化を促進すると言えそうだ。

　不安は情動的な妨害刺激のボトムアップ処理のみならず，抑制やシフトといったトップダウン的な注意制御メカニズムにも関連する（Eysenck et al., 2007）。この見解は，課題パフォーマンスよりも認知的効率が減衰するという事実からも支持される。では，注意制御における認知的効率の低下は，脳神経レベルではどのように表現されるのであろうか。これまでに，扁桃体の過剰活性化の引き金となるような情動的な妨害刺激がなくても，不安が背外側前頭前野といった認知制御を担う脳領域の活性化の低下と関連することが示されている（Bishop, 2007のレビューを参照）。ワーキングメモリ研究における神経イメージングデータは，この見解を部分的に支持している。たとえば，妨害刺激を用いた遅延－反応ワーキングメモリ課題では，特性不安が背外側及び背内側前頭前野の活性化と負に相関し（Denkova et al., 2010），2バックワーキングメモリ課題での恐怖表情試行においても，特性不安が右上前頭回の活性化と負

に相関している（Fales et al., 2010）。しかし，Fales et al.（2008）は，他の実行機能（たとえば計画や行動選択）についての神経イメージング研究の結果を考慮すると，これらの脳領域の活性化の「増大」もありうるとしている。不安による認知的効率の低下は，認知制御領域の活性化低下（漸増欠損と解釈される）のみならず，過剰活性化としても表現されるようだ。とにかく，活性化の継時的変動や，その変動と課題負荷との関連性を記述することなく，脳領域の活性化の程度を分析するだけでは，心理的メカニズムに迫る有益な情報は得られないであろう（Eysenck & Derakshan, 2011）。神経的漸増の増大や低下は，効率性，動機づけ，労力，そして必要な脳領域を活性化することができる容量の相違を反映しているとはいえ（Fales et al., 2008），認知的効率については，神経イメージングデータに基づいて詳細に記述していく必要があるであろう。

　認知的効率を支える処理は，課題要求をふまえて構成された課題目的の表象を一時的に保持することと，それを長期的に維持することとに分けられる。神経イメージング研究に基づいて登場した「制御の二重メカニズム」理論（The Dual Mechanisms of Control theory: DMC; Braver, Gray, & Burgess, 2007; Fales et al., 2008）も，順向制御と反応制御という２種の認知制御を提起している。順向制御は，負荷の高い状況下での初期の注意選択や課題や目的の表象の維持を必要とする。反応制御は，弱い準備性の注意バイアスや課題や目的の表象の一時的な保持を伴い，課題関連刺激が突然現れたり，処理中に矛盾が生じたりしたときにのみ生じる。ワーキングメモリにおいて課題目的表象を長期的に維持する順向制御により，情報処理中の矛盾を回避したりすばやく解決したりする準備性注意バイアスが機能し，より効率的なトップダウン制御が可能となる。反応制御モードでは，矛盾が生じたときにのみ課題目的表象が一時的に活性化されるので，ボトムアップ処理により大きく影響する。後者の反応制御は，予測不可能な脅威や偶発性の高い課題に反応しなければならない場合に有用である。

　DMC 理論によれば，我々は課題の要求に従って２種の認知制御を使い分けているが，不安の高い人々は覚醒や警戒が高まるため，反応制御に偏る傾向があるようだ（Braver et al., 2007; Fales et al., 2008）。したがって，ワーキングメモリに関する fMRI 研究では，①特性不安を持つ被験者では，認知制御領域である背外側前頭前野が一時的に活性化するものの長続きせず，加えて②（たとえば内側前頭前野といった）困難な試行において必要となるデフォルト領域の緊張性の活性化を瞬時に低下させることが難しい（Fales et al., 2008）と想定されている。デフォルトネットワークの脱活性化の困難は，認知課題がない状況下での不安の増大（Simpson, Drevets, Snyder, Gusnard, & Raichle, 2001）や，ちょっとした不注意（Weissman, Roberts, Visscher, & Woldorff, 2006）とも関連することがわかっている。デフォルトネットワ

ークの活性化を情動的に調整することは，認知制御領域を適正に活性化するうえで極めて重要であると言えよう。Fales et al.（2008）は，言語的3バックワーキングメモリ課題を使用し，高い特性不安は，（たとえば，右下前頭皮質といった）認知制御ネットワークの持続的活性化を抑制し，一過性の活性化を促進することを明らかにした。不安の高い被験者は，順向制御の低下を補うために，反応制御をより採用すると言えよう。加えて，高い特性不安は，（たとえば，左下頭頂皮質といった）デフォルトネットワークの脱活性化を長く維持することもわかっている（Fales et al., 2008）。これは，不安の覚醒や反芻に対する注意を減衰させるために自発的な心的活動に関わる領域を脱活性化させるという積極的な抑制プロセスを示しており，不安の覚醒に対処するための補償的な方略と言えよう。Fales et al.（2008）は，もし認知制御領域の一過性の活性化にのみ着目するならば，高い特性不安は認知的効率を低下させると強調している。不安の高い群と低い群とでは，ワーキングメモリパフォーマンスに違いが認められないこともあるため，上記の神経イメージング研究（Fales et al., 2008）の結果のパターンを，同じパフォーマンスを導く2種の経路として記述する必要がある。つまり，特性不安が低い場合は認知制御領域の持続的活性化が促進される一方で，特性不安が高い場合は同領域の一過性の活性化とデフォルトネットワーク領域の持続的脱活性化が促進されるという経路である。

　要約すると，ワーキングメモリ課題を使用した機能的神経イメージング研究によれば，不安は社会的または情動的な刺激の知覚に関連する領域の活性化を促進する。この結果は，ACT（Eysenck et al., 2007）と同じく，不安は情動的な妨害刺激によって引き起こされるボトムアップ干渉を増大させるという見解を支持している。加えて，制御の二重メカニズム理論は，不安が高い場合，ワーキングメモリに関する神経系の活性化が異なることを強調しているが，その理論をふまえた神経イメージング研究の結果は，認知的効率の減衰というよりも認知的効果を別の方法で表現していると言えそうだ。これらの見解については，今後の検証が待たれる。

◆ 不安の記憶とその発達過程

　不安とワーキングメモリとの関連性を追究する研究のほとんどは成人を対象としており，子どもを対象とした研究は限られている。それは，成人の情動的記憶バイアスの研究結果が一致していないことにも一因があるであろう（Miu & Visu-Petra, 2010のレビューを参照）。しかしながら，最近は発達領域への注目が集まっている。なぜならば，①高い不安を持つ子どもの学校での学習の不振（Aronen, Vuontela, Steenari, Salmi, & Carlson, 2005; Owens, Stevenson, Norgate, & Hadwin, 2008）や，

②不安がもたらす記憶障害の早期の前兆（Visu-Petra et al., 2011）のそれぞれの解明が求められているからである。以下，子どもを対象とし，情動的もしくは情動的に中立な刺激を使用したワーキングメモリ課題のパフォーマンスの特徴をまとめる。

　発達の領域では，不安の高い被験児の記憶バイアスよりも，「情動的に中立な」材料を使用して，不安とワーキングメモリとの関連を検証する研究の方が多い。しかし，不安が高く治療を受けている被験児と不安は高いが治療を受けていない被験児とでは，中立情報の記憶欠損の結果が一致していない（Miu & Visu-Petra, 2010 も参照）。不安が高く治療を受けている被験児を対象とした研究の多くは，不安症状とワーキングメモリパフォーマンスの低さとの関連性を示している（Aronen et al., 2005; Pine, Wasserman, & Workman, 1999; Toren et al., 2000; Vasa et al., 2007; 矛盾する研究結果を示す Günther, Holtkamp, Jolles, Herpertz-Dahlmann, & Konrad, 2004 も参照）。不安が高く治療を受けている被験児が記憶障害を持つことは明らかであるが，刺激モダリティ効果（言語 vs 視空間）については，研究結果が一致していない。結果の不一致は，方法論上の違いにも起因しているであろう。具体的には，被験児の不安症状の程度が異なるあるいは限定的であり（Günther et al., 2004; Toren et al., 2000; Vasa et al., 2007），対象年齢に開きがあり（Günther et al., 2004 では 8 ～ 17 歳，Vasa et al., 2007 では 9 ～ 20 歳），実験パラダイムや手続きが異なるようだ。

　「不安は高い」が治療を受けていない「子ども」のワーキングメモリ障害については，不安がパフォーマンスの正確さと効率性を低下させるという ACT（Eysenck et al., 2007）に基づいて追究されている。不安とワーキングメモリの発達研究は，まず「就学児童」を対象に実施された。Hadwin et al. (2005) は，（9 ～ 10 歳の）就学児童を対象に，（状態不安は，ワーキングメモリの音韻ループと中央実行系を阻害し，処理効率を低下させるという）PET 仮説を検証した。ワーキングメモリ課題として，順唱数字スパン課題，逆唱数字スパン課題，空間ワーキングメモリ課題が使用され，課題の完遂時間と心的労力の主観的報告がパフォーマンス効率の指標とされた。その結果，状態不安はパフォーマンスの正確さとは関連しないが，不安の高い被験児は，不安の低い被験児よりも，逆唱数字スパン課題の遂行に時間がかかり，順唱数字スパン課題の遂行に労力をかけていた。これらの結果は，上述の PET 仮説を支持している。また，10 歳児を対象とした特性不安検査の結果から特性不安高群と低群を設け，ワーキングメモリへの負荷を操作した心的算数課題を実施したところ，不安が処理効率を低下させることがわかった（Ng & Lee, 2010）。PET／ACT の仮説や Hadwin et al. (2005) と同じく，不安が記憶課題の効率性を低下させるという結果である。しかしながら，ワーキングメモリの負荷の増大に伴い，不安による阻害も高まるという結果は得られておらず，それは ACT の仮説と矛盾する。Owens et al. (2008) は，

ACTの仮説を直接的に検証するために，(11〜12歳の)就学児童を対象に，特性不安，ワーキングメモリ，学習成績の関連性を確かめた。ワーキングメモリは，逆唱数字再生課題とコンピュータ版コルシブロック課題によって評定された。上述の結果やACTの仮説と同様に，特性不安は言語的ワーキングメモリのパフォーマンスを低下させたが，視空間的ワーキングメモリとの関連性は認められなかった。

最近では，「幼児」を対象に，特性不安と短期記憶との関連性が検討されている。Visu-Petra et al. (2009) は，3〜6歳児を対象に，特性不安がシンプルスパン課題の正確さと効率性（反応時間調整）に及ぼす影響を調査した。被験児は，ワーキングメモリ課題として単語スパン課題と数字スパン課題に取り組み，8か月後に，単語および数字スパン課題に加え，新しく非単語スパン課題に取り組んだ。ACTの仮説と同様に，特性不安は，8か月後に実施した単語および数字スパン課題の正確さと負に相関し，また，8か月後に実施した（単語および非単語スパン）課題の効率性を部分的に予測した。反応時間調整（回答までの時間，発語に要する時間，単語と単語の間のポーズ）のミクロ分析の結果，特性不安の高い被験児の方が，回答までに時間を要し，単語間のポーズも長かった。また，Visu-Petra et al. (2011) は，幼児（3〜7歳）を対象に特性不安の高い群と低い群を設定し，短期記憶とワーキングメモリのパフォーマンスを比較した。研究1では，2種の言語課題（単語および数字スパン）と2種の視空間課題（色，物体およびコルシスパン）を用いて子どもの短期記憶を測定し，研究2では，オートメーティッド・ワーキングメモリ・アセスメント（AWMA; Alloway, 2007）を用いてワーキングメモリを測定した。その結果，視空間情報の保持と更新においては両群のパフォーマンスに差はなく，言語課題においてのみ遂行差が認められた。具体的には，単純な言語保持が求められる場合は，特性不安の高い群の課題の効率性のみが低かったが，実行系への負荷がより高い場合（言語情報の更新）は，効率性と正確さの両方が阻害された。

まとめると，不安は高いが治療を受けていない子どもを対象としたワーキングメモリ研究は多くはないが，その結果は一貫してACT（Eysenck et al., 2007）の仮説を支持している。それらの研究結果は，①不安の高い群と低い群とでは，視空間短期記憶課題とワーキングメモリ課題の正確さと効率性において違いがあること（Hadwin et al., 2005; Owens et al., 2008; Visu-Petra et al., 2011 参照），②高い不安は，ワーキングメモリ課題（Hadwin et al., 2005; Ng & Lee, 2010; Owens et al., 2008; Visu-Petra et al., 2011 参照）と単純な保持課題（Visu-Petra et al., 2009; Visu-Petra et al., 2011 参照）において，主として言語パフォーマンスの効率性を低下させること，③高い不安は，記憶課題での実行系への負荷が高くなるにつれ，課題の正確さも阻害すること（Visu-Petra et al., 2011 参照）を示している。

次に，「情動」情報の記憶を発達的に検討した研究に着目してみよう。幼児期においても，自覚的であれ無自覚的であれ不安症状が存在し（Cartwright-Hatton, McNicol, & Doubleday, 2006; Egger & Angold, 2006），児童期を経て成人期に至るまで症状が続く事例があるが（Hadwin & Field, 2010a; Weems, 2008），不安関連認知バイアスの最初期の兆候を分析した研究はほとんどないうえに，研究結果も一致していない。しかし最近では，情報処理理論をふまえ，不安の高い子どもの情動情報に対する認知バイアスの研究が体系化されつつある（Daleiden & Vasey, 1997; Field & Lester, 2010a; Hadwin, Garner, & Perez-Olivas, 2006; Hadwin & Field, 2010a; Pine, 2007）。こうした取り組みは，不安の発達や維持の一因ともなる認知的傷つきやすさのマーカーの検出に不可欠である（Ingram & Price, 2010; Muris, 2006）。

　不安の高い子どもには，特有の情報処理バイアスが存在するようだ（Hadwin & Field, 2010b, Field & Lester, 2010a, 2010b; Pine, 2007 参照）。Pine（2007）は，不安の高い子どもの情報処理バイアスの発達モデルを提案し，遺伝的また環境的な要因が，脅威への反応を形成する神経機構を操作し，情報処理メカニズムに影響を及ぼすと説明した。Pine のモデルは，情報処理の発達の初期段階で生じる注意バイアスと，広範囲にわたる刺激を危険と分類するような後の学習処理との相互作用を仮定している。Pine のモデルと類似して，Weems & Watts（2005）は，子どもの不安症状の発生と維持において，選択的注意，記憶バイアス，そしてネガティブな認知エラーが重要な役割を果たすと主張している。

　発達の初期段階からネガティブな情報に対する記憶バイアスが存在するという研究結果は，「発達的連続性」の枠組み（Weems, 2008）を支持するものであり，不安の高い子どもが幼少期から情報処理バイアスを示すことを肯定している。Pine（2007）も，幼児期の脅威処理神経機構の可塑性の高さから，幼児の情報処理バイアスを想定している。さらに，Field & Lester（2010a）は，発達を視野に入れた認知研究に基づき，注意バイアスは幼児期（4〜7歳）を通じて発達し（Pérez-Edgar et al., 2010），脅威に対する解釈バイアスにおいても幼児期が発達的に重要な時期であると主張している。しかし，「発達的非連続性」（Kindt & Van den Hout, 2001）を支持する立場は，10〜12歳より以前に情報処理バイアスが生じるとは考えられないと説く。（有害刺激に繰り返し接した結果としての）脅威関連抑制の低下が，不安の低い子どもでは生じず，不安の高いより年長の子どもにのみ認められることから，不安に関する発達の分岐が発達後期に生じるのではないかと議論している。いずれにせよ，子どもの年齢にかかわらず，情報処理バイアスが不安関連症状の誘発と維持に深く関わっていることは明らかであり，不安症状がしばしば小児期以降も認められることからも（Weems, 2008），子どもの不安の解明は喫緊の課題である。以下，ワーキングメモリ

課題を用いた情動情報に対する不安関連認知バイアスの研究を概観する。

現在に至るまで，不安の高い子どもの認知的傷つきやすさ要因については，注意バイアスを中心に検討されており，不安の低い子どもよりも高い子どもにおいて，脅威情報に対する注意バイアスが認められる（Malcarne, Hansdottir, & Merz, 2010; Miu & Visu-Petra, 2010 の最近のレビューを参照）。しかし，不安の高い子どもの情動情報の想起については，研究も少なく結果も様々である（Hadwin, Garner, & Perez-Olivas, 2006 のレビューを参照）。「治療中の子ども」の「言語的」短期記憶再生についても，結果が混在している。ネガティブ情報をよく再生するという偏好バイアスを示したうえに記憶パフォーマンスも低かったのは，子どもや青年の PTSD 患者であった（Moradi, Taghavi, Neshat-Doost, Yule, & Dalgleish, 2000; しかし Dalgleish et al., 2003 では PTSD と GAD 患者において有意な効果は得られていない）。「視覚的」情報に関しては，不安群の記憶パフォーマンスにおいて，ネガティブな課題無関連画像の干渉は認められなかった（Ladouceur et al., 2005）。やはり，実証研究が少なく結果も矛盾しているため，包括的な結論を導くことが難しい。

一方で，「治療を受けていない」子どもを対象とした研究もある。「言語的ワーキングメモリ」に関する最初の研究は，「学齢期」の子どもを対象に実施された。Daleiden（1998）は，学齢期の子ども（11～13歳）を対象に，概念的また知覚的言語記憶課題に及ぼす特性不安の影響を検討した。被験児は 30 の情動単語（ポジティブ，ネガティブ，中立）から成る 2 種のリストを提示された。実験の結果，高い不安を持つ群では，（知覚的手がかりよりも）概念的手がかりを与えられた場合に，（ポジティブ単語や中立単語よりも）ネガティブ単語をよく再生した。Reid, Salmon, & Lovibond（2006）は，治療を受けていない学齢期の子ども（8～14歳）の認知バイアスを検証した。被験児は，不安，抑うつ，攻撃性について査定された。そして，性格を表す形容詞（ポジティブおよびネガティブ形容詞 22 語ずつ）についての言語記憶課題が実施され，形容詞の符号化段階において，（単語の長さを判断する）表層処理条件と，（自分の性格との比較を求める）自己参照処理条件を設けた。実験の結果，すべての症状のスコアをまとめたときにのみネガティブ情報への記憶バイアスが認められたが，不安との関連は認められなかった。

より最近では，「幼児」を対象としたワーキングメモリ研究がある。Cheie & Visu-Petra（2012）は，3～7歳児を対象に特性不安の高低群を設け，（ネガティブ，ポジティブ，中立という）異なる情動価の単語を揃えた改訂版リスト学習課題（NEPSY バッテリ；Korkman, Kirk, & Kemp, 1998）を用いて，情動バイアスを検討した。その結果，驚くべきことに，ネガティブ単語の短期記憶再生では，不安の高い子どもの成績の方が低く，しかし遅延記憶再生ではその傾向が消失し，不安の高い子どものネ

ガティブ情報の即時記憶の困難が確認された。以上のように，多くの研究が，不安の高い子どもの言語情報再生におけるバイアスの存在を示しているが，それらの結果が一致しているとは言えず，さらなる検証が必要である。

　不安は高いが治療を受けていない子どもの「視覚的ワーキングメモリ」の情動バイアスについては，我々が知る限り以下の1件の報告がある。Visu-Petra, Țincaș, Cheie, & Benga（2010）は，（59～88か月の）幼児を対象に記憶更新課題を実施し，笑いの表情の再認では，不安の低い統制群よりも不安の高い群の正確さと効率性が低い一方で，怒りの表情の再認では，不安の高い群の方がより正確であった。加えて，不安の高い子どもは（中立の表情よりも）笑いの表情の再認成績が低い一方で，不安の低い子どもは（笑いや中立の表情よりも）怒りの表情の再認成績が低かった。不安の高い子どもでは，脅威表情の再認成績の方が高いというネガティブバイアスが存在する一方で，ポジティブな視覚情報の再認成績の方が高いというポジティブバイアスは存在しないという結果は，成人を対象とする先行研究（Moser, Huppert, Duval, & Simons, 2008; Silvia, Allan, Beauchamp, Maschauer, & Workman, 2006）と同じであった。

◆ ワーキングメモリ容量の個人差と不安との関連性

　これまでに紹介した研究は，不安とワーキングメモリとの相互関係を想定しているが，厳密に言えば，高い不安がワーキングメモリ機能にいかに干渉し，パフォーマンスの正確さや効率性を低下させるのかという方向性から検証している。しかし，数は少ないが，ワーキングメモリ容量の個人差が，不安がもたらす認知機能の障害をいかに調整するのかというもう一方の視点からの検証も進められている。この仮説は，容量が大きいワーキングメモリは不安がもたらすネガティブな効果のバッファとなるという見解に基づいている。たとえば，ワーキングメモリ容量の大きい被験者は，認知制御に優れ（Ilkowska & Engle, 2010 のレビューを参照），干渉への耐性があり（Kane & Engle, 2003），視覚的注意をよく制御し（Kane, Bleckley, Conway, & Engle, 2001），聴覚的妨害情報を無視できるだけの容量がある（Colflesh & Conway, 2007; Conway, Cowan, & Bunting, 2001）ことがわかっている。加えて，ワーキングメモリ容量の大きい被験者は，情動経験に対する自己制御に優れている（Schmeichel, Volokov, & Demaree, 2008）ことを考え合わせても，不安がワーキングメモリパフォーマンスに及ぼすネガティブな影響は，ワーキングメモリ容量の大きさによって緩和される可能性があると考えてよいであろう。

　特性不安とワーキングメモリ容量の個人差との関連性は，異なる年齢層の被験者を

対象として検証されている。Ng & Lee（2010）は，10歳児を対象に，記憶負荷の高い課題と低い課題を実施し，ストレス条件もしくは非ストレス条件下での課題パフォーマンスについて，ワーキングメモリ容量の個人差を共変量として分析した。その結果，被験児の不安の高低にかかわらず，共変量がパフォーマンスを変化させるほどの有意な効果を持つことはなかった。

　Johnson & Gronlund（2009）は，大学生を対象とした研究において，被験者のワーキングメモリ容量が平均的もしくは小さい場合は，特性不安と課題の正確さとの間に負の相関関係が認められるが，ワーキングメモリ容量が大きい場合はそうした現象が認められないことを明らかにした。つまり，ワーキングメモリ容量が小さい被験者は，不安によってパフォーマンスが低下しやすいようだ。重要なのは，不安とワーキングメモリ容量とが相関しないということである。注意制御処理に負荷がかかりすぎた場合にのみ，ワーキングメモリ容量の個人差が媒介因となり，不安によるパフォーマンス低下が生じるということであろう。その一方で，Beilockと共同研究者（Beilock & Carr, 2005; Beilock, Kulp, Holt, & Carr, 2004）は，（プレッシャーのかかった状況下で引き起こされる）状態不安は，ワーキングメモリ容量の大きい被験者のパフォーマンスのみを阻害するという，異なる可能性を示している。彼らは，ワーキングメモリ容量の大きい被験者は，（負荷の高い）ワーキングメモリ課題に際して注意制御集中方略を用いており，状態不安はその処理を選択的に阻害すると主張している（Beilock & DeCaro, 2007）。特性不安の影響は解明の途上ではあるが，特性不安がワーキングメモリ容量とパフォーマンスとの間に介在していると考えてよいであろう（Johnson & Gronlund, 2009）。

　以上の結果から，ワーキングメモリ容量の個人差は，ワーキングメモリを必要とする課題の遂行に不安が及ぼす影響を暗示していること，また，小さいワーキングメモリ容量と高い特性不安が併存する場合，不安による学業不振が顕著に現れることが推測される。

3節　不安に関するワーキングメモリ研究の今後の方向性

　人間の心的生活のあらゆる側面，たとえば，注意（Huang & Pashler, 2007）から言語理解（Lewis, Vasishth, & Van Dyke, 2006），認知スタイル（Alloway, Banner, & Smith, 2010），長期記憶の形成（Ranganath, Cohen, & Brozinsky, 2005）にいたるまで，ワーキングメモリは欠かせない。したがって，特性不安のような永続的な個人特性とワーキングメモリとの相互作用については，認知パフォーマンスの向上と幸福

の実現を目指して，さらなる研究と介入が必要である。これまでの節では，認知と情動の相互作用や，精神病理学的な傷つきやすさ，また発達過程の探究に対して示唆に富む知見を紹介してきたが，本節では現場での応用に論点を移し，不安による学業不振への介入や臨床的なアプローチに資する示唆をまとめる。

◆ 学業パフォーマンスの支援に対する示唆

　子どもを対象とする研究において，不安が学業不振をもたらすことがわかってきた（Ashcraft, 2002; Crozier & Hostettler, 2003; Kessler, Foster, Saunders, & Stang, 1995; Woodward & Fergusson, 2001 参照）。一方で，不安と学業不振との関連性の根底にある認知神経科学的メカニズムについても解明が進みつつある。ACT（Eysenck et al., 2007）では，不安がワーキングメモリ機能に干渉することにより，不安の高い子どもの学業パフォーマンスが阻害されると仮定している。学業不振と学習障害が，ともにワーキングメモリ容量の小ささと関連するという研究結果は（たとえばAlloway & Gathercole, 2005; Alloway et al., 2005; Gathercole & Baddeley, 1990; Gathercole & Pickering, 2000; Gathercole, Pickering, Knight, & Stegmann, 2004; Henry, 2001; Jarrold, Baddeley, & Hewes, 1999; McLean & Hitch, 1999; Swanson & Sachse-Lee, 2001），上記の仮説を間接的に証明している。

　しかしながら，不安，ワーキングメモリ，そして学業パフォーマンスの関連性に着目した研究は，まだわずかである。Aronen et al.（2005）は，教師評定による不安／抑うつ症状の程度が，ワーキングメモリ機能や集中力のような，学業パフォーマンスと深く関わる要因とネガティブに関連することを明らかにした。しかし，この研究では，子どもの学業パフォーマンスそのものは評定されておらず，教師の報告に基づいて結論が導かれている点に気をつけなければならない。

　ACT の仮説を直接的に検討するべく，Owens et al.（2008）は，学齢児童を対象に，特性不安，ワーキングメモリ，学業パフォーマンスの関連性を調査した。学業成績については，英国のカリキュラムに基づく標準化学力診断テスト（SATs）の数学，英語，自然科学に加え，量的推論テスト（認知能力テスト）を実施し，言語的，非言語的ワーキングメモリ課題を実施した。先行研究の結果と同様に，特性不安は言語的ワーキングメモリとネガティブに関連した。さらに重要なことには，特性不安と学業パフォーマンスの関連性に対して，言語的ワーキングメモリが部分的に媒介しており，その説明率は 51％ であったのに対し，視空間ワーキングメモリの説明率は 9％ であった。以上の結果は，不安が中央実行系と音韻ループを阻害するという ACT の仮説を支持しており，加えて，不安が学業不振をもたらす背景には，言語的ワーキングメモ

リという認知神経科学的メカニズムが存在することも証明している。最近では，学齢児童を対象とした他の研究においても，同様の結果が得られている（Owens, Stevenson, Norgate, & Hadwin, 投稿中; Curtis, 2009; Yousefi et al., 2009）。

まとめると，不安が学業成績に及ぼすネガティブな影響を説明するメカニズムの1つとしてワーキングメモリがあると考えてよさそうである。それは，先述した個人差アプローチの結果とも一致している。不安と学業パフォーマンスとの媒介因としてワーキングメモリが想定され，高い不安を持つ学業不振の子どもたちに対する教育的介入においては，ワーキングメモリが鍵となるであろう。現在では，ワーキングメモリの種々の機能に焦点を当てた介入の効果が確かめられている（Alloway, 2012; Klingberg et al., 2005; Holmes, Gathercole, & Dunning, 2009; Loosli, Buschkuehl, Perrig, & Jaeggi, 2011）。認知や学校の成績の改善は難しいとしても，以上の介入は，高い不安により学習が阻害されている子どもたちに，効率的なバッファを提供することになるであろう。

臨床的な治療方法に対する示唆

不安を引き起こす認知神経科学的要因の解明をふまえ，認知療法（CT）のような伝統的な治療方法の効果を説明するメカニズムの再概念化が進められている。Clark & Beck（2009）は，「認知療法による変容のメカニズムを明らかにする治療過程研究は，治療の成果を報告する研究に後れをとっている」（2009, p.422）と述べている。CTもしくは認知行動療法（CBT）は，特に注意における情報処理バイアスを改善してきた（Tobon, Ouimet, & Dozois, 2011の最近のレビューを参照）。しかしながら，不安が高いもしくは治療を受けている被験者を対象とし，その記憶機能に焦点を当てた介入研究はほとんどない。Tryon & McKay（2009）は，不安治療の結果を記憶の修正の程度から判断することを提起し，治療の成果は記憶の変容をふまえて確認されるべきであると指摘している。しかし，この分析は，長期記憶や学習プロセスの評価には適しているが，"オンライン"のワーキングメモリプロセスの評価には適していない。より介入的な研究であるBomyea & Amir（2011）では，治療を受けていない被験者が，抑制課題を練習した結果，練習群のワーキングメモリ容量が増し，思考抑制課題における侵入がより少なくなった。以上のいくつかの変容の根底には，共通のメカニズムが存在しているのかもしれない。

不安の高い人々の記憶機能の改善に対して，有益な示唆を与える研究もある。Amir & Bomyea（2011）は，社交恐怖症を持つ被験者は，中立的な単語よりも脅威単語に対するワーキングメモリ容量が大きいことを示した。そして，非脅威情報に対

するワーキングメモリを鍛えるプログラムを受けると（注意バイアス緩和のためのプログラムと同様に），社交恐怖症を持つ人々の悪意のない情報の処理が高まると提言している。一方で，マインドフルネス介入により，ワーキングメモリを含む実行機能が促進され（Zeidan, Johnson, Diamond, David, & Goolkasian, 2010），気分や感情の処理（Nyklicek & Kuijpers, 2008）や情動制御（Nielsen & Kaszniak, 2006）が改善されることが報告されてきた。マインドフルネス介入によって注意制御を促進したメカニズムが，不安がワーキングメモリにもたらすネガティブな影響のバッファとなり，内的に生成された妨害情報（心配）の影響を低減させるかどうかについては，今後の解明が待たれる。実際に，イラク配備の準備中の陸軍の人々を対象に開発されたマインドフルネス訓練により，イラク配備前のワーキングメモリ容量の低下が避けられ，ネガティブな感情が緩和された（Jha, Stanley, Kiyonaga, Wong, & Gelfand, 2010）とする研究もある。

　要約すれば，我々の知る限り，高い不安を持つ，もしくは不安の治療を受けている被験者を対象に，中立もしくは脅威情報に対するワーキングメモリ処理を直接的に検討した介入研究は存在しない。しかしながら，感情に対する自己制御や認知制御においてワーキングメモリ処理が極めて重要な役割を果たすことを考えれば（Hofmann, Friese, Schmeichel, & Baddeley, 2011），近い将来，そうした観点をふまえたプログラムが開発されるかもしれない。

4節　結論

　本章の主要なリサーチクエスチョンは，特性不安とワーキングメモリ機能との相互作用がどのような認知的結果をもたらすのかを解明することであった。本章で紹介した研究の多くは，特性不安（広く状態不安も含む）が，全般的な認知パフォーマンスに対して，もしくは限定的にワーキングメモリに対して悪影響を及ぼすかどうかという相互作用の一方向について検討している。この明快な仮説は，本章を通して多方面から検証されている。まず，記憶課題の内容についてであるが，記銘項目にわかりやすい脅威刺激が含まれていない場合でも，不安がワーキングメモリ処理に干渉するのであろうか。おそらく答えは yes であるが，実際のところはわからない。実行系への負荷が低く，処理を行ったり資源を投資したりする時間が十分にあれば，高い不安を持つ被験者のパフォーマンス（正確さ）は，不安の低い統制群のパフォーマンスと変わらない。しかし，投資された資源について多面的に測定すれば（反応時間，心的労力，報酬への敏感さ），高い不安を持つ被験者の処理効率の低下がより明確になるであろう。ただ，（いわゆる）処理効率の低下と神経系との相関のダイナミクスを解明

するためには，さらなる研究が必要である（予備的研究として Ansari & Derakshan, 2011; Bishop, 2009; Fales et al., 2008 を参照）。認知的効率の低下よりも，不安の高い被験者に見受けられる脳の活性化（と脱活性化）パターンの方が，心配事のように内的に生成された妨害刺激に対する行動パフォーマンスを説明できるようにも思える（Fales et al., 2008）。しかし，不安が中央実行系（と音韻ループ）の資源を消耗し，さらに課題による実行系への負荷がワーキングメモリシステムを圧迫した場合，課題パフォーマンスの実効性と効率性が低下することは疑いようがないと言えよう。

　では，情動情報が提示されたときには，一体何が生じているのであろうか。その答えを得るためには，情動情報と課題との関連性や課題遂行時に感じている脅威のレベルを測定する必要がある。その関連性や脅威レベルは，動機と情動とがどのように相互作用し，実行制御を促進したり阻害したりするのかに影響する（Pessoa, 2009）。たとえば，（ネガティブ）情動情報が課題目的に関連している場合，不安の高い被験者は脅威関連情報をより速く探知し符号化するため，認知パフォーマンスが高まる。情動情報が課題と関連していない場合は，不安の高い被験者は（課題に関連しない）脅威情報に対する刺激駆動モードに資源を費やしてしまうため，パフォーマンスが低下する。しかし，このよく知られた注意バイアスが，脅威関連情報に対する記憶バイアスへと移行することについては，議論が続けられている。一方で，ポジティブ情報が提示された場合，（特に社会的）不安の高い被験者には，ポジティブ（な社会的）刺激に対する注意バイアスが生じない（たとえば Moser et al., 2008）が，ポジティブ注意バイアスの欠如が記憶処理に及ぼす影響についても，未だに明らかにされていない（発達研究については Visu-Petra et al., 2010 を参照）。第2の要因（脅威レベル）については，脅威レベルを明示的に操作した実験を実施し，理論上の仮説を検証していく必要がある。多くの研究は，脅威レベルが低い刺激に対しては，感覚増強が生じ，注意の"情動的捕捉"が促され，優先的に処理されることを示している。しかしながら，脅威レベルが高い刺激に対しては，同様に感覚処理が増強されるにもかかわらず，実際には中央実行系の資源を浪費してしまう（Pessoa, 2009 の議論を参照）。このことは，不安の低い中立群よりも，不安の高い被験者において強く生じる（Bishop, 2007）。

　不安と記憶の相互作用に関する発達研究，そしてワーキングメモリの個人差研究にも引き続き注目していきたい。（縦断的な）個人差研究により，実行制御の神経メカニズムおよび行動メカニズムの解明や，個人差をもたらす資源の解明が可能になるであろう（Braver, Cole, & Yarkoni, 2010）。

　情動認知相互作用の発達に関する個人差研究は，現場での応用にも有益な示唆を与えうる。本章を通して，不安記憶相互作用は確認されたが，不安と記憶の一方に焦点

を当てた介入が，もう一方にいかに影響するのかを明らかにした研究は見つけることができなかった。たとえば，不安の高い被験者を対象に，注意バイアスや解釈バイアスの改善に向けて介入した結果，状態不安と特性不安が緩和されたという報告はある（Brosan, Hoppitt, Shelfer, Sillence, & Mackintosh, 2011）。また，社交恐怖症を持つ被験者を対象とした研究に基づき，ネガティブ情報とポジティブ情報の記憶をモニターし，介入計画に役立てるという提案もある（Amir & Bomyea, 2011）。一方で，ワーキングメモリ訓練の結果，不安が緩和する可能性は大いに考えられる。たとえば，Hofmann et al.（2011）は，日常生活における認知制御や思考と行動の自己制御において，ワーキングメモリ処理が鍵となることを示している。最近のワーキングメモリ訓練プログラムは，訓練の効果が他の認知的側面や情動的側面にも波及し，注意欠如・多動性障害や中毒といった自己制御障害の改善につながると主張している（Houben, Wiers, & Jansen, 2011; Mezzacappa & Buckner, 2010）。不安は，自己制御障害ではないが注意制御の失敗と関連があるため，ワーキングメモリ訓練プログラムの導入により，認知制御が促進され，不安症状が改善されるということもありえるかもしれない。

　しかし，Hofmann et al.（2011）が，自己制御の目的を明確にし，その目的を達成するという動機づけにより，ワーキングメモリ資源が積極的に活用されることを強調している点を忘れてはならない。教育的または治療的な目的に基づいて不安の改善を試みる場合，この不安の「動機づけ機能」を考慮に入れるべきであろう。なぜならば，"神経メカニズム研究は，不安が単に認知的装置を破壊するだけでなく，認知を適応的に機能させるうえで必須であることを示している"（Luu, Tucker, & Derryberry, 1998, p.577）からである。認知研究者と認知行動療法者は，不安の適応的な機能を確認しており，特に，脅威が微かで捉えにくく，脅威の同定には"過覚醒"であることが求められるような環境においては（Matthews & Dorn, 1995），現実の脅威に対する中等度の予測的な不安が，ストレッサーに対する適応的な処理反応を発達させていくうえで必要なのである（Borkovec, 1994; Mathews, 1990）。しかし，不安が必要以上に増大したり，脅威が存在しないのに不安が生じたりした場合は，認知システムの負担になってしまう。不安を他の状態に能動的に変えることができるよう個人のワーキングメモリ資源を高め（Matthews & Wells, 1999），適応的ではない反応を減らしたり変えたりすることによって，情動認知相互作用を適切に調整し，実行制御を最も効果的に機能させることが可能になるのではないだろうか。

謝　辞

　本章の執筆に当たり，ルーマニア国立大学研究協会（L. Visu-Petra に対しては PD427/2010，A. C. Miu に対しては PD411/2010）より，また L. Cheie に対しては人材資源開発プログラム部門 "Invest in people"POSDRU/6/1.5/S/4 より助成を受けた。

第12章
情動と認知的制御の統合

Andrew Mattarella-Micke
(Department of Psychology, University of Chicago, Chicago, IL, USA)
Sian L. Beilock
(Department of Psychology, University of Chicago, Chicago, IL, USA)

　ワーキングメモリが研究されている理由は，それが単に実験室で測定される基礎的な認知課題と関連（Engle, 2002）するからではなく，推論（Kyllonen & Cristal, 1990），問題解決（Carpenter, Just, & Shell, 1990），言語理解（MacDonald, Just, & Carpenter, 1992）といった幅広い現実世界の課題を人間がどのようにして遂行しているのかといったことをきわめてうまく予測するからである。ワーキングメモリは，実験室において予測力があるが，現実世界そのものは，被験者が抽象的な認知的パズルを冷静にこなしているようなものではない。むしろ，現実的な挑戦を含み，意味のある課題や，それに取り組む人にとって感情的な影響に満ちている。

　人前でのスピーチで言葉がなかなか思い浮かばなかったことや，空白のテスト用紙を不安な気持ちで眺めたことのある人は誰でもわかるように，ストレスの多い状況によって引き起こされる情動反応（不安，緊張）は，認知的なパフォーマンスと深く関わっている。こうした状況下で成功を導くのは，その人の認知能力だけではなく，最も肝心な場面で最高のパフォーマンスを発揮できる能力である。本章では，情動が喚起される場面で人が成功できるか否かは，リーディングスパン課題で通常再生できる単語の数よりはむしろ，情動反応の強さと性質にかかっていることを論じていく。

　我々は，強い情動反応が，ワーキングメモリを阻害することで，認知パフォーマン

スを低減させるといった証拠をレビューする。ワーキングメモリの個人差は高い緊張状態では完全にパフォーマンスを予測しない。とはいえ，ワーキングメモリの予測力は，情動と深く関わる状況においては弱まるが，その説明力は，極めて明確である。

数学不安，ステレオタイプ脅威，強いプレッシャーのかかった緊張といった領域にわたり，いかにワーキングメモリの基礎的科学が，情動と冷静な認知との関連を特徴づけ，最終的に，個人のパフォーマンスを予測するかを我々は示す。認知と神経科学の両レベルにおいてのメカニズムを考察することで，行動結果を説明し，これらの異なった研究手法を結びつけることに役立つだろう。最後に，当該領域において重要なテーマに焦点を当て，将来の方向の可能性を考察し，まとめる。

1節　情動反応の領域

◆ 数学（算数）不安

数学不安を抱える個人にとって，数学の教材や文脈は，ネガティブな情動反応を引き起こす。この反応が強いと，指を振るわせ，ドキドキさせ，息苦しくさえさせることがある。この情動反応は，強力かつ選択的であり，数学の認知は，十分に研究されてきた知的領域であるため，数学不安は，情動が認知的パフォーマンスに及ぼす効果を検討するのに理想的な研究例である。

しかし，この関連性は，数学のスキルが様々な数学不安のグループによって異なっている可能性があるため，複雑である。数学不安の高い個人は，数学の授業を避け，実際，聴講した授業で低い成績を取る（Ashcraft & Kirk, 2001）。しかし，数学のスキルを訓練するよりも，数学不安と関連した情動の部分を扱った介入が，高い数学不安の個人の成績を改善することが示されている（Hembree, 1990）。このことは，数学不安がパフォーマンスをどのように損なうのかについての別の説明，すなわち，数学不安そのものが数学の問題解決中の弱さを引き起こしているという説明を支持している。

数学不安を特徴づける行動の結果がスキルや能力だけに基づいているのではなく，不安によって引き起こされるという主張は，Ashcraftらによって展開された（Ashcraft & Faust, 1994; Faust, 1996）。Ashcraft & Faust（1994）の観察によると，数学不安の個人は，標準テストにおいて低い成績を示すが，暗算の基本的な操作において一貫した間違いを示すことはない。たとえば，参加者が一桁の数の加算とかけ算の単純な問題を行うときは，数学不安が高い個人は，低い個人とほとんど変わりがない。しかし，数学不安が高い個人が2桁の複雑な問題を行うとき，多くの間違いを示

す。くりあげ・くりさげのある問題は特に間違いが多かった。これらの2タイプの算数の基礎となる基本的操作は同じであるが，1つの側面が異なっている。すなわち，ワーキングメモリへの依存である。このことから，Ashcraftらは，数学不安がパフォーマンスに及ぼす影響は，ワーキングメモリの処理に起因しているという仮説を立てた。

　Ashcraft & Kirk (2001) は，この仮説をさらに調べるための実験方法をデザインし，算数の問題解決中のワーキングメモリの負荷を明確に操作した。数学不安が高い個人と低い個人が暗算を行うと同時に，ワーキングメモリにランダムな文字の系列を覚えておくように言われた。参加者内で，第1の算数課題（くりあげ・くりさげがあるかどうか），第2の記憶課題（覚えておく文字の数）の負荷を操作した。

　数学不安が低い個人に比べ，数学不安が高い個人は，算数課題と記憶課題両方によるワーキングメモリへの負荷が高いとき，間違いが過度に増加した。Ashcraftらは，負荷が高い二重課題条件での行動のつまずきが，数学不安が高い個人で最も顕著であったのは，情動反応が注意を課題内容から逸らしたためであると結論づけた。負荷をかける第2の課題と同様に，情動反応は，本来，算数の遂行に用いられるはずのワーキングメモリ資源を奪ってしまったのである。

　この研究後の10年間は，不安によるワーキングメモリの阻害が，数学不安の研究において中心的なテーマとなった（Ashcraft & Krause, 2007）。しかし，数学不安が高い個人における低い成績が，遂行中のつまずきのみに起因するかどうかは，依然として議論がある。たとえば，青年期の数学不安の縦断研究において，Ma & Xu (2004) は，低い数学の成績が数学不安に時間的に先行することを明らかにした。しかし，Beilock et al. (2010) は，女性の小学校教員における数学不安が女性の生徒に伝わり，それが今度は，数学のテスト成績に影響を及ぼすことを示した。このように，MaとXuの知見は，数学の困難が数学不安を引き起こすという主張と一致するが，数学不安には，数学の能力とは区別できる要素があり，社会的に伝達され，数学の成績に影響する。これらの研究の食い違いは，数学不安と，数学不安研究の不可欠な一部である数学の素質との混同を象徴している。また，この食い違いから強調すべきことは，情動が認知に及ぼす効果についての包括的な知見が有益であることである。

◆ステレオタイプ脅威

　数学不安を強く持つ子どもだけが，ある領域の成績に特徴的な弱さを示すグループではない。学力格差は，一般に見られるだけでなく，広く知られていることである。不利な立場のグループの子どもは，学力格差を意識し，それを認めることを恐れるた

めに，数学不安の個人において成績を阻害するのとまったく同様の極度の不安をしばしば経験する。「ステレオタイプ脅威」とは，このような，学力格差に関する知識が，実際はそれを永続させているという主張である。数学不安による弱さが，スキルや能力よりもむしろ情動における個人差によって引き起こされるという主張と同様に，学力格差の事例は，ステレオタイプ脅威に起因するかもしれない。

　ステレオタイプ脅威といった現象は，Steele & Aronson（1995）による先駆的研究により初めて認められた。彼らは，標準テストにおけるアフリカ系アメリカ人の成績の低さは，彼らの成績に関するネガティブなステレオタイプが強調されるか否かによって，部分的に説明されることを示した。この研究では，参加者は，SATの問題が2つの条件下で与えられた。1つは，「これは，言語能力を純粋に測定するテストである」と伝えられ，もう一方では，「これは，言語的な問題解決における心理学的要因を明らかにするための調査である」と単に伝えられた。SATの問題が，言語能力を測定するものであると伝えられた場合，アフリカ系アメリカ人は，同時にテストを受けたヨーロッパ系アメリカ人よりも悪かった。この成績の差は，その問題が能力を診断しない調査という枠組みで実施された場合，減少した。アフリカ系アメリカ人のSATの成績における学力格差は，少なくとも一部分，問題遂行場面でのステレオタイプの影響に起因することがこの研究で示された。

　基本的なステレオタイプ脅威効果は，数多くのグループやステレオタイプで繰り返し実証されている。課題が知能検査として実施されたとき，社会経済的地位（SES）の低い子どもは，高い子どもよりも（Croizet & Claire, 1998），そして，ラテン系の子どもは白人系の子どもよりも（Gonzales, Blaton, & Williams, 2002），成績が低くなる。数学能力に関するステレオタイプが強調されると，女性は男性よりも（Spencer, Steele, & Quinn, 1999），白人系の子どもはアジア系の子どもよりも（Aronson, Lustina, Good, Keough, & Steele, 1999），成績が低くなる。こうした成績に対するステレオタイプ脅威の影響は，知的能力に関する一般のイメージが異なる大学の専門にさえも及ぶ（Croizet et al., 2004）。こうした効果は広くかつ，強く見られる。ある研究では，微分積分の上級者コースのクラス分けテスト後の成績に見られる性別差は，そのテストよりも前に行われていた一般的な練習課題に比べて拡大し，女性の成績が33%も低下した（Danaer & Crandall, 2008）。

　ステレオタイプ脅威は，広範囲に及び，社会的に重大であるが，学力格差を永続させる認知的メカニズムは，数学不安の原因と同様，ワーキングメモリの阻害によって説明される。Schmader & Johns（2003）は，このメカニズムに関して決定的な証拠を示した。一連の3つの実験において，彼らは，女性（実験1）とラテン系（実験2）の参加者にステレオタイプ脅威条件と統制条件下で，算数ベースのワーキングメモリ

スパン課題を行うよう求めた。統制条件において，白人男性との差は両グループとも認められなかった。しかし，ステレオタイプ脅威条件では，両グループとも，著しくスパンが短くなった。つまり，このことはステレオタイプ脅威がワーキングメモリにも何らかの影響を及ぼすことを示唆する。

最初の2つの研究は，ワーキングメモリのメカニズムと一致するものであるが，最後の実験（実験3）は，特に強力な因果的説明を提示した。実験では，ステレオタイプ脅威課題（算数課題）と，スパン課題とを分けるために，言語性ワーキングメモリ課題が選ばれた。彼らは，ステレオタイプ脅威の操作の直後にワーキングメモリ課題を実施した場合，通常ステレオタイプ脅威を引き起こす不安が，同様にそのワーキングメモリ課題にも干渉を及ぼすであろうと推測した。数学と無関連な記憶課題は，ネガティブな算数のステレオタイプと関連する成績の予測や能力格差の連想がないため，ワーキングメモリの阻害を示す指標となりえる。

予測通り，ステレオタイプ脅威条件において，実験参加者は，脅威課題と無関連なワーキングメモリ課題の両成績が有意に低くなった。重要なことに，その課題成績の落ち込みの程度が，ステレオタイプ脅威と統制条件の両課題成績との関連によって統計的に説明できたのである。算数課題でのステレオタイプ脅威に最も強く影響を受けた参加者はまた，ワーキングメモリも同様に阻害されていた。こうした媒介がステレオタイプ脅威，ワーキングメモリ，そして，課題成績の因果関係を立証するものである。

Schmader & Johns（2003）以来，ステレオタイプ脅威がワーキングメモリを阻害するといった主張は，多くの研究で追証されてきた。ステレオタイプ脅威は，アンチサッケード課題（Jamieson & Harkins, 2007），ストループ課題（Inzlicht, McKay, & Aronson, 2006），そして，Nバック課題（Beilock, Rydell, & McConnell, 2007）における成績の低下をもたらした。こうした課題はそれぞれ，ワーキングメモリにおける個人差と課題成績に正の相関を示し（Kane, Bleckley, Conway, & Engle, 2001; Kane & Engle, 2003; Schmiedeck, Hildebrandt, Lövdén, Wilhelm, & Lindenberger, 2009），実行機能の処理とも密接に結びついている。

◆ハイプレッシャー状況

情動と認知との関連を研究するうえで重要な問題は，成績に関する情動的な要素が，実験参加者のグループとしばしば交洛していることである。そのため，成績の個人差が，情動ではなく，対象のグループ間の（能力やその他の要因における）内的な違いを反映しているという別の説明を完全に排除できない。この問題は，数学不安研究で

特に重要であるが，ステレオタイプ条件と統制条件の差が統計的にコントロールされて初めて（たとえば，参加者のSATの成績を事前にコントロールすることによって），間接的に比較が行われるステレオタイプ脅威の研究においても，考慮すべき要因である。

　こうした根本的な難問を打破する1つの方法は，情動条件を実験的に操作することである。実験参加者を情動条件あるいは統制条件のどちらかにランダムに割り当てることによって，そのグループ間で測定された違いが，参加したグループの特性ではなくむしろ，実験的な介入の効果として確認できる。こうした研究の1つとして，Beilock et al. (2004) は，ハイプレッシャー条件とコントロール条件に割り当て，実験参加者に，各条件下で，認知的負荷の高くかかる算数課題とその負荷が低い算数課題を与えた。統制条件の参加者は，標準的な教示が与えられ，2つのブロックの課題を行った。標準的な教示は，「できるだけ早く正確に課題を終わらせる」といった単純なものであった。当然ながら，2つのブロックの課題成績に差は見られなかった。

　ハイプレッシャー条件の参加者は，最初のブロックで，統制条件と同一の教示が与えられた。しかし，2つ目のブロックでは，大きな社会的・金銭的な刺激が与えられた。参加者は，難易度の高い基準（最初のブロックよりも正確さならびに反応時間が20％改善する）を達成することができたら，2倍の報酬を得ることができると教示を受けた。そしてまた，彼らの報酬は，別の参加者（パートナー）と連動すると告げられた。つまり，両方のパートナーが付加的な報酬を得るためには，両者がその基準を達成しなければならなかった。最後に，参加者は，パートナーがすでに実験を終え，その基準を達成していることを告げられた。このように，ハイプレッシャーのシナリオでは，参加者は，彼ら自身とパートナーが補足的な報酬を受け取ることができるか（否か）といった責任のすべてを負うのである。

　これらの高い成績動機の結果，ハイプレッシャー条件の参加者は，2ブロック目の正確さが有意に低くなった。重要なことは，このハイプレッシャー条件の課題成績の低下は，ワーキングメモリに高い負荷のかかる問題に限定していたことである。参加者はランダムに1つの条件に割り当てられ，かつ両条件とも，最初の問題ブロックでは，成績が等しかったため，課題遂行における不安の効果が，条件間の特性の差を反映していたといった可能性は排除される。ワーキングメモリのその場での働きが阻害されたという説明が，唯一，もっともらしいものである。さらに，ワーキングメモリにかかる認知的負荷の程度を変えることにより，Beilock et al. (2004) の実験は，しばしば見過ごされてきた重要な統制条件を組み入れた。ワーキングメモリが，プレッシャー状況下での情動的な興奮のメカニズムを担うことを例証するためには，ワーキングメモリに負荷が大きくかかる場合，その働きが不安（緊張）により阻害されるこ

とを示すだけでなく，ワーキングメモリに負荷がかからない場合，その働きが不安により阻害されないということもまた示さなければならない。

　ワーキングメモリに負荷がかかる課題とかからない課題を区別することは，不安がワーキングメモリを阻害するという理論にとって中心的である。とはいえ，残念ながら，ワーキングメモリにかかる認知的負荷の程度を変えることは，まだ明らかにされていない別の心理学的次元もまた変えている可能性も排除できない。この解釈を排除するため，Beilock et al.（2004）は，参加者の2番目のグループを，同じハイプレッシャー条件に割り当てた。ただし，彼らはワーキングメモリの負荷を調整するために，問題の種類を変えるのではなく，練習の回数に着目した。練習を何度も繰り返し（50試行），行動がほぼ自動化されるまで行った。認知課題が自動化された場合，課題に必要となるワーキングメモリは，利用が迂回され，記憶から再生されるだけである（Logan, 1988）。算数の場合，問題に対する答えは，直接，長期記憶から再生される。計算の途中の手順や記憶といった認知的に負荷のかかる作業は回避される。

　問題の種類に応じた情動的な興奮の影響が現れず，成績は，特定の問題について行った練習の程度に依存した。何度も練習を繰り返した問題はワーキングメモリの関与が減少し，そのため，プレッシャーの影響を受けなかった。参加者は，練習を行っていない問題に対してのみ，以前と同様の情動的な興奮の影響を示した。この実験は，ハイプレッシャー状況下での情動に敏感なのは，選択した課題そのものではなく（練習した問題は，参加者間で統制されていた），これらの問題がワーキングメモリにかける負荷であることを明らかにしている。

　ハイプレッシャー状況はまた，ワーキングメモリの働きに関する直感に反する予測を理想的に検証する。すなわち，強い情動は，通常，成績を阻害する影響を及ぼすが，必ずしもそうである必要はないということである。もしワーキングメモリに負荷がかかる場合，成績が向上するような認知課題があるとすれば，このような向上は，ハイプレッシャー状況へも一般化されるはずである。Markman, Maddox, & Worthy（2006）は，まさにそのような事例を示した。以前の研究同様に，ワーキングメモリに負荷がかかるような分類課題を参加者に遂行するように求めると，プレッシャーは有意に成績を低下させた。ところが，驚いたことに，手続き的な学習に基づいた分類課題を遂行するように求めると，ハイプレッシャー状況で参加者の成績が向上した。このタイプの分類学習は，「情報統合（information integration）」と呼ばれ，無意識の処理によって最も効率的に学習され，この無意識の処理は，ワーキングメモリにほとんど負荷を与えない。ワーキングメモリに依存した意識的な処理のプロセスは，実際，「情報統合」の分類学習を阻害する（DeCaro, Thomas, & Beilock, 2008）。そのため，Markman et al.（2006）が参加者をハイプレッシャー状況に置くと，逆説的であ

るが，ワーキングメモリの働きが低下し，手続き的な分類学習を促進したのである。

◆ワーキングメモリとハイプレッシャー状況下での情動の影響に関する個人差

　本章の冒頭，ワーキングメモリの個人差は，情動が強く喚起される状況において成績を予測することはできないと述べた。実際，状況に対する情動反応は，どの程度ワーキングメモリが阻害されるかを決めるうえで，非常に大きな役割を担う。一方，スパン課題は，不安時の成績を予測することができないかもしれないが，ワーキングメモリ能力に関する基礎研究は，ワーキングメモリの個人差がハイプレッシャーの影響を予測することを示唆している。

　こうした推測が導かれるのは，これまでの研究から，ワーキングメモリの能力が高い個人は，概念再生（Rosen & Engle, 1997），視覚注意（Bleckly, 2001），そして，順向干渉の抑制（Kane & Engle, 2000）といった課題において優れている一方で，二重課題はまさに彼らの成績を選択的に阻害することが示されているからである。こうした結果は，ワーキングメモリの小さい個人は，余分なワーキングメモリ資源を欠いているか，そのような資源の利用を最小にする方略を用いているかのいずれかであるためである。このように，ワーキングメモリの大きい個人の場合，二重課題は，成績を上げるために利用するワーキングメモリ資源を消費してしまうが，ワーキングメモリの小さい個人の場合，影響を受けない。ハイプレッシャー状況でも同様のパターンが当てはまる。不安がワーキングメモリを消費する場合，能力における個人差が，最もそうした影響を受けやすい個人を予測する（Beilock & Carr, 2005）。

　まとめると次のようになる。ハイプレッシャー状況の成績に関する研究は，不安がワーキングメモリの働きを阻害するといった数学不安とステレオタイプ脅威の実証データを支持し，拡張するものである。課題やグループと，情動反応の影響を分離したハイプレッシャーの研究方法を利用することで，こうしたメカニズムに関する新しく，直感に反するような予測を検証した。この研究方法は，ワーキングメモリの基礎的研究とも密接に関わっている。後に述べるように，情動研究の新しく，刺激的な方向が，現代のワーキングメモリ研究との密接な対話の中で生み出されていくことが期待される。

◆不安に関する他の要因

　不安に関する一般的な定義と科学的定義の両者は，もともととても幅広いものである。したがって，ここで焦点を当てるのは，しばしば不安として見なされるが，課題状況に対して激しく，嫌悪的反応が生じない現象は取り上げないことを留意してほし

い。しかし，こうした不安に関連する研究結果は我々の研究アプローチと驚くほど一致している。不安の予期を誘引するために用いられてきた1つの方法は，参加者に中程度のショックを繰り返し与えることである。そうした研究の1つ（Shackman et al., 2006）は，参加者がショックを予期する結果，実際のショックが与えられない試行であっても，3バックのワーキングメモリ課題の成績が有意に下がることを示した。2バック課題における同様の阻害は，ネガティブな感情状態を引き起こすようなビデオ映像を見せられた場合も確認されている（Gray, 2001）。こうした結果は，漠然とした不安であっても，ワーキングメモリに関する課題成績を阻害するといった点で一貫している。

　また，注意制御理論（Attention Control Theory: ACT）に基づいた重要な研究プログラムがある。その研究は，特性不安尺度において高いスコアを示す個人に見られる慢性的な不安の影響に関するものである（Eysenck & Calvo, 1992; Eysenck, Derakshan, Santos, & Calvo, 2007）。短期間の強い情動反応と，慢性的な不安傾向との間に違いがある可能性はあるが，これらのアプローチの理論的・実証的なベースは，我々のものと相互に類似している。これらの研究理論は，ワーキングメモリが不安によって阻害されることを予測する。ただし，ACTは，そうした影響を受けるワーキングメモリの構成要素について具体的な主張をしている。

　これらの主張は，Miyake et al.（2000）によって示されたワーキングメモリの枠組みに基づいている。この枠組みは，ワーキングメモリの実行機能を，抑制，シフト，更新の3つの構成に分類している。抑制は，必要な場合に，習慣的，自動的，遺伝的に優勢な反応を意識的に抑制する能力である。シフトとは，複数の課題や操作，心の構えを前後に切り替えることである。更新は，ワーキングメモリの表象をモニターし，更新するものである。ACTによると，不安は，これらの実行機能のうち，抑制とシフトに選択的に影響を及ぼすとする。

　不安によって実行機能の抑制機能が選択的に阻害されることは，ストループ課題において不一致の単語（Pallak, Pittman, Heller, & Munson, 1975）や不安に関する単語（Mogg, Mathews, Bird, & Macgregor-Morris, 1990）において，特性不安の高い個人の成績が低くなることから支持されている。また，特性不安が強い個人は，プローブ単語が，前の文章の意味に関連するかどうかを判断するとき（たとえば，「エース」が，「シャベル（スペード）で穴を掘る」といった文章に続いて提示される）（Wood, Mathews, & Dalgleish, 2001），意味的に関連する疑似語（「エース」はトランプの「スペード」と関連するが，シャベルの文意とは無関連である）を抑制するのが難しい。不安の強い個人が，シフトを阻害されることは，タスク-スイッチ課題の成績の低さや（Derakshan, Smyth, & Eysenck, 2009），展望記憶の失敗（推測的なシフトプ

ロセス；Cockburn & Smith, 1994）から実証されている。

　上記のアプローチは，ワーキングメモリの阻害と極めて一致しているが，これらの不安の事例には重要な実証的食い違いがある。特に，ショックの予期（Shackman et al., 2006）は，言語性ワーキングメモリよりも選択的に視空間性ワーキングメモリを阻害する。この結果は，以下，詳細に述べるように，言語性ワーキングメモリを選択的に阻害することを示したハイプレッシャー状況（DeCaro, Rotar, Kendra, & Beilock, 2010）や，ステレオタイプ脅威（Beilock et al., 2007; Schmader & Johns, 2003）に関する最近の結果と異なっている。加えて，ACTは，ワーキングメモリの更新の機能は，特性不安が強い個人において相対的に余裕があることを示している。そのため，こうしたアプローチは，ワーキングメモリスパン課題（主に更新を求める）は，不安によって影響されないといったことを予測する。この予測は，これまで展望してきた証拠（Schmader & Johns, 2003）や，激しいテスト不安の結果（Calvo, Ramos, & Estevez, 1992）と異なるが，特性不安研究においては，一般的な結果である（Calvo & Eysenck, 1996; Eysenck et al., 2007）。

　これらのタイプの不安に見られる高い共通性は，それぞれの不安の側面を説明しうる共通の枠組みが存在していることを示唆する。ほぼすべてのケースにおいて，実行機能は不安によって阻害される。しかし，現在の実証的な食い違いは，すべての研究の結果を考えることには有益だが，現在の理論は，それぞれの見方を単一のアプローチに収束できるほど十分に精緻化されていない。

2節　最新の研究

◆ 認知的メカニズム

　これまでにまとめてきた証拠は，情動で満たされた状況は，ワーキングメモリへの影響を通して，複雑な思考を妨げるという主張を支持している。しかしながら，この説明には，因果関係が欠けている。つまり，なぜ，情動がワーキングメモリに影響を与えるのか明らかでない。そこで，本節では，情動とワーキングメモリの関連性に関する可能な説明を議論する。おおよそ，こうした説明は，2つに分類される。1つは，言語反芻理論（verbal rumination theory）であり，もう1つは情動制御理論である。

◆ 言語反芻理論

　言語反芻理論によると，情動的状況が引き起こしたその場の心配が，ワーキングメモリ減少の主要な要因であるとされる。実際，ハイプレッシャー（DeCaro et al.,

2010），ステレオタイプ脅威（Beilock et al., 2007），数学不安（Dew, Galassi, & Galassi, 1984）の状態にある個人は，それぞれの統制群よりも，心配事についてくよくよ考えることを報告している。しかしながら，こうした言語的反芻が，ワーキングメモリの減少を直接引き起こすのかどうか，またはそれは単に情動が喚起される状況の副次物であるのかといった疑問が残る。

ワーキングメモリ資源と言語的反芻との競合関係に関する間接的な証拠は，心配事の報告に及ぼす二重課題の効果を測定した研究から導き出されている。そのような研究として，Rapee（1993）は，参加者に，考えていることを報告する直前に，負荷のかかる第2の課題の遂行を求めた。視空間的な課題は何ら効果を示さなかったが，第2の課題が音韻ループと中央実行系の両者の資源を要する場合，心配事に関連した思考の報告が減少した。Van Dillen & Koole（2007）は，この結果をネガティブなムードの効果に拡張し，追証した（ワーキングメモリの負荷は，ネガティブなムードから考えを反らし，その影響を減少する）。このように，行動的な証拠は，ネガティブな反芻とワーキングメモリが，認知資源を共用するという見解と一致している。

しかし，言語反芻と課題成績の低下の間の直接的な因果関係についての証拠は少ない。1つの研究の中で，Osborne（2001）は，達成度テストの成績とその直後に測定された不安の自己報告に関するデータセットを用いた。その結果，報告された不安のレベルが，テスト成績の性や人種の格差を部分的に媒介していることを見出した。しかし，その研究で報告された効果量は小さく，調査研究であるため，因果関連を主張するには根拠が希薄であった。

より系統的な実験研究として，Cadinu et al.（2005）は，ステレオタイプ脅威を実験的に操作し，課題の前にネガティブな思考を記録した。その結果，ステレオタイプ脅威に関連するネガティブな思考の増加が，算数テストの成績の低下を媒介していた。予想通り，この関連は，ステレオタイプ脅威が与えられていない統制条件の参加者には見られなかった。したがって，ステレオタイプ脅威に関するこれまでの研究結果は，課題成績を阻害するネガティブな思考の役割と一致する。

言語的反芻理論は，情動が強く喚起される場面でワーキングメモリに負荷がかかることを予想するとともに，この認知的な負荷の性質について具体的な仮定を提起する。すなわち，それは選択的に言語的な性質を持つというものである。数学不安の研究では，ほとんどの算数課題がワーキングメモリの負荷として言語的な要素を利用しているため，広くこの主張と一致する（DeStefano & LeFevre, 2004）。言語性ワーキングメモリの課題であるリーディングスパンもまた，ステレオタイプ脅威の研究で共通に阻害を受けることが示された課題である（Schmader & Johns, 2003）。

しかし，より注意深い研究は，ワーキングメモリにかかる負荷のモダリティを実験

的に操作している。たとえば，Beilock et al.（2007）は，情動が関与する課題成績の低下は，言語性ワーキングメモリの資源に強く依存している算数課題に限って見られることを示している。この研究は，算数の問題が，縦書きで提示された場合（視空間性ワーキングメモリに依存した解き方になる）よりも，横書きで提示された場合，言語性ワーキングメモリにより多くの負荷をかけるといった研究結果（Trbovich & LeFevre, 2003）に基づいている。この知見を，ハイプレッシャー（DeCaro et al., 2010）とステレオタイプ脅威（Beilock et al., 2007）の状況に応用することで，Belock らは，情動が関与する課題成績の低下が，横書き問題（言語性ワーキングメモリに依存する）に見られたが，縦書き問題（視空間性ワーキングメモリにより依存する）には見られないことを示した。

　また，ハイプレッシャーの研究で，Beilock と彼の同僚（DeCaro et al., 2010）は，参加者に，心の中の状態について声に出して話すように求めた。ネガティブな考えと心配を声に出す頻度は，横書き問題では成績を予測したが（心配事が多いと，問題の成績が低下した），縦書き問題ではそうではなかった。しかも，算数問題の解法ステップを声に出して話すように求められると，参加者は，ネガティブな思考を課題に関連する思考に切り替えることができ，ハイプレッシャーシナリオの効果（課題成績の低下）がなくなった。

◆情動制御理論

　言語的反芻に関する自己報告の測度は，情動が関与する課題成績と関連するが，その関連の因果関係を示すことは難しい。単に，高い不安（そして課題成績の悪さ）は，頻繁なネガティブな思考を伴うことが証明されているだけで，ネガティブ思考が課題成績の低さの本当の「原因」であることを意味するわけではない。この同時性に対して別の説明が提案されている。つまり，この等式において，情動と言語的反芻に対する能動的な抑制が，ワーキングメモリ阻害の真の原因であるというものである（Schmader, Johns, & Forbes, 2008）。この説明では，ネガティブな反芻の報告は，課題成績に直接的な意味を持たず，ワーキングメモリ資源を消費する情動制御を行っている可能性を間接的に示すにすぎない。

　実際，情動制御は，上記に述べたような情動が喚起される状況の間，自発的に実行されている（Volokhov & Demaree, 2010）。このプロセスは，知覚するネガティブな情動の程度を軽減するのに必ずしも効果的でないが（Wegner, Erber, & Zanokos, 1993），ワーキングメモリに大きな負荷をかける（Schmeichel, 2007）。ネガティブな情動抑制の効果は，ワーキングメモリの個人差に依存しており，このことは，情動制御に負荷がかかることと一致している。ワーキングメモリ容量が大きい個人は，情動

を喚起する刺激に対して情動経験や顔の表情を効率的に抑制する（Schmeichel, Volokhov, & Demaree, 2008）。このように，情動制御は，情動が喚起される文脈において自然に開始され，実行の間，認知的に消耗し続け，不安に関連した成績の低下に対し，妥当なメカニズムと言える。しかしながら，情動制御が情動状況で見られる成績の低下の原因であるという因果的な議論を固めるには，さらなる証拠が必要である。Johns, Inzlicht, & Schmader（2008）による研究は，この方向性に関して重要なステップとなるものである。

　Johnsらは，数学の成績におけるジェンダー格差に関連して，女性参加者を左右女性に挟まれて数学課題を行うコントロール群，または左右男性に挟まれて数学課題を行うステレオタイプ脅威群のいずれかに割り振った。参加者は，数学課題後，ワーキングメモリスパン課題とドットプローブ課題の2つの課題に取り組んだ。先述の研究と同様に（Schmader & Johns, 2003），スパン課題は，ステレオタイプ脅威によって引き起こされるワーキングメモリの阻害を示す指標であり，ステレオタイプ脅威に関する成績の予期の影響を避けるため，それらと無関連な内容であった。

　ドットプローブ課題は，視空間注意の配分を測定するための反応時間を調べる課題である。ドットプローブ課題において，参加者は，1つのドットが注視点よりも上か下のいずれかに提示されたかを，できるだけ早く答えることが求められた。ドットの提示前，ドットが提示される可能性のある2つの位置に誘導刺激が示される。誘導刺激は，それらの位置に注意を引くためのものである。Johnsらは，この課題を応用し，誘導刺激として，単語を使用した。フィラー試行では，2つの単語は，情動的に中立であり，課題に無関連であったが，ターゲット試行では，2つの単語のうち1つは，不安に関連するものであった。中立的な単語が先行した場合と，不安に関連する単語が先行した場合との反応時間の差が，不安に関する内容へ配分される注意の指標である。

　予測されたように，ステレオタイプ脅威条件の参加者は，不安に関連する内容に向けた注意バイアスを有意に多く示した。それは，中立的な単語と比較して不安に関連する単語に対する反応が速いことから示唆された。この促進は，ステレオタイプ脅威のない統制条件では見られなかった。このことは，ステレオタイプ脅威の参加者は，不安が喚起された状態であることを示唆している。また，予想通り，ステレオタイプ脅威条件の参加者は，ワーキングメモリ課題においても課題成績の低下が見られた。ワーキングメモリ成績に見られる個人差は，ドットプローブ課題の促進の程度を予測した。つまり，参加者の視覚的注意が不安により方向づけられているほど，その参加者のワーキングメモリの成績が低かった。

　重要な第2の操作は，情動制御が，ステレオタイプ脅威の状況で働いていることを

示すものである。すでに述べた通り，ドットプローブ課題は，知覚的な注意の測度とされている。第2の操作の一部として，別の参加者は，そのドットプローブ課題は，不安を測定するものであるということを明示的に伝えられた。この操作は，ステレオタイプ脅威を受けている個人が自発的に（つまり，不安に関連する内容への方向づけを制御しようとすることで）不安の表示を防衛的に抑制しているのか，そして，この制御がワーキングメモリの課題成績と結びついているのかどうかを調べるためのものである。

　この第2の非脅威条件の参加者は，先に述べたような，中立的な単語と類似したパターンを示した。しかしながら，この新たなステレオタイプ脅威条件の結果は，もとのステレオタイプ脅威条件の結果と2つの点で異なっていた。第1の相違点として，不安に関連する単語の促進効果が消失した。Johns et al.（2008）によると，参加者は，ドットプローブ課題が彼らの不安を測定するものであると知らされたとき，不安を隠すといった情動制御を行うため，彼らの不安バイアスは消失したとされる。その結果，「不安測定」条件において，ドットプローブバイアスの減少は，参加者が，ステレオタイプ状況に対する不安反応を制御しようと主体的に試みたことを示唆する。

　情動制御が実際にワーキングメモリを阻害する原因であることを仮定すると，ドットプローブバイアスの減少は，不安抑制を示唆するのみならず，情動制御の影響により，ワーキングメモリ容量の減少とも関連しているはずである。このことが，「不安測定」のステレオタイプ条件における第2の相違点に関することである。すなわち，ドットプローブ課題における不安に関連する促進効果とワーキングメモリとの間に見られたネガティブな相関が逆転したのである。今や，不安バイアスの程度は，ワーキングメモリ課題成績とポジティブな相関を示した。つまり，より大きなバイアス（抑制が小さい）は，ワーキングメモリ課題の高い成績と関連するようになった。言い換えると，ステレオタイプ脅威条件への情動的反応を隠すため，不安の高い参加者は，彼らのドットプローブバイアスを抑制するよう動機づけられた。こうして，情動抑制の指標（ドットプローブのバイアスが少ないこと）は，ワーキングメモリの成績の主要な予測因となったのである。つまり，情動抑制が大きいほど，ワーキングメモリを消費し，ワーキングメモリの課題成績がより低下するのである。

　不安誘導条件の参加者（特に，評価を含む条件の参加者）は，彼らの不安反応を，直接，抑制する傾向があるかもしれないが，抑制のみが情動制御に利用できる手段ではない。再評価（reappraisal）は，従来の研究で取り上げられてきた情動制御の別のメカニズムである（Gross, 2002）。情動を抑制するかわりに，再評価は，情動への影響を減じるために，状況を別の意味で解釈するというものである。情動抑制と違い，再評価は，ワーキングメモリ資源にあまり依存しないと考えられている。

ワーキングメモリに関連する課題成績に対する再評価のポジティブな効果は，参加者の状況解釈に影響を与えるいくつかの介入研究でも実証されている。たとえば，Ben-Zeev, Fein, & Inzlicht（2005）の研究では，女性たちは自身の不安が「無意識のノイズの生成によるもの」と解釈をするよう促された。すると彼女たちは，ステレオタイプ脅威のネガティブな効果を部分的に受けなかった。同様に，不安はテスト成績に何ら影響を与えないと参加者にただ告げるだけで，ステレオタイプ脅威によるネガティブな効果が消失することが見出されている（Johns et al., 2008）。

　こうした予測は，情動制御メカニズムによって直接的に導き出されるが，このような介入によって生じたネガティブな情動の軽減は，また，言語的反芻メカニズムとも一致する。おそらく，情動制御が，課題成績に対する不安の影響を説明する主要な認知メカニズムであることを最も説得的に証明するためには，不安の指標と課題成績との関連を切り離すような介入が必要である。そうした研究の1つとして，Ramirez & Beilock（2011）は参加者を，ハイプレッシャーの状況に関する心配事を詳細に書き出す条件（Klein & Boals, 2001），情動的な出来事とは無関連な出来事を書く条件，同じ時間を単に座って過ごす統制条件に割り当てた。

　無関連なことを書くよう求められたグループとコントロールグループは，ハイプレッシャーの状況のために課題成績が低下したが，心配事を書き出したグループは，実際，ハイプレッシャー状況で課題成績が向上した。この結果は，参加者が，何らかの再評価を行い，それが不安を低減させたか，不安の抑制を減じたかのいずれかによって成績を向上させたことを示唆する。決定的なのは，参加者が，課題状況の終了後，不安の状態を記録したことである。記録された不安は，プレッシャーの程度によって増大していたが，書く条件による違いは見られなかった。この研究では，不安そのものではなく，情動制御のプロセスが成績と結びついているようである。したがって，それらの結果は，認知的な再評価のメカニズムと最も一致している。

　しかし，上記の実験は，成績と，不安の自己報告を切り離しているが，ワーキングメモリ阻害の可能なメカニズムとして，言語的反芻を排除するものではない。この分離は，単に言語的反芻をうまく測定できないことの見かけ上の結果かもしれない。さらに情動制御理論は，言語反芻理論によって予測されるようなモダリティの違いをうまく説明できない。したがって2つの理論は，すべてのデータを説明するかのように幾分拡張されているものの，特定の現象を極めてよく説明するにすぎない。両者のメカニズムが検証可能な独自の仮説を提起する限り，両者は，情動とワーキングメモリとの相互作用を特徴づける理論であり続けるだろう。

第Ⅴ部　ワーキングメモリと意思決定

神経メカニズム

　情動とワーキングメモリとの関連を取り上げるもう1つの方法は，脳の実行レベルで問題にアプローチすることであり，ステレオタイプ脅威，数学不安，ハイプレッシャー状況においてワーキングメモリがどのように阻害されるかを理解するために，神経機能の測度が役立つかどうかを検討することである。この点に関して，神経画像の方法を用いた人間の行動の研究は驚くほど少ない。しかし，我々の研究（Mattarella-Micke & Beilock, 2012）は，ワーキングメモリシステムがプレッシャーによって阻害されることの神経的な証拠を予備的に提供している。

　この研究では，血中の酸化ヘモグロビンの磁性信号の変化がハイプレッシャー状況での成績低下を予測するかどうかを調べた。情動が強く喚起される状況を説明するメカニズムがワーキングメモリの阻害であるという仮説に基づき，機能的磁気共鳴イメージング（fMRI）がワーキングメモリのその場での働き，したがって情動が強く喚起される状況で生じているプロセスを測定できると考えた。スキャンされる参加者は，情動が強く喚起される状況の前後に数学の問題を解くように求められた。情動が強く喚起される状況は，実験室で実施された先行研究（Beilock & Carr, 2005; Beilock et al., 2004）と同様の強い金銭的，社会的動機づけを含んでいた。

　先行研究同様，参加者は，ハイプレッシャーの結果，強い情動が喚起され，より不正確になったが，それは，ワーキングメモリに高い負荷をかける数学の問題に限られた。重要なことに，頭頂間溝（intraparietal sulcus: IPS）と下前頭接合部（inferior frontal junction: IFJ）の2つのワーキングメモリ領域の神経活動が成績の低下を予測したことである。プレッシャーのため情動が喚起された参加者は，これらの領域での神経活動の低下を示した。このことは，ハイプレッシャー状況がワーキングメモリの通常の働きを阻害することを示唆する。

　我々はまた，プレッシャーによって結合性の変化を調べ，プレッシャーによる緊張がワーキングメモリのネットワーク間の伝達の変化に関わっているかどうかを検討した。プレッシャー状況で最高の成績を示した者，すなわち最も緊張が少なかった者は，不安の処理（Hornak et al., 2003）や情動的処理（Hornak et al., 2003）に関与していることがわかっている領域である前頭前野腹内側部（ventromedial prefrontal cortex: vmPFC）が，プレッシャーの付加後，IPSとIFJからより切り離されていた（結合性が減少した）。vmPFCがIPSとIFJからより切り離されると，ワーキングメモリの通常の働きを妨害する情動的反応の力が制限され，プレッシャー状況化での緊張が減少する。

　この研究は，プレッシャー状況化での緊張がワーキングメモリのその場での働きの

阻害を媒介していることを示す最初の機能的磁気共鳴イメージングの証拠である。しかし，fMRIは，人間の行動を支える機能的ネットワークを広範に特徴づけるのに適しているが，不安のもたらす成績の低下におけるワーキングメモリの役割を説明する詳細な神経モデルを提案するために必要な空間的，時間的分析力が欠けている。他方で，まさにこのことを試みる強固な動物研究がある。

　動物の行動における不安の問題に取り組んだ研究プログラムの1つは，コルチゾールホルモンが前頭前皮質に及ぼす影響を調べた。ラットを用いた一連の研究で，Roozendaal, McReynolds, & McCaugh（2004）は，ストレスホルモンであるコルチコステロンがワーキングメモリ課題の成績を阻害することを示した。強い不安の間，共鳴的な活性化が増加し，コルチコステロンが放出される。Roozendaalらは，コルチコステロンが，ラットのワーキングメモリを測定する課題とされる遅延見本合わせT迷路（delayed alternation T-maze）での失敗を引き起こすことを示した。コルチコステロンによる失敗の誘発は，情動処理の主要な領域である扁桃体（amygdala）の正常な働きに依存する。扁桃体の基底側の集合体を切除するか，その受容体をブロックすると，ラットの成績は，コルチゾールの増加に影響を受けなくなる。まとめると，こうした結果は，不安の生理学的影響の仮説的なメカニズムを示唆する。すなわち，ワーキングメモリは，コルチコステロイドと，扁桃体から前頭前皮質への情動的な刺激の両方の影響によって阻害されるということである。

　もちろん，ラットによる遅延見本合わせT迷路は，複雑な人間の認知のモデルとして不十分である。他方で，この基礎研究は，人間の類似した神経メカニズムを検証することを促した。たとえば，Elzinga & Roelofs（2005）は，聴衆のいるその前でスパン課題を行うハイプレッシャー状況において，唾液におけるコルチゾールの反応度が，数唱スパンと相関することを見出した。コルチゾールの反応を強固に示すかどうかによって参加者は2つのグループに分けられた。ハイプレッシャー状況に強固なコルチゾールの反応を示す個人は，同様の反応を示さない個人よりも，数唱スパンが小さかった。

　重要なことに，観察された数唱スパンの低下は，コルチゾールだけが原因ではない。強固なコルチゾールの反応を示す個人は，数唱スパンの低下を示すが，この低下は，聴衆がいる前だけで生じた。この同じ個人が，その状況を離れ，同じ数唱スパンを行うと，唾液のコルチゾールのレベルが同じであるにもかからず，成績の低下を示さなかった。Elzinga & Roelofs（2005）は，Roozendaalらと同様に，ワーキングメモリの働きの阻害には，コルチゾールだけでなく，ネガティブな情動の反応とその場の状況の解釈が関連していると指摘している。

　我々の研究もまた，Roozendaalらの動物研究に触発された。ある研究では，コル

チゾールの反応と情動的解釈との同様の関係が，数学不安による成績低下の効果を説明するという仮説を検証した。コルチゾールによる数学の成績への影響は，それぞれの参加者の数学不安に依存しており，数学不安が情動的反応の代理として働くと予想した。さらに，コルチゾールと数学不安が成績に及ぼす影響は，ワーキングメモリの阻害のためであると予想した。このように，ワーキングメモリの個人差が，成績に及ぼす不安効果を説明することを示した我々の研究に基づいて，リーディングスパン課題を行った。

　ワーキングメモリの小さい個人は，ワーキングメモリのその場の阻害にあまり影響を受けないが，ワーキングメモリの大きい個人は，コルチゾールと数学不安が成績に及ぼす影響に特に敏感であると予測した。このことは，まさに我々が見出したことである。数学の問題の成績は，ワーキングメモリスパン，数学不安，コルチゾールの濃度の3要因の交互作用によって予測された。ワーキングメモリの小さい個人は，コルチゾールによって成績に違いがなかったが，ワーキングメモリの大きい個人は，違いが見られた。ワーキングメモリの大きい個人にとって，コルチゾールの濃度が低いとき，数学不安の違いが成績にほとんど影響を及ぼさなかったが，コルチゾールの濃度が高いとき，数学不安の高い人は，低い人よりも成績が悪かった。

　このように，我々のデータが示すように，コルチゾールは，ネガティブな情動反応が生じているときに限り，ワーキングメモリを阻害する。Roozendaal et al.（2004）の研究は，情動が成績に及ぼす影響を説明する有益な枠組みとなった。コルチゾールの分泌に関わる因子を理解することで，情動とワーキングメモリとの相互作用に影響を及ぼす状況も予測することができる。しかし，この研究は，不安に関わる行動を理解するための情報を提供しているが，その応用は，コルチゾールの分泌のゆっくりとした時間的枠組みに制約を受ける（約20分でピークに達する；Dickerson & Kemeny, 2004）。この時間的枠組みは，多くの行動の現象と一致しないかもしれない。動物のモデルでラットを利用したことも，このコルチゾールのメカニズムが霊長目の動物の神経生物学に完全に一般化できるのかという疑問を呈する。

　プレッシャーによる情動の影響に対する第2の生物学的説明は，Arnstenらの研究によるものである（Arnsten, 2009）。この研究は，高不安状況でのワーキングメモリの阻害は，ドーパミンとノルエピネフリンといったカテコールアミンが過度に前頭前皮質に分泌されることで生じることを示唆している。この説明によると，ドーパミンとノルエピネフリンはそれぞれ独立に前頭前皮質で微妙なバランスを維持している。このバランスは，それぞれの神経伝達物質で逆U字の関数として特徴づけられるが，前頭前野背外側部（dorsolateral prefrontal cortex: DLPFC）で最も盛んに研究されてきた。

DLPFCは，ワーキングメモリネットワークの主要な要素であると考えられている（Wager & Smith, 2003）。霊長目の動物研究は，DLPFCの神経細胞が，刺激項目をワーキングメモリに符号化し，次に検索する間，発火し続けることを示している（Goldman-Rakic, 1995）。重要なことに，保持の間，それぞれの神経細胞は，特定の刺激項目または項目の集合に同調する。すなわち，各神経細胞は，あるタイプの刺激内容に対してのみ発火する。神経細胞によって，選択的な同調の程度が異なっている。同調の程度が高い神経細胞は，特定のタイプの刺激内容が保持されているときのみ発火し，同調の程度の低い神経細胞は，広範囲の刺激内容に対して活性化を示す。

DLPFCは，分散的にワーキングメモリの内容を保持し，それは，神経集合体における選択的に同調された神経細胞の連絡網の活動によって表象される。ドーパミンとノルエピネフリンは，このプロセスで重要な役割を果たす。ドーパミンは，神経集合体でのノイズを低減するようである（Vijayraghavan, Wang, Birnbaum, Williams, & Arnsten, 2007）。分泌が低いと，ドーパミンは，非選択的で，自発的な発火を抑制することで，神経細胞の同調を鋭敏にする。しかし，ドーパミンの濃度がシナプスにおいて高すぎるレベルになると，刺激内容に選択的な発火も抑制する。このように，DLPFCにおけるドーパミンのレベルは，少なすぎる抑制（ノイズが増加する）と多すぎる抑制（ノイズだけでなく，シグナルも減少する）の間で微妙なバランスを維持している。

ノルエピネフリンは，ドーパミンと相互的に作用する。ドーパミンのように，ノイズを減少させるのではなく，保持の間，同調する神経細胞の活性化を増加させることで，シグナルを増幅する働きをする（Arnsten, 2000）。ノルエピネフリンが少なすぎると，選択的な内容を保持する間，DLPFCの神経細胞がほんの弱くしか発火しない。ノルエピネフリンが多すぎると，非選択的に発火を増幅する（シグナルだけでなく，ノイズも増加する）。

DLPFCにおける微妙なバランスは，強いストレス状況で崩れる。ストレスを受けることで，PFCにおけるドーパミンとノルエピネフリンの両方の分泌が増加する（Finlay, Zigmond, & Abercrombie, 1995; Roth, Tam, Ida, Yang, & Deutch, 1988）。この過度なカテコールアミンの分泌は，DLPFCの神経細胞の選択的な発火の混乱とワーキングメモリ課題の成績の阻害と一致する。最後に，ストレスによって引き起こされたワーキングメモリの阻害は，ノルエピネフリン拮抗剤（Birnbaum, Gobeske, Auerbach, Taylor, & Arnsten, 1999）とドーパミン受容体遮断薬（Murphy, Arnsten, Goldman-Rakic, & Roth, 1996）を選択的に利用することで防ぐことができる。

Arnstenのモデルは，いくつかの利点がある。神経細胞レベルで具体化されているため，モデルの時間軸がどのような行動的介入にも一致しうることである。さらに，

霊長目の動物でのカテコールアミン分泌の原因について多くの研究があるため，このモデルは，研究者に状況の独立した尺度と，情動に関連した低下の原因となる要因を提供できる。Arnsten のモデルはまた，前頭前野の機能の阻害におけるコルチゾールの役割を操作することができる利点がある。コルチゾールのようなグルココルチコイドが PFC におけるカテコールアミン作動性の動作を過大にすることで，PFC をドーパミンまたはノルエピネフリンいずれかに極端なレベルまで敏感にすることができる（Gründemann, Schechinger, Rappold, & Schömig, 1998）。

このような利点があるにもかかわらず，Arnsten のモデルを情動とワーキングメモリの認知モデルに当てはめるには，問題点がある。特に，Arnsten のモデルは，ネガティブな情動がワーキングメモリの成績に直接的な影響を及ぼすとしているが，言語的反芻のメカニズムと一致したモダリティに固有な予想をしない。このアプローチは，情動調節のメカニズムに合わせるのは，一層難しい。なぜなら，抑制や再評価のようなプロセスが，霊長目の動物のモデルではっきりとした対応を見つけることができないからである。

3節　結論と今後の方向性

上述の研究に基づき，我々は，個別の社会的，情動的現象（ステレオタイプ脅威，数学不安，プレッシャーによる緊張）を共通のメカニズムで関連づける一般的な枠組みを説明してきた。この枠組みの根底には，ワーキングメモリの構成概念がある。実際，ワーキングメモリの阻害は，不安が成績に及ぼす様々な影響をうまく説明する。しかし，ワーキングメモリのメカニズムの利点は，不安が認知に及ぼす影響の新たな予測を生み出すことである。

たとえば，Kane et al.（Moore, Clark, & Kane, 2008）の研究によると，ワーキングメモリの大きい個人は，道徳的推論においてより功利的なバイアスを示す。すなわち，ワーキングメモリの大きい個人は，複数の他者を救うために一人を犠牲にすることを支持する傾向がある。特に，その犠牲が個人的，情動的に不快な方法で実行しなければならい場合にそのような傾向を示す。道徳的推論の二重プロセス理論によると，これは，功利的な行動によるネガティブな情動を，限られたワーキングメモリ資源によって積極的に抑制しなければならないからである。このような新たな知見について，現在の枠組みからの予測がすぐにできる。情動が喚起された状況（道徳的推論が重要な役割を果たす状況）では，個人が情動的推論においてワーキングメモリに依存した部分を適切に活性化する能力が阻害されるということである。その結果，ワーキングメモリの高い個人は，Moore et al.（2008）が見出したような功利的なバイアスをそ

れほど示さないはずである。このような予測は，検証されていないが，ワーキングメモリ理論の予測力の直接的な帰結であり，道徳的推論に対して理論的，実践的な意味を持っている。ワーキングメモリとの同様な関係が，目撃証言（Jaschinski & Wentura, 2002），遅延による価値割引（delay discounting）（Shamosh et al., 2008），マインドワンダリング（McVay & Kane, 2009）のような実生活での課題にも予想される。不安によって引き起こされる認知の阻害は，ワーキングメモリを利用するいかなる課題においても見られるはずである。

　しかし，不安がワーキングメモリを阻害するという一般的な主張を超えて，より具体的な認知的メカニズムを記述しようとすると，状況は不明確になる。特に，現在のモデルは，数学不安（Ashcraft & Krause, 2007），ステレオタイプ脅威（Schmader et al., 2008），プレッシャー状況（Beilock et al., 2004）だけでなく，特性不安（Eysenck et al., 2007），ショックの予期（Shackman et al., 2006），ムードの喚起（Gray, 2001）といった影響を説明できない。こうした異なる研究プログラムは，相互に知見を交流し，共通の材料や方法を用いることで，利益を得るだろう。

　最後に，不安に関する基礎的な神経科学的研究から多くの知見が，この試みにおいて重要な役割を果たすであろう（Arnsten, 2009; Roozendaal et al., 2004）。動物研究の道具と技術的な専門性は，多くの認知的，社会的研究者にとって利用できないものであるが，基礎科学のこうしたアプローチは，新しい検証可能な仮説を生み出すことができる（Elzinga & Roelofs, 2005; Mattarella-Micke, Mateo, Kozak, Foster, & Beilock, 2011）。

第13章 ワーキングメモリと瞑想

Aleezé Sattar Moss
(Jefferson-Myrna Brind Center of Integrative Medicine, Thomas Jefferson University, Philadelphia, PA, USA)
Daniel A. Monti
(Jefferson-Myrna Brind Center of Integrative Medicine, Thomas Jefferson University, Philadelphia, PA, USA)
Andrew Newberg
(Jefferson-Myrna Brind Center of Integrative Medicine, Thomas Jefferson University, Philadelphia, PA, USA)

1節　はじめに

　瞑想は，5000年以上に渡り，多くの精神・治癒活動に不可欠なものとされてきた。また瞑想は，多くの国々で広く定着しており，瞑想の効果（ストレスや不安の低減，身体的健康やウェルビーイングの向上）に関する研究は飛躍的に進展している。また近年では，瞑想が認知機能や脳に及ぼす影響についての研究も始まっている。それらの研究では，短期間の瞑想であっても，脳の構造・機能を変化させたり，認知機能を改善したりできることが示されている。また，瞑想の訓練がワーキングメモリを強化したり，高ストレス下におけるワーキングメモリ容量の低下を緩和したりすることも明らかになりつつある。本章では，瞑想と，注意，記憶との関連について検討した近年の研究を概観する。また，神経系と瞑想との関連を検討した神経科学の知見も紹介する。

2節　最新の研究

◆瞑想，注意，記憶

　瞑想に関しては，様々な宗教や精神活動の他，一般的な言い伝えでも幅広く言及されてきた。その言い伝えにおいて，瞑想は，穏やかさや平静の感覚を獲得する方法とされていたり，ストレスを低減し抑うつを和らげる方法とされていたり，不安を低減しパニックをおさえる方法とされていたり，健康状態を良くする方法とされていたり，慢性疾患の治療法とされていたりする。また，瞑想は，自己認識を深める方法，精神修養法，霊的体験の頂点に達する方法とされることもある。このように瞑想についての見解が様々であるのは，瞑想の形式によってその効果が異なるためである（たとえば，Fell et al., 2010 では，インドのヨガ行者と日本における仏教の修道僧との比較がなされている）。

　瞑想の形式やそれについての見解は様々であるため，瞑想を包括的に定義することは難しいが，瞑想の基本形式をいくつかのカテゴリに分けて整理することは可能である。一般的に，瞑想は，注意や感情を制御するような内容となっており，近年，その形式は大きく2つのカテゴリ（フォーカス・アテンション瞑想とオープン・モニタリング瞑想）に分けられている。以下では，上記のカテゴリの理解に役立つであろう，注意についての簡単な解説を記す。

　注意に関する最も有力な理論的モデルは，注意が，①喚起（alerting: 警戒する，注意を持続する），②定位（orienting: 選択的注意，選択的集中），③葛藤監視（conflict monitoring: 注意の実行）という3つのネットワークから成るというものである（McDowd, 2007; Posner & Petersen, 1990; Posner & Rothbart, 2007）。このうち①喚起（alerting）には，注意を開始し，持続するという活動が含まれる。②定位（orienting）には，注意の対象を全体の一部分や入手可能な情報のみにしぼる活動が含まれる。③葛藤監視（conflict monitoring）には，目標指向行動やターゲットの管理，エラー検出，葛藤解決，自動的反応の抑制といった活動が含まれる。これら3つのネットワークは，行動レベルでも神経レベルでも互いに独立・分離している（Fan et al., 2002; Fan et al., 2005）。また，これら3つに加えて，注意の切り替え（attention switching: 注意の対象を柔軟に切り替える）というネットワークの存在も指摘されている（Chiesa et al., 2011; Mirsky et al., 1991）。

　注意に関する神経画像法による研究では，空間手がかり課題やフランカー課題を用いて，上記3つのネットワークが別々の神経系から構成されていることが体系的に示

されている。注意の活動は，前頭・頭頂における様々な部位を賦活させる。具体的にはまず，喚起（alerting）は主に前頭前皮質（PFC），運動前野，頭頂間溝，青斑核，視床を活性化させる（Coull et al., 1999）。次に，定位（orienting）が活性化させる皮質領域は，背外側前頭前皮質，内側前頭前皮質，前帯状皮質，後帯状皮質，頭頂葉皮質の特定領域などである（Astafiev et al., 2003; Corbetta et al., 1998; Gitelman et al., 1999; Small et al., 2003; Vandenberghe et al., 2001）。刺激に対して注意を向け，無関連刺激から注意を離し，注意を向ける先を変えるまでの一連の過程は注意のシフトと呼ばれる。上記のように定位（orienting）の活動に様々な脳部位が関わっていることは，頭頂葉皮質の各部位（上頭頂小葉，側頭頭頂接合部，頭頂間溝など）がそれぞれ独立して注意の活動に関わり，別々に認知的負荷を負っていることや（Corbetta et al., 1995），これらの部位が注意の離脱にも関わっていること（Posner et al., 1987），潜在的注意と顕在的注意どちらにも関わっていること（Yantis et al., 2002）を示唆している。最後に，葛藤監視（conflict monitoring）は，前帯状皮質，前頭前皮質，頭頂間溝を活性化させる。注意のネットワークや神経系についての簡単な解説は以上である。以下，瞑想についての議論に戻る。

　注意に関する上記の解説から，瞑想の形式は，瞑想時における注意のあり方によって2つに分けることが可能である（Cahn & Polich, 2006; Fell et al., 2010; Lutz et al., 2008）。注意の対象が1つの場合，その対象が抽象的であれ（たとえばイメージや感情），具体的であれ（たとえばマントラ，呼吸，身体の感覚，物体），それらはフォーカス・アテンション瞑想に位置付けられる（Lutz et al., 2007; Lutz et al., 2008）。上記のような注意を持続させるためには，瞑想で焦点を当てる対象への注意の質を監視・制御しなければならない。そして，焦点を当てていた対象から注意がそれたときには，どんなものに注意がそれていたとしてもそれに対して認知的評価をせず，本来焦点を当てるべき対象へと注意を戻さなければならない。

　それゆえ，フォーカス・アテンション瞑想を行う際には，注意を持続させる能力だけでなく，注意の制御に関する3つの能力が必要となる。1つ目は，瞑想で焦点を当てているものから注意がそれたり，気が散ることを監視する能力である（注意の監視にあたる）。2つ目は，気が散った対象にそれ以上注意を向けないようにする能力である（注意の切り替えにあたる）。3つ目は，即座に本来焦点を当てるべき対象へ注意を戻す能力である（選択的注意にあたる）（Lutz et al., 2008）。Slagter et al.（2011）の指摘によると，フォーカス・アテンション瞑想における注意と，近年神経科学の領域で研究対象とされている注意は類似しているという。神経科学研究で見られるような注意に関する課題においても，ターゲットとなる事物や課題に対して注意を向け，それを持続させるためには，自身の注意を監視し，注意がそれたことに気付き，妨害

刺激から注意を離し，ターゲット刺激に注意を向け直す能力が必要である（Posner & Peterson, 1990）。

　2つ目の瞑想のカテゴリであるオープン・モニタリングは，しばしばマインドフルネス瞑想として言及されているような，その場にある様々な要素（たとえば，音や身体の感覚，思考）に対して，認知的評価をせずに注意を開放し続けるような瞑想を指す。オープン・モニタリング瞑想においては，自身の体験に対して反応せず，ただモニタリングするだけで，特定の事物に注意を集中させない（Lutz et al., 2007; Lutz et al., 2008）。フォーカス・アテンション瞑想（注意を集中させるような瞑想）と，オープン・モニタリング瞑想（マインドフルネス瞑想）が異なるものであるということは，瞑想に関する文献や，瞑想に関する教えにおいて広く受け入れられている。しかしながらここで重要なのは，これらの瞑想が排他的ではないという点である。たとえば，マインドフルネス瞑想の訓練においては，集中力を高めるため，まずはフォーカス・アテンション瞑想の訓練を行い，最終的にオープン・モニタリング瞑想の訓練を行う。さらに，オープン・モニタリング瞑想は，気持ちを穏やかにしたり，注意を集中させて気が散らない状態にしてから始められることも多い。オープン・モニタリング瞑想においては，特定の事物に対する注意を徐々になくしていきながら，その場への気付きを広げていくのである。

　マインドフルネスやオープン・モニタリング瞑想では，注意のモニタリング能力が強調される。また，無反応性やメタ認知だけでなく，自動的認知や感情的解釈に対する気付き，内外の刺激に対する気付きを高め，それによって認知的な柔軟性や再評価を促すことも重要と考えられている（Bishop et al., 2004; Chambers et al., 2009; Lutz et al., 2008; Slagter et al., 2011）。

　注意と同様，記憶のプロセスも単純ではない。記憶に関するいくつかの処理は，様々な脳部位で行われている（Budson, 2009; Chiesa et al., 2011; Henke, 2010）。記憶には，意味記憶，エピソード記憶，手続き記憶，ワーキングメモリといった種類がある。このうち意味記憶，エピソード記憶，手続き記憶は長期記憶に相当するものであり，ワーキングメモリは短期記憶と注意を結合させた概念である。ワーキングメモリと注意は，人がある物事に注意を向けたとき，その物事に関する情報がワーキングメモリに入力されるというように，関連しながら動いている。ワーキングメモリは，推理，読解，学習といった複雑処理を行う際，心中の情報を維持するために必要とされる（Baddeley, 2010）。

　ワーキングメモリは，いくつかの独立したネットワークから成るとされる。1つ目は，音韻情報を処理し蓄えるネットワーク，2つ目は，視覚情報を処理し蓄えるネットワーク，3つ目は，注意資源の配分を管理するネットワークである（Baddeley,

1998)。また，ワーキングメモリの不足は，検索機能の容量が制限されることによって起こるとされており（Verhaeghen et al., 2004），不安や抑うつといった心的状態や，注意欠如・多動性障害（Koschack et al., 2003），境界性人格障害（Stevens et al., 2004），心的外傷後ストレス障害（Clark et al., 2003）との関連が示されている。幸いにも，ワーキングメモリの検索機能の容量は，メンタルトレーニングやリラクセーショントレーニングによって広げられることが明らかとなっている（Verhaeghen et al., 2004）。

◆瞑想と注意

　神経認知科学の研究では，瞑想によって注意や認知機能が向上することが示されている（Chiesa et al., 2011; Lutz et al., 2007; Lutz et al., 2008 のレビュー参照）。瞑想の訓練をしたりマインドフルネスを促進することは，注意機能や認知の柔軟性の向上と関係している（Carter et al., 2005; Chan & Woollacott, 2007; Jha et al., 2007; Moore & Malinowski, 2009; Pagnoni & Cekic, 2007; Slagter et al., 2007; Valentine & Sweet, 1999）。

　長期間にわたって瞑想の訓練をした群と統制群とを比較した研究（Josefsson & Broberg, 2011; Pagnoni & Cekic, 2007; Valentine & Sweet, 1999）では，長期間瞑想実施群の方が統制群に比べて，注意持続課題の成績が有意に高いことが示されている。また Pagnoni & Cekic（2007）は，高速視覚提示課題を用いて，瞑想の訓練をした群（実験群）とそうでない群（統制群）における課題成績と年齢との関係について検討を行った。その結果，統制群では年齢が上がるにしたがって課題成績が低下していたが，実験群では年齢が上がっても課題成績は低下しなかった。さらに，Valentine & Sweet（1999）は，瞑想の訓練をした群はそうでない群に比べて注意の持続課題（Wilkin のカウンティングテスト）の成績が有意に高いことを明らかにした。さらに本章の筆者らの研究では，長期間（24 か月以上）にわたって瞑想の訓練をした群の方が，短期間（24 か月以下）瞑想の訓練をした群に比べて注意課題の成績が有意に高いことが示された。このことは，長期間にわたってマインドフルネスの訓練を実施する方が，短期間に集中して訓練を実施するよりも，注意機能の向上にとって効果的であることを示唆している。

　また，Jha et al.（2007）は，1 か月間集中的にヴィパッサナー瞑想（仏教の洞察瞑想にあたるものであり，マインドフルネス瞑想における基本的要素）の訓練を受けた熟達者と，初心者の比較を行った。なお，このうち初心者は，これまで瞑想の訓練を受けたことがない人々であり，8 週間のマインドフルネス・ストレス解消コース

(Mindfulness-Based Stress Reduction: 標準化された一般者向けのマインドフルネスの訓練。以下 MBSR）に参加した群と，そのコースにも参加していない統制群の2種類であった。検討の結果，熟達者群の方が初心者群よりも，課題への反応時間（attention network task を用いて測定。以下，ANT）が有意に短いことが示された。さらに興味深いことに，MBSR 群は，熟達者群や統制群よりも，選択的注意の課題成績（ANT で測定）が有意に高かった。この結果は，マインドフルネス訓練の初期段階にあたる MBSR 群では，注意を向けたくない刺激を自身の意識から排除する選択的注意の能力が高まっているが，オープン・モニタリング能力を向上させるような訓練をたくさん受けている熟達群では，そのような能力は高まっていないということを表している（Chiesa et al., 2011）。

さらに別の研究では，長期間瞑想の訓練を行った群の方が統制群よりも選択的注意の水準が高いことが示されている（Chan & Woollacott, 2007; Hodgins & Adair, 2010; Van den Hurk et al., 2010; Moore & Malinowski, 2009）。また Chan & Woollacott (2007) は，ストループ課題（実行機能の指標）および Global-Local 文字課題（定位の指標）を用いて瞑想の効果について検討を行った。その結果，瞑想は，注意の実行機能を向上させるものの，定位機能の向上とは関係がないことが明らかとなった。Moore & Malinowski (2009) は，認知の柔軟性と視覚情報の処理速度について，瞑想の経験者と未経験者の比較を行った。その結果，瞑想経験者は未経験者に比べて，認知的評価の柔軟性と視覚的情報の処理速度が速いことや，それらの得点がマインドフルネス尺度の得点（自己評定で測定）と正の関連があることが示された。

縦断的検討を行った研究では，参加者をランダムに瞑想実施群とウェイティングリスト群に振り分け，瞑想実施群には，3か月の間，注意に関する内容を中心とする訓練を1日5時間行わせた。その結果，瞑想実施群は，視覚的注意の維持能力が向上した（MacLean et al., 2010）。また，瞑想実施群は統制群に比べて，視覚的注意維持課題における弁別や警戒の成績が向上していた。この注意持続課題の能力は，瞑想の訓練終了から3か月経ってからも維持されていた。

Slagter et al. (2007) は，ヴィパッサナー瞑想が注意の瞬き（attention blink）に及ぼす影響について検討を行った。注意の瞬きパラダイムでは，文字や数字といった刺激が立て続けに提示され（毎秒50刺激），実験参加者はたくさんの刺激の中から，ターゲット（特定の文字や数字といった刺激）を見つけ出す。この課題において実験参加者は，1つ目のターゲットが提示されてから500ミリ秒以内に妨害刺激に混ざって提示される2つ目のターゲットを見つけられないことが多い（Raymond et al., 1992）。これを注意の瞬きと呼ぶ。この現象は，短時間内に提示される2つの有意味刺激を処理する能力の限界を表していると考えられている。つまり，最初に提示され

たターゲット刺激を処理するためには，上記以上の時間が必要なのである。Slagter らの研究においては，瞑想の訓練を実施した実験群と，年齢をマッチングした統制群との比較を行った。その結果，実験群の方が統制群よりも注意の瞬きが有意に少ないことが示された。加えて，注意の瞬きの少なさは，1つ目のターゲット刺激の処理における脳への負担の少なさと関連していることも示された（EEG による測定）(Slagter et al., 2007)。これらの結果は，瞑想の訓練の結果，注意資源の配分が効率的になったことを示唆している。またこれらの結果は，マインドフルネスの熟達者群と，年齢をマッチングした統制群，年齢がより下の統制群の比較を行ったケースコントロール研究（Van Leeuwen et al., 2009）で追試が実施されている。そしてこの追試研究では，熟達者群において注意の瞬きが少ないことが示されただけでなく，熟達者群の方が，より若年の統制群よりも注意の瞬きが少ないことが示された（通常，注意の瞬きは加齢に伴って増加する）。

以上より，瞑想の訓練は，MBSR や短期集中型訓練のように短い期間であっても認知機能を向上させると言える。ただし，瞑想の効果がどの程度出てくるかは，訓練の強度や長さによるという研究知見も見られた。すなわち，長期間にわたって瞑想の訓練を実施した群は，統制群と比べて，様々な注意に関する能力を向上させていた (Chan & Woolacott, 2007; Hodgins & Adair, 2010; Pagnoni & Cekic, 2007; Valentine & Sweet, 1999)。また，瞑想の実施量と，認知機能や脳の構造的変化に正の関連があることも示された (Pagnoni & Cekic, 2007)。さらに，瞑想は加齢に伴う認知機能の低下を防ぐことも示唆された (Van Leeuwen et al., 2009)。

瞑想と記憶

瞑想の訓練が記憶に及ぼす影響について検討した研究はわずかであるが，それらの数少ない研究においては，瞑想を実施した群の方が，実施していない群に比べて，ワーキングメモリや注意の持続能力が向上したことが示されている (Chambers, Lo, & Allen, 2008; Jha et al., 2010; Tang et al., 2007)。Chambers et al. (2008) は，瞑想の初心者を対象に，10 日間のヴィパッサナー瞑想（マインドフルネス瞑想）の訓練がワーキングメモリに及ぼす影響について検討を行った。この実験におけるワーキングメモリの指標は，ある課題への反応時間であった。ある課題とは，2 種類の事柄に同時に注意を向けつつ，その事柄の情報を更新していくような内容のものであった。また実験の際には，認知や感情についても自己評定式の尺度で測定を行った。検討の結果，マインドフルネスを促進するような瞑想の訓練は，ワーキングメモリの容量を増幅させ，注意課題における切り替えコストを減少させることが明らかとなった。また，

これに加えて，マインドフルネス瞑想は，不安やネガティブ感情，抑うつを低減することも明らかとなった。また，Zeidan et al. (2010) は，瞑想の初心者を対象に，4日間のマインドフルネス瞑想がワーキングメモリに及ぼす影響について検討を行った。その際，ワーキングメモリは，ウェクスラー成人知能検査における数唱（順唱・逆唱）課題を用いて測定した。検討の結果，瞑想によってワーキングメモリの容量が有意に増加したことが示された。

さらに Jha et al. (2010) は，ストレスが高まり，そのことによって認知機能が低下したり，情緒不安定になったりしやすいとされる兵役中の軍人（Stanley & Jha, 2009）を対象に，MBSR をモデルとした，マインドフルネスを基礎とするメンタルフィットネストレーニングの効果を検討した（Jha et al., 2010）。ワーキングメモリは，オペレーションスパンテスト（Ospan）によって測定した。その結果，統制群やトレーニングをあまり行わなかった群では時間の経過に伴って Ospan の得点は低下したのに対して，トレーニングをたくさん行った群では Ospan の得点は上昇していた。同研究では，この結果から，ワーキングメモリの容量を増大させることを通して，ストレスや不安といったネガティブ反応が和らげられる可能性を指摘している（Jha et al., 2010）。

Newberg et al. (2010) は，記憶障害（加齢による物忘れや，軽度認識障害，初期のアルツハイマー病）を持つ高齢者を対象に瞑想の効果について検討を行った。キルタン・クリヤ瞑想（マントラ瞑想の 1 つ）を 1 日につき 12 分実施する訓練を 8 週間実施した結果，統制群と比べて瞑想実施群の方が，発話の流暢性（神経心理学の検査である Trais B を用いて測定）や論理的記憶が向上していることが示された。そして，これらの認知機能の向上は，後で詳細に述べる通り脳の変化と関連していた。同研究は上記の点について予備的検討を行ったにすぎないが，加齢による物忘れや，軽度認識障害，初期のアルツハイマー病の高齢者を対象に瞑想の効果を検討した数少ない研究として特筆すべきものである（Newberg et al., 2010）。上記の研究結果は，瞑想の訓練が記憶力を改善したり，脳血流の変化をもたらすことを示唆している。

◆ 瞑想に関する脳画像研究

PET，SPECT，fMRI を使った脳画像研究では，瞑想が記憶や認知機能に関わる脳部位に様々な変化を与えることが示されている。たとえば，Herzog et al. (1990) は，瞑想を用いたヨガリラクセーション訓練の参加者を対象に，FDG-PET を用いて局所糖代謝の測定を行った。その結果，訓練参加者群における脳代謝の前頭／後頭比が有意に増加したことが明らかとなった。具体的には，後頭葉や頭頂葉上部における脳代

謝は減少していたのに対して，前頭葉における脳代謝はわずかに増加していた。fMRIを用いた別の研究では，リラックス反応を引き出すようなヨガに似たリラクセーション訓練実施後，参加者の脳血流量を測定し，リラクセーション訓練が前頭葉や辺縁系における脳血流量を増加させることを明らかにした（Lazar et al., 2000; Lou et al., 1999）。

　SPECTを用いた研究では，チベット仏教の瞑想法の訓練が，前頭前皮質や帯状回の脳血流量を増加させることを示している（Newberg et al., 2001）。また，長期間にわたって瞑想を行っている者と，瞑想未経験者の脳局所血流量を比較した研究では，長期間瞑想実施者の方が未体験者に比べて，前頭前皮質や扁桃体，視床，脳幹の脳血流量が多いことが示されている。これらの研究結果は，瞑想が注意や記憶の処理の基礎となる部位の活動を促進していることを示している。

　Holzel et al.（2007）は，ヴィパッサナー瞑想が前帯状皮質吻側や，前頭前皮質背内側を活性化させることを明らかにした。これに加えて，同チームの研究においては，ヴィパッサナー瞑想が前頭前皮質や，右前島皮質，右海馬といった，内受容感覚や注意に関係する部位の脳活動を強化することも示されている（Holzel et al., 2008）。これらの研究結果は，マインドフルネス瞑想が注意機能を強化する可能性を示唆している。

　Lazar et al.（2003）は，クンダリーニ瞑想（マントラ瞑想を基礎とする瞑想法）とヴィパッサナー瞑想を実施している人々の脳活動をfMRIで測定する大規模な実験を行った。実験参加者は，クンダリーニ瞑想やヴィパッサナー瞑想を行うほかに，瞑想ではない他の統制課題も行った。実験の結果，クンダリーニ瞑想やヴィパッサナー瞑想には，前頭前皮質や頭頂葉皮質，それらの皮質下構造が関与するが，瞑想ではない他の統制課題にはそのようなパターンはないことが示された。また，いずれの活動中でも共通して活性化したのは，背側帯状皮質であった。

　Lazar et al.（2005）は，MRIを用いて脳の皮質厚を測定する検討を行った。その結果，瞑想をする人々の方がそうでない人々に比べて，前頭前皮質，右前頭皮質といった注意や知覚と関連する脳部位の皮質が厚いことが示された。皮質厚を比べた群間において，全皮質厚の平均に違いはなく，上記のような皮質厚の違いは，瞑想に関連する部位に特有のものであった。Holzel et al.（2011）は，MRIを用いてMBSRが灰白質密度に及ぼす影響について検討を行った。灰白質密度の測定にはVBM（voxelbased morphometry）を用いた。検討の結果，左海馬の灰白質密度が上昇していることが示された。さらに，脳全体の分析の結果，MBSR群の方が統制群よりも，後帯状皮質，側頭頭頂接合部，小脳の灰白質密度が上昇していることが示された。同研究では，上記のような結果について，8週間にわたるマインドフルネスの訓練が，

学習や記憶処理，感情制御，自己参照処理，視点取得といった機能を司る脳部位の灰白質密度と関係していると結論付けている。

　Pagnoni & Cekic（2007）は，MRIを用いて，瞑想経験者と未経験者を対象に，加齢による大脳灰白質量の低下と注意機能との関連について検討を行った。注意機能に関しては，コンピュータを使用した注意維持課題を用いて測定を行った。その結果，瞑想未経験者においては，年齢と，灰白質量，注意機能との間に負の関連があったのに対して，経験者においてはそれらの間に有意な関連は見られなかった。また，瞑想が灰白質量に及ぼした影響が最も顕著であった脳部位は，注意機能と大きく関わっているとされる，皮殻であった。

　Tangらは，IBMT（integrative body-mind training: マインドフルネスや，身体のリラクセーション，心的イメージといった要素が組み込まれている訓練）を実施するいくつかの研究を行い，5日間の訓練が，前帯状回右，被殻，尾状部といった部位の脳血流量と関連していることを明らかにした。これらの部位は，自己制御，実行機能，報酬系に関わっており，Tangらは，上記の訓練がこれらの部位の灰白質量を変化させる可能性を指摘した（Tang et al., 2009）。また，同研究グループは，上記の訓練によってANT（attention network test）の成績や不安，疲労，抑うつ，怒りといった感情を改善することにも成功している（Tang et al., 2007）。さらに，Tangらは，IBMTの前後に拡散テンソル画像法を用いた検討を行い，放線冠のFA（fractional anisotropy）が，自己制御ネットワークの中枢とされる前帯状部と関連していることを明らかにした（Tang et al., 2010）。

　fMRIを用いたいくつかの研究では，瞑想が前頭頂部，島部，視床，大脳基底核，小脳といった注意機能と関連のある部位を活性化させることが示されている。そして，瞑想の熟達者は初心者に比べて，上記の部位の活性化が大きかった。この結果は，瞑想の訓練の効果を示しているとともに，瞑想によって，長期的に脳構造が変化していることを示唆している。Holzel et al.（2008）は，ヴィパッサナー瞑想をしている人々（1日につき2時間の瞑想を平均8.6年間実施）は，内的体験への気付きにとって重要な脳部位である前島の灰白質密度が高いことを明らかにした。また，この他の研究でも，1万時間以上禅の瞑想を行うことが，背側前帯状皮質の皮質厚を高める可能性が示唆されている。Brefczynski-Lewis et al.（2007）はfMRIを用いた研究を行いて，1万時間以上瞑想をしている熟達者と初心者の違いを検討した。その結果，熟達者も初心者も，瞑想時には，前頭頂部，後頭背側部，島部，視床核，大脳基底核，小脳といった注意に関係する脳部位の活性化が見られた。このように，両群には類似点もあったものの，熟達者の方が初心者よりも，前頭溝や頭頂間溝などの注意に関連する部位や，前頭頂部におけるその他の部位など，様々な部位での賦活が大きいことが明

らかとなった。また初心者においては，脳の賦活と持続的注意課題の成績との間に負の関連が見られた。

先に記したNewberg et al. (2010) によるSPECTを用いた研究では，記憶障害のある高齢者を対象に，8週間にわたるキルタン・クリヤ瞑想の訓練後における脳血流量の変化を検討した。その結果，瞑想実施群の方が統制群よりも，前頭葉や右上頭頂葉における脳血流量が有意に多いことが示された。さらに，いくつかの脳部位については，脳血流量の増加と認知機能の向上に正の関連があることが示された。この中でも特に興味深いのは，瞑想によって前頭葉における脳血流量が増加した群に関する結果である。この群においては，注意や実行機能における瞑想の重要性が示されただけでなく，認知症や軽度の認識機能障害にも瞑想が効果を持つという結果が示された。

以上の研究知見を統合すると，フォーカス・アテンション瞑想やオープン・モニタリング瞑想を通して注意や認知機能に関する訓練を行うことは，脳の構造や機能を変化させ，注意や記憶の能力を向上させることにつながると言える。さらに，神経画像法による研究においては，いずれのタイプの瞑想も，瞑想の最中に脳を賦活させるだけでなく，長期にわたって脳や心的機能の変化をもたらし，そのことが最終的には瞑想に関係のない課題の成績にまで影響をもたらすという可能性が示された (Slagter et al., 2011)。瞑想は神経保護効果や，加齢に伴う認知機能の低下を緩和する効果を持つと考えられる。

3節　今後の方向性

瞑想と記憶に関する研究はまだ始まったばかりである。今後は，瞑想の臨床的・生理的効果に関して詳細な検討が求められる。その際には，様々な年齢や性別，教育歴，社会経済的地位の人々を対象に広く検討を行う必要があろう。さらに，瞑想が，加齢による認識能力の低下や，アルツハイマー病，その他の認知症を含む様々な認識障害それぞれに対して効果を持つのか検討していく必要もある。

そして，必須であるのが，多くの人々を対象とした詳細な脳画像研究である。MRIを使用した容量分析等，脳構造の変化を捉えるような方法を用いることによって，瞑想が脳の形態に及ぼす影響を明らかにすることができるだろう。また，fMRIやPET，SPECTといった脳機能を捉える方法は，瞑想が記憶に及ぼす影響を明らかにするうえで非常に有用である。またこれに加えて，様々な瞑想について研究を行い，どのような場合にどのような瞑想を行うことが記憶を司る脳部位に良い影響をもたらすのか明らかにしていくことも重要である。また，縦断的検討を行い，瞑想が長期間にわたって脳や記憶にどのような影響をもたらしていくのか調べる必要もあろう。

瞑想と神経伝達物質との関連を探る研究は非常に少ないが，今後はそういった研究も必要であろう。この点について検討した研究においては，ドーパミン，セロトニン，グルタミン酸といった記憶の処理に関わる神経伝達物質と瞑想の実施との間に有意な関連が示されている（Newberg & Iversen, 2003）。記憶の処理に関わる神経伝達物質の変化を捉えることによって，瞑想がどのようにして記憶や認知に影響をもたらしているのか知ることができるだろう。

4節　結論

　本章では，瞑想と注意との関連について議論し，瞑想が注意やワーキングメモリに及ぼす影響についての知見を紹介した。また，瞑想が脳に及ぼす影響について，神経科学における研究も概観した。神経科学の研究は，様々な画像法を用いており，様々な瞑想を検討対象としていたために知見の整理が困難であったが，それらの研究ではおおむね，短期間であっても瞑想の訓練を行うことが，注意に関する様々な機能やワーキングメモリの容量に影響を及ぼすことを示していた。また，瞑想がどの程度効果をもたらすのかは，瞑想の訓練の長さや強度によるということも示された。瞑想は，加齢に伴う認識能力の低下や皮質厚の低下を緩和するような神経保護効果があることも示唆された。神経画像法による研究では，瞑想の最中にいくつかの脳部位が賦活されるというだけでなく，瞑想が長期間にわたって脳の構造や機能を変化させるということも示された。そして何より心強い知見であったのは，瞑想が，強いストレス下にある現役軍人におけるワーキングメモリの容量低下を緩和したり，物忘れや軽度の認識機能障害がある高齢者の記憶や認知機能を向上させるなど，ワーキングメモリの容量改善に良い影響をもたらすという臨床的示唆が得られたことであった。

第VI部

ワーキングメモリの将来：

トレーニング

第14章 ワーキングメモリをトレーニングする

Susanne M. Jaeggi
(Department of Psychology, University of Maryland, College Park, MD, USA)
Martin Buschkuehl
(Department of Psychology, The University of Michigan, Ann Arbor, MI, USA)

1節　はじめに

◆ 歴史的観点

　ワーキングメモリは，複雑な認知的活動のパフォーマンスを支える必要不可欠なシステムである（前章を参照）。複雑な文章を読みながら32×21を心の中で計算したり，SNS上の最新情報を読みながら，講義を聴いたりすることを想像してみてほしい。これらを同時に行うためには，いくつもの処理過程を経る中で，その処理途中の結果を一時的に保持する必要があり，これらはワーキングメモリプロセスによって支えられている。つまり，ワーキングメモリは，認知的な課題を行いながら，課題に関連する情報を保持し続ける認知メカニズムと捉えることができる。ワーキングメモリは，プランニングや問題解決（Shah & Miyake, 1999）といった様々で複雑な認知的課題の成績だけでなく，読解力や算数など学業に関係する課題の成績も予測することができる。概して，知識を獲得したり，新しいスキルを身につけたりする能力全般において，ワーキングメモリ容量は極めて重要なのである（Pickering, 2006）。

第14章　ワーキングメモリをトレーニングする

　ワーキングメモリ容量は，個人によって大きな違いがある。ワーキングメモリにどれくらい多くの情報を保持することができるかは人によって違うし，邪魔が入ったときに，どれくらい情報を保持し続けることができるかも人によって異なる（Engle, Kane, & Tuholski, 1999; Jonides et al., 2008）。このような個人差があることは，ワーキングメモリシステムの機能が学業成績や教育の成功を非常に正確に予測できることと関連している（Pickering, 2006）。少なくとも子どもの時期には，ワーキングメモリは，知能検査より学業成績を正確に予測する（Alloway & Alloway, 2010）。注意欠如・多動性障害（ADHD）から算数障害（Minear & Shah, 2006）まで，様々な特別支援を必要する人たちに見られる認知的な障害の主要な原因は，ワーキングメモリの障害であると見なされている。さらに，ワーキングメモリは，特に社会経済的地位の影響を受けやすい認知スキルの1つである（Noble, McCandliss, & Farah, 2007）。それだけでなく，ワーキングメモリは，教室での行動に大きな影響を与える。たとえば，ワーキングメモリ容量が小さい子どもたちは，教師の指示をよく忘れるし，課題に取り組み続けることができず，すぐに気がそれてしまう（Alloway et al., 2009）。教師たちは，ワーキングメモリ容量が小さい子どもたちを，混乱を招く子ども，不注意な子どもであると評価しがちである（Gathercole, Lamont, & Alloway, 2006）。つまり，ワーキングメモリは，学校の中でも外でも，うまく行動するために重要な認知スキルなのである。

　日常生活や教育場面においてワーキングメモリが関与しているのであるから，現代の認知科学において，ワーキングメモリトレーニングの開発が主要なトピックとなっているのは当然である（Buschkuehl & Jaeggi, 2010; Klingberg, 2010; Lustig, Shah, Seidler, & Reuter-Lorenz, 2009; Shipstead, Redick, & Engle, 2010 のレビューを参照）。ワーキングメモリのトレーニングの目的の1つは，ワーキングメモリのスキルを訓練することだけでなく，トレーニングした領域を超え，訓練効果が般化されることである。この効果は，「転移」と呼ばれている。

　転移という意味を感覚的につかむために，次のような比喩で考えてみよう。身体的なトレーニングをすると，トレーニングした活動だけでなく，トレーニングしていない活動にも効果が及ぶ。たとえば，規則的なランニングによって，自転車を乗りこなすのがうまくなる（Suter, Marti, & Gutzwiller, 1994）。効果はもっと一般化する。ランニングによって，循環器系の働きが高まったり，足の筋肉が発達したりするため，階段を上る，泳ぐ，といった活動のパフォーマンスも向上するだろう。トレーニングした運動からトレーニングしていない運動へ転移が生じることで，体の健康を維持するための様々な運動を個別にしなくて済むため，転移はとても望ましいことである（Buschkuehl, Jaeggi, Shah, & Jonides, 2012）。このように身体的な領域で転移が生じ

第Ⅵ部　ワーキングメモリの将来：トレーニング

るというのは，誰でもわかるかもしれないが，認知的なトレーニングの転移が生じることを示すことは難しい（Detterman, 1993; Owen et al., 2010; Salomom & Perkins, 1989; Singley & Anderson, 1989）。転移の研究は学習理論の中心的テーマであったし，前世紀の初めから行われてきた研究であるのに，認知的な領域における転移を実証できていないことは，驚くべきことである（Judd, 1908; Thorndike, 1906; Thorndike & Woodworth, 1901）。転移を概念的に「近い転移」と「遠い転移」の2つに分割している研究者もいる（Salomon & Perkins, 1989; Singley & Anderson, 1989; Willis, 2001）。近い転移は，トレーニングした課題とよく似た課題にトレーニングの効果があることを意味する。遠い転移は，トレーニングした課題とはまったく異なり，ほとんど共通特徴がない課題に，トレーニングの効果があることを意味する。Salomon & Perkins（1989）が指摘しているように，転移の距離を測定するうえで，正式な定義や操作的な測定方法を定めようという試みはあったものの（Barnett & Ceci, 2002），残念ながらそれらはまだ定められていない。しかしそれでも，トレーニングの効果を表すためには，近い転移と遠い転移の効果を両極とした連続体があると捉え，ゆるやかに区別できると考えることはかなり有効であろう（Woltz, Gardner, & Gyll, 2000）。近い転移の効果に関するエビデンスは豊富にあるが，遠い転移に関するエビデンスはごくわずかである（Zelinski, 2009）。遠い転移の効果を示すことができている研究に共通する特徴は，トレーニングがワーキングメモリの向上に焦点を当てていることである。なぜワーキングメモリのトレーニングがうまく転移するのかを理解するには，先に述べた，身体的な領域についての比喩に当てはめて考えてみるとよいだろう。ワーキングメモリは，身体システムでいう循環器系の役割を担っていて，認知システム全体の基盤となっていると考えればよい。それならば，身体的なトレーニングのときと同じように，この基盤を鍛えるワーキングメモリのトレーニングを行うことで，ワーキングメモリの機能に関連する様々な課題にも効果が波及することになるだろう。

　次の節では，最先端のワーキングメモリのトレーニングや転移についてレビューし，転移が起きるメカニズムについて論じよう。

2節　最新の研究

◆研究はどのように変化しているのか

　ワーキングメモリのトレーニングに焦点を当てた最初の2つの研究は，Klingbergらが行った研究である（Klingberg et al., 2005; Klingberg, Forssberg, & Westerberg, 2002）。Klingbergらは，ADHDの子どもたちを対象とし，コンピュータを用いた複

数の課題で，主にワーキングメモリプロセスのトレーニングを行った。ワーキングメモリの障害は ADHD 児にとって中心的な問題であるため，理論的には，ワーキングメモリのトレーニングを行うことで，ADHD の症状を改善できるのはもちろんのこと，ワーキングメモリを用いる他の課題にも効果が転移すると考えられた。実際，どちらの研究でも，約 5 週間の介入によって，トレーニングしていないワーキングメモリ課題にも効果が転移した。流動性知能（Gf）を測るテストとして用いられる行列推理課題にも転移が見られたことは，とても興味深い。さらに，Klingberg らは，実行機能（ストループ課題）と ADHD 症状にも改善が見られたことを報告している。ただし，これらの結果は 2 つの研究間で一致していない（Beck, Hanson, Puffenberger, Benninger, & Benninger, 2010 による ADHD 症状の減少についての報告を参照）。

しかしながら，このような遠い転移の効果を再現することは容易ではなさそうである。たとえば，Holmes らは，Klingberg らと同じトレーニング方法を用いたにもかかわらず，ADHD 児とワーキングメモリ容量が少ない児童のどちらにおいても，遠い転移の効果を再現することができなかった（Holmes, Gathercole, & Dunning, 2009; Holmes et al., 2010）。トレーニングしていないワーキングメモリ課題の成績の改善は見られたが，知能や学業成績においては改善が見られなかったのである。さらに，Klingberg らのグループも，就学前の定型発達児を対象とした実験を 2 つ行っている（Bergman Nutley et al., 2011; Thorell, Lindqvist, Bergman Nutley, Bohlin, & Klingberg, 2009）。しかし，どちらの研究でも，トレーニングした領域では効果があったが，知能への転移は見られなかった。ここまでの話をまとめると，Klingberg らが開発したトレーニング方法に，効果はあると思われる。しかし，その効果はトレーニングされたワーキングメモリ領域においてのみ見られることがほとんどであり，近い転移の効果と言うべきだろう。

ここで紹介したトレーニング方法は，ある程度の効果が期待できる。しかし，複数のトレーニング課題を行っているために，転移の背後にあるメカニズムを明らかにすることが難しいという短所がある。他方で，応用的な視点から見ると，このようにトレーニングに複数の課題を組み込むことは，大きなメリットがいくつもある。第 1 に，トレーニングの多様性が学習効果を増加させる（Schmidt & Bjork, 1992）。第 2 に，複数の課題でトレーニングすれば，トレーニングした課題と転移課題との間で，処理が重複する可能性が増える（Dahlin, Neely, Larsson, Backman, & Nyberg, 2008）。第 3 に，様々な課題を用いることで，長期間にわたるトレーニングのモチベーションの低下を防げる。他の研究でも，多種類の課題を組み合わせてワーキングメモリのトレーニングを行うトレーニング・バッテリーが使われている。それらの研究では，たとえば統合失調症への転移効果を示しているものもある（McGurk, Twamley, Sitzer,

McHugo, & Mueser, 2007 によるメタ分析を参照)。また，健常な青年や高齢者で転移に成功しているものもある (Schmiedek, Lövdén, & Lindenberger, 2010)。一方で，最近の大規模な研究では，転移は実質的には見られなかったと報告した研究もある (Owen et al., 2010)。

そこで，転移が起きるメカニズムについて詳しく調べるためには，1つだけの課題でトレーニングを行う研究がもっと必要である。もちろん，このようなアプローチの問題点は，効果量が小さくなってしまい，転移の効果を検出することが難しくなってしまうことである。それでも，1つの課題でトレーニングを行った研究はいくつかある。たとえば，青年を対象とした2つの研究で，成績によって難易度が調整されるNバック課題を用いたトレーニングを行っており，トレーニング効果は，流動性知能 (Gf) と関連する行列推理課題に転移したことが確認されている (Jaeggi, Buschkuehl, Jonides, & Perrig, 2008; Jaeggi et al., 2010)。Li らの研究では，高齢者に，そのような難易度調整なしのNバック課題を用いてトレーニングを行ったが，トレーニングした領域の課題成績にのみ改善が見られただけであった (Li et al., 2008)。さらに，Dahlin らはワーキングメモリの更新課題を用いたが，トレーニングしていない類似のワーキングメモリ課題の成績に改善が見られたのみであった (Dahlin et al., 2008: 青年のみを対象)。他にも，ワーキングメモリスパン課題のような課題を用いて，子ども，青年，高齢者に対してトレーニングを行った研究もある (Borella, Carretti, Riboldi, & De Beni, 2010; Buschkuehl et al., 2008; Chein & Morrison, 2010; Loosli, Buschkuehl, Perrig, & Jaeggi, 2012; Van der Molen, Van Luit, Van der Molen, Klugkist, & Jongmans, 2010)。いずれの研究でも，トレーニングしたワーキングメモリ領域では転移が見られており，たとえば読みに関連したプロセスなどへの遠い転移が生じた研究もいくつかある (Chein & Morrison, 2010; Loosli et al., 2012)。しかし，知能に転移が見られたという報告はまだ1つしかない (Borella et al., 2010; ただし，Karbach & Kray, 2009 も参照)。この研究は他の研究と違い，トレーニング期間が極端に短い。

これまでのワーキングメモリのトレーニング研究からわかったことは何だろうか。第一に，効果が般化することは明らかであるため，ワーキングメモリトレーニングは有望なトレーニングである。直接トレーニングはしなくても，関連したワーキングメモリ課題には，一貫して，転移が生じる。ワーキングメモリ容量は変化しにくいという共通見解があったことを考えれば (Cowan, 2005; Oberauer, 2006)，これだけでも驚くべき効果である。遠い転移についてもエビデンスが蓄積されている。たとえば，実行機能 (Klingberg et al., 2005; Klingberg et al., 2002; Thorell et al., 2009)，読み (Chein & Morrison, 2010; Loosli et al., 2012)，さらには流動性知能 (Borella et al.,

2010; Jaeggi et al., 2008; Jaeggi et al., 2010; Klingberg et al., 2005; Klingberg et al., 2002; Schmiedek et al., 2010) などへの転移である。残念ながら，ワーキングメモリトレーニングが，実験室課題を超えて，たとえば，学業成績や日常生活の課題にまで効果があると報告した研究は今のところまだない。ただし，ADHDや，統合失調症患者の心理社会的機能における症状を減少させるかもしれないという例外はある (Beck et al., 2010; Klingberg et al., 2005; Klingberg et al., 2002; McGurk et al., 2007)。まとめると，現時点では，トレーニングによって転移する範囲についてはほとんどわかっておらず，また，様々なトレーニングアプローチによって効果に違いがあるのかどうかもわかっていない。

　解決されていない問題は他にもある。最適なトレーニングスケジュールやトレーニング期間の問題である。我々の研究から，トレーニングと効果の間に用量反応（dose-response）関係があることがわかっている。つまり，より長くトレーニングすれば，転移効果はより大きい（Jaegii et al., 2008）。最もよく行われるのは約1か月間のトレーニングだろう。しかし，より短期間のトレーニングでも同様な効果があるという報告もある（Borella et al., 2010; Loosli et al., 2012）。もっと長い，約2か月間のトレーニングを行った研究もある（Schmiedek et al., 2010）。このように研究は様々であるが，トレーニングの最適な日数や，インターバルを置くことがトレーニング効果を上げるかどうかについてもまだよくわかっていない（Cepeda, Pashler, Vul, Wixted, & Rohrer, 2006）。また，トレーニング効果に上限があるのかどうかも明らかになっていない。

　さらに，トレーニングを終了してからも転移は続くのか，どの転移が持続するのか，もし持続するのだとしたら，期間はどれくらいなのかということもわかっていない。トレーニングを終了してからしばらく時間が経った後，実験群と統制群の両群に再テストを行ってトレーニングの長期的な効果を調べている研究はごくわずかである（Borella et al., 2010; Buschkuehl et al., 2008; Klingberg et al., 2005; Van der Molen et al., 2010）。トレーニングの長期的な効果に関するエビデンスはいくつかあるが，他の効果，つまり，テスト直後ではなく，時間が経ってから現れるスリーパー効果などについては解釈することが難しい（Van der Molen et al., 2010）。身体のエクササイズや行動セラピー，一般的な学習プロセスと同様に，長期的でより強力な効果を得るためには，トレーニング効果を維持するための訓練を時々行ったり，追加訓練をしたりする必要があるのかもしれない（Ball et al., 2002; Bell et al., 2008; Cepeda et al., 2006; Haskell et al., 2007; Whisman, 1990）。

第Ⅵ部　ワーキングメモリの将来：トレーニング

3節　誰のために，なぜ，ワーキングメモリトレーニングを行うのか

◆メカニズムを調べる

　これまでに見てきた研究から得られる結論は，ワーキングメモリトレーニングを行うことによって得られる一般的な効果は，就学前の定型発達児から（Bergman Nutley et al., 2011; Thorell et al., 2009），小学生（Loosli et al., 2012），青年（Chein & Morrison, 2010; Jaeggi et al., 2008; Jaeggi et al., 2010），高齢者（Borella et al., 2010; Buschkuehl et al., 2008; Dahlin et al., 2008; Li et al., 2008; Schmiedek, et al., 2010）まで，幅広い年齢層で見られるということである。さらに，ワーキングメモリトレーニングは，ADHD（Holmes et al., 2010; Klingberg et al., 2005），学習障害（Holmes et al., 2009; Van der Molen et al., 2010），統合失調症（McGurk et al., 2007）といった，ワーキングメモリに障害を抱え，特別な支援が必要な人たちにも効果的であることが実証されている。現在の問題は，このトレーニングは，どのような人に最も効果が出やすいのかということである。青年と高齢者を直接比較してみると，高齢者の方が転移効果は得られにくい（Dahlin et al., 2008; Li et al., 2008; Schmiedek et al., 2010）。つまり，加齢に伴う可塑性の限界がトレーニングや転移を制限する要因となっているのかもしれない。まとめると，すでに高い機能を持っている人に転移が生じやすいのかもしれない。しかしながら，特別な支援を必要とする人たちを対象にしたトレーニングは成功しており，さらに，最も成績を伸ばした人たちは，スコアが最も低いところから始まった人たちであったことも示されている。そのような人たちは，おそらく，改善できる余地を持っていたからであろう（Jaeggi et al., 2008）。

　転移に関するエビデンスは蓄積されているが，なぜ転移が生じるのかについては，漠然としかわかっていない。これは，以前に心理療法が直面していた問題にとても似ているため（Kopta, Lueger, Saunders, & Howard, 1999），現在までに得られている知見から，トレーニングと転移のメカニズムについて推測することができる。Chein & Morrison（2010）は，なぜ参加者はトレーニング後にパフォーマンスが上昇するのかについて，多くの理由があることを指摘している。たとえば，方略の変化，実行機能や処理速度の変化，トレーニングを始める前の成績における個人差，やる気を起こさせる要因の変化，単なる課題の慣れ，用いる方略の変更などである。メカニズムに焦点を当てている研究から原理を抽出することができるかどうかについては現在も議論が続いており，それが解明されることで，最も効果的な介入を可能にするガイド

ラインの提供が可能となる。

　概して，転移を獲得させるためには，課題で用いられる特有な方略の変化ではなく，情報処理の基盤である認知システムを変化させなければならないため，課題で用いられる方略やスキルの変化を最小限にとどめるトレーニングでなければならない。実際のところ，方略のトレーニングでは転移の範囲がとても狭いことが示されている（Ericsson & Delaney, 1998; Neely & Backman, 1993, 1995; 他方，Carretti, Borella, & de Beni, 2007; St Clair-Thompson, Stevens, Hunt, & Bolder, 2010 を参照）。一方で，トレーニング課題が多様であるからこそ，方略に柔軟性を持たせることができるという原理もある（Schmidt & Bjork, 1992）。異なる課題やトレーニングを用いて成功している介入研究のいくつかは，この原理で説明することができる（Bergman Nutley et al., 2011; Klingberg et al., 2005; Klingberg et al., 2002; McGurk et al., 2007; Schmiedek et al., 2010; Thorell et al., 2009）。同じ課題で多様性を持たせる方法は，呈示するオブジェクトや文脈を変える他に，課題の難易度を変えることである（Jaeggi et al., 2008; Jaeggi et al., 2010）。現時点での各課題の成績に応じてトレーニング課題の難易度を調整することで，同じ課題であっても多様性を持たせることができる（先駆的な研究として，Tallal et al., 1996 を参照）。この多様性の原理は，ワーキングメモリのトレーニングを行うにあたって極めて重要なことであろう。参加者にとって難しすぎず，飽きにくく，簡単すぎない，課題へのやる気を引き出す特徴も含まれている。実際，転移を獲得することができなかったトレーニングプログラムは，この適応的なトレーニングを用いていない（Craik et al., 2007; Klingberg et al., 2005; Klingberg et al., 2002; 統制群）。トレーニング課題と転移課題では，神経系の領域はもちろんのこと，情報処理において使用する認知的な基盤を共有していることが重要である（Jaeggi et al., 2008; Jonides, 2004）。トレーニング課題と転移を調べる課題が脳領域でオーバーラップしている課題であれば，転移は実際に獲得されているが，オーバーラップしてない課題のときは獲得されていない（Dahlin et al., 2008; Lustig et al., 2009; トレーニングによる脳のメカニズムについては，第15章を参照）。まとめると，この研究領域を前進させるためには，実験群と統制群の追跡調査を行うだけでなく，明確に定義されたトレーニング課題や転移の評価を用いた研究によって知見を増やしていくことが重要である。トレーニング研究においては，場合によっては何も行わない統制群を用いる方がよいかもしれないが，理想的には，関心のある部分を除いたうえで，統制群はできる限り実験群に似た活動をさせておくべきだろう（Chein & Morrison, 2010; Shipstead et al., 2010; Willis, 2001）。トレーニングや転移の成功を予測したり媒介したりする因子を決定するためには，よりきめ細かく，繊細な分析が今後の研究において必要であろう。しかしながら，トレーニング研究を行うことは，と

ても挑戦的であり，費用が高く，時間がかかることを心にとどめておかなければならない。それゆえに，この領域における進歩はすぐに起きないかもしれない。まったく効果がないと報告した研究もあるが（Owen et al., 2010），ここでレビューしたいくつかの研究は，希望が持てる研究である。しかしながら，将来の研究者やユーザーたちは，トレーニングを成功させるためには，粘り強さが必要であることを心にとどめておかなければならないだろう（Ericsson, 2003）。

第 15 章

ワーキングメモリトレーニング：神経イメージングからの洞察

Cindy Lustig
(Department of Psychology, University of Michigan, Ann Arbor, MI, USA)
Patricia A. Reuter-Lorenz
(Department of Psychology, University of Michigan, Ann Arbor, MI, USA)

1節　はじめに

◆ 神経イメージング研究からの洞察

　本書の各章で述べられているように，ワーキングメモリは認知的活動の中心である。ワーキングメモリは個人によって大きく異なり，生涯を通して大きく変化する。そして，そのワーキングメモリの違いによって，算数の能力，言語理解，知能，推論，キャリアの成功が違うのである（Altshuler et al., 2007; Daneman & Merikle, 1996; Gold et al., 2002; Kyllonen & Christal, 1990）。そのため，トレーニング研究ではワーキングメモリに強い関心が寄せられている。ワーキングメモリは，トレーニングプログラムの効果を調べる指標として，そしてトレーニングすれば他の領域にも良い影響があると期待できるという意味でも，注目されている。

　トレーニング研究における大きな課題の1つは，貯蔵または容量に重点を置くのか，実行処理に重点を置くのかによって，ワーキングメモリの定義やトレーニングプログラムが異なることである。しかし，ワーキングメモリ容量と実行処理が分離可能かど

うかの知見は一致していない（Blair et al., 2011; Jarrold et al., 2011; Unsworth et al., 2009）。別の大きな課題は，トレーニングが，意識に上らない処理過程を変化させているのか，方略の効率性や使い方を変化させているのかを見極めることである。このような大きな問題は，第14章で議論されている。この章では神経イメージング研究に焦点を当て，ワーキングメモリトレーニングがどのように脳に影響を与えているか，より効果的なトレーニングプログラムを作成するために，それらの研究の知見がどのように利用できるかについて論じる。

2節　最新の研究

◆ 神経イメージングを指標として

　神経イメージングを実験結果の指標とすることは，異質に思えるかもしれない。行動の変化が目標だからである。しかし，以下に述べるように，神経イメージング研究から，脳のどこでどのように変化が生じているかがわかるため，行動指標だけでは本質を理解することが難しい，トレーニングによる変化のメカニズムに深く迫ることができる。

◆構造的な脳の変化

　脳の構造的な測定は，行動指標や脳活動指標の測定よりも動機づけや日内変動などのノイズの影響を受けにくいため，トレーニング効果の測定指標として信頼性が高い。構造的な変化を生じさせるトレーニングプログラムは，転移をもたらす可能性も高い。ジムで鍛えた筋肉や循環機能が他の身体的なパフォーマンスを高めるのと同じように，トレーニングで脳構造が増強されると，トレーニングしていない領域にも潜在的な影響が及ぶかもしれない。

　循環器系の機能のトレーニングは，灰白質や白質の体積，結合を増加させる。特に，あまり運動しない高齢者において，トレーニング前後で増加が見られている（Bugg & Head, 2011; Bullitt et al., 2009; Colcombe et al., 2006; Erickson et al., 2011）。実際，脳領域の中で，ワーキングメモリの実行処理と強い関連がある前頭前野（Hillman et al., 2008 のレビューを参照）は循環器系から最も影響を受けやすい領域の1つであることがわかっている。

　ワーキングメモリのトレーニングの効果を調べるために脳の構造的な変化を測定する方法は，まだあまり用いられていない。トレーニングの効果を脳の構造の変化の観点から調べた研究例として，Lovden et al.（2010）の研究がある。Lovden らは，青

年と高齢者に対して，ワーキングメモリ，エピソード記憶，知覚速度を含むいくつかの課題をトレーニングとして行わせた。トレーニングを行った結果，青年，高齢者の両群において，前帯状（anterior cingulate）領域の体積と脳梁前部（anterior corpus callosum）における白質結合（white-matter integrity）が増加していた。もっと一般的に行われているのは，ワーキングメモリの処理プロセスに強く依存する活動（たとえば，ジャグリング，ピアノの演奏，ゲーム）について，トレーニングを行わせたり，トレーニングを行わずに比較する研究である（たとえば，音楽家と素人の比較。その展望と問題点については，Lustig et al., 2009 を参照）。

　総じて，トレーニングによる脳構造の変化を調べている研究は，トレーニングを行った領域や，循環器系のトレーニングを行った場合のように影響を受ける領域において，サイズや結合が増加したことを示している。しかしながら，これらの研究は，サイズや結合の増加が維持されるためには，トレーニングを維持しなければならないことも同時に示唆している（Boyke et al., 2008; Draganski et al., 2004）。脳構造の変化を指標とする方法の弱点は，現在の手法では，比較的大きな変化しか検出できないことである。脳構造の測定には信頼性の高さ，潜在的な一般化可能性といった利点があることを考えれば，技術的な進歩に伴い，将来的に発展することが期待できる領域である。

◆ 脳の活性

◆ 背景：脳の活性の増加と減少を解釈する CRUNCH の枠組み

　脳の活性の変化やその活性レベルにおける個人差は，解釈が難しい。活性の増加は，神経血管性（neurovascular）の変化を反映しているかもしれない（特に，循環器系のトレーニングの後など）。あるいは，その領域を利用する処理がより多く行われていることを反映しているのかもしれない。参加者を各群に分けて活性を比較する場合では，一方の群の参加者の活性がもう一方の活性より大きいとわかったとしても，それは良いことを示しているのか，システムがうまく機能していない症状を示しているのかまで知ることはできない（Reuter-Lorenz & Lusting, 2005 のレビュー等を参照）。活性の減少は，課題に必要な処理を行うことに失敗したことを反映しているかもしれないし，処理が効率化されたことを反映しているかもしれない。

　CRUNCH（Compensation-Related Utilization of Neural Circuits Hypothesis; Reuter-Lorentz & Cappell, 2008）は，そのような解釈の曖昧さを解決するうえで役立つ枠組みである。CRUNCH では，課題のレベルが高くなるにしたがって課題に関連する脳領域が活性すると想定する。つまり，活性の高さを，認知リソースをどれく

らい利用しているかを表す指標とするのである。また，CRUNCHでは，リソースの限界も想定されている。つまり，課題が要求するあるレベルまで活性は高まるが，その後はそれを維持するか，減少する。活性の減少が起きるのは，課題要求が認知リソースを超えてしまって，課題がうまく処理できなくなったときや，課題をうまく遂行することをあきらめたりしたときである。簡潔にまとめると，CRUNCHは，要求されるレベルとパフォーマンスの制約の観点を統合した枠組みと言えるだろう。

図15-1は，パフォーマンスと活性のレベルが，青年と高齢者でどのように異なるかをCRUNCHの枠組みから示したものである。課題の要求レベルが低いときには，青年群と高齢者群はほぼ等しいパフォーマンスを示しているが，高齢者群の活性は青年群より高い値を示している。活性が最大になるポイント（CRUNCHポイント）を過ぎると，パフォーマンスは低下していることがわかる。このパターンは，ワーキングメモリ研究でも観察されている（Cappell et al., 2010; Mattay et al., 2006; Schneider-Garces et al., 2010）。ここで描かれている活性の図から，青年はCRUNCHポイントにおける活性化がより大きいことがわかる。年齢によってCRUNCHポイントに違いがあるのは，たとえば，年齢に伴う前頭前野の体積や結合の減少の結果なのかもしれない。

図15-2は，短期間の行動系トレーニング（処理の効率性は増加するが，脳の体積や結合の実質的な変化は起きないトレーニング）を行った後，どのように脳活性が変

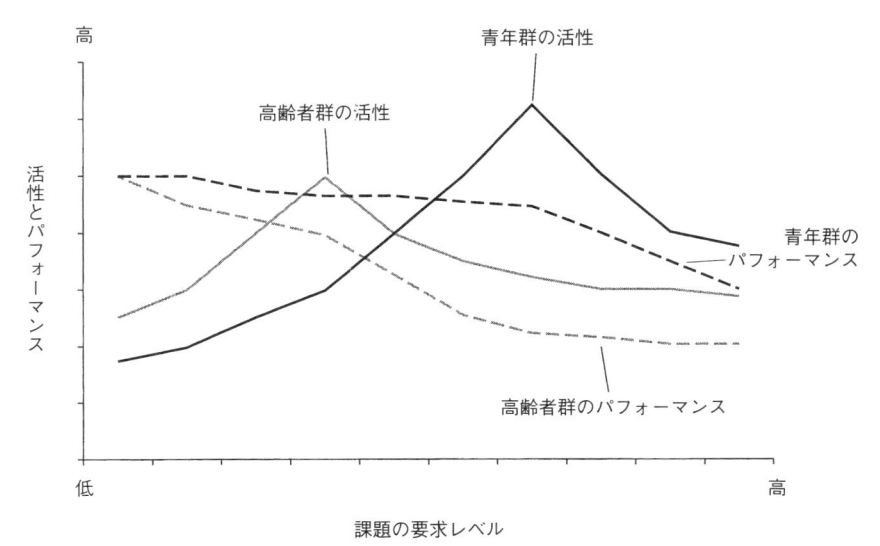

図15-1 青年と高齢者における，理想化されたCRUNCHパターン

第15章 ワーキングメモリトレーニング

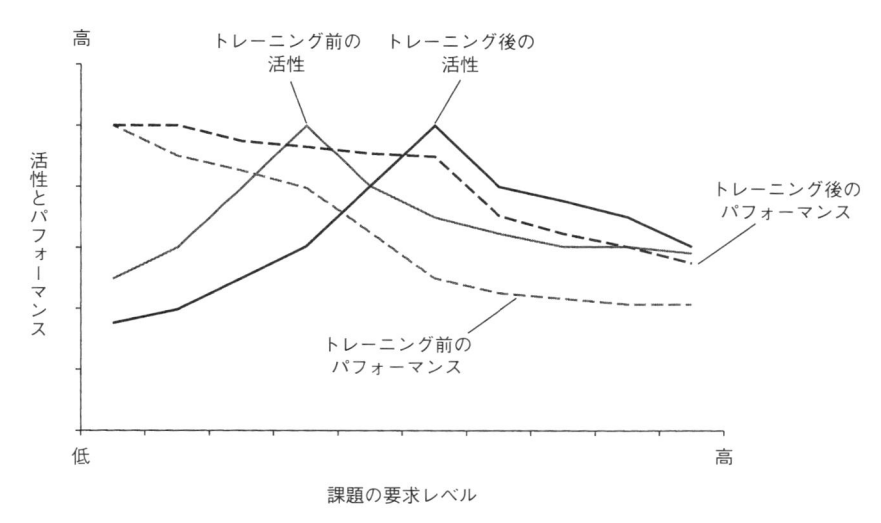

■図15-2 脳構造（体積や整合性等）に変化を与えるほどではない行動系トレーニングの影響による，CRUNCHに基づいた活性とパフォーマンスの理想的な変化

化するのか，CRUNCHに基づいた予測を示している。この図からわかるように，トレーニングによって対応できる課題レベルの範囲が拡大し，脳活性のピークが右の方へシフトすることが予測される。脳の構造的な変化をもたらす循環器系やその他のトレーニングを行えば，活性の最大値も上がるかもしれない。そして，CRUNCHは，脳のある領域内に限定して適用される。しかし，脳のある領域の変化は，その課題に関連した他の領域にも影響を与える可能性がある。たとえば，トレーニングが処理の負荷を変化させると，活性化する領域は，一般的な認知コントロール処理を担っている前頭－頭頂領域背外側部（dorsolateral fronto-parietal regions）から，よりトレーニング課題特有の情報処理をする腹外側または皮質下の領域（ventrolateral or subcortical regions）へ変化している可能性がある（後でいくつか研究を紹介する）。

◆増加

もともと課題関連処理がうまく機能していないためにパフォーマンスが低く，その課題関連処理がトレーニングによって向上した場合，CRUNCHの枠組みに基づくと，一般的な前頭－頭頂領域のコントロールシステム（general front-parietal control systems）または，課題特有のネットワーク，あるいはその両方において活性の増加が確認できるはずである。

この予測通り，トレーニングによる活性の増加は，前頭－頭頂領域に障害を持って

いる患者において頻繁に見られる。たとえば，ワーキングメモリに高い負荷をかける課題，特に実行制御を必要とする課題をさせたとき，健常な群と比べて，前頭葉機能が低下している統合失調症の患者は前頭前野のシステムの活性が低い（Barch et al., 2002; Minzenberg et al., 2009 のレビューを参照）。また，ワーキングメモリのトレーニングが患者のパフォーマンスを改善させ，前頭前野における活性を増加させたことを示す研究がいくつかある（Haut et al., 2010; Wexler et al., 2000; Wykes et al., 2002）。それらの研究において（Haut et al., Wexler et al.），前頭前野における活性の増加はパフォーマンスの改善と関連しており，活性の増加は課題に関わっている処理プロセスがより機能していることの反映であるという解釈を支持している。さらに，Haut らは，ポジティブな転移課題（トレーニングの内容を含まないワーキングメモリ課題）と，トレーニングされる領域とほとんど重複しない課題（語彙判断課題）の両方を用いてワーキングメモリのトレーニングの効果を検証している。トレーニング群と類似したトレーニングを受けるが，そのトレーニングにはワーキングメモリの構成要素のいずれも利用しないアクティブコントロール群との比較から，活性の変化は，刺激への慣れや注意，動機づけなどによるものではなく，ワーキングメモリの改善が影響していると解釈できた。

　トレーニングによる成績の向上や前頭前野の活性の増加は，前頭前野における脳構造の異常や低活性が見られる注意欠如・多動性障害の人々（Seidman et al., 2004）においても生じる。Hoekzema et al.（2010）は，抑制や選択的注意の能力を向上させるトレーニングプログラムによって活性の増加が生じた領域は，投薬によって活性の増加を示した領域と同じであることを報告している。このことは，障害によって機能していない処理機能をトレーニングプログラムによって改善できる可能性を示唆している。また，大学生ぐらいの年齢の健常者を対象として，新しい技能の獲得を求める視覚性ワーキングメモリのトレーニングを行わせたところ，活性の増加が観察されている（Westerberg & Klingberg, 2007）。

◆ **減少**

　活性の減少は，処理効率の増加，またはその領域で行われる処理をあまりしなくなったことを反映していると思われる。Klingberg（2010）が述べているように，全体的な活性の減少は，1セッションのような短期間のトレーニング研究でしか見られない。この全体的な活性の減少は，トレーニング課題自体の効率化を反映しているだけであるため，より一般的なワーキングメモリの処理を長期間トレーニングする場合とは異なる。同じ課題の繰り返しはプライミング効果を生じさせ，活性の減少をもたらすが，やはり，課題や手続きへの慣れは，一般的にトレーニング効果とは見なさない。

まとめると，活性の減少は，いわゆるトレーニングという用語が意味するような長期的な効果というよりも，一時的なプライミングや練習効果を反映していることが多い。

◆シフト

　ワーキングメモリトレーニングは，単に活性の増加や減少を生じさせているのではなく，活性の質的な変化を生じさせている。多くの場合，ワーキングメモリトレーニングは，領域一般的な前頭−頭頂領域コントロールシステムの活性を減少させ，より領域固有な部位の活性を増加させる。このような変化は，ワーキングメモリ内の処理自体をターゲットにしたトレーニング計画でも，ワーキングメモリを酷使させるような複雑な認知的活動をターゲットにしたトレーニング計画でも見られる。たとえば，Dahlin et al.（2009）が行った一連の研究によると（彼らのレビューを参照），ワーキングメモリの更新機能のトレーニングは，皮質下の領域，特に，情報更新に関係している線条体の活性を増加させた。一方で，前頭−頭頂領域外側部（lateral fronto-parietal regions）の活性は減少する。Erickson et al.（2007a）の二重課題を用いたトレーニング研究では，一般的な前頭−頭頂領域のネットワーク活動が，実験群とコントロール群の両群で減少すると報告されている。練習による影響が活性の減少にいくらか含まれているかもしれないが，統制群よりトレーニングを行った群の方が活性はより大きく減少していたため，トレーニング固有の影響もあるだろう。さらに，トレーニング群においてのみ，下中前頭回（inferior, middle frontal gyrus）の活性の増加が見られ，その増加はパフォーマンスの改善と関連していた。これらの結果は，トレーニングによって，ターゲットとなる認知的処理に固有の領域の貢献度が上がり，一般的な実行処理を行っているネットワークをあまり使わなくなるという仮説と一致する。

　トレーニングが認知プロセスをどのように変化させるのかについて，行動データだけでは理解は難しい。Ericksonらのグループの別の研究（Erickson et al., 2007b）は，脳イメージングを用いて，どのように変化したかを示しており，興味深い。単一課題（single task）や二重課題（dual task）でトレーニングを行った後，青年と高齢者のどちらも，正確さや反応時間において同じようなパフォーマンスの増加を示した。しかしながら，二重課題を行わせた条件では，スタート時の活性の仕方とトレーニングによる変化の方向性に両群間で大きな違いが見られた。具体的には，トレーニング前では，青年群に比べて高齢群は，腹側前頭前野（vPFC）の活性が低く，背側前頭前野（dPFC）の活性が高かった。青年群において，トレーニングは，右腹側前頭前野（right vPFC）の活性を減少させ，両側の背側前頭前野（bilateral dPFC）の活性を増加させた。高齢群では，トレーニングによって右腹側前頭前野（right vPFC）の

活性が減少しており，左腹側前頭前野（left vPFC）の活性が増加していた。また，背側前頭前野（dPFC）の活性は減少していた。見方を変えると，トレーニングをした後，左腹側前頭前野（left vPFC）の活性と両側背側前頭前野（bilateral dPFC）の活性が両群とも同じレベルであった。これは，両方の群において，トレーニングによって，一般的な認知的コントロール処理と，異なる2つの課題の処理のバランス調整が生じていたことを示唆するが，しかしその方向は違っていたことも示唆している（Badre, 2008 参照；背側と腹側における認知的コントロールプロセスについては，Dosenbach et al., 2008 の議論を参照）。CRUNCH から見た興味深い疑問は，2つのグループの活性パターンが収束して最適なパフォーマンスの漸近線に近づいたのか，それとも，トレーニングを続けていったとしたら，このまま逆方向に離れていったのかである。同じような脳機能の再調整は，脳障害を持った患者においても見られている（Chen et al., 2011）。

　課題固有の領域が活性するに伴って，一般的な認知的コントロール領域の活性が減少することは共通して現れるパターンである。このパターンは，なぜ転移の効果があまりにも狭いのかという謎に対して，いくつかの手がかりを与えてくれる。つまり，一般的な実行処理というよりも，課題固有の認知プロセスがトレーニングによって強化されているのである。したがって，その課題固有の認知プロセスを利用する転移課題に限っては効果が示されるのであろう。このことについては，第3節の「新しい方向に導く神経イメージング」でもう一度触れる。実際は，新しいスキルの獲得を含んでいるようなトレーニングプログラム（たとえば，hypothesis generation; Kwon et al., 2009; Grabner et al., 2009）は，逆の再調整パターンを示している。つまり，前頭葉や頭頂葉の背側部において活性が増加し，課題固有の領域においては減少していた。このようなトレーニングプログラムはまだ直接検討されていないが，実行処理を強め，広い転移をもたらすだろう。しかし，様々な課題を含むマルチモーダルなトレーニングプログラムを実施すると，より広範囲に転移するという知見があること（第14章を参照）は，この仮説を支持している。様々な課題を含むマルチモーダルなプログラムの課題固有の内容はあまり重要ではなく，むしろ，複数の新奇な課題を遂行するスキルをどれだけ獲得する必要があるか，また，それらの課題をスイッチングしながら取り組む必要があるかが重要なのではないかと考えられる。

　一般的に，循環器系のトレーニングは実行機能を用いる課題にポジティブな効果をもたらすが，ワーキングメモリに関する結果は様々である（Smith et al., 2010 によるメタ分析のレビューを参照）。Kramer らは，循環器系が健常である人の方が，実行処理を必要とする課題において前頭-頭頂領域がより強く活性することを示唆した（Colcombe et al., 2004b）。しかし，きちんと統制された研究は少なく，結果は一貫し

ていない（Colcombe et al., 2004a; Voelcker-Rehage et al., 2011）。Colcombe らの研究によると，ウォーキングのトレーニングを行った高齢者では，前頭－頭頂領域において活性が増加し，前帯状領域の活性が減少した。一方で，Voelcker-Rehage らの研究では，類似のパラダイムを用いているにもかかわらず，活性が全般的に減少したことを報告している。これらの研究では，各群の高齢者たちは，循環器系のトレーニング，コーディネーショントレーニング，またはリラックスやストレッチのトレーニングを 1 年間にわたって受けている。循環器系のトレーニング群やコーディネーショントレーニング群は，リラックス群に比べ，同程度に課題のパフォーマンスが改善した。しかし，2 つのトレーニング群は，実行機能を測定するフランカー課題をしているとき，脳の活性パターンが異なっていた。循環器系のトレーニング群は，脳全体の活性を減少させていた。一方で，コーディネーショントレーニング群は，前頭－頭頂領域の複数部位において活性が減少し，視空間の注意に関係する領域が活性化するという再調整のパターンを示した。循環器系のトレーニングによる前頭－頭頂領域の活性の減少は，身体的なことに関わる領域の処理効率が増加したことによる影響であり，コーディネーショントレーニングによる前頭－頭頂領域の活性の減少は，視空間処理を担う領域が強化されたことによって前頭－頭頂領域の負荷が減ったからではないかと研究者らは推測している。この研究では検討されていないが，循環器系のトレーニング効果は実行機能を使う様々な課題に転移し，それらの課題のパフォーマンスまで改善をもたらすかもしれない。一方で，コーディネーショントレーニングによる効果は，視空間的注意を要する転移課題に制限されるかもしれない。

　ワーキングメモリのトレーニングは，脳活性のタイミングやダイナミクスにも影響を与えるのかもしれない。たとえば，Kelley & Yantis（2010）は視覚的な妨害を抑制するトレーニングを行っている。その後，トレーニング時に見せたディストラクタだけでなく，トレーニング時に見せていないディストラクタを呈示した場合でも，ディストラクタに妨害されにくくなっていたことを報告している。同時に，前頭前野の活性はディストラクタのタイプによって異なっており，トレーニング時に呈示されたディストラクタが用いられた場合は，情報処理の早期の段階でフィルターの役割を担っている中前頭回（middle frontal gyrus）の活性が減少していた。一方で，新しいディストラクタが呈示された場合には，トレーニング後に中前頭回の活性が増加していた。別の研究では，Braver et al.（2009）が，高齢者や統合失調症患者などに見られる実行制御の不全は，健常な若年成人とは異なり，認知的コントロールの初期段階ではなく後半にあることを明らかにしている。この処理のパターンは，トレーニングによって変えることができるうえに，統合失調症患者においては，臨床的症状が改善できることを示唆している（Braver et al., 2009; Edward et al., 2010; Paxton et al.,

2006)。

◆ 他の変化

　ワーキングメモリのトレーニングによって，脳の領域間の機能的結合性（functional connectivity）の変化や同期（resting-state）が生じることを報告している研究は見当たらない。しかしながら，関連領域におけるトレーニングの結果（循環器系のトレーニング，注意トレーニング，運動スキルトレーニング）から考えれば，将来性のある研究であろう。同じように，ワーキングメモリトレーニングが脳活動に与える影響をシステマティックに分類する方法を用いている研究は少ない。しかし最近のエビデンスから考えれば，そのような方法は，様々なタイプの認知コントロールを弁別したり（Esterman et al., 2009），ワーキングメモリ課題時に操作される表象の統合性を判別したりするのに役立つと思われる（Lewis-Peacock & Postle, 2008; Stokes et al., 2009）。CRUNCHの枠組みは，ワーキングメモリ課題を用いたイメージング研究の結果分析に適しており（Carp et al., 2010），この枠組みは，認知リソースの使用の程度を測る結合性の指標としても使えるだろう。

　トレーニングがワーキングメモリに与える影響についてEEG/ERPを用いて調べた研究も，あまり見当たらない。Berry et al.（2010）は，高齢者における知覚的弁別のトレーニングによる後頭部のEEG（N1）の減少が，知覚処理負荷の高いワーキングメモリ課題（ランダムドット・キネマトグラム）の成績向上と関連することを報告している。これは，ボトムアップ処理における処理効率の向上が，行動の改善をもたらしたことを示唆している。実行制御機能をターゲットとした研究としては，ワーキングメモリスキルのトレーニングがエラー関連陰性電位（ERN）の振幅を増加させており，この増加はワーキングメモリ課題におけるエラーの減少と関連していたことを Horowitz-Kraus & Brezenitz（2009）が報告している。CRUNCHの枠組みから見て興味深いのは，Neubauer et al.（2004）の研究である。Neubauerらの研究では，推論課題を初めて行ったときには，知能テストの成績が高い参加者の前頭-頭頂領域（fronto-pariental）の活性は大きかったが，トレーニング後は活性がより大きく減少したのである。これは，トレーニングする前の時点で，彼らの認知的なコントロールのレベルは高い状態（Braver et al., 2009 が「プロアクティブコントロール」と呼んでいるものに似ている）にあるが，トレーニングによってより効率的になることを示唆している。最後に，参加者に自分の脳活性を観察させるニューロフィードバックテクニックもある。それを使えば，課題のパフォーマンスにおいても，脳機能においても，トレーニング効果が上がるかもしれない（Vernon et al., 2003; Zoefel et al., 2011）。

3節　今後の方向性

◆新しい方向に導く神経イメージング

　トレーニングによるパフォーマンスの改善（たとえば，領域固有のコントロールプロセスや知覚的な処理の効率が高まる）について，神経イメージングから得られた知見がどのように役立つかをこれまで紹介してきた。Dahlin et al.（2008）の研究は，どのような課題，またどのような人々に転移の効果が現れるかを，神経イメージングによって予測できることを示している。すでに述べたように，青年の場合には，ワーキングメモリ内の情報を更新させるトレーニングは，前頭－頭頂領域の活性を減少させ，線条体の活性を増加させた。トレーニングで用いていないワーキングメモリ課題（Nバック課題，更新機能が必要とされる）をさせたときには，線条体が活性しており，ポジティブな転移の効果が示された。一方で，前頭－頭頂領域を活性させるが線条体を活性させない別の課題（ストループ）では，トレーニングの効果は得られなかった。言い換えると，トレーニングによって活性が増加した領域を必要とする課題において，トレーニングによる成績の向上が見られたということである。一方で，高齢者の場合，トレーニング前には，どの課題でも線条体の活性は見られなかった。トレーニング後は，トレーニングに用いた課題のパフォーマンスが向上し，線条体の活性も増加したが，転移は生じなかった。

　これらの研究結果から，ニューラルオーバーラップと呼ばれる（Lusting et al., 2009），神経基盤の共有があるかどうかによって，トレーニングしていない課題に対して効果が転移するかどうか決まる可能性が示唆される。さらに，個人やグループと課題の交互作用も考慮すべきであろう。CRUNCHフレームワークと合わせて考えると，ニューラルオーバーラップは，神経イメージング研究とトレーニング研究の新たな統合のあり方を示唆している。すなわち，神経イメージングを使って，個人に適合したトレーニングプログラムの調整を行い，トレーニング効果を高めるというあり方である。たとえば，平均的な健常の青年よりもワーキングメモリ課題のパフォーマンスが低い高齢者が2人いたとする。1人は，ワーキングメモリ課題を行っているとき，前頭－頭頂の活性が小さいが，もう1人は活性が大きいとする。その場合，前者の高齢者には，実行制御の処理をより多く利用するトレーニングプログラムが適している。後者の高齢者には，実行制御の処理の効率を向上させるプログラム，あるいは実行制御の処理の負荷を下げるプログラムが有効であろう。

4節　結論

　神経の可塑性を利用してパフォーマンスを向上させるという方法は，まだ使い始められたばかりである。どの部分をトレーニングするのが良いかを決めたり，トレーニングプログラムの有効性を評価したり，個別の介入プログラムをデザインしたりするうえで，神経イメージングは良いガイドラインとなる可能性を秘めている。ワーキングメモリは，トレーニング研究において，最優先課題として残り続けなければならない。なぜなら，人の認知における重要な役割を担っているからであり，そして，トレーニングが脳をどのように変化させるかの理解を深める最良の分野だからである。CRUNCHが明示しているように，活性の増加や減少を，それだけで解釈することはできない。たとえば機能していないシステムや，容量を超えた操作が行われているシステムを判別するためには，様々な課題要求を考慮して活性レベルを解釈しなければならない。ワーキングメモリ課題は，認知的な負荷を量的に操作することができる。様々な負荷の下で生じる神経反応をトレーニングの前後で測定すれば，トレーニング前にパフォーマンスを制限していた要因は何か，さらに，どのような神経的変化がパフォーマンスを変化させたのかをより正確に特定できる。CRUNCHの観点から見ると，トレーニングの目的は，課題の高い要求にも対応できるようにシステムの上限を高めることによって，課題に対応する機能をよりよい方向へ変化させることである。ニューラルオーバーラップの原理に基づくのであれば，そのような変化が起これば，神経基盤を共有している別の課題にも転移が生じるはずである。

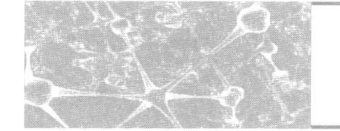

文　献

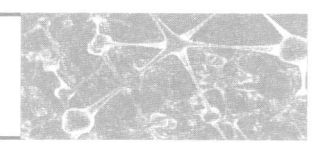

◆ 1章

Baddeley, A. D., & Hitch, G. J. (1974). Working Memory, In G.A. Bower (Ed.), *The Psychology of Learning and Motivation: Advances in Research and Theory* (Vol. 8, pp. 47–89), New York: Academic Press.

Damasio, H., Grabowski, T., Frank, R., Galaburda, A. M., Damasio, A. R. (1994). "The return of Phineas Gage: clues about the brain from the skull of a famous patient." *Science264*, 1102–1105.

Fuster, J. M. (1997). *The Prefrontal Cortex* (third edition).New York: Raven Press.

Macmillan, M. (2000). *An Odd Kind of Fame: Stories of Phineas Gage*. Cambridge, MA: MIT Press.

◆ 2章

Ackerman, P. L., Beier, M. E., & Boyle, M. O. (2002). Individual differences in working memory within a nomological network of cognitive and perceptual speed abilities. *Journal of Experimental Psychology: General, 131*(4), 567–589.

Ackerman, P. L., Beier, M. E., & Boyle, M. O. (2005). Working memory and intelligence: The same or different constructs? *Psychological Bulletin, 131*, 30–60.

Alloway, T. P. & Alloway, R. G. (2010). Investigating the predictive roles of working memory and IQ in academic attainment. *Journal of Experimental Child Psychology, 106*, 20–29.

Arnold, F. C., & Wagner, W. K. (1955). A comparison of Wechsler Children's Scale and Stanford-Binet Scores for eight- and nine-year olds. *Journal of Experimental Education, 24*(1), 91–94.

Atkinson, R. C., & Shiffrin, R. M. (1968). Human memory: A proposed system and its control processes. In K. W. Spence & J. T. Spence (Eds.), *The psychology of learning and motivation: Advances in research and theory* (Vol. 2, pp. 742–775). New York: Academic Press.

Baddeley, A. D. (1986). *Working memory*. Oxford: Oxford University Press.

Baddeley, A. D. (1990). The development of the concept of working memory: Implications and contributions of neuropsychology. In G. Vallar & T. Shallice (Eds.), *Neuropsychological impairments of short-term memory*. Cambridge, UK: Cambridge University Press.

Baddeley, A. D. (1996). Exploring the central executive. *Quarterly Journal of Experimental Psychology Section A: Human Experimental Psychology, 49*(1), 5–28.

Baddeley, A. D. (1997). *Human memory: Theory and practice* (revised ed.). Hove: Psychology Press.

Baddeley, A. D. (2000). The episodic buffer: A new component of working memory? *Trends in Cognitive Sciences, 4*(11), 417–423.

Baddeley, A. D. (2003). Working memory: Looking back and looking forward. *Nature Reviews Neuroscience, 4*(10), 829–839.

Baddeley, A. D. (2006). Working memory: An overview. In S. J. Pickering (Ed.), *Working *memory and education* (pp. 1–31). London: Elsevier.

Baddeley, A. D., Allen, R. J., & Hitch, G. J. (2010). Investigating the episodic buffer. *Psychologica Belgica, 50*, 223–243.

Baddeley, A. D., Allen, R. J., & Hitch, G. J. (2011). Binding in visual working memory: The role of the episodic buffer. *Neuropsychologia, 49*, 1393–1400.

Baddeley, A. D., Gathercole, S. E., & Papagno, C. (1998). The phonological loop as a language learning device. *Psychological Review, 105*(1), 158–173.

Baddeley, A. D., & Hitch, G. J. (1974). Working memory. In G. H. Bower (Ed.), *The psychology of learning and motivation* (Vol. 8, pp. 47–90). New York: Academic Press.

Baddeley, A. D., & Logie, R. H. (1999). The multiple-component model. In A. Miyake & P. Shah (Eds.), *Models of working memory: Mechanisms of active maintenance and executive control* (pp. 28–61). New York: University Press.

Bartholomew, D. J., Deary, I. J., & Lawn, M. (2009). A new lease of life for Thompson's bonds model of intelligence. *Psychological Review, 116*, 567–579.

Binet, A. (1903). *L'Etude Experimentale de l'Intelligence*. Paris: Schleicher.

Binet, A., and Simon, T. (1911). *A method of measuring the development of young children*. Lincoln, IL: Courier Company.

Burgess, G. C., Gray, J. R., Conway, A. R. A., & Braver, T. S. (2011). Neural mechanisms of interference control underlie the relationship between fluid intelligence and working memory span. *Journal of Experimental Psychology: General, 140*, 674–692.

Carroll, J. B. (1993). *Human cognitive abilities: A survey of factor-analytical studies*. New York: Cambridge University Press.

Case, R., Kurland, D. M., & Goldberg, J. (1982). Operational efficiency and the growth of short-term memory span. *Journal of Experimental Child Psychology, 33*(3), 386–404.

Cattell, R. B. (1987). *Intelligence: Its structure, growth, and action*. New York: Elsevier Science Pub. Co.

Cattell, R. B., & Horn, J. L. (1978). A check on the theory of fluid and crystallized intelligence with description of new subtest designs. *Journal of Educational Measurement, 15*, 139–164.

Colom, R., Rebollo, I., Palacios, A., Juan-Espinosa, M., & Kyllonen, P. C. (2004). *Intelligence, 32*, 277–296.

Conway, A. R. A., Cowan, N., Bunting, M. F., Therriault, D. J., & Minkoff, S. R. B. (2002). A latent variable analysis of working memory capacity, short-term memory capacity, processing speed, and general fluid intelligence. *Intelligence, 30*(2), 163–183.

Conway, A. R. A., Getz, S. J., Macnamara, B., & Engel de Abreu, P. M. J. (2011). Working memory and fluid intelligence. In R. J. Sternberg & S. B. Kaufman (Eds.), *The Cambridge handbook of intelligence*. Cambridge, UK: Cambridge University Press.

Conway, A. R. A., Kane, M. J., Bunting, M. F., Hambrick, D. Z., Wilhelm, O., & Engle, R. W. (2005). Working memory span tasks: A methodological review and user's guide. *Psychonomic Bulletin and Review, 12*(5), 769–786.

Cowan, N. (2005). *Working memory capacity*. New York: Psychology Press.

Cowan, N., Day, L., Saults, J. S., Keller, T. A., Johnson, T., & Flores, L. (1992). The role of verbal output time in the effects of word length on immediate memory. *Journal of Memory and Language, 31*, 1–17.

Cowan, N., Elliott, E. M., Saults, J. S., Morey, C. C., Matox, S., Hismjatullina, A., & Conway, A. R. A. (2005). On the capacity of attention: Its estimation and its role in working memory and cognitive aptitudes. *Cognitive Psychology, 51*(1), 42–100.

Cowan, N., Fristoe, N. M., Elliott, E. M., Brunner, R. P., & Saults, J. S. (2006). Scope of attention, control of attention, and intelligence in children and adults. *Memory and Cognition, 34*(8), 1754–1768.

Daneman, M., & Carpenter, P. A. (1980). Individual differences in working memory and reading. *Journal of Verbal Learning and Verbal Behavior, 19*(4), 450–466.

Daneman, M., & Merikle, P. M. (1996). Working memory and language comprehension: A meta-analysis. *Psychonomic Bulletin & Review, 3*(4), 422–433.

Engle, R. W., & Kane, M. J. (2004). Executive attention, working memory capacity, and a two-factor theory of cognitive control. In B. Ross (Ed.), *The psychology of learning and motivation* (pp. 145–199). New York: Academic Press.

Engle, R. W., Tuholski, S. W., Laughlin, J. E., & Conway, A. R. A. (1999). Working memory, short-term memory, and general fluid intelligence: A latent-variable approach. *Journal of Experimental Psychology: General, 128*(3), 309–331.

Frey, M. C., & Detterman, D. K. (2004). Scholastic assessment or g? The relationship between the SAT and general cognitive ability. *Psychological Science, 15*(6), 373–398.

Fukuda, K., Vogel, E. K., Mayr, U., & Awh, E. (2010). Quantity not quality: The relationship between fluid intelligence and working memory capacity. *Psychonomic Bulletin and Review, 17*, 673–679.

Gardner, H. (1983). *Frames of mind: The theory of multiple intelligences.* New York: Basic Books.

Gathercole, S. E., & Baddeley, A. D. (1990). Phonological memory deficits in language disordered children: Is there a causal connection? *Journal of Memory and Language, 29*(3), 336–360.

Gathercole, S. E., Alloway, T. P., Willis, C., & Adams, A. M. (2006). Working memory in children with reading disabilities. *Journal of Experimental Child Psychology, 93*(3), 265–281.

Gottfredson, L. S. (1994, December 13). Mainstream science on intelligence. *Wall Street Journal*, p. A18.

Gould, S. J. (1981). *The mismeasure of man.* New York: W.W. Norton & Co.

Guilford, J. P. (1988). Some changes in the structure of intellect model. *Educational and Psychological Measurement, 48*, 1–4.

Hambrick, D. Z. (2003). Why are some people more knowledgeable than others? A longitudinal study of real-world knowledge acquisition. *Memory & Cognition, 31*, 902–917.

Holzinger, K., & Swineford, F. (1937). The bi-factor method. *Psychometrika, 2*, 41–54.

Jonides, J., Lewis, R. L., Nee, D. E., Lustig, C. A., Berman, M. G., & Moore, K. S. (2008). The mind and brain of short-term memory. *Annual Review of Psychology, 59*, 193–224.

Kane, M. J., & Engle, R. W. (2002). The role of prefrontal cortex in working-memory capacity, executive attention, and general fluid intelligence: An individual differences perspective. *Psychonomic Bulletin and Review, 9*(4), 637–671.

Kane, M. J., Hambrick, D. Z., & Conway, A. R. A. (2005). Working memory capacity and fluid intelligence are strongly related constructs: Comment on Ackerman, Beier, and Boyle (2005). *Psychological Bulletin, 131*(1), 66–71.

Kane, M. J., Hambrick, D. Z., Tuholski, S. W., Wilhelm, O., Payne, T., & Engle, R. W. (2004). The generality of working memory capacity: A latent-variable approach to verbal and visuospatial memory span and reasoning. *Journal of Experimental Psychology: General, 133*(2), 189–217.

Kovacs, K. (2010). *A component process account of the general factor of intelligence.* Doctoral dissertation submitted to the University of Cambridge.

Kyllonen, P. C., & Christal, R. E. (1990). Reasoning ability is (little more than) working-memory capacity?! *Intelligence, 14*(4), 389–433.

Logie, R. H. (1995). *Visuo-spatial working memory.* Hove, UK: Lawrence Erlbaum Associates Ltd.

Luck, S. J., & Vogel, E. K. (1997). The capacity of visual working memory for features and conjunctions. *Nature, 390*(6657), 279–281.

Mackintosh, N. J. (1998). *IQ and human intelligence*. Oxford: Oxford University Press.

Mackintosh, N. J. & Bennett, E. S. (2003). The fractionation of working memory maps onto different components of intelligence. *Intelligence, 31*(6), 519–531.

Miyake, A., Friedman, N. P., Rettinger, D. A., Shah, P., & Hegarty, M. (2001). How are visuospatial working memory, executive functioning, and spatial abilities related? A latent-variable analysis. *Journal of Experimental Psychology: General, 130*(4), 621–640.

Nairne, J. S. (2002). Remembering over the short-term: The case against the standard model. *Annual Review of Psychology, 53*, 53–81.

Norman, D. A., & Shallice, T. (1986). Attention to action: Willed and automatic control of behaviour. In R. J. Davidson, G. E. Schwarts, & D. Shapiro (Eds.), *Consciousness and self-regulation: Advances in research and theory* (Vol. 4, pp. 1–18). New York: Plenum Press.

Oberauer, K., Schulze, R., Wilhelm, O., & Süß, H. (2005). Working memory and intelligence—Their correlation and their relation: Comment on Ackerman, Beier, and Boyle (2005). *Psychological Bulletin, 131*(1), 61–65.

Papagno, C., Cecchetto, C., Reati, F., & Bello, L. (2007). Processing of syntactically complex sentences relies on verbal short-term memory: Evidence from a short-term memory patient. *Cognitive Neuropsychology, 24*(3), 292–311.

Penrose, L. S., & Raven, J. C. (1936). A new series of perceptual tests: Preliminary communication. *British Journal of Medical Psychology, 16*, 97[104].

Raven, J. C. (1938). *Progressive Matrices: A perceptual test of intelligence*. London: H. K Lewis. Psychological Corporation.

Shah, P., & Miyake, A. (1996). The separability of working memory resources for spatial thinking and language processing: An individual differences approach. *Journal of Experimental Psychology: General, 125*(1), 4–27.

Shallice, T., & Warrington, E. K. (1970). Independent functioning of verbal memory stores: A neuropsychological study. *Quarterly Journal of Experimental Psychology, 22*(2), 261–273.

Spearman, C. (1904). General intelligence, objectively determined and measured. *American Journal of Psychology, 15*, 201–293.

Stern, W. (1912). *Die Psychologische Methoden der Intelligenzprüfung*. Leipzig: Barth.

Sternberg, R. J. (1990). *Wisdom: Its nature, origins, and development*. New York: Cambridge University Press.

Süß, H. M., Oberauer, K., Wittman, W. W., Wilhelm, O., & Schulze, R. (2002). Working-memory capacity explains reasoning ability—and a little bit more. *Intelligence, 30*, 261–288.

Terman, L. M. (1916). *The measurement of intelligence*. Boston, MA: Houghton Mifflin.

Thomson, G. H. (1916). A hierarchy without a general factor. *British Journal of Psychology, 8*, 271–281.

Thurstone, L. L. (1938). *Primary mental abilities*. Chicago: University of Chicago Press.

Treisman, A. M., & Gelade, G. (1980). A feature-integration theory of attention. *Cognitive Psychology, 12*(1), 97–136.

Turner, M. L., & Engle, R. W. (1989). Is working memory capacity task dependent? *Journal of Memory and Language, 28*(2), 127–154.

Urbina, S. (2011). Tests of intelligence. In R. J. Sternberg & S. B. Kaufman (Eds.), *The Cambridge handbook of intelligence*. Cambridge, UK: Cambridge University Press.

Van Der Maas, H. L. J., Dolan, C. V., Grasman, R. P., Wicherts, J. M., Huizenga, H. M., & Raijmakers M. E. J. (2006). A dynamical model of general intelligence: The positive

manifold of intelligence by mutualism. *Psychological Review, 113*(4), 842–861.
Vandierendonck, A., De Vooght, G., & Van der Goten, K. (1998). Interfering with the central executive by means of a random interval repetition task. *Quarterly Journal of Experimental Psychology, 51A*, 197–218.
Wechsler, D. (1939). *The measurement of adult intelligence.* Baltimore: Williams & Wilkins.
Wechsler, D. (1949). *Manual for the Wechsler intelligence scale for children.* New York: The Psychological Corporation.
Wechsler, D. (1955). *Manual for the Wechsler Adult Intelligence Scale.* New York: The Psychological Corporation.

3 章

Ambrose, S. H. (2001). Paleolithic technology and human evolution. *Science, 291*(5509), 1748–1753.
Ambrose, S. H. (2010). Coevolution of composite-tool technology, constructive memory, and language: Implications for the evolution of modern human behavior. In T. Wynn & F. L. Coolidge (Eds.), *Working memory: Beyond language and symbolism* (pp. S135–S147). Chicago, IL: University of Chicago Press.
Ando, J., Ono, Y., & Wright, M. J. (2001). Genetic structure of spatial and verbal working memory. *Behavior Genetics, 31*(6), 615–624.
Baddeley, A. D. (1993). Working memory or working attention? In A. D. Baddeley & L. Weiskrantz (Eds.), *Attention: Selection, awareness, and control: A tribute to Donald Broadbent* (pp. 152–170). Oxford, UK: Oxford University Press.
Baddeley, A. D. (2000). The episodic buffer: A new component of working memory? *Trends in Cognitive Sciences, 4*, 417–423.
Baddeley, A. D. (2001). Is working memory working? *American Psychologist, 11*, 851–864.
Baddeley, A. D. (2002). Is working memory still working? *European Psychologist, 7*(2), 85–97.
Baddeley, A. D. (2007). *Working memory, thought, and action.* Oxford, UK: Oxford University Press.
Baddeley, A., & Logie, R. (1999). Working memory: The multiple-component model. In A. Miyake & P. Shah (Eds.), *Models of working memory: Mechanisms of active maintenance and executive control* (pp. 28–61). New York, NY: Cambridge University Press.
Barker, G., Barton, H., Bird, M., Daly, P., Datan, I., Dykes, A. ... & Turney, C. (2007). The 'human revolution' in lowland tropical Southeast Asia: The antiquity and behavior of anatomically modern humans at Niah Cave (Sarawak, Borneo). *Journal of Human Evolution, 52*(3), 243–261.
Bednarik, R. G. (1994). A taphonomy of palaeoart. *Antiquity, 68*, 68–74.
Bleed, P. (1986). The optimal design of hunting weapons: Maintainability or reliability? *American Antiquity, 51*(4), 737–747.
Botha, R. (2008). Prehistoric shell beads as a window on language evolution. *Language and Communication, 28*(3), 197–212.
Callow, P., & Cornford, J. M. (1986). *La Cotte de St. Brelade 1961–1978: Excavations by C. B. M. McBurney.* Norwich, UK: Geo Books.
Carruthers, P. (2002). The cognitive functions of language. *Behavioral and Brain Sciences, 25*, 657–675.
Coolidge, F. L., Thede, L. L., & Young, S. E. (2000). Heritability and the comorbidity of ADHD with behavioral disorders and executive function deficits: A preliminary

investigation. *Developmental Neuropsychology*, 17, 273–287.
Coolidge, F. L., & Wynn, T. (2001). Executive functions of the frontal lobes and the evolutionary ascendancy of Homo sapiens. *Cambridge Archaeological Journal*, 11(2), 255–260.
Coolidge, F. L., & Wynn, T. (2005). Working memory, its executive functions, and the emergence of modern thinking. *Cambridge Archaeological Journal*, 15(1), 5–26.
Coolidge, F. L., & Wynn, T. (2008). The role of episodic memory and autonoetic thought in Upper Paleolithic life. *PaleoAnthropology*, 2008, 212–217.
Coolidge, F. L., & Wynn, T. (2009). *The rise of* Homo sapiens: *The evolution of modern thinking*. Chichester, UK: Wiley-Blackwell.
d'Errico, F. (2001). Memories out of mind: The archaeology of the oldest memory systems. In A. Nowell (Ed.), *In the mind's eye: Multidisciplinary approaches to the evolution of human cognition* (pp. 33–49). Ann Arbor, MI: International Monographs in Prehistory.
d'Errico, F., Henshilwood, C., Lawson, G., Vanhaeren, M., Tillier, A.-M., Soressi, M. & Julien, M. (2003). Archaeological evidence for the emergence of language, symbolism, and music: An alternative multidisciplinary perspective. *Journal of World Prehistory*, 17(1), 1–70.
d'Errico, F., Henshilwood, C., Vanhaeren, M., & van Niekerk, K. (2005). *Nassarius kraussianus* shell beads from Blombos Cave: Evidence for symbolic behaviour in the Middle Stone Age. *Journal of Human Evolution*, 48(1), 3–24.
D'Esposito, M. (2007). From cognitive to neural models of working memory. *Philosophical Transactions of the Royal Society B, Biological Sciences*, 362(1481), 761–772.
De la Torre, I. (2010). Insights on the technical competence of the early Oldowan. In A. Nowell & I. Davidson (Eds.), *Stone tools and the evolution of human cognition* (pp. 45–65). Boulder, CO: University Press of Colorado.
Deacon, H. (1993). Planting an idea: An archaeology of Stone Age gatherers in South Africa. *South African Archaeological Journal*, 48, 86–93.
Ericsson, K., & Delaney, P. (1999). Long-term working memory as an alternative to capacity models of working memory in everyday skilled performance. In A. Miyake & P. Shah (Eds.), *Models of working memory: Mechanisms of active maintenance and executive control* (pp. 257–297). New York, NY: Cambridge University Press.
Frankish, K. (1998a) A matter of opinion. *Philosophical Psychology*, 11, 423–442.
Frankish, K. (1998b) Natural language and virtual belief. In P. Carruthers & J. Boucher (Eds.), *Language and thought* (pp. 248–269). Cambridge, UK: Cambridge University Press.
Gaudzinski, S., & Roebroeks, W. (2000). Adults only: Reindeer hunting at the Middle Palaeolithic site Salzgitter Lebenstedt, northern Germany. *Journal of Human Evolution*, 38(4), 497–521.
Gravina, B., Mellars, P., & Ramsey, C. B. (2005). Radiocarbon dating of interstratified Neanderthal and early modern human occupations at the Châtelperron type-site. *Nature*, 438(3), 51–56.
Grünberg, J. (2002). Middle Palaeolithic birch-bark pitch. *Antiquity*, 76(1), 15–16.
Hahn, J. (1986). *Kraft und aggression: Die botschaftder eiszeitkunstin Aurignacien suddeutschlands?* Vol. 7. Tubingen, Germany: Archaeological Venatoria.
Hansell, N. K., Wright, M. J., Smith, G. A., Geffen, G. M., Geffen, L. B., & Martin, N. G. (2001). Genetic influence on ERP slow wave measures of working memory. *Behavior Genetics*, 31, 603–614.
Harlow, J. M. (1868). Recovery from the passage of an iron bar through the head. *Publications of the Massachusetts Medical Society*, 2, 327–346.
Henshilwood, C., & Dubreuil, B. (2009). Reading the artefacts: Gleaning language skills

from the Middle Stone Age in southern Africa. In R. Botha (Ed.), *The cradle of language* (pp. 41–63). Stellenbosch, South Africa: Stellenbosch University.

Henshilwood, C. S., & Marean, C. W. (2003). The origin of modern human behavior: Critique of the models and their test implications. *Current Anthropology*, 44(5), 627–651.

Jègues-Wolkiewiez, C. (2005). Aux racines de l'astronomie, ou l'ordre caché d'une oeuvre paléolithique. *Antiquités Nationales*, 37, 43–62.

Keller, C., & Keller, J. (1996). *Cognition and tool use: The blacksmith at work*. Cambridge, UK: Cambridge University Press.

Koller, J., Baumer, U., & Mania, D. (2001). High-tech in the Middle Palaeolithic: Neanderthal-manufactured pitch identified. *European Journal of Archaeology*, 4(3), 385–397.

Kuhn, S. L., & Stiner, M. C. (2006). What's a mother to do? The division of labor among Neanderthals and modern humans in Eurasia. *Current Anthropology*, 47(6), 953–980.

Lewis, H. (1982). Fire technology and resource management in aboriginal North America and Australia. In E. Hunn (Ed.), *Resource managers: North American and Australian hunter-gatherers* (pp. 45–68). Washington, DC: American Association for the Advancement of Science.

Lezak, M. (1982). The problem of assessing executive functions. *International Journal of Psychology*, 17, 281–297.

Luria, A. R. (1966). *Higher cortical function in man*. New York, NY: Basic Books.

Malafouris, L. (2008). Beads for a plastic mind: The 'Blind Man's Stick' (BMS) hypothesis and the active nature of material culture. *Cambridge Archaeological Journal*, 18(3), 401–414.

Malafouris, L. (2010). Grasping the concept of number: How did the sapient mind move beyond approximation? In C. Renfrew & I. Morley (Eds.), *The archaeology of measurement: Comprehending heaven, earth and time in ancient societies* (pp. 35–42). Cambridge, UK: Cambridge University Press.

Marshack, A. (1991a). *The roots of civilization: The cognitive beginnings of man's first art, symbol and notation*. Kingston, RI: Moyer Bell Ltd.

Marshack, A. (1991b). The Tai Plaque and calendrical notation in the Upper Palaeolithic. *Cambridge Archaeological Journal*, 1(1), 25–61.

Mazza, P. P. A., Martini, F., Sala, B., Magi, M., Colombini, M. P., Giachi, G., ... & Ribechini, E. (2006). A new Palaeolithic discovery: Tar-hafted stone tools in a European Mid-Pleistocene bone-bearing bed. *Journal of Archaeological Science*, 33(9), 1310–1318.

Mellars, P. (2010). Neanderthal symbolism and ornament manufacture: The bursting of a bubble? *Proceedings of the National Academy of Sciences*, 107(47), 20147–20148.

Mellars, P., Gravina, B., & Ramsey, C. B. (2007). Confirmation of Neanderthal/modern human interstratification at the Chatelperronian type-site. *Proceedings of the National Academy of Sciences*, 104(9), 3657–3662.

Miyake, A., Friedman, N. P., Emerson, M. J., Witzki, A. H., Howerter, A., & Wager, T. D. (2000). The unity and diversity of executive functions and their contributions to complex "frontal lobe" tasks: A latent variable analysis. *Cognitive Psychology*, 41, 49–100.

Miyake, A., & Shah, P. (Eds.). (1999). *Models of working memory: Mechanisms of active maintenance and executive control*. New York, NY: Cambridge University Press.

Moore, A. M. T., Hillman, G. C., & Legge, A. J. (2000). *Village on the Euphrates: From foraging to farming at Abu Hureyra*. Oxford, UK: Oxford University Press.

Oberauer, K., Suss, H-M., Wilhelm, O., & Wittman, W. W. (2003). The multiple faces of working memory: Storage, processing, supervision, and coordination. *Intelligence*, 31, 167–193.

Oswalt, W. (1976). *An anthropological analysis of food-getting technology*. New York, NY: John Wiley & Sons.

Pike-Tay, A., & Bricker, H. (1993). Hunting in the Gravettian: An examination of evidence from southwestern France. In H. Bricker, P. Mellar, & G. Peterkin (Eds.), *Hunting and animal exploitation in the Later Palaeolithic and Mesolithic of Eurasia* (pp. 127–144). Washington, DC: American Anthropological Association.

Price, T. D., & Brown, J. A. (1985). *Prehistoric hunter-gatherers: The emergence of cultural complexity*. New York, NY: Academic Press.

Rijsdijk, F. V., Vernon, P. A., & Boomsma, D. I. (2002). Application of hierarchical genetic models to Raven and WAIS subtests: A Dutch twin study. *Behavior Genetics*, 32(3), 199–210.

Rots, V., & Van Peer, P. (2006). Early evidence of complexity in lithic economy: Core-axe production, hafting and use at late Middle Pleistocene site 8-B-11, Sai Island (Sudan). *Journal of Archaeological Science*, 33(3), 360–371.

Schmandt-Besserat, D. (1992). *How writing came about*. Austin, TX: University of Texas Press.

Shea, J., & Sisk, M. (2010). Complex projectile technology and *Homo sapiens* dispersal into Western Eurasia. *PaleoAnthropology*, 2010, 100–122.

Shea, J., Fleagle, J., & Assefa, Z. (2007). Context and chronology of early *Homo sapiens* fossils from the Omo Kibish. In F. Mellars, K. Boyle, O. Bar-Yosef, & C. B. Stringer (Eds.), *Rethinking the human revolution* (pp. 153–164). Cambridge, UK: McDonald Institute for Archaeological Research.

Soffer, O. (1989). Storage, sedentism and the Eurasian Palaeolithic record. *Antiquity*, 63, 719–732.

Straus, L. G. (1996). Holocene transition in southwest Europe. In L. G. Straus, B. V. Eriksen, J. Erlandson, & D. Yesner (Eds.), *Humans at the end of the Ice Age: The archaeology of the Pleistocene–Holocene transition* (pp. 83–99). New York, NY: Plenum Press.

Tulving, E. (2002). Episodic memory: From mind to brain. *Annual Review of Psychology*, 53, 1–25.

Villa, P. (1982). Conjoinable pieces and site formation processes. *American Antiquity*, 47(2), 276–290.

Villa, P., Boscato, P., Ranaldo, F., & Ronchitelli, A. (2009). Stone tools for the hunt: Points with impact scars from a Middle Paleolithic site in southern Italy. *Journal of Archaeological Science*, 36(3), 850–859.

Wadley, L. (2010). Were snares & traps used in the Middle Stone Age and does it matter? A review and a case study from Sibudu, South Africa. *Journal of Human Evolution*, 58(2), 179–192.

Wadley, L., Hodgskiss, T., & Grant, M. (2009). Implications for complex cognition from the hafting of tools with compound adhesives in the Middle Stone Age, South Africa. *Proceedings of the National Academy of Sciences of the United States of America*, 106(24), 9590–9594.

Wilson, R., & Clark, A. (2009). How to situate cognition: Letting nature take its course. In P. Robbins & M. Aydede (Eds.), *The Cambridge handbook of situated cognition* (pp. 55–77). Cambridge, UK: Cambridge University Press.

Wynn, T., & Coolidge, F. L. (2004). The expert Neandertal mind. *Journal of Human Evolution*, 46(4), 467–487.

Wynn, T., Coolidge, F. L., & Bright, M. (2009). Hohlenstein-Stadel and the evolution of human conceptual thought. *Cambridge Archaeological Journal*, 19(1), 73–83.

Yellen, J. E., Brooks, A. S., Cornelissen, E., Mehlman, M. J., & Stewart, K. (1995). A Middle

Stone age worked bone industry from Katanda, Upper Semliki Valley, Zaire. *Science, 268*(5210), 553–556.

4章

Alloway, T.P. (2007a). *Automated working memory assessment*. London: Pearson Assessment.
Alloway, T.P. (2007b). Working memory, reading and mathematical skills in children with developmental coordination disorder. *Journal of Experimental Child Psychology, 96*, 20–36.
Alloway, T.P. (2009). Working Memory, but not IQ, predicts subsequent learning in children with learning difficulties. *European Journal of Psychological Assessment, 25*, 92–98.
Alloway, T.P. (2010). *Improving working memory: Supporting students' learning*. London: Sage Press.
Alloway, T.P. (2012). Can interactive working memory training improving learning? *Journal of Interactive Learning Research, 23*(3) 197–207.
Alloway, T.P. & Alloway, R.G. (2010). Investigating the predictive roles of working memory and IQ in academic attainment. *Journal of Experimental Child Psychology, 106*, 20–29.
Alloway, T.P. & Alloway, R.G. (2013). Working memory across the lifespan: A cross-sectional approach. *Journal of Cognitive Psychology, 25*, 84-93.
Alloway, T.P., Alloway, R.G., & Wooten, S. (2014). Home sweet home: The impact of zipcode on cognitive skills. *Journal of Experimental Child Psychology, 124*, 124-131.
Alloway, T.P., Bibile, V., & Lau, G. (2013). Computerized working memory training : Can it lead to gains in cognitive skills in students? *Computers in Human Behavior, 29*, 632-638
Alloway, T.P., Doherty-Sneddon, G., & Forbes, L. (2012). Teachers' perceptions of classroom behavior and working memory. *Education Research and Reviews, 7*, 138-142.
Alloway, T.P., & Elsworth, S. (2012). An investigation of cognitive skills and behavior in high ability students. *Learning and Individual Differences, 22*, 891-895.
Alloway, T.P. & Gathercole, S.E. (2005). The role of sentence recall in reading and language skills of children with learning difficulties. *Learning and Individual Differences, 15*, 271–282.
Alloway, T.P. & Gathercole, S.E. (2006). How does working memory work in the classroom? *Educational Research and Reviews, 1*, 134–139.
Alloway, T.P., Gathercole, S.E., Adams, A.M., Willis, C., Eaglen, R., & Lamont, E. (2005). Working memory and other cognitive skills as predictors of progress towards early learning goals at school entry. *British Journal of Developmental Psychology, 23*, 417–426.
Alloway, T.P., Gathercole, S.E., Holmes, J., Place, M., & Elliott, J. (2009) The diagnostic utility of behavioral checklists in identifying children with ADHD and children with working memory deficits. *Child Psychiatry & Human Development, 40*, 353–366.
Alloway, T.P., Gathercole, S.E., Kirkwood, H.J., & Elliott, J.E. (2008). Evaluating the validity of the Automated Working Memory Assessment. *Educational Psychology, 7*, 725–734.
Alloway, T.P., Gathercole, S.E., Kirkwood, H.J., & Elliott, J.E. (2009). The cognitive and behavioral characteristics of children with low working memory. *Child Development, 80*, 606–621.
Alloway, T.P., Gathercole, S.E., & Pickering, S.J. (2006). Verbal and visuo-spatial short-term and working memory in children: Are they separable? *Child Development, 77*, 1698–1716.
Alloway, T.P., Gathercole, S.E., Willis, C., & Adams, A.M. (2004). A structural analysis of working memory and related cognitive skills in early childhood. *Journal of Experimental*

Child Psychology, 87, 85–106.

Alloway, T.P. & Passolunghi, M.C. (2011). The relations between working memory and arithmetical abilities: A comparison between Italian and British children. *Learning and Individual Differences, 21*, 133–137.

Alloway, T.P., Rajendran, G., & Archibald, L.M. (2009). Working memory profiles of children with developmental disorders. *Journal of Learning Difficulties, 42*, 372–382.

Alloway, T.P. & Temple, K.J. (2007). A comparison of working memory profiles and learning in children with developmental coordination disorder and moderate learning difficulties. *Applied Cognitive Psychology, 21*, 473–487.

Archibald, L.M. & Alloway, T.P. (2008). Comparing language profiles: Children with specific language impairment and developmental coordination disorder. *International Journal of Communication and Language Disorders, 43*, 165–180.

Ashcraft, M. & Kirk, E.P. (2001). The relationships among working memory, math anxiety, and performance. *Journal of Experimental Psychology: General, 130*, 224–237.

Astle, D.E., Nobre, A.C., & Scerif, G. (2010). Attentional control constrains visual short-term memory: Insights from developmental and individual differences. *Quarterly Journal of Experimental Psychology, 30*, 1–18.

Baddeley, A.D. & Hitch, G. (1974). Working memory. In G. Bower (Ed.), *The psychology of learning and motivation, 8*, 47–90. New York: Academic Press.

Barkley, R.A. (1997). *ADHD and the nature of self-control.* New York: Guilford.

Barrouillet, P., Bernardin, S., & Camos, V. (2004). Time constraints and resource sharing in adults' working memory spans. *Journal of Experimental Psychology: General, 133*, 83–100.

Baum, S.M. & Olenchak, F.R. (2002). The alphabet children: GT, ADD/ADHD, and more. *Exceptionality, 10*, 77–91.

Belleville, S., Rouleau, N., & Caza, N. (1998). Effect of normal ageing on the manipulation of information in working memory. *Memory and Cognition, 26*, 572–583.

Blakemore, S.J. & Choudhury, S. (2006). Development of the adolescent brain: Implications for executive function and social cognition. *Journal of Child Psychology and Psychiatry, 47*, 296–312.

Boonen, A.J.H., Kolkman, M.E., & Kroesbergen, E.H. (2011). The relation between teachers' math talk and the acquisition of number sense within kindergarten classrooms. *Journal of School Psychology, 49*, 281–299.

Brody, G.H. & Flor, D.L. (1998). Maternal resources, parenting practices, and child competence in rural, single-parent African American families. *Child Development, 69*, 803–816.

Bull, R. & Scerif, G. (2001). Executive functioning as a predictor of children's mathematics ability: Shifting, inhibition and working memory. *Developmental Neuropsychology, 19*, 273–293.

Campbell, T., Dollaghan, C., Needleman, H., & Janosky, J. (1997). Reducing bias in language assessment: A processing-dependent measure. *Journal of Speech, Language and Hearing Research, 40*, 519–525.

Castellanos, F.X., Sonuga-Barke, E.J.S., Milham, M.P., & Tannock, R. (2006). Characterising cognition in ADHD: Beyond executive dysfunction. *Trends in Cognitive Sciences, 10*, 117–123.

Conners, K. (2005). *Conners' Teacher Rating Scale-Revised (S).* New York: Multi-Health Systems Inc.

Cowan, N. (2001). The magical number 4 in short-term memory: A reconsideration of mental storage capacity. *Behavioral and Brain Sciences, 24*, 87.

Cowan, N. (2005). *Working memory capacity*. Hove, East Sussex, UK: Psychology Press.
Ellis, N.C. & Hennelly, R.A. (1980). A bilingual word-length effect: Implications for intelligence testing and the relative ease of mental calculations in Welsh and English. *British Journal of Psychology*, 71, 43–52.
Engel, P.M.J., Heloisa Dos Santos, F., & Gathercole, S.E. (2008). Are working memory measures free of socio-economic influence? *Journal of Speech, Language, and Hearing Research*, 51, 1580–1587.
Engle, R.W., Carullo, J.J., & Collins, K.W. (1991). Individual differences in working memory for comprehension and following directions. *Journal of Educational Research*, 84, 253–262.
Fuster, J.M. (2005). The cortical substrate of general intelligence. *Cortex*, 41, 228–229.
Fuster, J.M. (2008). *The prefrontal cortex* (Fourth Edition). London: Academic Press.
Fuster, J.M. & Alexander, G.E. (1971). Neuron activity related to short-term memory. *Science*, 173, 652–654.
Gathercole, S.E. (1998). The development of memory. *Journal of Child Psychology and Psychiatry*, 39, 3–27.
Gathercole, S.E. (2006). Complexities and constraints in nonword repetition and word learning. *Applied Psycholinguistics*, 27, 599–613.
Gathercole, S.E. & Alloway, T.P. (2008). *Working memory and learning: A practical guide*. London: Sage Press.
Gathercole, S.E., Durling, J., & Evans, S. (2008). Working memory abilities and children's performance in laboratory analogues of classroom activities. *Applied Cognitive Psychology*, 22, 1019–1037.
Gathercole, S.E., Lamont, E., & Alloway, T.P. (2006). Working memory in the classroom. In S. Pickering (Ed.), *Working memory and education*, pp. 219–240. Oxford: Elsevier Press.
Geary, D.C., Hoard, M.K., & Hamson, C.O. (1999). Numerical and arithmetic cognition: Patterns of functions and deficits in children at risk for a mathematical disability. *Journal of Experimental Child Psychology*, 74, 213–239.
Gersten, R., Jordan, N.C., & Flojo, J.R. (2005). Early identification and interventions for students with mathematics difficulties. *Journal of Learning Disabilities*, 38, 293–304.
Gray, J.R., Chabris, C.F. & Braver, T.S. (2003). Neural mechanisms of general fluid intelligence. *Nature Neuroscience*, 6, 316–322.
Groth, N. (1975). Mothers of gifted. *The Gifted Child Quarterly*, 19, 217–222.
Holmes, J., Gathercole, S.E., Place, M., Alloway, T.P., & Elliott, J. (2010). An assessment of the diagnostic utility of executive function assessments in the identification of ADHD in children. *Child and Adolescent Mental Health*, 15, 37–43.
Holmes, J., Gathercole, S.E., & Dunning, D.L. (2009). Adaptive training leads to sustained enhancement of poor working memory in children. *Developmental Science*, 12, 9–15.
Hulme, C., Maughan, S., & Brown, G.D.A. (1991). Memory for familiar and unfamiliar words: Evidence for a longer term memory contribution to short-term memory span. *Journal of Memory and Language*, 30, 685–701.
Jaeggi, S.M., Buschkuehl, M., Jonides, J., & Perrig, W.J. (2008). Improving fluid intelligence with training on working memory. *Proceedings of the National Academy of Science*, 105, 6829–6833.
Janelle, C.M., Singer, R.N., & Williams, A.M. (1999). External distraction and attentional narrowing: Visual search evidence. *Journal of Sport and Exercise Psychology*, 21, 70–91.
Kane, M.J. & Engle, R.W. (2002). The role of prefrontal cortex in working-memory capacity, executive attention, and general fluid intelligence: An individual-differences perspective. *Psychonomic Bulletin and Review*, 9, 637–671.

Kaufman, A.S. (2001). WAIS-III IQs, Horn's theory, and generational changes from young adulthood to old age. *Intelligence, 29*, 131–167.

Klingberg, T., Fernell, E., Olesen, P.J., Johnson, M., Gustafsson, P., Dahlstrom, K. et al. (2005). Computerised training of working memory in children with ADHD: A randomized, controlled trial. *Journal of the American Academy of Child and Adolescent Psychiatry, 44,* 177–186.

Leseman, P., Scheele, A., Mayo, A., & Messer, M. (2007). Home literacy as a special language environment to prepare children for school. *Zeitschrift für Erziehungswissenschaft, 10,* 334–355.

MacLeod, C. & Donnellan, A.M. (1993). Individual differences in anxiety and the restriction of working memory capacity. *Personality and Individual Differences, 15,* 163–173.

Martinussen, R., Hayden, J., Hogg-Johnson, S., & Tannock, R. (2005). A meta-analysis of working memory impairments in children with attention-deficit/hyperactivity disorder. *Journal of the American Academy of Child and Adolescent Psychiatry, 44,* 377–384.

Messer, M.H., Leseman, P.P.M., Boom, J., & Mayo, A.Y. (2010). Phonotactic probability effect in nonword recall and its relationship with vocabulary in monolingual and bilingual preschoolers. *Journal of Experimental Child Psychology, 105,* 306–323.

Miyake, A. & Shah, P. (Eds.) (1999). *Models of working memory: Mechanisms of active maintenance and executive control.* New York: Cambridge University Press.

Morris, E. (2002). *Insight primary.* Hampshire, UK: NFER Nelson.

Owens, M., Stevenson, J., Norgate, R., & Hadwin, J. (2008). Processing efficiency theory in children: Working memory as a mediator between trait anxiety and academic performance. *Anxiety, Stress, and Coping, 21,* 417–430.

Pimperton, H. & Nation, K. (2010). Suppressing irrelevant information from working memory: Evidence for domain-specific deficits in poor comprehenders. *Journal of Memory and Language, 62,* 380–391.

Reynolds, C.R., Willson, V.L., & Ramsey, M. (1999). Intellectual differences among Mexican Americans, Papagos and Whites, independent of g. *Personality and Individual Differences, 27,* 1181–1187.

Rogalsky, C., Matchin, W., & Hickok, G. (2008). Broca's area, sentence comprehension, and working memory: An fMRI study. *Frontiers in Human Neuroscience, 2,* 14.

Roid, G.H. (2003). *Stanford-Binet Intelligence Scales, Fifth Edition.* Itasca, IL: Riverside Publishing.

Roodenrys, S. (2006). Working memory function in Attention Deficit Hyperactivity Disorder. In T.P. Alloway & S.E. Gathercole (Eds.), *Working memory and neurodevelopmental conditions* (pp. 336–383). Hove, England: Psychology Press.

Russell, J., Jarrold, C., & Henry, L. (1996).Working memory in children with autism and with moderate learning difficulties. *Journal of Child Psychology and Psychiatry, 37,* 673–686.

Siegel, L.S., & Ryan, E.B. (1989). The development of working memory in normally achieving and subtypes of learning disabled children. *Child Development, 60,* 973–980.

Silk, T.J., Bellgrove, M.A., Wrafter, P., Mattingley, J.B., & Cunnington, R. (2010). Spatial working memory and spatial attention rely on common neural processes in the intraparietal sulcus. *Neuroimage, 53,* 718–724.

St Clair-Thompson, H. & Sykes, A. (2010). Scoring methods and the predictive ability of working memory tasks. *Behavior Research Methods, 4,* 969–975.

Swanson, H.L. (2003). Age-related differences in learning disabled and skilled readers' working memory. *Journal of Experimental Child Psychology, 85,* 1–31.

Turner, M.L. & Engle, R.W. (1989). Is working memory capacity task dependent? *Journal of Memory and Language, 28*, 127–154.

US Department of Education, National Center for Education Statistics (2010). *Digest of education statistics, 2009* (NCES 2010–013).

Van der Molen, M.J., Van Luit, J.E.H., Van der Molen, M.W., Klugkist, I., & Jongmans, M.J. (2010). Effectiveness of a computerised working memory training in adolescents with mild to borderline intellectual disabilities. *Journal of Intellectual Disability Research, 54*, 433–447.

Visu-Petra, L., Cheie, L., Benga, O., & Alloway, T.P. (2011). Effects of anxiety on simple retention and memory updating in young children. *International Journal of Behavioral Development, 35*, 38–47.

Wechsler, D. (2006). *Wechsler Intelligence Scale for Children (UK Version IV)*. Oxford: Psychological Corporation.

Weismer, S.E., Tomblin, J.B., Zhang, X., Buckwalter, P., Chynoweth, J.G., & Jones, M. (2000). Nonword repetition performance in school-age children with and without language impairment. *Journal of Speech, Language, and Hearing Research, 43*, 865–878.

Woodcock, R., McGrew, R., & Mather, N. (2001). *Woodcock Johnson tests of achievement*. Rolling Meadow, IL: Riverside Publishing.

5章

Baddeley, A. D., & Hitch, G. J. (1974). Working memory. In G. H. Bower (Ed.), *The psychology of learning and motivation*, (Vol. 8, pp. 47–89). New York, NY: Academic Press.

Basak, C. (2006). Capacity limits of the focus of attention and dynamics of the focus switch cost in the working memory [Dissertation Abstract]. *Dissertation Abstracts International: Section B: The Sciences and Engineering*. Vol 66(10-B), pp. 5715.

Basak, C., Boot, W. R., Voss, M. W., & Kramer, A. F. (2008). Can training in a real-time strategy videogame attenuate cognitive decline in older adults? *Psychology and Aging, 23*, 765–777.

Basak, C., & Hamilton, A. C. (2012). Aging and neural correlates of predictability of focus switching in working memory. Poster presented at the 2012 Cognitive Aging Conference, Atlanta.

Basak, C., & Verhaeghen, P. (2003). Subitizing speed, subitizing range, counting speed, the Stroop effect, and aging: Capacity differences, speed equivalence. *Psychology and Aging, 18*, 240–249.

Basak, C., & Verhaeghen, P. (2011a). Aging and switching the focus of attention in working memory: Age differences in item availability but not in item accessibility. *Journals of Gerontology: Psychological Sciences, 66(5)*, 519–526.

Basak, C., & Verhaeghen, P. (2011b). Three layers of working memory: Focus-switch costs and retrieval dynamics as revealed by the N-count task. *Journal of Cognitive Psychology, 23(2)*, 204–219.

Basak, C., Voss, M. W., Erickson, K. I., Boot, W. R., & Kramer, A. F. (2011). Regional differences in brain volume predict the acquisition of skill in a complex real-time strategy video game. *Brain and Cognition, 76(3)*, 407–414.

Bherer, L., Kramer, A. F., Peterson, M. S., Colcombe, S., Erickson, K., & Becic, E. (2005). Training effects on dual-task performance: Are there age-related differences in plasticity of attentional control? *Psychology and Aging, 20*, 695–709.

Boot, W. R., Basak, C., Erickson, K. I., Neider, M., Simons, D. J., Fabiani, M., Gratton, G., Voss, M. W., Prakash, R., Lee, H., & Kramer, A. F. (2010). Strategy, individual differences, and transfer of training in the acquisition of skilled Space Fortress performance. *Acta Psychologica, 135,* 349–357.

Bopp, K. L., & Verhaeghen, P. (2005). Aging and verbal memory span: A meta-analysis. *Journals of Gerontology: Psychological Sciences,* 60B, 223–233.

Borella, E., Carretti, B., Riboldi, F., & De Beni, R. (2010, October 25). Working memory training in older adults: Evidence of transfer and maintenance effects. *Psychology and Aging, 25,* 767–778.

Braitman, K. A., & McCartt, A. T. (2008). Characteristics of older drivers who self-limit their driving. *Annals of Advances in Automotive Medicine, 52,* 245–254.

Braver, T. S., Gray, J. R., & Burgess, G. C. (2007). Explaining the many varieties of working memory variation: Dual mechanisms of cognitive control. In A. R. A. Conway, C. Jarrold, M. J. Kane, A. Miyake, & J. N. Towse (Eds.), *Variation in working memory* (pp. 76–106). New York: Oxford University Press.

Braver, T. S., Paxton, J. L., Locke, H. S., & Barch, D. M. (2009). Flexible neural mechanisms of cognitive control within human prefrontal cortex. *Proceedings of the National Academy of Sciences, 106,* 7351–7356.

Braver, T. S., & West, R. (2008). Working memory, executive control, and aging. In F. I. M. Craik & T. A. Salthouse (Eds.), *The handbook of aging and cognition* (pp. 311–372). New York: Psychology Press.

Brookmeyer, R., Johnson, E., Ziegler-Graham, K., & Arrighi, H. M. (2007). Forecasting the global burden of Alzheimer's disease. *Alzheimer's and Dementia, 3,* 186–191.

Brooks, J. O., Friedman, L., & Yesavage, J. A. (1993). A study of the problems older adults encounter when using a mnemonic technique. *International Psychogeriatrics, 5,* 57–65.

Buchler, N. G., Faunce, P., Light, L. L., Gotfreddson, N., & Reder, L. M. (2011). Effects of repetition on associative recognition in young and older adults: Item and associative strengthening. *Psychology and Aging, 26,* 111–126.

Buschkuehl, M., Jaeggi, S. M., Hutchison, S., Perrig-Chiello, P., Däpp, C., Müller, M., ... Perrig, W. J. (2008). Impact of working memory training on memory performance in old-old adults. *Psychology and Aging, 23,* 743–753.

Carlson, M. C., Saczynski, J. S., Rebok, G. W., Seeman, T., Glass, T. A., McGill, S., et al. (2008). Exploring the effects of "everyday" activity programs on executive functions and memory in older adults: Experience Corps®. *The Gerontologist, 48,* 793–801.

Cassavaugh, N. D., & Kramer, A. F. (2009). Transfer of computer-based training to simulated driving in older adults. *Applied Ergonomics, 40,* 943–952.

Centers for Disease Control Data and Statistics (2011). New data on older drivers. Retrieved April 19, 2011 from: http://www.cdc.gov/Features/dsOlderDrivers/

Cerella, J., Poon, L. W., & Williams, D. M. (1980). Age and the complexity hypothesis. In L. W. Poon (Ed.), *Aging in the 1980s* (pp. 332–340), Washington, DC: American Psychological Association.

Cheung, I., & McCartt, A. T. (2010). *Declines in fatal crashes of older drivers: Changes in crash risk and survivability.* Arlington, VA: Insurance Institute for Highway Safety.

Clark, J. E., Lanphear, A. K., & Riddick, C. C. (1987). The effects of videogame playing on the response selection processing of elderly adults. *Journals of Gerontology, 42,* 82–85.

Conway, A. R. A., Kane, M. J., & Engle, R. W. (2003). Working memory capacity and its relation to general intelligence. *Trends in Cognitive Sciences, 7,* 547–552.

Cowan, N. (1988). Evolving conceptions of memory storage, selective attention, and their mutual constraints within the human information-processing system. *Psychonomic Bulletin, 104,* 163–191.

Cowan, N. (1995). *Attention and memory: An integrated framework.* New York: Oxford

University Press.
Cowan, N. (2001). The magical number 4 in short-term memory: A reconsideration of mental storage capacity. *Behavioral and Brain Sciences, 24,* 87–185.
Cutler, S. J., & Grams, A. E. (1988). Correlates of self-reported everyday memory problems. *Journals of Gerontology: Social Sciences, 43,* S82–S90.
Dahlin, E., Stigsdotter Neely, A., Larsson, A., Bäckman, L., & Nyberg, L. (2008). Transfer of learning after updating training mediated by the striatum. *Science, 320,* 1510–1512.
Dustman, R. E., Emmerson, R. Y., Steinhaus, L. A., Shearer, D. E., & Dustman, T. J. (1992). The effects of videogame playing on neuropsychological performance of elderly individuals. *Journals of Gerontology, 47,* 168–171.
Flynn, J. R. (1987). Massive IQ gains in 14 nations: What IQ tests really measure. *Psychological Bulletin, 101,* 171–191.
Garavan, H. (1998). Serial attention within working memory. *Memory and Cognition, 26,* 263–276.
Gathercole, S. E., Pickering, S. J., Knight, C., & Stegmann, Z. (2003). Working memory skills and educational achievement: Evidence from National Curriculum Assessments at 7 and 14 years of age. *Applied Cognitive Psychology, 18,* 1–16.
Gilewski, M. J., Zelinski, E. M, and Schaie, K. W. (1990). The Memory Functioning Questionnaire. *Psychology and Aging, 5,* 482–490.
Goldstein, J., Cajko, L., Oosterbroek, M., Michielsen, M., Van Houten, O., & Salvedera, F. (1997). Videogames and the elderly. *Social Behavior and Personality, 25*(4), 345–352.
Gopher, D. (2007). Emphasis change as training protocol for high-demand tasks. In A. F. Kramer, D. A. Wiegmann, & A. Kirlik (Eds.), *Attention: From theory to practice* (pp. 209–224). New York: Oxford University Press.
Henry, J. D., MacLeod, M. S., Phillips, L. H., & Crawford, J. R. (2004). A meta-analytic review of prospective memory and aging. *Psychology and Aging, 19,* 27–39.
Hertzog, C., Dixon, R. A., Hultsch, D. R., & MacDonald, S. W. S. (2003). Latent change models of adult cognition: Are changes in processing speed and working memory associated with changes in episodic memory? *Psychology and Aging, 18,* 755–769.
Hindin, S., & Zelinski, E. M. (2012). Extended practice and aerobic exercise interventions benefit untrained cognitive outcomes in older adults: A meta-analysis. *Journal of the American Geriatrics Society, 60,* 136–141.
Horn, J. L., & Cattell, R. B. (1967). Age differences in fluid and crystallized intelligence. *Acta Psychologica, 26,* 107–129.
Hultsch, D. F., Hertzog, C., Dixon, R. A., & Small, B. J. (1998). *Memory change in the aged.* Cambridge, England: Cambridge University Press.
Hultsch, D. F., Hertzog, C., Small, B. J., McDonald-Miszczak, L., & Dixon, R. A. (1992). Short-term longitudinal change in cognitive performance in later life. *Psychology & Aging, 7,* 571–584.
Jimura, K., & Braver, T. S. (2010). Age-related shifts in brain activity dynamics during task switching. *Cerebral Cortex, 20,* 1420–1431.
Jobe, J. B., Smith, D. M., Ball, K., Tennstedt, S. L., Marsiske, M., Willis, S. L., et al. (2001). ACTIVE: A cognitive intervention trial to promote independence in older adults. *Controlled Clinical Trials, 22,* 453–479.
Just, M. A., & Carpenter, P. A. (1992). A capacity theory of comprehension: Individual differences in working memory. *Psychological Review, 99,* 122–149.
Karbach, J., & Kray, J. (2009). How useful is executive control training? Age differences in near and far transfer of task-switching training. *Developmental Science, 12,* 978–990.
Karbach, J., Mang, S., & Kray, J. (2010). Transfer of task-switching training in older age: The

role of verbal processes. *Psychology and Aging, 25,* 677–683.

Kemper, S., Herman, R. E., & Liu, C.-J. (2004). Sentence production by young and older adults in controlled contexts. *Journals of Gerontology: Psychological Sciences, 59B,* 220–224.

Kemper, S., & Liu, C.-J. (2007). Eye movements of young and older adults during reading. *Psychology and Aging, 22,* 84–93.

Kemper, S., & Mitzner, T. L. (2001). Language production and comprehension. In J. E. Birren & K. W. Schaie (Eds.), *Handbook of the psychology of aging* (pp. 378–398). San Diego, CA: Academic Press.

Kinsella, K., & Velkoff, V. (2001). *An aging world: 2001.* Washington, DC: U.S. Government Printing Office, series P95/01-1.

Kramer, A. F., Hahn, S., & Gopher, D. (1999). Task coordination and aging: Explorations of executive control processes in the task switching paradigm. *Acta Psychologica, 101,* 339–378.

Kramer, A. F., Larish, J. F., & Strayer, D. L. (1995). Training for attentional control in dual task settings: A comparison of young and old adults. *Journal of Experimental Psychology: Applied, 1,* 50–76.

Kramer, A. F., Larish, J. F., Weber, T. A., & Bardell, L. (1999). Training for executive control: Task coordination strategies and aging. In D. Gopher & A. Koriat (Eds.), *Attention and performance XVII: Cognitive regulation of performance: Interaction of theory and application* (pp. 617–652). Cambridge, MA: MIT Press.

Kyllonen, P. C., & Christal, R. E. (1990). Reasoning ability is (little more than) working-memory capacity?! *Intelligence, 14,* 389–433.

Lewis, K. L., & Zelinski, E. M. (2010). List and text recall differ in their predictors: Replication over samples and time. *Journals of Gerontology: Psychological Sciences, 65B,* 449–458.

Li, K. Z. H., Lindenberger, U., Freund, A. M., & Baltes, P. B. (2001). Walking while memorizing: Age-related differences in compensatory behavior. *Psychological Science, 12,* 230–237.

Li, S., Schmiedek, F., Huxhold, O., Rocke, C., Smith, J., & Lindenberger, U. (2008). Working memory plasticity in old age: Practice gain, transfer, and maintenance. *Psychology and Aging, 23,* 731–742.

Light, L. L., Zelinski, E. M., & Moore, M. G. (1982). Adult age differences in inferential reasoning from new information. *Journal of Experimental Psychology: Learning, Memory, and Cognition, 8,* 435–447.

Mahncke, H. W., Bronstone, A., & Merzenich, M. M. (2006a). Brain plasticity and functional losses in the aged: Scientific bases for a novel intervention. *Progress in Brain Research, 157,* 81–109.

Mahncke, H. W., Connor, B. B., Appelman, J., Ahsanuddin, O. N., Hardy, J. L., Wood, R. A., et al. (2006b). Memory enhancement in healthy older adults using a brain plasticity-based training program: A randomized, controlled study. *Proceedings of the National Academy of Science, 103,* 12523–12528.

McElree, B. (2001). Working memory and focal attention. *Journal of Experimental Psychology: Learning, Memory, and Cognition, 27,* 817–835.

McGinnis, D., & Zelinski, E. M. (2000). Understanding unfamiliar words: The influence of processing resources, vocabulary knowledge, and age. *Psychology and Aging, 15,* 335–350.

Miyake, A., Friedman, N. P., Emerson, M. J., Witzki, A. H., Howerter, A., & Wager, T. D. (2000). The unity and diversity of executive functions and their contributions to complex "frontal lobe" tasks: A latent variable analysis. *Cognitive Psychology, 41,* 49–100.

Murphy, K. M., & Topel, R. H. (2006). The value of health and longevity. *Journal of Political Economics, 114,* 871–904.

Oberauer, K. (2002). Access to information in working memory. Exploring the focus of attention. *Journal of Experimental Psychology: Learning, Memory, and Cognition, 28,* 411–421.

Oberauer, K. (2006). Is the focus of attention in working memory expanded through practice? *Journal of Experimental Psychology: Learning, Memory, and Cognition, 32(2),* 197–214.

Paxton, J. L., Barch, D. M., Racine, C. A., & Braver, T. S. (2008) Cognitive control, goal maintenance, and prefrontal function in healthy aging. *Cerebral Cortex, 18,* 1010–1028.

Rebok, G. W., Carlson , M. C., & Langbaum, B. S. (2007). Training and maintaining memory abilities in healthy older adults: Traditional and novel approaches. *Journals of Gerontology: Psychological Sciences, 62B,* 53–61.

Salthouse, T. A. (1996). The processing-speed theory of adult age differences in cognition. *Psychological Review, 103,* 403–428.

Salthouse, T. A. (2004). What and when of cognitive aging. *Current Directions in Psychological Science, 13,* 140–144.

Smith, G. E., Housen, P., Yaffe, K., Ruff, R., Kennison, R. F., Mahncke, H. W., & Zelinski, E. M. (2009). A cognitive training program based on principles of brain plasticity: Results from the improvement in memory with plasticity-based adaptive cognitive training (IMPACT) study. *Journal of the American Geriatrics Society, 57,* 594–603.

Stigdotter Neely, A. S., & Bäckman, L. (1995). Effects of multifactorial memory training in old age: Generalizability across tasks and individuals. *Journals of Gerontology: Psychological Sciences, 50B,* 134–140.

Stine-Morrow, E. A. L., & Basak, C. (2011). Cognitive interventions. In K. W. Schaie & S. L. Willis (Eds.), *Handbook of the psychology of aging,* seventh edition (pp. 153–171). New York: Elsevier.

Stine-Morrow, E. A. L., Miller, L. M. S., Gagne, D. D., & Hertzog, C. (2008). Self-regulated reading in adulthood. *Psychology and Aging, 23,* 131–153.

Stine-Morrow, E. A. L., Parisi, J. M., Morrow, D. G., & Park, D. C. (2008). The effects of an engaged lifestyle on cognitive vitality: A field experiment. *Psychology and Aging, 23,* 778–786.

Storandt, M. (2008). Cognitive deficits in the early stages of Alzheimer's disease. *Current Directions in Psychological Science, 17,* 198–202.

United Nations (2002). *Report of the Second World Assembly on Aging.* Madrid, Spain: United Nations.

Vaughan, L., Basak, C., Hartman, M., & Verhaeghen, P. (2008). Aging and working memory inside and outside the focus of attention: Dissociations of availability and accessibility. *Aging, Neuropsychology and Cognition, 15,* 1–22.

Verhaeghen, P., & Basak, C. (2005). Ageing and switching of the focus of attention in working memory: Results from a modified N-back task. *The Quarterly Journal of Experimental Psychology, 58A,* 134–154.

Verhaeghen, P., Cerella, J., & Basak, C. (2004). A working-memory workout: How to expand the focus of serial attention from one to four items, in ten hours or less, *Journal of Experimental Psychology: Learning, Memory and Cognition, 30,* 1322–1337.

Verhaeghen, P., & Cerella, J. (2002). Aging, executive control, and attention: A review of meta-analyses. *Neuroscience and Biobehavioral Reviews, 26,* 849–857.

Verhaeghen, P., Marcoen, A., & Goossens, L. (1992). Improving memory performance in the aged through mnemonic training: A meta-analytic study. *Psychology and Aging, 7*, 242–251.

Verhaeghen, P., & Salthouse, T. A. (1997). Meta-analyses of age-cognition relations in adulthood: Estimates of linear and nonlinear age effects and structural models. *Psychological Bulletin, 122*, 231–249.

Wasylyshyn, C., Verhaeghen, P., & Sliwinski, M. J. (2011). Aging and task switching: A meta-analysis. *Psychology and Aging, 26*, 15–20.

West, R. L., Bagwell, D. K., & Dark-Freudeman, A. (2008). Self-efficacy and memory aging: The impact of a memory intervention based on self-efficacy. *Aging, Neuropsychology, and Cognition, 15*, 302–329.

Wilson, R. S., Beckett, L. A., Barnes, L. L., Schneider, J. A., Bach, J., Evans, D. A., & Bennett, D. A. (2002). Individual differences in rates of change in cognitive abilities of older persons. *Psychology and Aging, 17*, 179–193.

Wilson, R. S., Li, Y., Bienias, J. L., & Bennett, D. A. (2006). Cognitive decline in old age: Separating retest effects from the effects of growing older. *Psychology and Aging, 21*, 774–789.

Zelinski, E. M. (2009). Far transfer in cognitive training of older adults. *Restorative Neurology and Neuroscience, 27*, 455–471.

Zelinski, E. M., & Burnight, K. P. (1997). Sixteen-year longitudinal and time lag changes in memory and cognition in older adults. *Psychology and Aging, 12*, 503–513.

Zelinski, E. M., Dalton, S. E., & Smith, G. E. (2011). Consumer-based brain fitness programs. In A. Larue & P. Hartman-Stein (Eds.), *Enhancing cognitive fitness in adults: A guide to the use and development of community programs* (pp. 45–66). New York: Springer.

Zelinski, E. M., & Gilewski, M. J. (2004). A 10-item Rasch modeled memory self efficacy scale. *Aging and Mental Health, 8*, 293–306.

Zelinski, E. M., Gilewski, M. J., & Schaie, K. W. (1993) Individual differences in cross-sectional and three-year longitudinal memory performance across the adult lifespan. *Psychology and Aging, 8*, 176–186.

Zelinski, E. M., & Kennison, R. F. (2007). Not your father's test scores: Cohort reduces psychometric aging effects. *Psychology and Aging, 22*, 546–557.

Zelinski, E. M., & Lewis, K. L. (2003). Adult age differences in multiple cognitive functions: Differentiation, dedifferentiation or process-specific change? *Psychology and Aging, 18*, 727–745.

Zelinski, E. M., & Reyes, R. (2009). Cognitive benefits of computer games for older adults. *Gerontechnology, 8*, 220–235.

Zelinski, E. M., Spina, L. M., Yaffe, K., Ruff, R., Kennison, R. F., Mahncke, H. W., & Smith, G. E. (2011). Improvement in memory with plasticity-based adaptive cognitive training (IMPACT): Results of the 3-month follow-up. *Journal of the American Geriatrics Society, 59*, 258–265.

6章

Ackerman, P. L. (1988). Determinants of individual differences during skill acquisition: Cognitive abilities and information processing. *Journal of Experimental Psychology: General, 117*, 288–318.

Ackerman, P. L. (2000). A reappraisal of ability determinants of individual differences in skilled performance. *Psychologische Beiträge, 42*, 4–17.

Allard, F., Graham, S., & Paarsalu, M. E. (1980). Perception in sport: Basketball. *Journal of Sport Psychology, 2*, 14–21.

Atwood, M. E., Masson, M. E., & Polson, P. G. (1980). Further explorations with a process model for water jug problems. *Memory and Cognition, 8,* 182-192.
Baddeley, A. D. (1986). *Working memory.* New York: Oxford University Press.
Baddeley, A. D., & Hitch, G. J. (1974). Working memory. In G. H. Bower (Ed.), *The psychology of learning and motivation Vol. 8,* (pp. 47-90). New York: Academic Press.
Bilalić, M., McLeod, P., & Gobet, F. (2007). Does chess need intelligence? – A study with young chess players. *Intelligence, 35,* 457-470.
Bourgeaud, P., & Abernethy, B. (1987). Skilled perception in volleyball defense. *Journal of Sport Psychology, 9,* 400-406.
Bourne, L. E., Jr., Goldstein, S., & Link, W. E. (1964). Concept learning as a function of availability of previously presented information. *Journal of Experimental Psychology, 67,* 439-448.
Bryan, W. L., & Harter, N. (1899). Studies of telegraphic language: The acquisition of a hierarchy of habits. *Psychological Review, 6,* 345-375.
Chabris, C. F., & Hearst, E. S. (2003). Visualization, pattern recognition, and forward search: Effects of playing speed and sight of the position on grandmaster chess errors. *Cognitive Science, 27,* 637-648.
Chaffin, R. (2007). Learning *Clair de Lune*: Retrieval practice and expert memorization. *Music Perception, 24,* 377-393.
Chaffin, R., & Imreh, G. (2002). Practicing perfection: Piano performance as expert memory. *Psychological Science, 13,* 342-349.
Chaffin, R., Lisboa, T., Logan, T., & Begosh, K. T. (2010). Preparing for memorized cello performance: The role of performance cues. *Psychology of Music, 38,* 3-30.
Charness, N. (1976). Memory for chess positions: Resistance to interference. *Journal of Experimental Psychology: Human Learning and Memory, 2,* 641-653.
Charness, N. (1979). Components of skill in bridge. *Canadian Journal of Psychology, 33,* 1-16.
Charness, N. (1981a). Aging and skilled problem solving. *Journal of Experimental Psychology: General, 110,* 21-38.
Charness, N. (1981b). Search in chess: Age and skill differences. *Journal of Experimental Psychology: Human Perception and Performance, 7,* 467-476.
Charness, N., Krampe, R., & Mayr, U. (1996). The role of practice and coaching in entrepreneurial skill domains: An international comparison of life-span chess skill acquisition. In K. A. Ericsson (Ed.), *The road to excellence: The acquisition of expert performance in the arts and sciences, sports and games* (pp. 51-80). Mahwah, NJ: Erlbaum.
Charness, N., Tuffiash, M., Krampe, R., Reingold, E., & Vasyukova, E. (2005). The role of deliberate practice in chess expertise. *Applied Cognitive Psychology, 19,* 151-165.
Chase, W. G., & Ericsson, K. A. (1981). Skilled memory. In J. R. Anderson (Ed.), *Cognitive skills and their acquisition* (pp. 141-189). Hillsdale, NJ: Lawrence Erlbaum Associates.
Chase, W. G., & Ericsson, K. A. (1982). Skill and working memory. In G. Bower (Ed.), *The psychology of learning and motivation* (Vol. 16, pp. 1-58). New York: Academic Press.
Chase, W. G., & Simon, H. A. (1973). The mind's eye in chess. In W. G. Chase (Ed.), *Visual information processing* (pp. 215-281). New York: Academic Press.
Christoffels, I. K., & de Groot, A. M. B. (2005). Simultaneous interpreting: A cognitive perspective. In J. F. Kroll & A. M. B. de Groot (Eds.), *Handbook of bilingualism: Psycholinguistic approaches* (pp. 454-479). Oxford, UK: Oxford University Press.
Cohen, M. A., Evans, K. K., Horowitz, T. S., & Wolfe, J. M. (2011) Auditory and visual memory in musicians and non-musicians. *Psychonomic Bulletin and Review, 18,*

586–591.
Côté, J. (1999) The influence of the family in the development of talent in sports. *The Sport Psychologist, 13*, 395–417.
Côté, J., Baker, J., & Abernethy, B. (2003). From play to practice: A developmental framework for the acquisition of expertise in team sports. In K. A. Ericsson & J. L. Starkes (Eds.), *Expert performance in sports: Advances in research on sport expertise*. Champaign, IL: Human Kinetics.
Côté, J., Ericsson, K. A., & Law, M. (2005). Tracing the development of athletes using retrospective interview methods: A proposed interview and validation procedure for reported information. *Journal of Applied Sport Psychology, 17*, 1–19.
Cowley, M., & Byrne, R. M. J. (2004). Chess masters' hypothesis testing. *Proceedings of the Twenty-sixth Annual Conference of the Cognitive Science Society* (pp. 250–255). Mahwah, NJ: Erlbaum.
Daneman, M., & Carpenter, P. A. (1980). Individual differences in working memory and reading. *Journal of Verbal Learning and Verbal Behavior, 19*, 450–466.
de Groot, A. D. (1978). *Thought and choice in chess* (2nd English ed.: first Dutch edition published in 1946). The Hague: Mouton Publishers.
Dillinger, M. (1994). Comprehension during interpreting: What do interpreters know that bilinguals don't? In S. Lambert and B. Moser-Mercer (Eds.), *Bridging the gap: Empirical research in simultaneous interpretation* (pp. 155–189). Amsterdam, The Netherlands: John Benjamins Publishing Co.
Djakow, J. N., Petrowski, N. W., & Rudik, P. A. (1927). *Psychologie des Schachspiels [The psychology of chess]*. Berlin: Walter de Gruyter.
Doane, S. M., Pellegrino, J. W., & Klatzky, R. L. (1990). Expertise in a computer operating system: Conceptualization and performance. *Human–Computer Interaction, 5*, 267–304.
Doll, J., & Mayr, U. (1987). Intelligenz und Schachleistung: Eine Untersuchung an Schachexperten. [Intelligence and achievement in chess: A study of chess masters]. *Psychologische Beiträge, 29*, 270–289.
Drai-Zerbib, V., Baccino, T., & Bigand, E. (2012). Sight-reading expertise: Cross-modality integration investigated using eye tracking. *Psychology of Music, 40*, 201–215.
Duffy, L. J., Baluch, B., & Ericsson, K. A. (2004). Dart performance as a function of facets of practice amongst professional and amateur men and women players. *International Journal of Sport Psychology, 35*, 232–245.
Ebbinghaus, H. (1913). *Memory: A contribution to experimental psychology*. (originally published in German in 1885). New York: Teachers College, Columbia University.
Egan, D. E., & Schwartz, B. J. (1979). Chunking in recall of symbolic drawings. *Memory and Cognition, 7*, 149–158.
Engle, R. W., & Bukstel, L. H. (1978). Memory processes among bridge players of differing expertise. *American Journal of Psychology, 91*, 673–689.
Ericsson, K. A. (1985). Memory skill. *Canadian Journal of Psychology, 39*, 188–231.
Ericsson, K. A. (1988). Analysis of memory performance in terms of memory skill. In R. J. Sternberg (Ed.), *Advances in the psychology of human intelligence*, Vol. 4 (pp. 137–179). Hillsdale, NJ: Erlbaum.
Ericsson, K. A. (2003). Exceptional memorizers: Made, not born. *Trends in Cognitive Sciences, 7*, 233–235.
Ericsson, K. A. (2004). Deliberate practice and the acquisition and maintenance of expert performance in medicine and related domains. *Academic Medicine, 79*, S70–S81.
Ericsson, K. A. (2006a). The influence of experience and deliberate practice on the development of superior expert performance. In K. A. Ericsson, N. Charness, P.

Feltovich, & R. R. Hoffman (Eds.), *Cambridge handbook of expertise and expert performance* (pp. 685–706). Cambridge, UK: Cambridge University Press.

Ericsson, K. A. (2006b). Protocol analysis and expert thought: Concurrent verbalizations of thinking during experts' performance on representative tasks. In K. A. Ericsson, N. Charness, P. Feltovich, & R. R. Hoffman (Eds.), *Cambridge handbook of expertise and expert performance* (pp. 223–242). Cambridge, UK: Cambridge University Press.

Ericsson, K. A. (2007a). Deliberate practice and the modifiability of body and mind: Toward a science of the structure and acquisition of expert and elite performance. *International Journal of Sport Psychology, 38*, 4–34.

Ericsson, K. A. (2007b). Deliberate practice and the modifiability of body and mind: A reply to the commentaries. *International Journal of Sport Psychology, 38*, 109–123.

Ericsson, K. A. (2010/2001). Expertise in interpreting: An expert-performance perspective. Republished in G. M. Shreve & E. Angleone (Eds.), *Translation and cognition* (pp. 231–262). Amsterdam, the Netherlands: John Benjamin Publishing Company.

Ericsson, K. A., & Charness, N. (1994). Expert performance: Its structure and acquisition. *American Psychologist, 49(8)*, 725–747.

Ericsson, K. A., Chase, W. G., & Faloon, S. (1980). Acquisition of memory skill. *Science, 208*, 1181–1182.

Ericsson, K. A., Delaney, P. F., Weaver, G., & Mahadevan, R. (2004). Uncovering the structure of a memorist's superior memory capacity. *Cognitive Psychology, 49*, 191–237.

Ericsson, K. A., & Harris, M. S. (1990). *Expert chess memory without chess knowledge: A training study*. Poster presented at the 31st Annual Meeting of the Psychonomic Society, New Orleans, Louisiana.

Ericsson, K. A., & Kintsch, W. (1995). Long-term working memory. *Psychological Review, 102*, 211–245.

Ericsson, K. A., Krampe, R. T., & Tesch-Römer, C. (1993). The role of deliberate practice in the acquisition of expert performance. *Psychological Review, 100*, 363–406.

Ericsson, K. A., & Lehmann, A. C. (1996). Expert and exceptional performance: Evidence on maximal adaptations on task constraints. *Annual Review of Psychology, 47*, 273–305.

Ericsson, K. A., Patel, V. L., & Kintsch, W. (2000). How experts' adaptations to representative task demands account for the expertise effect in memory recall: Comment on Vicente and Wang (1998). *Psychological Review, 107*, 578–592.

Ericsson, K. A., & Polson, P. G. (1988). An experimental analysis of the mechanisms of a memory skill. *Journal of Experimental Psychology: Learning, Memory and Cognition, 14*, 305–316.

Ericsson, K. A., & Roring, R. W. (2007). Memory as a fully integrated aspect of skilled and expert performance. *The Psychology of Learning and Motivation, 48*, 351–380.

Ericsson, K. A., Roring, R. W., & Nandagopal, K. (2007a). Giftedness and evidence for reproducibly superior performance: An account based on the expert-performance framework. *High Ability Studies, 18*, 3–56.

Ericsson, K. A., Roring, R. W., & Nandagopal, K. (2007b). Misunderstandings, agreements, and disagreements: Toward a cumulative science of reproducibly superior aspects of giftedness. *High Ability Studies, 18*, 97–115.

Ericsson, K. A., & Simon, H. A. (1993). *Protocol analysis: Verbal reports as data* (Rev. Ed.). Cambridge, MA: MIT Press.

Ericsson, K. A., & Smith, J. (1991). Prospects and limits in the empirical study of expertise: An introduction. In K. A. Ericsson & J. Smith (Eds.), *Toward a general theory of expertise: Prospects and limits* (pp. 1–38). Cambridge, UK: Cambridge University Press.

Ericsson, K. A., & Staszewski, J. J. (1989). Skilled memory and expertise: Mechanisms of exceptional performance. In D. Klahr & K. Kotovsky (Eds.), *Complex information processing: The impact of Herbert A. Simon* (pp. 235–267). Hillsdale, NJ: Lawrence Erlbaum.

Ericsson, K. A., Whyte, J., & Ward, P. (2007). Expert performance in nursing: Reviewing research on expertise in nursing within the framework of the expert-performance approach. *Advances in Nursing Science, 30,* E58–E71.

Fitts, P., & Posner, M. I. (1967). *Human performance.* Belmont, CA: Brooks/Cole.

Frydman, M., & Lynn, R. (1992). The general intelligence and spatial abilities of young Belgian chess players. *British Journal of Psychology, 83,* 233–235.

Gerver, D. (1975). A psychological approach to simultaneous interpretation. *Meta: Translators' Journal, 20,* 119–128.

Gerver, D., Longley, P., Long, J., & Lambert, S. (1984). Selecting trainee conference interpreters: A preliminary study. *Journal of Occupational Psychology, 57,* 17–31.

Gilhooly, K. J., Wood, M., Kinnear, P. R., & Green, C. (1988). Skill in map reading and memory for maps. *Quarterly Journal of Experimental Psychology, 40A,* 87–107.

Gobet, F., & Jackson, S. (2002). In search of templates. *Cognitive Systems Research, 3,* 35–44.

Gobet, F., & Simon, H. A. (1996). Templates in chess memory: A mechanism for recalling several boards. *Cognitive Psychology, 31,* 1–40.

Grabner, R. H., Neubauer, A. C., & Stern, E. (2006). Superior performance and neural efficiency: The impact of intelligence and expertise. *Brain Research Bulletin, 69,* 422–439.

Hayes, J. R., & Chenoweth, N. A. (2006). Is working memory involved in the transcribing and editing of texts? *Written Communication, 23,* 135–149.

Helmbold, N., Rammsayer, T., & Altenmuller, E. (2005). Differences in primary mental abilities between musicians and nonmusicians. *Journal of Individual Differences, 26,* 74–85.

Helsen, W., & Starkes, J. (1999). A multidimensional approach to skilled perception and performance in sport. *Applied Cognitive Psychology, 13,* 1–27.

Helsen, W. F., Starkes, J. L., & Hodges, N. J. (1998). Team sports and the theory of deliberate practice. *Journal of Sport and Exercise Psychology, 20,* 12–34.

Hu, Y., Ericsson, K. A., Yang, D., & Lu, C. (2009). Superior self-paced memorization of digits in spite of a normal digit span: The structure of a memorist's skill. *Journal of Experimental Psychology: Learning, Memory, and Cognition, 35,* 1426–1442.

Intons-Peterson, M. J., & Smyth, M. M. (1987). The anatomy of repertory memory. *Journal of Experimental Psychology. Learning, Memory, and Cognition, 13,* 490–500.

Jääskeläinen, R. (2010). Are all professionals experts? Definitions of expertise and reinterpretation of research evidence in process studies. In G. M. Shreve & E. Angelone (Eds.), *Translation and cognition* (pp. 213–227). Amsterdam, the Netherlands: John Benjamins Publishing Company.

James, W. (1890). *The principles of psychology* (Vols. 1 & 2). New York, NY: Henry Holt.

Karpov, A. (1995). Grandmaster musings. *Chess Life,* November, pp. 32–33.

Koltanowski, G. (1985). *In the dark.* Coraopolis, PA: Chess Enterprises.

Kopiez, R., & Lee, J. L. (2006). Towards a dynamic model of skills involved in sight reading music. *Music Education Research, 8,* 97–120.

Kopiez, R., & Lee, J. L. (2008). Towards a general model of skills involved in sight reading music. *Music Education Research, 10,* 41–62.

Lane, D. M., & Robertson, L. (1979). The generality of levels of processing hypothesis: An application to memory for chess positions. *Memory and Cognition, 7,* 253–256.

Lehmann, A. C., & Ericsson, K. A. (1993). Sight-reading ability of expert pianists in the

context of piano accompanying. *Psychomusicology, 12,* 182–195.
Liu, M. (2008). How do experts interpret? Implications from research in Interpreting Studies and cognitive science. In G. Hansen, A. Chesterman, & H. Gerzymisch-Arbogast (Eds.), *Efforts and models interpreting and translation research* (pp. 159–177). Amsterdam, the Netherlands: John Benjamins Publishing Company.
Masunaga, H., & Horn, J. (2001). Expertise and age-related changes in components of intelligence. *Psychology and Aging, 16,* 293–311.
McKeithen, K. B., Reitman, J. S., Rueter, H. H., & Hirtle, S. C. (1981). Knowledge organization and skill differences in computer programmers. *Cognitive Psychology, 13,* 307–325.
Meinz, E. J., & Hambrick, D. Z. (2010). Deliberate practice is necessary but not sufficient to explain individual differences in piano sight-reading skill: The role of working memory capacity. *Psychological Science, 21,* 914–919.
Miller, G. A. (1956). The magical number seven, plus or minus two: Some limits on our capacity for processing information. *Psychological Review, 63,* 343–355.
Moser-Mercer, B. (2000). Simultaneous interpreting: Cognitive potential and limitations. *Interpreting, 5,* 83–94.
Newell, A., & Simon, H. A. (1972). *Human problem solving.* Englewood Cliffs, NJ: Prentice-Hall.
Noice, H. (1993). Effects of rote versus gist strategy on the verbatim retention of theatrical scripts. *Applied Cognitive Psychology, 7,* 75–84.
Noice, H., Jeffery, J., Noice, T., & Chaffin, R. (2008). Memorization by a jazz musician: A case study. *Psychology of Music, 36,* 63–79.
Norman, G. R., Brooks, L. R., & Allen, S. W. (1989). Recall by expert medical practitioners and novices as a record of processing attention. *Journal of Experimental Psychology: Learning, Memory and Cognition, 15,* 1166–1174.
Payne, J. W. (1976). Task complexity and contingent processing in decision making: An informational search and protocol analysis. *Organizational Behavior and Human Performance, 16,* 366–387.
Reitman, J. (1976). Skilled perception in Go: Deducing memory structures from inter-response times. *Cognitive Psychology, 8,* 336–356.
Richman, H. B., Staszewski, J. J., & Simon, H. A. (1995). Simulation of expert memory using EPAM IV. *Psychological Review, 102,* 305–330.
Robbins, T. W., Anderson, E. J., Barker, D. R., Bradley, A. C., Fearnyhough, C., Henson, R., Hudson, S. R., & Baddeley, A. D. (1996). Working memory in chess. *Memory and Cognition, 24,* 83–93.
Ruthsatz, J., Detterman, D., Griscom, W. S., & Cirullo, B. A. (2007). Becoming an expert in the musical domain: It takes more than just practice. *Intelligence, 36,* 330–338.
Saariluoma, P. (1991). Aspects of skilled imagery in blindfold chess. *Acta Psychologica, 77,* 65–89.
Saariluoma, P. (1995). *Chess players' thinking: A cognitive psychological approach.* London: Routledge.
Saariluoma, P., & Kalakoski, V. (1998). Apperception and imagery in blindfold chess. *Memory, 6,* 67–90.
Salthouse, T. A. (1984). Effects of age and skill in typing. *Journal of Experimental Psychology: General, 113,* 345–371.
Signorelli, T. M. (2008). Working memory in simultaneous interpretation. *Dissertation Abstracts International,* B 69/05.
Simon, H. A., & Chase, W. G. (1973). Skill in chess. *American Scientist, 61,* 394–403.

Sloboda, J. (1974). The eye–hand span: An approach to the study of sight reading. *Psychology of Music, 2,* 4–10.

Sloboda, J. A., & Parker, H. H. (1985). Immediate recall of melodies. In I. Cross, P. Howell, & R. West (Eds.), *Musical structure and cognition* (pp. 143–167). New York: Academic Press.

Starkes, J. L., & Deakin, J. (1984). Perception in sport: A cognitive approach to skilled performance. In W. F. Straub & J. M. Williams (Eds.), *Cognitive sport psychology* (pp. 115–128). Lansing, NY: Sport Science Associates.

Starkes, J. L., Deakin, J. M., Allard, F., Hodges, N. J., & Hayes, A. (1996). Deliberate practice in sports: What is it anyway? In K. A. Ericsson (Ed.), *The road to excellence: The acquisition of expert performance in the arts and sciences, sports and games* (pp. 81–106). Hillsdale, NJ: Lawrence Erlbaum Associates.

Starkes, J. L., Deakin, J. M., Lindley, S., & Crisp, F. (1987). Motor versus verbal recall of ballet sequences by young expert dancers. *Journal of Sport Psychology, 9,* 222–230.

Staszewski, J. J. (1988). Skilled memory and experimental calculation. In M. T. H. Chi, R. Glaser, & M. J. Farr (Eds.), *The nature of expertise* (pp. 71–128). Hillsdale, NJ: Erlbaum.

Svenson, O. (1979). Process descriptions of decision making. *Organizational Behavior and Human Performance, 23,* 86–112.

Thompson, C. P., Cowan, T. M., & Frieman, J. (1993). *Memory search by a memorist.* Hillsdale: NJ: Erlbaum.

Thompson, W. B. (1987). Music sight-reading skill in flute players. *Journal of General Psychology, 114,* 345–352.

Trainor, L. J., & Corrigall, K. A. (2010) Music acquisition and effects of musical experience. In M. R. Jones, R. R. Fay, & A. N. Popper (Eds.), *Music perception.* Berlin: Springer Science+Business Media.

Tuffiash, M., Roring, R. W., & Ericsson, K. A. (2007). Expert word play: Capturing and explaining reproducibly superior verbal task performance. *Journal of Experimental Psychology: Applied, 13,* 124–134.

Turner, M. L., & Engle, R. W. (1989). Is working memory capacity task dependent? *Journal of Memory and Language, 28,* 127–154.

Unterrainer, J. M., Kaller, C. P., Halsband, U., & Rahm, B. (2006). Planning abilities and chess: A comparison of chess and non-chess players on the Tower of London task. *British Journal of Psychology, 97,* 299–311.

van der Maas, H. L. J., & Wagenmakers, E. J. (2005). A psychometric analysis of chess expertise. *American Journal of Psychology, 118,* 29–60.

Vicente, K. J., & Wang, J. H. (1998). An ecological theory of expertise effects in memory recall. *Psychological Review, 105,* 33–57.

Ward, P., Hodges, N. J., Williams, A. M., & Starkes, J. L. (2004). Deliberate practice and expert performance: Defining the path to excellence. In A. M. Williams and N. J. Hodges (Eds.), *Skill acquisition in sport: Research, theory and practice* (pp. 231–258). London: Routledge.

Ward, P., & Williams, A. M. (2003). Perceptual and cognitive skill development in soccer: The multidimensional nature of expert performance. *Journal of Sport and Exercise Psychology, 25(1),* 93–111.

Waters, A. J., Gobet, F., & Leyden, G. (2002). Visuo-spatial abilities in chess players. *British Journal of Psychology, 93,* 557–565.

Watson, J. B. (1913). Psychology as the behaviorist views it. *Psychological Review, 20,* 158–177.

Wenger, M. J., & Payne, D. G. (1995). On the acquisition of mnemonic skill: Application of

skilled memory theory. *Journal of Experimental Psychology: Applied, 3,* 194–215.
Williamon, A., & Valentine, E. (2002). The role of retrieval structures in memorizing music. *Cognitive Psychology, 44,* 1–32.
Wolff, A. S., Mitchell, D. H., & Frey, P. W. (1984). Perceptual skill in the game of Othello. *Journal of Psychology, 118,* 7–16.

7章

Ackerman, P. L. (1988). Determinants of individual differences during skill acquisition: Cognitive abilities and information processing. *Journal of Experimental Psychology: General, 117,* 288–318.
Ackerman, P. L., Beier, M. E., & Boyle, M. O. (2005). Working memory and intelligence: The same or different constructs? *Psychological Bulletin, 131,* 30–60.
Anderson, J. R. (1983). *The architecture of cognition.* Cambridge, MA: Harvard University Press.
Anvari, S. H., Trainor, L. J., Woodside, J., & Levy, B. A. (2002). Relations among musical skills, phonological processing, and early reading ability in preschool children. *Journal of Experimental Child Psychology, 83,* 111–130.
Atkinson, R. C., & Shiffrin, R. M. (1968). Human memory: A proposed system and its control processes. In K. W. Spence & J. T. Spence (Eds.), *The psychology of learning and motivation* (Vol. 2). New York: Academic Press.
Baddeley, A. D., & Hitch, G. (1974). Working memory. In G. H. Bower (Ed.), *The psychology of learning and motivation: Advances in research and theory* (Vol. 8). New York: Academic Press.
Brandler, S., & Rammsayer, T. H. (2003). Differences in mental abilities between musicians and non-musicians. *Psychology of Music, 31,* 123–138.
Broadbent, D. E. (1958). *Perception and communication.* New York: Pergamon.
Carroll, J. B. (1993). *Human cognitive abilities: A survey of factor-analytical studies.* New York: Cambridge University Press.
Cattell, R. B. (1971). *Abilities: Their structure, growth, and action.* Boston: Houghton Mifflin.
Charness, N., Reingold, E. M., Pomplun, M., & Stampe, D. M. (2001). The perceptual aspect of skilled performance in chess: Evidence from eye movements. *Memory and Cognition, 29,* 1146–1152.
Chase, W. G., & Simon, H. A. (1973). Perception in chess. *Cognitive Psychology, 4,* 55–81.
Cherry, E. C. (1953). Some experiments on the recognition of speech, with one and with two ears. *Journal of Acoustic Society of America, 25,* 975–979.
Conway, A. R. A., Cowan, N., & Bunting, M. F. (2001). The cocktail party phenomenon revisited: The importance of working memory capacity. *Psychonomic Bulletin & Review, 8,* 331–335.
Conway, A. R. A., Jarrold, C., Kane, M. J., Miyake, A., & Towse, J. (2007). *Variation in working memory.* Oxford: Oxford University Press.
Coolidge, F. L., & Wynn, T. (2009). *The rise of* Homo sapiens: *The evolution of modern thinking.* West Sussex, UK: Wiley-Blackwell.
Costa-Giomi, E. (1999). The effects of three years of piano instruction on children's cognitive development. *Journal of Research in Music Education, 47,* 198–212.
Daneman, M., & Carpenter, P. A. (1980). Individual differences in working memory and

reading. *Journal of Verbal Learning and Verbal Behavior, 19*, 450–466.
Deary, I. J. (2011). Intelligence. *Annual Review of Psychology, 63*, 452–482.
de Groot, A. D. (1978). Thought and choice in chess (2nd ed.). The Hague: Mouton. (Original work published in 1946.)
Engle, R. W. (2002). Working memory capacity as executive attention. *Current Directions in Psychological Science, 11*, 19–23.
Engle, R. W., & Kane, M. J. (2004). Executive attention, working memory capacity, and a two-factor theory of cognitive control. In B. H. Ross (Ed.), *The psychology of learning and motivation*, volume 44 (pp. 145–199). New York: Academic Press.
Engle, R. W., Tuholski, S. W., Laughlin, J., & Conway, A. R. A. (1999). Working memory, short-term memory and general fluid intelligence: A latent variable model approach. *Journal of Experimental Psychology: General, 128*, 309–331.
Ericsson, K. A., & Charness, N. (1994). Expert performance: Its structure and acquisition. *American Psychologist, 49*, 725–747.
Ericsson, K. A., & Faivre, I. A. (1988). What's exceptional about exceptional abilities? The exceptional brain: Neuropsychology of talent and special abilities. In L. K. Obler & D. Fein (Eds.) *The exceptional brain: Neuropsychology of talent and special abilities* (pp. 436–473). New York: Guilford Press.
Ericsson, K. A., Krampe, R. T., & Tesch-Römer, C. (1993). The role of deliberate practice in the acquisition of expert performance. *Psychological Review, 100*, 363–406.
Ericsson, K. A., & Smith, J. (1991). Prospects and limits in the empirical study of expertise: An introduction. In K. A. Ericsson and J. Smith (Eds.), *Toward a general theory of expertise: Prospects and limits* (pp. 1–38). Cambridge: Cambridge University Press.
Fitts, P. M., & Posner, M. I. (1967). *Human performance*. Belmont, CA: Brooks Cole.
Furneaux, S., & Land, M. F. (1999). The effects of skill on the eye–hand span during music sight-reading. *Proceedings of the Royal Society of London, 266*, 2435–2440.
Galton, F. (1869). *Hereditary genius*. London: Macmillan.
Gilman, E., & Underwood, G. (2003). Restricting the field of view to investigate the perceptual spans of pianists. *Visual Cognition, 10*, 201–232.
Gobet, F., & Simon, H. A. (1996). The roles of recognition processes and look-ahead search in time-constrained expert problem solving: Evidence from grand-master-level chess. *Psychological Science, 7 (1)*, 52–55.
Goolsby, T. W. (1994). Profiles of processing: Eye movements during sightreading. *Music Perception, 12*, 97–123.
Gray, J. R., Chabris, C. F., & Braver, T. S. (2003). Neural mechanisms of general fluid intelligence. *Nature Neuroscience, 6*, 316–322.
Halpern, A. R., & Bower, G. H. (1982). Musical expertise and melodic structure in memory for musical notation. *American Journal of Psychology, 95*, 31–50.
Hambrick, D. Z., Kane, M. J., & Engle, R. W. (2005). The role of working memory in higher-level cognition: Domain-specific versus domain-general perspectives. In R. Sternberg & J. E. Pretz (Eds.), *Cognition and intelligence: Identifying the mechanisms of the mind* (pp. 104–121). New York: Cambridge University Press.
Hambrick, D. Z., & Meinz, E. J. (2011a). Limits on the predictive power of domain-specific experience and knowledge in skilled performance. *Current Directions in Psychological Science, 20*, 275–279.
Hambrick, D. Z., & Meinz, E. J. (2011b). Sorry, strivers: Talent matters. *The New York Times*, Sunday Review, 11.
Hambrick, D. Z., Oswald, F. L., Darowski, E., Rench, T., & Brou, R. (2010). Determinants of success in multitasking: A synthetic work approach. *Applied Cognitive Psychology,*

24(8), 1149–1167.
Howe, M. J. A. (1990). *The origins of exceptional abilities*. Oxford: Basil Blackwell.
Howe, M. J. A., Davidson, J. W., & Sloboda, J. A. (1998). Innate talents: Reality or myth? *Behavioral and Brain Sciences, 21*, 399–407.
Kane, M. J., Bleckley, M. K., Conway, A. R. A., & Engle, R. W. (2001). A controlled-attention view of working memory capacity: Individual differences in memory span and the control of visual orienting. *Journal of Experimental Psychology: General, 130*, 169–183.
Kane, M. J., Hambrick, D. Z., & Conway, A. R. A. (2005). Working memory capacity and fluid intelligence are strongly related constructs: Comment on Ackerman, Beier, and Boyle (2004). *Psychological Bulletin, 131*, 66–71.
Kane, M. J., Hambrick, D. Z., Wilhelm, O., Payne, T., Tuholski, S., & Engle, R. W. (2004). The generality of working memory capacity: A latent variable approach to verbal and visuo-spatial memory span and reasoning. *Journal of Experimental Psychology: General, 133*, 189–217.
Kopiez, R., & Lee, J. I. (2006). Towards a dynamic model of skills involved in sight reading music. *Music Education Research, 8*, 97–120.
Kopiez, R., Weihs, C., Ligges, U., & Lee, J. I. (2006). Classification of high and low achievers in a music sight-reading task. *Psychology of Music, 34*, 15–26.
Kyllonen, P. C. (1996). Is working memory capacity Spearman's g? In I. Dennis and P. Tapsfield (Eds.), *Human abilities: Their nature and measurement* (pp. 49–75). Mahwah, NJ: Erlbaum.
Kyllonen, P. C., & Christal, R. E. (1990). Reasoning ability is (little more than) working-memory capacity?! *Intelligence, 14*, 389–433.
Lynn, R., Wilson, R. G., & Gault, A. (1989). Simple musical tests as measures of Spearman's g. *Personality and Individual Differences, 10*, 25–28.
Mechanic, M. (2011). Joshua Bell's virtuoso reality *Mother Jones*. May/June.
Meinz, E. J., & Hambrick, D. Z. (2010). Deliberate practice is necessary but not sufficient to explain individual differences in piano sight-reading skill: The role of working memory capacity. *Psychological Science, 21*, 914–919.
Meinz, E. J., & Salthouse, T. A. (1998). The effects of age and experience on memory for visually presented music. *Journals of Gerontology: Psychological Sciences, 53B*, 60–69.
Moray, N. (1959). Attention in dichotic listening: Affective cues and the influence of instructions. *The Quarterly Journal of Experimental Psychology, 11*, 56–60.
Oberauer, K., Süß, H.-M., Wilhelm, O., & Wittmann, W. W. (2008). Which working memory functions predict intelligence. *Intelligence, 36*, 641–652.
Phillips, D. (1976). An investigation of the relationship between musicality and intelligence. *Psychology of Music, 4*, 16–31.
Plomin, R., DeFries, J. C., McClearn, G. E., & McGuffin, P. (2008). *Behavioral Genetics* (5th ed.). New York: Worth Publishers.
Reingold, E. M., Charness, N., Pomplun, M., & Stampe, D. M. (2001). Visual span in expert chess players: Evidence from eye movements. *Psychological Science, 12*, 49–56.
Reingold, E. M., Charness, N., Schultetus, R. S., & Stampe, D. M. (2001). Perceptual automaticity in expert chess players: Parallel encoding of chess relations. *Psychonomic Bulletin and Review, 8*, 504–510.
Robertson, K., Smeets, S., Lubinski, D., & Benbow, C. P. (2010). Beyond the threshold hypothesis: Even among the gifted and top math/science graduate students, cognitive abilities, vocational interests, and lifestyle preferences matter for career choice, performance, and persistence. *Current Directions in Psychological Science, 19*, 346–351.
Ruthsatz, J., Detterman, D., Griscom, W. S., & Cirullo, B. A. (2008). Becoming an expert in

the musical domain: It takes more than just practice. *Intelligence, 36,* 330–338.
Salthouse, T. A., Pink, J. E., & Tucker-Drob, E. M. (2008). Contextual analysis of fluid intelligence. *Intelligence, 36,* 464–486.
Schellenberg, E. G. (2001). Music and nonmusical abilities. *Annals of the New York Academy of Sciences, 930,* 355–371.
Schellenberg, E. G. (2004). Music lessons enhance IQ. *Psychological Science, 15,* 511–514.
Seashore, C. E. (1938/1967). *Psychology of music.* Mineola, NY: Dover.
Shuter-Dyson, R. (1968). *The psychology of musical ability.* Methuen: London.
Sloboda, J. A., Davidson, J. W., Howe, M. J. A., & Moore, D. G. (1996). The role of practice in the development of performing musicians. *British Journal of Psychology, 87,* 287–309.
Sosniak, L. A. (1985). Learning to be a concert pianist. In B. Bloom (Ed.), *Developing talent in young people* (pp. 19–67). New York: Ballantine Books.
Spearman, C. (1904). "General intelligence," objectively determined and measured. *American Journal of Psychology, 15,* 201–293.
Sternberg, R. J. (1996). Costs of expertise. In K. A. Ericsson (Ed.), *The road to excellence* (pp. 347–354). Mahwah, NJ: Erlbaum.
Thurstone, L. L. (1938). *Primary mental abilities.* Chicago: University of Chicago Press.
Truitt, F. E., Clifton, C., Pollatsek, A., & Rayner, K. (1997). The perceptual span and the eye–hand span in sight reading music. *Visual Cognition, 4,* 143–161.
Turner, M. L. & Engle, R. W. (1989). Is working memory capacity task dependent? *Journal of Memory and Language, 28,* 127–154.
Watson, J. B. (1970/1930). *Behaviorism.* New York: Norton. (Original work published 1930.)

8章

Benton, D., A. Maconie, et al. (2007). "The influence of the glycaemic load of breakfast on the behaviour of children in school." *Physiol Behav* **92**(4): 717–724.
Bergami, M., R. Rimondini, et al. (2008). "Deletion of TrkB in adult progenitors alters newborn neuron integration into hippocampal circuits and increases anxiety-like behavior." *Proc Natl Acad Sci U S A* **105**(40): 15570–15575.
Berrino, F. (2002). "Western diet and Alzheimer's disease." *Epidemiol Prev* **26**(3): 107–115.
Centers for Disease Control and Prevention (CDC) (2011). "Overweight and obesity: Data and statistics." from http://www.cdc.gov/obesity/data/index.html (accessed June 9, 2012).
Cohen, N. J., R. A. Poldrack, et al. (1997). "Memory for items and memory for relations in the procedural/declarative memory framework." *Memory* **5**(1–2): 131–178.
Danzer, S., R. Kotloski, et al. (2008). "Altered morphology of hippocampal dentate granule cell presynaptic and postsynaptic terminals following conditional deletion of TrkB." *Hippocampus* **18**(7): 668–678.
Davidson, T. L., K. Chan, et al. (2009). "Contributions of the hippocampus and medial prefrontal cortex to energy and body weight regulation." *Hippocampus* **19**(3): 235–252.
Davidson, T. L., S. E. Kanoski, et al. (2005). "Memory inhibition and energy regulation." *Physiol Behav* **86**(5): 731–746.
Davidson, T. L., S. E. Kanoski, et al. (2007). "A potential role for the hippocampus in energy intake and body weight regulation." *Curr Opin Pharmacol* **7**(6): 613–616.
Del Parigi, A., F. Panza, et al. (2006). "Nutritional factors, cognitive decline, and dementia." *Brain Res Bull* **69**(1): 1–19.
Department of Health (2011). "Obesity." from http://www.dh.gov.uk/health/category/policy-areas/public-health/obesity-healthy-living/ (accessed June 26, 2012).
Eichenbaum, H. (2001). "The hippocampus and declarative memory: Cognitive mechanisms

and neural codes." *Behav Brain Re* **127**(1–2): 199–207.
Eskelinen, M., T. Ngandu, et al. (2008). "Fat intake at midlife and cognitive impairment later in life: A population-based CAIDE study." *Int J Geriatr Psychiatry* **23**(7): 741–747.
Finkelstein, E. A., J. G. Trogdon, et al. (2009). "Annual medical spending attributable to obesity: Payer-and service-specific estimates." *Health Aff (Millwood)* **28**(5): w822–831.
Funahashi, S., C. J. Bruce, et al. (1993). "Dorsolateral prefrontal lesions and oculomotor delayed-response performance: Evidence for mnemonic 'scotomas'." *J Neurosci* **13**(4): 1479–1497.
Gathercole, S. E., E. Lamont, and T. P. Alloway (2006). Working memory in the classroom. *Working memory and education*. I. S. Pickering, Elsevier Press: 219–240.
Goldman-Rakic, P. (1987). Circuitry of primate prefrontal cortex and regulation of behaviour by representational memory. *Handbook of physiology: The nervous system*. P. F. Bethesda, American Physiological Society. **5**: 373–417.
Granholm, A., H. Bimonte-Nelson, et al. (2008). "Effects of a saturated fat and high cholesterol diet on memory and hippocampal morphology in the middle-aged rat." *J Alzheimers Dis* **14**(2): 133–145.
Greenwood, C. E. and G. Winocur (1996). "Cognitive impairment in rats fed high-fat diets: a specific effect of saturated fatty-acid intake." *Behav Neurosci* **110**(3): 451–459.
Gruber, O. and D. Y. von Cramon (2003). "The functional neuroanatomy of human working memory revisited. Evidence from 3-T fMRI studies using classical domain-specific interference tasks." *NeuroImage* **19**(3): 797–809.
Hassenstab, J. J., V. Sweat, et al. (2010). "Metabolic syndrome is associated with learning and recall impairment in middle age." *Dement Geriatr Cogn Disord* **29**(4): 356–362.
Higgs, S. (2002). "Memory for recent eating and its influence on subsequent food intake." *Appetite* **39**(2): 159–166.
Honey, G. D. and P. C. Fletcher (2006). "Investigating principles of human brain function underlying working memory: What insights from schizophrenia?" *Neuroscience* **139**(1): 59–71.
Hu, F., R. van Dam, et al. (2001). "Diet and risk of Type II diabetes: The role of types of fat and carbohydrate." *Diabetologia* **44**(7): 805–817.
Jarrard, L. E. (1993). "On the role of the hippocampus in learning and memory in the rat." *Behav Neural Biol* **60**(1): 9–26.
Jarrard, L. E., T. L. Davidson, et al. (2004). "Functional differentiation within the medial temporal lobe in the rat." *Hippocampus* **14**(4): 434–449.
Jia, X., L. C. Craig, et al. (2008). "Repeatability and validity of a food frequency questionnaire in free-living older people in relation to cognitive function." *J Nutr Health Aging* **12**(10): 735–741.
Jurdak, N. and R. Kanarek (2009). "Sucrose-induced obesity impairs novel object recognition learning in young rats." *Physiol Behav* **96**(1): 1–5.
Jurdak, N., A. Lichtenstein, et al. (2008). "Diet-induced obesity and spatial cognition in young male rats." *Nutr Neurosci* **11**(2): 48–54.
Kaiyala, K. J., R. L. Prigeon, et al. (2000). "Obesity induced by a high-fat diet is associated with reduced brain insulin transport in dogs." *Diabetes* **49**(9): 1525–1533.
Kalmijn, S., E. Feskens, et al. (1995). "Glucose intolerance, hyperinsulinaemia and cognitive function in a general population of elderly men." *Diabetologia* **38**(9): 1096–1102.
Kalmijn, S., L. J. Launer, et al. (1997). "Dietary fat intake and the risk of incident dementia in the Rotterdam Study." *Ann Neurol* **42**(5): 776–782.
Kanoski, S. E. and T. L. Davidson (2010). "Different patterns of memory impairments accompany short- and longer-term maintenance on a high-energy diet." *J Exp Psychol: Anim Behav Process* **36**(2): 313–319.

Kanoski, S. E. and T. L. Davidson (2011). "Western diet consumption and cognitive impairment: Links to hippocampal dysfunction and obesity." *Physiol Behav* **103**(1): 59–68.

Kanoski, S. E., R. L. Meisel, et al. (2007). "The effects of energy-rich diets on discrimination reversal learning and on BDNF in the hippocampus and prefrontal cortex of the rat." *Behav Brain Re* **182**(1): 57–66.

Kanoski, S. E., Y. Zhang, et al. (2010). "The effects of a high-energy diet on hippocampal function and blood–brain barrier integrity in the rat." *J Alzheimers Dis* **21**(1): 207–219.

Kaplan, R., C. Greenwood, et al. (2000). "Cognitive performance is associated with glucose regulation in healthy elderly persons and can be enhanced with glucose and dietary carbohydrates." *Am J Clin Nutr* **72**(3): 825–836.

Levin, B. E. and A. A. Dunn-Meynell (2002). "Defense of body weight depends on dietary composition and palatability in rats with diet-induced obesity." *Am J Physiol Regul Integr Comp Physiol* **282**(1): R46–54.

M'Harzi, M. and L. E. Jarrard (1992). "Effects of medial and lateral septal lesions on acquisition of a place and cue radial maze task." *Behav Brain Re* **49**(2): 159–165.

Maffeis, C., Y. Schutz, et al. (1994). "Elevated energy expenditure and reduced energy intake in obese prepubertal children: Paradox of poor dietary reliability in obesity?" *J Pediatr* **124**(3): 348–354.

Martyn, J., M. Kaneki, et al. (2008). "Obesity-induced insulin resistance and hyperglycemia: Etiologic factors and molecular mechanisms." *Anesthesiology* **109**(1): 137–148.

McNaughton, S. A., M. C. Hughes, et al. (2007). "Validation of a FFQ to estimate the intake of PUFA using plasma phospholipid fatty acids and weighed foods records." *Br J Nutr* **97**(3): 561–568.

McNay, E. C., C. T. Ong, et al. (2010). "Hippocampal memory processes are modulated by insulin and high-fat-induced insulin resistance." *Neurobiol Learn Mem* **93**(4): 546–553.

Mielke, J. G., C. Taghibiglou, et al. (2005). "A biochemical and functional characterization of diet-induced brain insulin resistance." *J Neurochem* **93**(6): 1568–1578.

Molteni, R., R. J. Barnard, et al. (2002). "A high-fat, refined sugar diet reduces hippocampal brain-derived neurotrophic factor, neuronal plasticity, and learning." *Neuroscience* **112**(4): 803–814.

Morris, M. C., D. A. Evans, et al. (2003). "Dietary fats and the risk of incident Alzheimer disease." *Arch Neurol* **60**(2): 194–200.

Morris, M. C., D. A. Evans, et al. (2004). "Dietary fat intake and 6-year cognitive change in an older biracial community population." *Neurology* **62**(9): 1573–1579.

Morris, M., D. A. Evans, et al. (2006). "Dietary copper and high saturated and trans fat intakes associated with cognitive decline." *Arch Neurol* **63**(8): 1085–1088.

Naderali, E. K., S. H. Ratcliffe, et al. (2009). "Obesity and Alzheimer's disease: A link between body weight and cognitive function in old age." *Am J Alzheimers Dis Other Demen* **24**(6): 445–449.

O'Keefe, J. and J. Dostrovsky (1971). "The hippocampus as a spatial map: Preliminary evidence from unit activity in the freely-moving rat." *Brain Res* **34**(1): 171–175.

Ogden, C. L., S. Z. Yanovski, et al. (2007). "The epidemiology of obesity." *Gastroenterology* **132**(6): 2087–2102.

Papanikolaou, Y., H. Palmer, et al. (2006). "Better cognitive performance following a low-glycaemic-index compared with a high-glycaemic-index carbohydrate meal in adults with type 2 diabetes." *Diabetologia* **49**(5): 855–862.

Park, C. R., R. J. Seeley, et al. (2000). "Intracerebroventricular insulin enhances memory in a passive-avoidance task." *Physiol Behav* **68**(4): 509–514.

Pathan, A., A. Gaikwad, et al. (2008). "Rosiglitazone attenuates the cognitive deficits induced by high fat diet feeding in rats." *Eur J Pharmacol* **589**(1–3): 176–179.

Piekema, C., G. Fernandez, et al. (2007). "Spatial and non-spatial contextual working memory in patients with diencephalic or hippocampal dysfunction." *Brain Res* **1172**: 103–109.

Piekema, C., R. P. Kessels, et al. (2006). "The right hippocampus participates in short-term memory maintenance of object-location associations." *NeuroImage* **33**(1): 374–382.

Postle, B. R. (2006). "Working memory as an emergent property of the mind and brain." *Neuroscience* **139**(1): 23–38.

Rama, P., A. Poremba, et al. (2004). "Dissociable functional cortical topographies for working memory maintenance of voice identity and location." *Cereb Cortex* **14**(7): 768–780.

Rama, P., J. B. Sala, et al. (2001). "Dissociation of the neural systems for working memory maintenance of verbal and nonspatial visual information." *Cogn Affect Behav Neurosci* **1**(2): 161–171.

Ross, A. P., T. J. Bartness, et al. (2009). "A high fructose diet impairs spatial memory in male rats." *Neurobiol Learn Mem* **92**(3): 410–416.

Rushworth, M. F., M. P. Noonan, et al. (2011). "Frontal cortex and reward-guided learning and decision-making." *Neuron* **70**(6): 1054–1069.

Ryan, C., M. Freed, et al. (2006). "Improving metabolic control leads to better working memory in adults with type 2 diabetes." *Diabetes Care* **29**(2): 345–351.

Sawaguchi, T. and P. S. Goldman-Rakic (1991). "D1 dopamine receptors in prefrontal cortex: Involvement in working memory." *Science* **251**(4996): 947–950.

Scoville, W. B. and B. Milner (1957). "Loss of recent memory after bilateral hippocampal lesions." *J Neurol Neurosurg Psychiatry* **20**: 11–21.

Squire, L. R. (1992). "Memory and the hippocampus: A synthesis from findings with rats, monkeys, and humans [erratum appears in *Psychol Rev* 1992 Jul; **99**(3): 582]." *Psychol Rev* **99**(2): 195–231.

Squire, L. R. (2004). "Memory systems of the brain: A brief history and current perspective." *Neurobiol Learn Mem* **82**(3): 171–177.

Valladolid-Acebes, I., P. Stucchi, et al. (2011). "High-fat diets impair spatial learning in the radial-arm maze in mice." *Neurobiol Learn Mem* **95**(1): 80–85.

Walsh, T. J. and D. F. Emerich (1988). "The hippocampus as a common target of neurotoxic agents." *Toxicology* **49**(1): 137–140.

Woods, S. C., M. Chavez, et al. (1996). "The evaluation of insulin as a metabolic signal influencing behavior via the brain." *Neurosci Biobehav Rev* **20**(1): 139–144.

9章

Alhola, P., & Polo-Kantola, P. (2007). Sleep deprivation: Impact on cognitive performance. *Neuropsychiatric Disease and Treatment, 3*, 5, 553–567.

Baddeley, A. D., & Hitch, G. J. (1994). Developments in the concept of working memory. *Neuropsychology, 8*, 4, 485.

Braver, T. S., & Barch, D. M. (2006). Extracting core components of cognitive control. *Trends in Cognitive Sciences, 10*, 12, 529–532.

Bressler, S. L. (2002). Understanding cognition through large-scale cortical networks. *Current Directions in Psychological Science, 11*, 2, 58–61.

Chee, M. W., & Chuah, Y. M. L. (2007). Functional neuroimaging and behavioral correlates of capacity decline in visual short-term memory following sleep deprivation. *Proceedings of the National Academy of Sciences of the United States of America, 104*, 22, 9487–9492.

Chee, M. W., & Chuah, Y. M. L. (2008). Functional neuroimaging insights into how sleep and sleep deprivation affect memory and cognition. *Current Opinion in Neurology, 21*, 4, 417–423.

Chee, M. W. L., Chuah, Y. M. L., Venkatraman, V., Chan, W. Y., Philip, P., & Dinges, D. F. (2006). Functional imaging of working memory following normal sleep and after 24 and 35 h of sleep deprivation: Correlations of fronto-parietal activation with performance. *Neuroimage, 31*, 1, 419–428.

Choo, W. C., Lee, W. W., Venkatraman, V., Sheu, F. S., & Chee, M. W. (2005). Dissociation of cortical regions modulated by both working memory load and sleep deprivation and by sleep deprivation alone. *Neuroimage, 25*, 2, 579–587.

Chuah, L. Y. M., Dolcos, F., Chen, A. K., Zheng, H., Parimal, S., & Chee, M. W. L. (2010). Sleep deprivation and interference by emotional distracters. *Sleep, 33*, 10, 1305–1313.

Corsi-Cabrera, M., Arce, C., del Río-Portilla, I. Y., Pérez-Garci, E., & Guevara, M. A. (1999). Amplitude reduction in visual event-related potentials as a function of sleep deprivation. *Sleep, 22*, 2, 181-189.

Cowan, N. (1995). *Attention and memory: An integrated framework*. New York, NY: Oxford University Press.

Cowan, N. (2005). *Working memory capacity*. New York, NY: Psychology Press.

Dawson, D., Noy, Y. I., Harma, M., Akerstedt, T., & Belenky, G. (2011). Modeling fatigue and the use of fatigue models in work settings. *Accident Analysis and Prevention, 43*, 2, 549–564.

Dinges, D. F., Pack, F., Williams, K., Gillen, K. A., Powell, J. W., Ott, G. E., Aptowicz, C., ... Pack, A. I. (1997). Cumulative sleepiness, mood disturbance, and psychomotor vigilance performance decrements during a week of sleep restricted to 4–5 hours per night. *Sleep, 20*, 4, 267–277.

Donchin, E. (1981). Presidential address, 1980. Surprise!...Surprise?. *Psychophysiology, 18*, 5, 493–513.

Drummond, S. P., & Brown, G. G. (2001). The effects of total sleep deprivation on cerebral responses to cognitive performance. *Neuropsychopharmacology New York, 25*, 5.

Drummond, S. P., Brown, G. G., Salamat, J. S., & Gillin, J. C. (2004). Increasing task difficulty facilitates the cerebral compensatory response to total sleep deprivation. *Sleep, 27*, 3, 445–451.

Durmer, J. S., & Dinges, D. F. (2005). Neurocognitive consequences of sleep deprivation. *Seminars in Neurology, 25*, 1, 117–129.

Feldman, R., & Dement, W. (1968). Possible relationships between REM sleep and memory consolidation. *Psychophysiology, 5*, 243–251.

Gathercole, S. E. (1994). Neuropsychology and working memory: A review. *Neuropsychology, 8*, 499–505.

Glenville, M., Broughton, R., Wing, A. M., & Wilkinson, R. T. (1978). Effects of sleep deprivation on short duration performance measures compared to the Wilkinson auditory vigilance task. *Sleep, 1*, 2, 169–176.

Golden, L., & Figart, D. (2000). Doing something about long hours. *Challenge, 43*, 6, 15–37.

Habeck, C., Rakitin, B. C., Moeller, J., Scarmeas, N., Zarahn, E., Brown, T., & Stern, Y. (2004). An event-related fMRI study of the neurobehavioral impact of sleep deprivation on performance of a delayed-match-to-sample task. *Brain Research: Cognitive Brain Research, 18*, 3, 306–321.

Harrison, Y., & Horne, J. (2000). Sleep loss and temporal memory. *The Quarterly Journal of Experimental Psychology A, 53*, 1, 271–279.

Harrison, Y., Horne, J. A., & Rothwell, A. (2000). Prefrontal neuropsychological effects of sleep deprivation in young adults: A model for healthy aging? *Sleep, 23*, 8, 1067–1073.

Heuer, H., Kohlisch, O., & Klein, W. (2005). The effects of total sleep deprivation on the generation of random sequences of key-presses, numbers and nouns. *The Quarterly Journal of Experimental Psychology, A: Human Experimental Psychology, 58*, 2, 275–307.

Hinson, J. M., Jameson, T. L., & Whitney, P. (2002). Somatic markers, working memory, and decision making. *Cognitive, Affective, and Behavioral Neuroscience, 2*, 4, 341–353.

Horne, J. A. (1978). A review of the biological effects of total sleep deprivation in man. *Biological Psychology, 7*, 1–2.

Horne, J. A. (1985). Sleep function, with particular reference to sleep deprivation. *Annals of Clinical Research, 17*, 5, 199–208.

Horne, J. A. (1993). Human sleep, sleep loss and behaviour. Implications for the prefrontal cortex and psychiatric disorder. *The British Journal of Psychiatry, 162*, 413–419.

Jones, K., & Harrison, Y. (2001). Frontal lobe function, sleep loss and fragmented sleep. *Sleep Medicine Reviews, 5*, 6, 463–475.

Jonides, J., Smith, E. E., Marshuetz, C., Koeppe, R. A., & Reuter-Lorenz, P. A. (1998). Inhibition in verbal working memory revealed by brain activation. *Proceedings of the National Academy of Sciences of the United States of America, 95*, 14, 8410–8413.

Kerkhof, G. A., & Van Dongen, H. P. A. (eds). (2010). *Human sleep and cognition, Part I: Basic research*. Progress in Brain Research, Vol. 185. Amsterdam, The Netherlands: Elsevier.

Kok, A. (2001). On the utility of P3 amplitude as a measure of processing capacity. *Psychophysiology, 38*, 3, 557–577.

Konishi, S., Chikazoe, J., Jimura, K., Asari, T., Miyashita, Y., & Mishkin, M. (2005). Neural mechanism in anterior prefrontal cortex for inhibition of prolonged set interference. *Proceedings of the National Academy of Sciences of the United States of America, 102*, 35, 12584–12588.

Koslowsky, M., & Babkoff, H. (1992). Meta-analysis of the relationship between total sleep deprivation and performance. *Chronobiology International, 9*, 2, 132–136.

Lee, H.-J., Kim, L., & Suh, K.-Y. (2003). Cognitive deterioration and changes of P300 during total sleep deprivation. *Psychiatry and Clinical Neurosciences, 57*, 5, 490–496.

Lenartowicz, A., Escobedo-Quiroz, R., & Cohen, J. D. (2010). Updating of context in working memory: An event-related potential study. *Cognitive, Affective and Behavioral Neuroscience, 10*, 2, 298–315.

Lim, J., Choo, W. C., & Chee, M. W. (2007). Reproducibility of changes in behaviour and fMRI activation associated with sleep deprivation in a working memory task. *Sleep, 30*, 1, 61–70.

Lim, J., & Dinges, D. F. (2008). Sleep deprivation and vigilant attention. *Annals of the New York Academy of Sciences, 1129*, 1, 305–322.

Lim, J., & Dinges, D. F. (2010). A meta-analysis of the impact of short-term sleep deprivation on cognitive variables. *Psychological Bulletin, 136*, 3, 375–389.

Luber, B., Stanford, A. D., Bulow, P., Nguyen, T., Rakitin, B. C., Habeck, C., Basner, R., ... Lisanby, S. H. (2008). Remediation of sleep-deprivation–induced working memory impairment with fMRI-guided transcranial magnetic stimulation. *Cerebral Cortex, 18*, 9, 2077–2085.

Luck, S. J. (2005). *An introduction to the event-related potential technique*. Cambridge, MA: MIT Press.

McCabe, D. P., Roediger, H. L., McDaniel, M. A., Balota, D. A., & Hambrick, D. Z. (2010). The relationship between working memory capacity and executive functioning: Evidence for a common executive attention construct. *Neuropsychology, 24*, 2, 222–243.

McMorris, T., Harris, R. C., Howard, A. N., Langridge, G., Hall, B., Corbett, J., Dicks, M., ... Hodgson, C. (2007). Creatine supplementation, sleep deprivation, cortisol, melatonin and behavior. *Physiology and Behavior, 90*, 1, 21–28.

Miyake, A., Friedman, N., Emerson, M., Witzki, A., Howerter, A., & Wager, T. (2000). The unity and diversity of executive functions and their contributions to complex "frontal lobe" tasks: A latent variable analysis. *Cognitive Psychology, 41*, 1, 49–100.

Monsell, S. (2003). Task switching. *Trends in Cognitive Sciences, 7*, 3.

Morris, A. M., So, Y., Lee, K. A., Lash, A. A., & Becker, C. E. (1992). The P300 event-related potential. The effects of sleep deprivation. *Journal of Occupational Medicine: Official Publication of the Industrial Medical Association, 34*, 12, 1143–1152.

Morris, G. O., Williams, H. L., & Lubin, A. (1960). Misperception and disorientation during sleep. *Archives of General Psychiatry, 2*, 247–254.

Mu, Q., Mishory, A., Johnson, K. A., Nahas, Z., Kozel, F. A., Yamanaka, K., Bohning, D. E., George, M. S. (2005). Decreased brain activation during a working memory task at rested baseline is associated with vulnerability to sleep deprivation. *Sleep, 28*, 4, 433–446.

Muzur, A., Pace-Schott, E. F., & Hobson, J. A. (2002). The prefrontal cortex in sleep. *Trends in Cognitive Sciences, 6*, 11.

Pessoa, L. (2008). On the relationship between emotion and cognition. *Nature Reviews Neuroscience, 9*, 148–158.

Pilcher, J. J., Band, D., Odle-Dusseau, H. N., & Muth, E. R. (2007). Human performance under sustained operations and acute sleep deprivation conditions: Toward a model of controlled attention. *Aviation, Space, and Environmental Medicine, 78*, 5, 15–24.

Polich, J. (2007). Updating P300: An integrative theory of P3a and P3b. *Clinical Neurophysiology, 118*, 10, 2128–2148.

Quigley, N., Green, J. F., Morgan, D., Idzikowski, C., & King, D. J. (2000). The effect of sleep deprivation on memory and psychomotor function in healthy volunteers. *Human Psychopharmacology: Clinical and Experimental, 15*, 3.

Rypma, B., & D'Esposito, M. (1999). The roles of prefrontal brain regions in components of working memory: Effects of memory load and individual differences. *Proceedings of the National Academy of Sciences of the United States of America, 96*, 11, 6558–6563.

Sagaspe, P., Charles, A., Taillard, J., Bioulac, B., & Philip, P. (2003). Inhibition et mémoire de travail: Effet d'une privation aiguë de sommeil sur une tâche de génération aléatoire. *Canadian Journal of Experimental Psychology = Revue Canadienne De Psychologie Expérimentale, 57*, 4, 265–273.

Smith, M. E., McEvoy, L. K., & Gevins, A. (2002). The impact of moderate sleep loss on neurophysiologic signals during working-memory task performance. *Sleep, 25*, 7, 784–794.

Sterpenich, V., Albouy, G., Boly, M., Vandewalle, G., Darsaud, A., Balteau, E., Dang-Vu, T. T., ... Maquet, P. (2007). Sleep-related hippocampo-cortical interplay during emotional memory recollection. *PLoS Biology, 5*, 11.

Todd, J. J., & Marois, R. (2004). Capacity limit of visual short-term memory in human posterior parietal cortex. *Nature, 428*, 6984, 751–754.

Tucker, A. M., Stern, Y., Basner, R. C., & Rakitin, B. C. (2011). The prefrontal model revisited: Double dissociations between young sleep deprived and elderly subjects on cognitive components of performance. *Sleep, 34*, 8, 1039–1050.

Tucker, A. M., Whitney, P., Belenky, G., Hinson, J. M., & Van Dongen, H. P. A. (2010). Effects of sleep deprivation on dissociated components of executive functioning. *Sleep, 33*, 1, 47–57.

Unsworth, N., & Engle, R. W. (2007). The nature of individual differences in working memory capacity: Active maintenance in primary memory and controlled search from secondary memory. *Psychological Review, 114*, 1.

Van Dongen, H. P. A., Baynard, M. D., Maislin, G., & Dinges, D. F. (2004). Systematic interindividual differences in neurobehavioral impairment from sleep loss: Evidence of

trait-like differential vulnerability. *Sleep, 27,* 3, 423–433.
Van Ormer, E. B. (1932). Retention after intervals of sleep and of waking. *Archives of Psychology, 137.*
Volkow, N. D., Ferre, S., Telang, F., Ma, J., Thanos, P. K., Jayne, M., Wang, G.-J., ... Tomasi, D. (2008). Sleep deprivation decreases binding of [^{11}C]raclopride to dopamine D_2/D_3 receptors in the human brain. *Journal of Neuroscience, 28,* 34, 8454–8461.
Whitney, P., & Hinson, J. M. (2010). Measurement of cognition in studies of sleep deprivation. *Progress in Brain Research, 185,* 37–48.
Wu, J. C., Gillin, J. C., Buchsbaum, M. S., Hershey, T., Hazlett, E., Sicotte, N., & Bunney, W. E. J. (1991). The effect of sleep deprivation on cerebral glucose metabolic rate in normal humans assessed with positron emission tomography. *Sleep, 14,* 2, 155–162.
Yoo, S. S., Gujar, N., Hu, P., Jolesz, F. A., & Walker, M. P. (2007). The human emotional brain without sleep: A prefrontal amygdala disconnect. *Current Biology, 17,* 20.

10 章

Bechara, A., Damasio, A. R., Damasio, H., & Anderson, S. W. (1994). Insensitivity to future consequences following damage to human prefrontal cortex. *Cognition, 50*(1–3), 7–15.
Bechara, A., & Martin, E. M. (2004). Impaired decision making related to working memory deficits in individuals with substance addictions. *Neuropsychology, 18*(1), 152–162.
Belin, D., Jonkman, S., Dickinson, A., Robbins, T. W., & Everitt, B. J. (2009). Parallel and interactive learning processes within the basal ganglia: Relevance for the understanding of addiction. *Behavioural Brain Research, 199*(1), 89–102.
Bickel, W. K., Yi, R., Landes, R. D., Hill, P. F., & Baxter, C. (2011). Remember the future: Working memory training decreases delay discounting among stimulant addicts. *Biological Psychiatry, 69*(3), 260–265.
Bobova, L., Finn, P. R., Rickert, M. E., & Lucas, J. (2009). Disinhibitory psychopathology and delay discounting in alcohol dependence: Personality and cognitive correlates. *Experimental and Clinical Psychopharmacology, 17*(1), 51–61.
Bowden-Jones, H., McPhillips, M., & Joyce, E. M. (2006). Neurobehavioural characteristics and relapse in addiction. *British Journal of Psychiatry, 188,* 494; author reply 494.
Cadete-Leite, A., Alves, M. C., Tavares, M. A., & Paula-Barbosa, M. M. (1990). Effects of chronic alcohol intake and withdrawal on the prefrontal neurons and synapses. *Alcohol, 7*(2), 145–152.
Chanraud, S., Pitel, A. L., Pfefferbaum, A., & Sullivan, E. V. (2011). Disruption of functional connectivity of the default-mode network in alcoholism. *Cerebral Cortex, 21,* 2272–2281.
Cservenka, A., Herting, M. M., & Nagel, B. J. (2012). Atypical frontal lobe activity during verbal working memory in youth with a family history of alcoholism. *Drug and Alcohol Dependence, 123,* 98–104.
Desmond, J. E., Chen, S. H., DeRosa, E., Pryor, M. R., Pfefferbaum, A., & Sullivan, E. V. (2003). Increased frontocerebellar activation in alcoholics during verbal working memory: An fMRI study. *Neuroimage, 19*(4), 1510–1520.
Dixon, M. R., Marley, J., & Jacobs, E. A. (2003). Delay discounting by pathological gamblers. *Journal of Applied Behavioral Analysis, 36*(4), 449–458.
Dolcos, F., & McCarthy, G. (2006). Brain systems mediating cognitive interference by emotional distraction. *Journal of Neuroscience, 26*(7), 2072–2079.
Dretsch, M. N., & Tipples, J. (2008). Working memory involved in predicting future outcomes based on past experiences. *Brain and Cognition, 66*(1), 83–90.
Fein, G., Klein, L., & Finn, P. (2004). Impairment on a simulated gambling task in long-

term abstinent alcoholics. *Alcoholism: Clinical and Experimental Research, 28*(10), 1487–1491.

Fernandez-Serrano, M. J., Perez-Garcia, M., Schmidt Rio-Valle, J., & Verdejo-Garcia, A. (2010). Neuropsychological consequences of alcohol and drug abuse on different components of executive functions. *Journal of Psychopharmacology, 24*(9), 1317–1332.

Fine, M. S., & Minnery, B. S. (2009). Visual salience affects performance in a working memory task. *Journal of Neuroscience, 29*(25), 8016–8021.

Finn, P. R. (2002). Motivation, working memory, and decision making: A cognitive-motivational theory of personality vulnerability to alcoholism. *Behavioral and Cognitive Neuroscience Reviews, 1*(3), 183–205.

Goudriaan, A. E., Oosterlaan, J., De Beurs, E., & Van Den Brink, W. (2008). The role of self-reported impulsivity and reward sensitivity versus neurocognitive measures of disinhibition and decision-making in the prediction of relapse in pathological gamblers. *Psychological Medicine, 38*(1), 41–50.

Gouzoulis-Mayfrank, E., Daumann, J., Tuchtenhagen, F., Pelz, S., Becker, S., Kunert, H. J., et al. (2000). Impaired cognitive performance in drug free users of recreational ecstasy (MDMA). *Journal of Neurology, Neurosurgery, and Psychiatry, 68*(6), 719–725.

Gozzi, M., Cherubini, P., Papagno, C., & Bricolo, E. (2011). Recruitment of intuitive versus analytic thinking strategies affects the role of working memory in a gambling task. *Psychological Research, 75*(3), 188–201.

Grant, J. E., Potenza, M. N., Weinstein, A., & Gorelick, D. A. (2010). Introduction to behavioral addictions. *American Journal of Drug and Alcohol Abuse, 36*(5), 233–241.

Green, L., Fry, A. F., & Myerson, J. (1994). Discounting of delayed rewards: A life-span comparison. *Psychological Science, 5*, 33–36.

Greenstein, J. E., Kassel, J. D., Wardle, M. C., Veilleux, J. C., Evatt, D. P., Heinz, A. J., et al. (2010). The separate and combined effects of nicotine and alcohol on working memory capacity in nonabstinent smokers. *Experimental and Clinical Psychopharmacology, 18*(2), 120–128.

Gundersen, H., Gruner, R., Specht, K., & Hugdahl, K. (2008). The effects of alcohol intoxication on neuronal activation at different levels of cognitive load. *Open Neuroimaging Journal, 2*, 65–72.

Gundersen, H., Specht, K., Gruner, R., Ersland, L., & Hugdahl, K. (2008). Separating the effects of alcohol and expectancy on brain activation: An fMRI working memory study. *Neuroimage, 42*(4), 1587–1596.

Hanson, K. L., Winward, J. L., Schweinsburg, A. D., Medina, K. L., Brown, S. A., & Tapert, S. F. (2010). Longitudinal study of cognition among adolescent marijuana users over three weeks of abstinence. *Addictive Behavior, 35*(11), 970–976.

Heishman, S. J., Kleykamp, B. A., & Singleton, E. G. (2010). Meta-analysis of the acute effects of nicotine and smoking on human performance. *Psychopharmacology, 210*(4), 453–469.

Herting, M. M., Schwartz, D., Mitchell, S. H., & Nagel, B. J. (2010). Delay discounting behavior and white matter microstructure abnormalities in youth with a family history of alcoholism. *Alcoholism: Clinical and Experimental Research, 34*(9), 1590–1602.

Hildebrandt, H., Brokate, B., Eling, P., & Lanz, M. (2004). Response shifting and inhibition, but not working memory, are impaired after long-term heavy alcohol consumption. *Neuropsychology, 18*(2), 203–211.

Hinson, J. M., Jameson, T. L., & Whitney, P. (2002). Somatic markers, working memory, and decision making. *Cognitive and Affective Behavioral Neuroscience, 2*(4), 341–353.

Hinson, J. M., Jameson, T. L., & Whitney, P. (2003). Impulsive decision making and working memory. *Journal of Experimental Psychology: Learning, Memory, and Cognition, 29*(2), 298–306.

Kanayama, G., Rogowska, J., Pope, H. G., Gruber, S. A., & Yurgelun-Todd, D. A. (2004). Spatial working memory in heavy cannabis users: A functional magnetic resonance imaging study. *Psychopharmacology, 176*(3–4), 239–247.

Kubler, A., Murphy, K., & Garavan, H. (2005). Cocaine dependence and attention switching within and between verbal and visuospatial working memory. *European Journal of Neuroscience, 21*(7), 1984–1992.

Lawrence, A. J., Luty, J., Bogdan, N. A., Sahakian, B. J., & Clark, L. (2009). Problem gamblers share deficits in impulsive decision-making with alcohol-dependent individuals. *Addiction, 104*(6), 1006–1015.

Leiserson, V., & Pihl, R. O. (2007). Reward-sensitivity, inhibition of reward-seeking, and dorsolateral prefrontal working memory function in problem gamblers not in treatment. *Journal of Gambling Studies, 23*(4), 435–455.

Lovallo, W. R., Yechiam, E., Sorocco, K. H., Vincent, A. S., & Collins, F. L. (2006). Working memory and decision-making biases in young adults with a family history of alcoholism: Studies from the Oklahoma family health patterns project. *Alcoholism: Clinical and Experimental Research, 30*(5), 763–773.

Mendrek, A., Monterosso, J., Simon, S. L., Jarvik, M., Brody, A., Olmstead, R., et al. (2006). Working memory in cigarette smokers: Comparison to non-smokers and effects of abstinence. *Addictive Behavior, 31*(5), 833–844.

Moeller, F. G., Steinberg, J. L., Schmitz, J. M., Ma, L., Liu, S., Kjome, K. L., et al. (2010). Working memory fMRI activation in cocaine-dependent subjects: Association with treatment response. *Psychiatry Research, 181*(3), 174–182.

Padula, C. B., Schweinsburg, A. D., & Tapert, S. F. (2007). Spatial working memory performance and fMRI activation interaction in abstinent adolescent marijuana users. *Psychology of Addictive Behaviors, 21*(4), 478–487.

Park, M. S., Sohn, S., Park, J. E., Kim, S. H., Yu, I. K., & Sohn, J. H. (2011). Brain functions associated with verbal working memory tasks among young males with alcohol use disorders. *Scandinavian Journal of Psychology, 52*(1), 1–7.

Paulus, M. P., Tapert, S. F., Pulido, C., & Schuckit, M. A. (2006). Alcohol attenuates load-related activation during a working memory task: Relation to level of response to alcohol. *Alcoholism: Clinical and Experimental Research, 30*(8), 1363–1371.

Petry, N. M., & Casarella, T. (1999). Excessive discounting of delayed rewards in substance abusers with gambling problems. *Drug and Alcohol Dependence, 56*(1), 25–32.

Pfefferbaum, A., Desmond, J. E., Galloway, C., Menon, V., Glover, G. H., & Sullivan, E. V. (2001). Reorganization of frontal systems used by alcoholics for spatial working memory: An fMRI study. *Neuroimage, 14*(1 Pt 1), 7–20.

Rapeli, P., Kivisaari, R., Autti, T., Kahkonen, S., Puuskari, V., Jokela, O., et al. (2006). Cognitive function during early abstinence from opioid dependence: A comparison to age, gender, and verbal intelligence matched controls. *BioMedCentral Psychiatry, 6*, 9.

Saults, J. S., Cowan, N., Sher, K. J., & Moreno, M. V. (2007). Differential effects of alcohol on working memory: Distinguishing multiple processes. *Experimental and Clinical Psychopharmacology, 15*(6), 576–587.

Schweizer, T. A., Vogel-Sprott, M., Danckert, J., Roy, E. A., Skakum, A., & Broderick, C. E. (2006). Neuropsychological profile of acute alcohol intoxication during ascending and descending blood alcohol concentrations. *Neuropsychopharmacology, 31*(6), 1301–1309.

Shamosh, N. A., Deyoung, C. G., Green, A. E., Reis, D. L., Johnson, M. R., Conway, A. R., et al. (2008). Individual differences in delay discounting: Relation to intelligence, working memory, and anterior prefrontal cortex. *Psychological Science, 19*(9), 904–911.

Smith, A. M., Longo, C. A., Fried, P. A., Hogan, M. J., & Cameron, I. (2010). Effects of marijuana on visuospatial working memory: An fMRI study in young adults.

Psychopharmacology, 210(3), 429–438.

Smith, E. E., & Jonides, J. (1998). Neuroimaging analyses of human working memory. *Proceedings from the National Academy of Sciences of the United States of America, 95*(20), 12061–12068.

Spadoni, A. D., Norman, A. L., Schweinsburg, A. D., & Tapert, S. F. (2008). Effects of family history of alcohol use disorders on spatial working memory BOLD response in adolescents. *Alcoholism: Clinical and Experimental Research, 32*(7), 1135–1145.

Substance Abuse and Mental Health Services Administration (2011). *Results from the 2010 National Survey on Drug Use and Health: Summary of National Findings*, NSDUH Series H-41, HHS Publication No. (SMA) 11-4658. Rockville, MD: Substance Abuse and Mental Health Services Administration.

Sullivan, E. V., Fama, R., Rosenbloom, M. J., & Pfefferbaum, A. (2002). A profile of neuropsychological deficits in alcoholic women. *Neuropsychology, 16*(1), 74–83.

Sullivan, E. V., Rosenbloom, M. J., & Pfefferbaum, A. (2000). Pattern of motor and cognitive deficits in detoxified alcoholic men. *Alcoholism: Clinical and Experimental Research, 24*(5), 611–621.

Tanabe, J., Thompson, L., Claus, E., Dalwani, M., Hutchison, K., & Banich, M. T. (2007). Prefrontal cortex activity is reduced in gambling and nongambling substance users during decision-making. *Human Brain Mapping, 28*(12), 1276–1286.

Wager, T. D., & Smith, E. E. (2003). Neuroimaging studies of working memory: a meta-analysis. *Cognitive, Affective and Behavioral Neuroscience, 3*(4), 255–274.

Walter, H., Bretschneider, V., Gron, G., Zurowski, B., Wunderlich, A. P., Tomczak, R., et al. (2003). Evidence for quantitative domain dominance for verbal and spatial working memory in frontal and parietal cortex. *Cortex, 39*(4–5), 897–911.

Wareham, J. D., & Potenza, M. N. (2010). Pathological gambling and substance use disorders. *American Journal of Drug and Alcohol Abuse, 36*(5), 242–247.

11 章

Alloway, T. P. (2007). *Automated working memory assessment*. London: Harcourt.

Alloway, T. P. (2012). Can interactive working memory training improving learning? *Journal of Interactive Learning Research, 23*(3), 197-207.

Alloway, T. P., Banner, G., & Smith, P. (2010). Working memory and cognitive styles in adolescents' attainment. *British Journal of Educational Psychology, 80*, 567–581.

Alloway, T. P., & Gathercole, S. E. (2005). The role of sentence recall in reading and language skills of children with learning difficulties. *Learning and Individual Differences, 15*, 271–282.

Alloway, T. P., Gathercole, S. E., Adams, A. M., Willis, C. S., Eaglen, R., & Lamont, E. (2005). Working memory and phonological awareness as predictors of progress towards early learning goals at school entry. *British Journal of Developmental Psychology, 23*, 417–426.

Amir, N., & Bomyea, J. (2011). Working memory capacity in generalized social phobia. *Journal of Abnormal Psychology, 120*(2), 504–509.

Ansari, T. L., & Derakshan, N. (2011). The neural correlates of impaired inhibitory control in anxiety. *Neuropsychologia, 49*(5), 1146–1153.

Aronen, E. T., Vuontela, V., Steenari, M.-R., Salmi, J., & Carlson, S. (2005). Working memory, psychiatric symptoms, and academic performance at school. *Neurobiology of Learning and Memory, 83*(1), 33–42.

Ashcraft, M. H. (2002). Math anxiety: Personal, educational and cognitive consequences.

Current Directions in Psychological Science, 11, 181–185.
Ashcraft, M. H., & Kirk, E. P. (2001). The relationships among working memory, math anxiety and performance. *Journal of Experimental Psychology: General, 2,* 224–237.
Baddeley, A. D., & Hitch, G. J. (1974). Working memory. In G. A. Bower (Ed.), *The psychology of learning and motivation: Advances in research and theory* (Vol. 8, pp. 47–89). New York: Academic Press.
Banich, M. T., Mackiewicz, K. L., Depue, B. E., Whitmer, A. J., Miller, G. A., & Heller, W. (2009). Cognitive control mechanisms, emotion and memory: A neural perspective with implications for psychopathology. *Neuroscience and Biobehavioral Reviews, 33*(5), 613–630.
Bar-Haim, Y. (2010). Research review: Attention bias modification (ABM): A novel treatment for anxiety disorders. *Journal of Child Psychology and Psychiatry 51*(8), 859–870.
Bar-Haim, Y., Lamy, D., Pergamin, L., Bakermans-Kranenburg, M. J., & van Ijzendoorn, M. H. (2007). Threat-related attentional bias in anxious and nonanxious individuals: A meta-analytic study. *Psychological Bulletin, 133,* 1–24.
Basten, U., Stelzel, C., & Fiebach, C. J. (2011). Trait anxiety modulates the efficiency of inhibitory control. *Journal of Cognitive Neuroscience, 23*(10), 3132–3145. epub.
Beck, A. T., & Clark, D. H. (1997). An information processing model of anxiety: Automatic and strategic processes. *Behaviour Research and Therapy, 35,* 49–58.
Beck, A. T., & Emery, G. (1985). *Anxiety disorders and phobias: A cognitive perspective.* New York: Basic Books.
Beilock, S. L. (2008). Math performance in stressful situations. *Current Directions in Psychological Science, 17,* 339–343.
Beilock, S. L., & Carr, T. H. (2005). When high-powered people fail: Working memory and "choking under pressure" in math. *Psychological Science, 16,* 101–105.
Beilock, S. L., & DeCaro, M. S. (2007). From poor performance to success under stress: Working memory, strategy selection, and mathematical problem solving under pressure. *Journal of Experimental Psychology: Learning, Memory, and Cognition, 33,* 983–998.
Beilock, S. L., Kulp, C. A., Holt, L. E., & Carr, T. H. (2004). More on the fragility of performance: Choking under pressure in mathematical problem solving. *Journal of Experimental Psychology: General, 133,* 584–600.
Bishop, S. J. (2007). Neurocognitive mechanisms of anxiety: An integrative account. *Trends in Cognitive Science, 11*(7), 307–316.
Bishop, S. J. (2009). Trait anxiety and impoverished prefrontal control of attention. *Nature Neuroscience, 12,* 92–98.
Bomyea, J., & Amir, N. (2011). The effect of an executive functioning training program on working memory capacity and intrusive thoughts. *Cognitive Therapy and Research, 5,* 1–7.
Borkovec, T. D. (1994). The nature, functions and origins of worry. In G. Davey & F. Tallis (Eds.), *Worrying: Perspectives on theory, assessment and treatment* (pp. 5–33). Chichester, UK: Wiley.
Bower, G. H. (1981). Mood and memory. *American Psychologist, 36,* 129–148.
Braver, T. S., Cole, M. W., & Yarkoni, T. (2010). Vive les differences! Individual variation in neural mechanisms of executive control. *Current Opinion in Neurobiology, 20*(2), 242–250.
Braver, T. S., Gray, J. R., & Burgess, G. C. (2007). Explaining the many varieties of working memory variation: Dual mechanisms of cognitive control. In A. R. A. Conway, C. Jarrold, M. J. Kane, A. Miyake, & J. N. Towse (Eds.), *Variation in working memory* (pp. 76–106). Oxford: Oxford University Press.
Brosan, L., Hoppitt, L., Shelfer, L., Sillence, A., & Mackintosh, B. (2011). Cognitive Bias Modification for attention and interpretation reduces trait and state anxiety study in a

clinically anxious population. *Journal of Behavior Therapy and Experimental Psychiatry, 42*(3), 258–264.

Burke, E. (1756). *A philosophical inquiry into the origin of our ideas of the sublime and beautiful.* London.

Calvin, A. D., Koons, P. B., Bingham, J. L., & Fink, H. H. (1955). A further investigation of the relationship between manifest anxiety and intelligence. *Journal of Consulting Psychology, 19*, 280–282.

Calvo, M. G., & Ramos, P. M. (1989). Effects of test anxiety on motor learning: The processing efficiency hypothesis. *Anxiety Research, 2*, 45–55.

Calvo, M. G., Avero, P., Castillo, M. D., & Miguel Tobal, J. J. (2003). Multidimensional anxiety and content-specificity effects in preferential processing of threat. *European Psychologist, 8*, 252–265.

Cartwright-Hatton, S., McNicol, K., & Doubleday, E. (2006). Anxiety in a neglected population: Prevalence of anxiety disorders in pre-adolescent children. *Clinical Psychology Review, 26*, 817–833.

Cheie, L., & Visu-Petra, L. (2012). Relating individual differences in anxiety to memory for emotional information in young children. *Journal of Individual Differences, 33*(2), 109–118.

Clark, D. A., & Beck, A. T. (2009). *Cognitive therapy of anxiety disorders: Science and practice.* New York: Guilford Press.

Cloitre, M., & Leibowitz, M. R. (1991). Memory bias in panic disorder: An investigation of the cognitive avoidance hypothesis. *Cognitive Therapy and Research, 15*, 371–386.

Coles, M. E., & Heimberg, R. G. (2002). Memory biases in the anxiety disorders: Current status. *Clinical Psychology Review, 22*, 587–627.

Colflesh, G. J. H., & Conway, A. R. A. (2007). Individual differences in working memory capacity and divided attention in dichotic listening. *Psychonomic Bulletin and Review, 14*, 699–703.

Conway, A. R. A., Cowan, N., & Bunting, M. F. (2001). The cocktail party phenomenon revisited: The importance of working memory capacity. *Psychonomic Bulletin and Review, 8*, 331–335.

Corbetta, M., & Shulman, G. L. (2002). Control of goal-directed and stimulus-driven attention in the brain. *Nature Review Neuroscience, 3*, 201–215.

Cowan, N. (1988). Evolving concepts for memory storage, selective attention, and their mutual constraints within the human information processing system. *Psychological Bulletin, 104*, 163–191.

Cowan, N. (2008). What are the differences between long-term, short-term, and working memory? *Progress in Brain Research, 169*, 323–338.

Crowe, S. F., Matthews, C., & Walkenhorst, E. (2007). The relationship between worry, anxiety and thought suppression and the components of working memory in a non-clinical sample. *Australian Psychologist, 42*(3), 170–177.

Crozier, W. R., & Hostettler, K. (2003). The influence of shyness on children's test performance. *British Journal of Educational Psychology, 73*, 317–328.

Curtis, C. A. (2009). The relationship between anxiety, working memory and academic performance among secondary school pupils with social, emotional and behavioural difficulties: A test of Processing Efficiency Theory. Doctoral Thesis, University of Southampton, UK.

Daleiden, E. L. (1998). Childhood anxiety and memory functioning: A comparison of systemic and processing accounts. *Journal of Experimental Child Psychology, 68*(3), 216–235.

Daleiden, E. L., & Vasey, M. W. (1997). An information-processing perspective on childhood anxiety. *Clinical Psychology Review, 17*, 407–429.

Dalgleish, T., Taghavi, R., Neshat-Doost, H., Moradi, A., Canterbury, R., & Yule., W. (2003). Differences in patterns of processing bias for emotional information across disorders: An investigation of attention, memory and prospective cognition in children and adolescents with depression, generalized anxiety and Posttraumatic Stress Disorder (PTSD). *Journal of Clinical Child and Adolescent Psychology, 32*, 10–21.

Darke, S. (1988). Anxiety and working memory capacity. *Cognition and Emotion, 2*, 145–154.

Deffenbacher, J. L. (1978). Worry, emotionality and task generated interference: An empirical test of attentional theory. *Journal of Educational Psychology, 70*, 248–254.

Denkova, E., Wong, G., Dolcos, S., Sung, K., Wang, L., Coupland, N., et al. (2010). The impact of anxiety-inducing distraction on cognitive performance: A combined brain imaging and personality investigation. *PLoS One, 5*(11), e14150.

Derakshan, N., & Eysenck, M. W. (1998). Working memory capacity in high trait-anxious and repressor groups. *Cognition and Emotion, 12*, 697–713.

Derakshan, N., & Eysenck, M. W. (2009). Anxiety, processing efficiency and cognitive performance: New developments from attentional control theory. *European Psychologist, 14*(2), 168–176.

Derryberry, D., & Reed, M. A. (2002). Anxiety-related attentional biases and their regulation by attentional control. *Journal of Abnormal Psychology, 111*, 225–236.

Ecker, U. K. H., Lewandowsky, S., Oberauer, K., & Chee, A. E. H. (2010). The components of working memory updating: An experimental decomposition and individual differences. *Journal of Experimental Psychology: Learning, Memory, and Cognition, 36*, 170–189.

Egger, H. L., & Angold, A. (2006). Anxiety disorders. In J. Luby (Ed.), *Handbook of preschool mental health: Development, disorders, and treatment* (pp. 137–164). New York: Guilford Press.

Elliman, N. A., Green, M. W., Rogers, P. J., & Finch, G. M. (1997). Processing efficiency theory and the working memory system; Impairments associated with sub-clinical anxiety. *Personality and Individual Differences, 23*, 31–35.

Endler, N. S., & Kocovski, N. L. (2001). State and trait anxiety revisited. *Journal of Anxiety Disorders, 15*(3), 231–245.

Eysenck, M. W. (1977). Arousal, learning, and memory. *Psychological Bulletin, 83*, 389–404.

Eysenck, M. W. (1979). Anxiety, learning, and memory: A reconceptualization. *Journal of Research in Personality, 13*, 363–385.

Eysenck, M. W. (1985). Anxiety and cognitive-task performance. *Personality and Individual Differences, 6*, 574–586.

Eysenck, M. W. (1989) Anxiety and cognition: Theory and research. In T. Archer and L.-G Nilsson (Eds.), *Aversion, avoidance and anxiety: Perceptives on aversively motivated behaviour*. London: Erlbaum.

Eysenck, M. W. (1992) The nature of anxiety. In A. Gale and M. W. Eysenck (Eds.), *Handbook of individual differences: Biological perspectives*. Chichester: Wiley.

Eysenck, M. W., & Calvo, M. G. (1992). Anxiety and performance: The Processing Efficiency Theory. *Cognition and Emotion, 6*, 409–434.

Eysenck, M. W., & Derakshan, N. (2011). New perspectives in attentional control theory. *Personality and Individual Differences, 50*, 955–960.

Eysenck, M. W., Derakshan, N., Santos, R., & Calvo, M. G. (2007). Anxiety and cognitive performance: Attentional control theory. *Emotion, 7*(2), 336–353.

Eysenck, M. W., Payne, S., & Derakshan, N. (2005). Trait anxiety, visuospatial processing, and working memory. *Cognition and Emotion, 19*(8), 1214–1228.

Eysenck, M. W., Payne, S., & Santos, R. (2006). Anxiety and depression: Past, present, and future events. *Cognition and Emotion, 20*(2), 274– 294.

Fales, C. L., Barch, D. M., Burgess, G. C., Schaefer, A., Mennin, D. S., Gray, J. R., et al. (2008). Anxiety and cognitive efficiency: Differential modulation of transient and sustained neural activity during a working memory task. *Cognitive, Affective, and Behavioral Neuroscience, 8*(3), 239–253.

Fales, C. L., Becerril, K. E., Luking, K. R., & Barch, D. M. (2010). Emotional-stimulus processing in trait anxiety is modulated by stimulus valence during neuroimaging of a working-memory task. *Cognition and Emotion, 24*(2), 200–222.

Field, A. P., & Lester, K. J. (2010a). Learning of information processing biases in anxious children and adolescents. In J. Hadwin and A. P. Field (Eds.), *Information processing biases and anxiety: a developmental perspective* (pp. 253–278). Chichester: Wiley.

Field, A. P., & Lester, K. J. (2010b). Is there room for "development" in models of information processing biases to threat in children and adolescents? *Clinical Child and Family Psychology Review, 13*, 315–332.

Fox, E., Russo, R., Bowles, R. J., & Dutton, K. (2001). Do threatening stimuli draw or hold visual attention in sub-clinical anxiety? *Journal of Experimental Psychology: General, 130*(4), 681–700.

Gathercole, S. E., & Baddeley, A. (1990). Phonological memory deficits in language disordered children: Is there a causal connection? *Journal of Memory and Language, 29*, 336–360.

Gathercole, S. E., & Pickering, S. J. (2000). Working memory deficits in children with low achievements in the national curriculum at seven years of age. *British Journal of Educational Psychology, 70*, 177–194.

Gathercole, S. E., Pickering, S. J., Knight, C., & Stegmann, Z. (2004). Working memory skills and educational attainment: Evidence from National Curriculum assessments at 7 and 14 years of age. *Applied Cognitive Psychology, 40*, 1–16.

Gray, J. R. (2004). Integration of emotion and cognitive control. *Current Directions in Psychological Science, 13*(2), 46–48.

Günther, T., Holtkamp, K., Jolles, J., Herpertz-Dahlmann, B., & Konrad, K. (2004). The influence of sertraline on attention and verbal memory in children and adolescents with anxiety disorders. *Journal of Child and Adolescent Psychopharmacology, 15*(4), 608–618.

Hadwin, J. A., & Field, A. P. (Eds.) (2010a). *Information processing biases and anxiety: A developmental perspective*. Chichester: Wiley.

Hadwin, J. A., & Field, A. P. (2010b). An introduction to the study of information processing biases in childhood anxiety: Theoretical and methodological issues. In J. A. Hadwin & A. P. Field (Eds.), *Information processing biases and anxiety: A developmental perspective* (pp. 1–18). Chichester: Wiley.

Hadwin, J. A., Brogan, J., & Stevenson, J. (2005). State anxiety and working memory in children: A test of processing efficiency theory. *Educational Psychology, 25*(4), 379–393.

Hadwin, J. A., Garner, M., & Perez-Olivas, G. (2006). The development of information processing biases in childhood anxiety: A review and exploration of its origins in parenting. *Clinical Psychology Review, 26*, 876–894.

Hayes, S., Hirsch, C., & Mathews, A. (2008). Restriction of working memory capacity during worry. *Journal of Abnormal Psychology, 117*, 712–717.

Henry, L. A. (2001). How does the severity of a learning disability affect working memory performance? *Memory, 9*, 233–247.

Hofmann, W., Friese, M., Schmeichel, B. J., & Baddeley, A. D. (2011). Working memory and self-regulation. In K. D. Vohs & R. F. Baumeister (Eds.), *Handbook of self-regulation: Research, theory, and applications* (2nd ed.), vol. 2, pp. 204–225. New York: Guilford Press.

Holmes, J., Gathercole, S. E., & Dunning, D. (2009). Adaptive training leads to sustained enhancement of poor working memory in children. *Developmental Science, 12*, 9–15.

Houben, K., Wiers, R. W., & Jansen, A. (2011). Getting a grip on drinking behavior: Training working memory to reduce alcohol abuse. *Psychological Science, 22*(7), 968–975.

Huang, L., & Pashler, H. (2007). Working memory and the guidance of visual attention: Consonance-driven orienting. *Psychonomic Bulletin and Review, 14*, 148–153.

Ikeda, M., Iwanaga, M., & Seiwa, H. (1996). Test anxiety and working memory system. *Perceptual and Motor Skills, 82*, 1223–1231.

Ilkowska, M., & Engle, R. W. (2010). Trait and state differences in working memory capacity. In A. Gruszka, G. Matthews, & B. Szymura (Eds.), *Handbook of individual differences in cognition: Attention, memory, and executive control*. New York: Springer.

Ingram, R. E., & Price, J. M. (2010). *Vulnerability to psychopathology: Risk across the lifespan* (2nd ed.). New York: Guilford Press.

Jarrold, C., Baddeley, A. D., & Hewes, A. K. (1999). Genetically dissociated components of working memory: Evidence from Down's and Williams syndrome. *Neuropsychologia, 37*(6), 637–651.

Jha, A. P., Stanley, E. A., Kiyonaga, A., Wong, L., & Gelfand, L. (2010). Examining the protective effects of mindfulness training on working memory capacity and affective experience in a military cohort. *Emotion, 10*, 54–64.

Johnson, D. R., & Gronlund, S. D. (2009). Individuals lower in working memory capacity are particularly vulnerable to anxiety's disruptive effect on performance. *Anxiety, Stress, and Coping, 22*, 201–213.

Kane, M. J., & Engle, R. W. (2003). Working memory capacity and the control of attention: The contributions of goal neglect, response competition, and task set to Stroop interference. *Journal of Experimental Psychology: General, 132*, 47–70.

Kane, M. J., Bleckley, M. K., Conway, A. R. A., & Engle, R. W. (2001). A controlled-attention view of working-memory capacity. *Journal of Experimental Psychology: General, 130*(2), 169–183.

Kanekar, S., Neelakantan, P., & D'Souza, M. (1976). Anxiety, intelligence and academic performance. *Psychological Records, 38*, 938.

Kendall, P. C. & Ingram, R. E. (1987). Anxiety: Cognitive factors and the anxiety disorders. *Cognitive Therapy and Research, 11*, 521–523.

Kessler, R. C., Foster, C. L., Saunders, W. B., & Stang, P. E. (1995). Social consequences of psychiatric disorders: Educational attainment. *American Journal of Psychiatry, 152*, 1026–1032.

Kindt, M., & van den Hout, M. (2001). Selective attention and anxiety: A perspective on developmental issues and the causal status. *Journal of Psychopathology and Behavioral Assessment, 23*, 193–202.

Kleinsmith, L. J., & Kaplan, S. (1964). The interaction of arousal and recall interval in nonsense syllable paired associate learning. *Journal of Experimental Psychology, 67*, 124–126.

Klingberg, T., Fernell, E., Olesen, P., Johnson, M., Gustafsson, P., Dahlstrom, K., et al. (2005). Computerized training of working memory in children with ADHD: a randomized, controlled trial. *Journal of the American Academy of Child and Adolescent Psychiatry, 44*, 177–186.

Korkman, M., Kirk, U., & Kemp, S. (1998). *NEPSY: A developmental neuropsychological assessment*. New York: The Psychological Corporation.

Koster, E. H. W., Crombez, G., Verschuere, B., & De Houwer, J. (2004). Selective attention to threat in the dot probe paradigm: Differentiating vigilance and difficulty to disengage. *Behaviour Research and Therapy, 42*, 1183–1192.

Kraus, J. (1965). Cattell anxiety scale scores and WAIS attainment in three groups of psychiatric patients. *Australian Journal of Psychology, 17*, 229–232.

Ladouceur, C. D., Dahl, R. E., Williamson, D. E., Birmaher, B., Ryan, N. D., & Casey, B. J. (2005). Altered emotional processing in pediatric anxiety, depression, and comorbid anxiety-depression. *Journal of Abnormal Child Psychology, 33*(2), 165–177.

Leigh, E., & Hirsch, C. (2011). Worrying in imagery and verbal-linguistic form: Impact on residual working memory capacity. *Behaviour Research and Therapy, 49*, 99–105.

Lewis, R. L., Vasishth, S., & Van Dyke, J. A. (2006). Computational principles of working memory in sentence comprehension. *Trends in Cognitive Science, 10*(10), 447–454.

Loosli, S. V., Buschkuehl, M., Perrig, W. J., & Jaeggi, S. M. (2011). Working memory training improves reading processes in typically developing children. *Child Neuropsychology*, May 27, 1–17. [Epub ahead of print.]

Luu, P., Tucker, D. M., & Derryberry, D. (1998). Anxiety and the motivational basis of working memory. *Cognitive Therapy and Research Special Issue: Cognition and Anxiety, 22*(6), 577–594.

MacLeod, C., & Donnellan, A. M. (1993). Individual differences in anxiety and the restriction of working memory capacity. *Personality and Individual Differences, 15*, 163–173.

MacLeod, C., & Mathews, A. (2004). *Selective memory effects in anxiety disorders: An overview of research findings and their implications in memory and emotion*. Oxford: Oxford University Press.

Malcarne, V. L., Hansdottir, I., & Merz, E. L. (2010). Vulnerability to anxiety disorders in childhood and adolescence. In R. E. Ingram & J. M. Price (Eds.), *Vulnerability to psychopathology: Risk across the lifespan*. New York: Guilford Publications.

Markham, R., & Darke, S. (1991). The effects of anxiety on verbal and spatial task performance. *Australian Journal of Psychology, 43*, 107–111.

Mathews, A. (1990). Why worry? The cognitive function of anxiety. *Behaviour Research and Therapy, 28*, 455–468.

Mathews, A., & MacLeod, C. (2002). Induced emotional biases have causal effects on anxiety. *Cognition and Emotion, 16*, 310–315.

Mathews, A., Mackintosh, B., & Fulcher, E. P. (1997). Cognitive biases in anxiety and attention to threat. *Trends in Cognitive Sciences, 1*, 340–345.

Matthews, G., & Dorn, L. (1995). Personality and intelligence: Cognitive and attentional processes. In D. Saklofske & M. Zeidner (Eds.), *International handbook of personality and intelligence* (pp. 367–396). New York: Plenum.

Matthews, G., & Wells, A. (1999). The cognitive science of emotion and attention. In M. Power & T. Dalgleish (Eds.), *Handbook of cognition and emotion*. Hove, UK: Erlbaum.

McLean, J. F., & Hitch, G. J. (1999). Working memory impairments in children with specific arithmetic learning difficulties. *Journal of Experimental Child Psychology, 74*, 240–260.

Mezzacappa, E., & Buckner, J. (2010). Working memory training for children with attention problems or hyperactivity: A school-based pilot study. *School Mental Health, 2*(4), 202–208.

Mitte, K. (2008). Memory bias for threatening information in anxiety and anxiety disorders. *Psychological Bulletin, 134*, 886–911.

Miu, A. C., Heilman, R. M., Opre, A., & Miclea, M. (2005). Emotion-induced retrograde amnesia and trait anxiety. *Journal of Experimental Psychology: Learning, Memory and*

Cognition, 31, 1250–1257.
Miu, A. C., & Visu-Petra, L. (2010). Anxiety disorders in children and adults: A cognitive, neurophysiological and genetic characterization. In R. Carlstedt (Ed.), *Handbook of integrative clinical psychology, psychiatry, and behavioral medicine: Perspectives, practices, and research* (pp. 309–351). New York: Springer.
Miyake, A., Friedman, N. P., Emerson, M. J., Witzki, A. H., Howerter, A., & Wager, T. D. (2000). The unity and diversity of executive functions and their contributions to complex "frontal lobe" tasks: A latent variable analysis. *Cognitive Psychology, 41*, 49–100.
Moradi, A., Taghavi, R., Neshat-Doost, H., Yule, W., & Dalgleish, T. (2000). Memory bias for emotional information in children and adolescents with Posttraumatic Stress Disorder: A preliminary study. *Journal of Anxiety Disorder, 14*(5), 521–534.
Moser, J. S., Huppert, J. D., Duval, E., & Simons, R. F. (2008). Face processing biases in social anxiety: An electrophysiological study. *Biological Psychology, 78*, 93–103.
Muris, P. (2006). The pathogenesis of childhood anxiety disorders: Considerations from a developmental psychopathology perspective. *International Journal of Behavioral Development, 30*, 5–11.
Murray, N. P., & Janelle, C. M. (2003). Anxiety and performance: A visual search examination of the Processing Efficiency Theory. *Journal of Sport and Exercise Psychology, 25*, 171–187.
Nairne, J. S., Thompson, S. R., & Pandeirada, J. N. S. (2007). Adaptive memory: Survival processing enhances retention. *Journal of Experimental Psychology: Learning, Memory, and Cognition, 33*, 263–273.
Ng, E. L., & Lee, K. (2010). Children's task performance under stress and non-stress conditions. *Cognition and Emotion, 24*(7), 1229–1238.
Nielsen, L., & Kaszniak, A. W. (2006). Awareness of subtle emotional feelings: A comparison of long-term meditators and non-meditators. *Emotion, 6*, 392–405.
Nyklicek, I., & Kuijpers, K. F. (2008). Effects of mindfulness-based stress reduction intervention on psychological well-being and quality of life: Is increased mindfulness indeed the mechanism? *Annals of Behavioral Medicine, 35*(3), 331–340.
Owens, M., Stevenson, J., Norgate, R., & Hadwin, J. A. (2008). Working memory partially mediates the relationship between trait anxiety and academic performance. *Anxiety, Stress, and Coping, 21*, 417–430.
Owens, M., Stevenson, J., Norgate, R., & Hadwin, J. A. (submitted). Emotion, working memory and stress reactivity in academic performance.
Pérez-Edgar, K., Bar-Haim, Y., McDermott, J. M., Chronis-Tuscano, A., Pine, D. S., & Fox, N. A. (2010). Attention biases to threat and behavioral inhibition in early childhood shape adolescent social withdrawal. *Emotion, 10*, 349–357.
Pessoa, L. (2009). How do emotion and motivation direct executive function? *Trends in Cognitive Science, 13*, 160–166.
Pine, D. S. (2007). Research review: A neuroscience framework for pediatric anxiety disorders. *Journal of Child Psychology and Psychiatry, 48*, 631–648.
Pine, D. S., Wasserman, G. A., & Workman, S. B. (1999). Memory and anxiety in prepubertal boys at risk for delinquency. *Journal of the American Academy of Child and Adolescent Psychiatry, 38*, 1024–1031.
Power, M. J., & Dalgleish, T. (1997). *Cognition and emotion: From order to disorder*. Hove: Erlbaum.
Ranganath, C., Cohen, M. X., & Brozinsky, C. J. (2005). Working memory maintenance contributes to long-term memory formation: Neural and behavioral evidence. *Journal of Cognitive Neuroscience, 17*, 994–1010.

Rapee, R. M. (1993). The utilization of working memory by worry. *Behavior Research and Therapy, 31*, 617–620.

Reed, M. A., & Derryberry, D. (1995). Temperament and attention to positive and negative trait information. *Personality and Individual Differences, 18*, 135–147.

Reid, S-C., Salmon, K., & Lovibond, P. (2006). Cognitive biases in childhood anxiety, depression, and aggression: Are they pervasive or specific? *Cognitive Therapy and Research, 30*, 531–549.

Reidy, J. (2004). Trait anxiety, trait depression, worry and memory. *Behaviour Research and Therapy, 42*, 937–948.

Richards, A., French, C. C., Keogh, E., & Carter, C. (2000). Test anxiety, inferential reasoning and working memory load. *Anxiety, Stress and Coping, 13*, 87–109.

Riskind, J. H., & Williams, N. L. (2005). The looming cognitive style and generalized anxiety disorder: Distinctive danger schemas and cognitive phenomenology. *Cognitive Therapy and Research, 29*, 7–27.

Sarason, I. G. (1984). Stress, anxiety and cognitive interference: Reactions to tests. *Journal of Personality and Social Psychology, 46*(4), 929–938.

Schmeichel, B. J. (2007). Attention control, memory updating, and emotion regulation temporarily reduce the capacity for executive control. *Journal of Experimental Psychology: General, 136*, 241–255.

Schmeichel, B. J., Volokhov, R., & Demaree, H. A. (2008). Working memory capacity and the self-regulation of emotional expression and experience. *Journal of Personality and Social Psychology, 95*, 1526–1540.

Shackman, A. J., Sarinopoulos, I., Maxwell, J. S., Pizzagalli, D. A., Lavric, A., & Davidson, R. J. (2006). Anxiety selectively disrupts visuospatial working memory. *Emotion, 6*, 40–61.

Silvia, P. J., Allan, W. D., Beauchamp, D. L., Maschauer, E. L., & Workman, J. O. (2006). Biased recognition of happy facial expressions in social anxiety. *Journal of Social and Clinical Psychology, 25*(6), 585–602.

Simpson, J. R., Jr., Drevets, W. C., Snyder, A. Z., Gusnard, D. A., & Raichle, M. E. (2001). Emotion-induced changes in human medial prefrontal cortex: II. During anticipatory anxiety. *Proceedings of National Academy of Sciences USA, 98*(2), 688–693.

Sinclair, K. E. (1974). Anxiety and cognitive processes in problem solving. *Australian Journal of Education, 18*(3), 239–254.

Smith, E. E., & Jonides, J. (1999). Storage and executive processes in the frontal lobes. *Science, 283*, 1657–1661.

Sorg, B. A., & Whitney, P. (1992). The effect of trait anxiety and situational stress on working memory capacity. *Journal of Research in Personality, 26*, 235–241.

Spence, J. T., & Spence, K. W. (1966). The motivational components of manifest anxiety: Drive and drive stimuli. In C. Spielberger (Ed.), *Anxiety and behavior* (pp. 291–326). New York: Academic Press.

Strange, B. A., Hurlemann, R., & Dolan, R. J. (2003). An emotion-induced retrograde amnesia in humans is amygdala- and beta-adrenergic-dependent. *Proceedings of the National Academy of Sciences of the United States of America, 100*, 13626–13631.

Swanson, H. L., & Sachse-Lee, C. (2001). Mathematical problem solving and working memory in children with learning disabilities: Both executive and phonological processes are important. *Journal of Experimental Child Psychology, 79*, 294–321.

Tobon, J. I., Ouimet, A. J., & Dozois, D. J. A. (2011). Attentional bias in anxiety disorders following cognitive behavioral treatment. *Journal of Cognitive Psychotherapy: An International Quarterly, 25*, 114–131.

Tohill, J. M., & Holyoak, K. J. (2000). The impact of anxiety on analogical reasoning. *Thinking and Reasoning, 6*, 27–40.

Toren, P., Sadeh, M., Wolmer, L., Eldar, S., Koren, S., Weizman, R., & Laor, N. (2000). Neurocognitive correlates of anxiety disorders in children: A preliminary report. *Journal of Anxiety Disorders, 14*(3), 239–247.

Tryon, W. W., & McKay, D. (2009). Memory modification as an outcome variable in anxiety disorder treatment. *Journal of Anxiety Disorders, 23*, 546–556.

Vasa, R. A., Roberson-Nay, R., Klein, R. G., Mannuzza, S., Moulton, J. L., Guardino, M., et al. (2007). Memory deficits in children with and at risk for anxiety disorders. *Depression and Anxiety, 24*, 85–94.

Visu-Petra, L., Cheie, L., Benga, O., & Alloway, T. P. (2011). Effects of trait anxiety on memory storage and updating in young children. *International Journal of Behavioral Development, 35*(1), 38–47.

Visu-Petra, L., Miclea, M., Cheie, L., & Benga, O. (2009). Processing efficiency in preschoolers' memory span: Individual differences related to age and anxiety. *Journal of Experimental Child Psychology, 103*(1), 30–48.

Visu-Petra, L., Țincaș, I., Cheie, L., & Benga, O. (2010). Anxiety and visual-spatial memory updating in young children: An investigation using emotional facial expressions. *Cognition and Emotion, 24*(2), 223–240.

Weems, C. F. (2008). Developmental trajectories of childhood anxiety: Identifying continuity and change in anxious emotion. *Developmental Review, 28*, 488–502.

Weems, C. F., & Watts, S. E. (2005). Cognitive models of childhood anxiety. In F. Columbus (Ed.), *Progress in anxiety disorder research*. Hauppauge, NY: Nova Science Publishers, Inc.

Weinstein, C. E., Cubberly, W. E., & Richardson, F. C. (1982). The effects of test anxiety on learning at superficial and deep levels of processing. *Contemporary Educational Psychology, 7*(2), 107–112.

Weissman, D. H., Roberts, K. C., Visscher, K. M., & Woldorff, M. G. (2006). The neural bases of momentary lapses in attention. *Nature Neuroscience, 9*(7), 971–978.

Williams, J. M. G. (1996). Memory processes in psychotherapy. In P. M. Salkovskis (Ed.), *Frontiers of cognitive therapy* (pp. 97–113). New York: Guilford Press.

Williams, J. M., Watts, F. N., MacLeod, C., & Mathews, A. (1988). *Cognitive psychology and emotional disorders*. Chichester, UK: John Wiley & Sons.

Williams, J. M., Watts, F. N., MacLeod, C., & Mathews, A. (1997). *Cognitive psychology and emotional disorders* (2nd ed.) Chichester, UK: John Wiley & Sons.

Woodward, L. J., & Fergusson, D. M. (2001). Life course outcomes of young people with anxiety disorders in adolescence. *Journal of the American Academy of Child and Adolescent Psychiatry, 40*, 1086–1093.

Yiend, J., & Mathews, A. (2001). Anxiety and attention to threatening pictures. *Quarterly Journal of Experimental Psychology: Human Experimental Psychology, 54*(3), 665–681.

Yousefi, F., Mansor, M. B., Juhari, R. B., Redzuan, F., Talib, M. A., Kumar, V., & Naderi, H. (2009). Memory as a mediator between test-anxiety and academic achievement in high school students. *European Journal of Scientific Research, 35*(2), 274–280.

Zeidan, F., Johnson, S. K., Diamond, B. J., David, Z., & Goolkasian, P. (2010). Mindfulness meditation improves cognition: Evidence of brief mental training. *Consciousness and Cognition, 19*(2), 597–605.

12 章

Arnsten, A. F. T. (2000). Through the looking glass: Differential noradrenergic modulation of prefrontal cortical function. *Neural Plasticity, 7*(1), 33–146.

Arnsten, A. F. T. (2009). Stress signalling pathways that impair prefrontal cortex structure and function. *Nature reviews. Neuroscience, 10*(6), 410–422. doi: 10.1038/nrn2648

Aronson, J., Lustina, M. J., Good, C., Keough, K., & Steele, C. M. (1999). When white men can't do math: Necessary and sufficient factors in stereotype threat. *Journal of Experimental Social Psychology, 35*(1), 29–46.

Ashcraft, M. H. (1992). Cognitive arithmetic: A review of data and theory. *Cognition, 44*(1–2), 75–106.

Ashcraft, M. H., & Faust, M. W. (1994). Mathematics anxiety and mental arithmetic performance: An exploratory investigation. *Cognition and Emotion, 8*(2), 97–125.

Ashcraft, M. H., & Kirk, E. P. (2001). The relationships among working memory, math anxiety, and performance. *Journal of Experimental Psychology: General, 130*(2), 224–237.

Ashcraft, M. H., Kirk, E. P., & Hopko, D. (1998). On the cognitive consequences of mathematics anxiety. In C. Dolan (Ed.), *The development of mathematical skills*. Hove, England: Psychology Press.

Ashcraft, M. H., & Krause, J. A. (2007). Working memory, math performance, and math anxiety. *Psychonomic Bulletin and Review, 14*(2), 243–248.

Beilock, S. L., & Carr, T. H. (2005). When high-powered people fail: Working memory and "choking under pressure" in math. *Psychological Science, 16*(2), 101–105.

Beilock, S. L., Gunderson, E. A., Ramirez, G., & Levine, S. C. (2010). Female teachers' math anxiety affects girls' math achievement. *Proceedings of the National Academy of Sciences of the United States of America, 107*(5), 1860–1863. doi: DOI 10.1073/pnas.0910967107

Beilock, S. L., Kulp, C. A., Holt, L. E., & Carr, T. H. (2004). More on the fragility of performance: Choking under pressure in mathematical problem solving. *Journal of Experimental Psychology: General, 133*(4), 584–600.

Beilock, S. L., Rydell, R. J., & McConnell, A. R. (2007). Stereotype threat and working memory: Mechanisms, alleviation, and spillover. *Journal of Experimental Psychology: General, 136*(2), 256–276. doi: 10.1037/0096-3445.136.2.256

Ben-Zeev, T., Fein, S., & Inzlicht, M. (2005). Arousal and stereotype threat. *Journal of Experimental Social Psychology, 41*(2), 174–181.

Birnbaum, S., Gobeske, K. T., Auerbach, J., Taylor, J. R., & Arnsten, A. F. (1999). A role for norepinephrine in stress-induced cognitive deficits: Alpha-1-Adrenoceptor mediation in the prefrontal cortex. *Biological Psychiatry, 46*(9), 1266–1274.

Bleckley, M. K. (2001). *Working memory capacity as controlled attention: Implications for visual selective attention*. Unpublished doctoral dissertation, Georgia Institute of Technology.

Cadinu, M., Maass, A., Rosabianca, A., & Kiesner, J. (2005). Why do women underperform under stereotype threat? Evidence for the role of negative thinking. *Psychological Science, 16*(7), 572–578.

Calvo, M. G., & Eysenck, M. W. (1996). Phonological working memory and reading in test anxiety. *Memory, 4*(3), 289–305. doi: 10.1080/096582196388960

Calvo, M. G., Ramos, P. M., & Estevez, A. (1992). Test anxiety and comprehension efficiency: The role of prior knowledge and working memory deficits. *Anxiety, Stress and Coping: An International Journal, 5*(2), 125–138. doi: 10.1080/10615809208250492

Campbell, J. (2005). *The handbook of mathematical cognition*. London: Psychology Press.

Carpenter, P. A., Just, M. A., & Shell, P. (1990). What one intelligence test measures: A theoretical account of the processing in the Raven Progressive Matrices Test. *Psychological Review, 97*(3), 404.

Cockburn, J., & Smith, P. T. (1994). Anxiety and errors of prospective memory among elderly people. *British Journal of Psychology, 85*(2), 273–282.

Croizet, J. C., & Claire, T. (1998). Extending the concept of stereotype threat to social class:

The intellectual underperformance of students from low socioeconomic backgrounds. *Personality and Social Psychology Bulletin, 24*(6), 588–594.

Croizet, J. C., Despres, G., Gauzins, M. E., Huguet, P., Leyens, J. P., & Meot, A. (2004). Stereotype threat undermines intellectual performance by triggering a disruptive mental load. *Personality and Social Psychology Bulletin, 30*(6), 721–731.

Danaer, K., & Crandall, C. S. (2008). Stereotype threat in applied settings re-examined. *Journal of Applied Social Psychology, 38*(6), 1639–1655.

DeCaro, M. S., Rotar, K. E., Kendra, M. S., & Beilock, S. L. (2010). Diagnosing and alleviating the impact of performance pressure on mathematical problem solving. *Quarterly Journal of Experimental Psychology, 63*(8), 1619–1630. doi: 10.1080/1747021 0903474286

DeCaro, M. S., Thomas, R. D., & Beilock, S. L. (2008). Individual differences in category learning: Sometimes less working memory capacity is better than more. *Cognition, 107*(1), 284–294.

Derakshan, N., Smyth, S., & Eysenck, M. W. (2009). Effects of state anxiety on performance using a task-switching paradigm: An investigation of attentional control theory. *Psychonomic Bulletin and Review, 16*(6), 1112–1117. doi: 16/6/1112 [pii] 10.3758/PBR. 16.6.1112 [doi]

DeStefano, D., & LeFevre, J.-A. (2004). The role of working memory in mental arithmetic. *European Journal of Cognitive Psychology, 16*(3), 353–386. doi: 10.1080/09541440244000328

Dew, K. H., Galassi, J. P., & Galassi, M. D. (1984). Math anxiety: Relation with situational test anxiety, performance, physiological arousal, and math avoidance behavior. *Journal of Counseling Psychology, 31*(4), 580–583. doi: 10.1037/0022-0167.31.4.580

Dickerson, S. S., & Kemeny, M. E. (2004). Acute stressors and cortisol responses: A theoretical integration and synthesis of laboratory research. *Psychological Bulletin, 130*(3), 355–391.

Elzinga, B. M., & Roelofs, K. (2005). Cortisol-induced impairments of working memory require acute sympathetic activation. *Behavioral Neuroscience, 119*(1), 98–103. doi: 10.1037/0735-7044.119.1.98

Engle, R. W. (2002). Working memory capacity as executive attention. *Current Directions in Psychological Science, 11*, 19–23.

Eysenck, M. W., & Calvo, M. G. (1992). Anxiety and performance: The processing efficiency theory. *Cognition and Emotion, 6*, 409–434.

Eysenck, M. W., Derakshan, N., Santos, R., & Calvo, M. G. (2007). Anxiety and cognitive performance: Attentional control theory. *Emotion, 7*(2), 336–353. doi: 10.1037/1528-3542.7.2.336

Faust, M. W. (1996). Mathematics anxiety effects in simple and complex addition. *Mathematical Cognition, 2*(1), 25–62.

Finlay, J. M., Zigmond, M. J., & Abercrombie, E. D. (1995). Increased dopamine and norepinephrine release in medial prefrontal cortex induced by acute and chronic stress: Effects of diazepam. *Neuroscience, 64*(3), 619–628.

Goldman-Rakic, P. S. (1995). Architecture of the prefrontal cortex and the central executive. *Annals of the New York Academy of Sciences, 769*, 71–84.

Gonzales, P. M., Blanton, H., & Williams, K. J. (2002). The effects of stereotype threat and double-minority status on the test performance of Latino women. *Personality and Social Psychology Bulletin, 28*(5), 659–670.

Gray, J. R. (2001). Emotional modulation of cognitive control: Approach-withdrawal states double-dissociate spatial from verbal two-back task performance. *Journal of Experimental Psychology: General, 130*(3), 436–452.

Gross, J. J. (2002). Emotion regulation: Affective, cognitive, and social consequences.

Psychophysiology, 39(3), 281–291. doi: 10.1017.s0048577201393198

Gründemann, D., Schechinger, B., Rappold, G. A., & Schömig, E. (1998). Molecular identification of the corticosterone-sensitive extraneuronal catecholamine transporter. *Nature Neuroscience, 1*(5), 349–351. doi: 10.1038/1557

Hembree, R. (1990). The nature, effects, and relief of mathematics anxiety. *Journal for Research in Mathematics Education, 21*(1), 33–46. doi: 10.2307/749455

Hornak, J., Bramham, J., Rolls, E. T., Morris, R. G., O'Doherty, J., & Bullock, P. R. (2003). Changes in emotion after circumscribed surgical lesions of the orbitofrontal and cingulate cortices. *Brain, 126*(7), 1691–1712.

Inzlicht, M., McKay, L., & Aronson, J. (2006). Stigma as ego depletion: How being the target of prejudice affects self-control. *Psychological Science, 17*(3), 262–269.

Jamieson, J. P., & Harkins, S. G. (2007). Mere effort and stereotype threat performance effects. *Journal of Personality and Social Psychology, 93*(4), 544–564.

Jaschinski, U., & Wentura, D. (2002). Misleading postevent information and working memory capacity: An individual differences approach to eyewitness memory. *Applied Cognitive Psychology, 16*(2), 223–231. doi: 10.1002/acp.783

Johns, M., Inzlicht, M., & Schmader, T. (2008). Stereotype threat and executive resource depletion: Examining the influence of emotion regulation. *Journal of Experimental Psychology: General, 137*(4), 691–705. doi: 10.1037/a0013834

Kane, M. J., Bleckley, M. K., Conway, A. R., & Engle, R. W. (2001). A controlled-attention view of working-memory capacity. *Journal of Experimental Psychology: General, 130*(2), 169–183.

Kane, M. J., & Engle, R. W. (2000). Working-memory capacity, proactive interference, and divided attention: Limits on long-term memory retrieval. *Journal of Experimental Psychology: Learning, Memory, and Cognition, 26*(2), 336–358.

Kane, M. J., & Engle, R. W. (2003). Working-memory capacity and the control of attention: The contributions of goal neglect, response competition, and task set to Stroop interference. *Journal of Experimental Psychology: General, 132*(1), 47–70.

Klein, K., & Boals, A. (2001). The relationship of life event stress and working memory capacity. *Applied Cognitive Psychology, 15*(5), 565–579.

Kyllonen, P. C., & Christal, R. E. (1990). Reasoning ability is (little more than) working-memory capacity?! *Intelligence, 14*(4), 389–433.

Logan, G. D. (1988). Toward an instance theory of automatization. *Psychological Review, 95*(4), 492–527. doi: 10.1037/0033-295x.95.4.492

Ma, X., & Xu, J. (2004). The causal ordering of mathematics anxiety and mathematics achievement: A longitudinal panel analysis. *Journal of Adolescence, 27*(2), 165–179. doi: 10.1016/j.adolescence.2003.11.003

MacDonald, M. C., Just, M. A., & Carpenter, P. A. (1992). Working memory constraints on the processing of syntactic ambiguity. *Cognitive Psychology, 24*(1), 56–98.

Markman, A. B., Maddox, W. T., & Worthy, D. A. (2006). Choking and excelling under pressure. *Psychological Science, 17*(11), 944–948. doi: 10.1111/j.1467-9280.2006.01809.x

Mattarella-Micke, A., & Beilock, S. L. (2012). Individual differences in frontoparietal activity predict high-stakes choking. Poster presented at the nineteenth Annual Convention of the Cognitive Neuroscience Society.

Mattarella-Micke, A., Mateo, J., Kozak, M. N., Foster, K., & Beilock, S. L. (2011). Choke or thrive? The relation between salivary cortisol and math performance depends on individual differences in working memory and math anxiety. *Emotion, 11*(4), 1000–1005.

McVay, J. C., & Kane, M. J. (2009). Conducting the train of thought: Working memory capacity, goal neglect, and mind wandering in an executive-control task. *Journal of Experimental Psychology: Learning, Memory, and Cognition, 35*(1), 196–204. doi:

10.1037/a0014104
Miyake, A., Friedman, N. P., Emerson, M. J., Witzki, A. H., Howerter, A., & Wager, T. D. (2000). The unity and diversity of executive functions and their contributions to complex "frontal lobe" tasks: A latent variable analysis. *Cognitive Psychology, 41*(1), 49–100.

Mogg, K., Mathews, A., Bird, C., & Macgregor-Morris, R. (1990). Effects of stress and anxiety on the processing of threat stimuli. *Journal of Personality and Social Psychology, 59*(6), 1230–1237.

Moore, A. B., Clark, B. A., & Kane, M. J. (2008). Who shalt not kill? Individual differences in working memory capacity, executive control, and moral judgment. *Psychological Science, 19*(6), 549–557.

Murphy, B. L., Arnsten, A. F. T., Goldman-Rakic, P. S., & Roth, R. H. (1996). Increased dopamine turnover in the prefrontal cortex impairs spatial working memory performance in rats and monkeys. *Proceedings of the National Academy of Sciences of the United States of America, 93*(3), 1325–1329.

Osborne, J. W. (2001). Testing stereotype threat: Does anxiety explain race and sex differences in achievement? *Contemporary Educational Psychology, 26*(3), 291–310.

Pallak, M. S., Pittman, T. S., Heller, J. F., & Munson, P. (1975). The effect of arousal on Stroop color-word task performance. *Bulletin of the Psychonomic Society, 6*(3), 248–250.

Ramirez, G., & Beilock, S. L. (2011). Writing about testing worries boosts exam performance in the classroom. *Science, 331*(6014), 211–213.

Rapee, R. M. (1993). The utilisation of working memory by worry. *Behaviour Research and Therapy, 31*(6), 617–620.

Roozendaal, B., McReynolds, J. R., & McGaugh, J. L. (2004). The basolateral amygdala interacts with the medial prefrontal cortex in regulating glucocorticoid effects on working memory impairment. *Journal of Neuroscience, 24*(6), 1385–1392.

Rosen, V. M., & Engle, R. W. (1997). The role of working memory capacity in retrieval. *Journal of Experimental Psychology: General, 126*(3), 211–227. doi: 10.1037/0096-3445.126.3.211

Roth, R. H., Tam, S. Y., Ida, Y., Yang, J. X., & Deutch, A. Y. (1988). Stress and the mesocorticolimbic dopamine systems. *Annals of the New York Academy of Sciences, 537*, 138–147.

Schmader, T., & Johns, M. (2003). Converging evidence that stereotype threat reduces working memory capacity. *Journal of Personality and Social Psychology, 85*(3), 440–452.

Schmader, T., Johns, M., & Forbes, C. (2008). An integrated process model of stereotype threat effects on performance. *Psychological Review, 115*(2), 336–356. doi: 10.1037/0033-295x.115.2.336

Schmeichel, B. J. (2007). Attention control, memory updating, and emotion regulation temporarily reduce the capacity for executive control. *Journal of Experimental Psychology: General, 136*(2), 241–255. doi: 2007-06470-006 [pii] 10.1037/0096-3445.136.2.241

Schmeichel, B. J., Volokhov, R. N., & Demaree, H. A. (2008). Working memory capacity and the self-regulation of emotional expression and experience. *Journal of Personality and Social Psychology, 95*(6), 1526–1540. doi: 10.1037/a0013345

Schmiedek, F., Hildebrandt, A., Lövdén, M., Wilhelm, O., & Lindenberger, U. (2009). Complex span versus updating tasks of working memory: The gap is not that deep. *Journal of Experimental Psychology: Learning, Memory, and Cognition, 35*(4), 1089–1096. doi: 10.1037/a0015730

Shackman, A. J., Sarinopoulos, I., Maxwell, J. S., Pizzagalli, D. A., Lavric, A., & Davidson, R. J. (2006). Anxiety selectively disrupts visuospatial working memory. *Emotion, 6*(1), 40–61. doi: 10.1037/1528-3542.6.1.40

Shamosh, N. A., Deyoung, C. G., Green, A. E., Reis, D. L., Johnson, M. R., & Conway, A. R. (2008). Individual differences in delay discounting: Relation to intelligence, working memory, and anterior prefrontal cortex. *Psychological Science, 19*(9), 904–911. doi: 10.1111/j.1467-9280.2008.02175.x

Spencer, S. J., Steele, C. M., & Quinn, D. M. (1999). Stereotype threat and women's math performance. *Journal of Experimental Social Psychology, 35*(1), 4–28.

Steele, C. M., & Aronson, J. (1995). Stereotype threat and the intellectual test performance of African Americans. *Journal of Personality and Social Psychology, 69*, 797–811.

Trbovich, P. L., & LeFevre, J. A. (2003). Phonological and visual working memory in mental addition. *Memory and Cognition, 31*(5), 738–745.

Van Dillen, L. F., & Koole, S. L. (2007). Clearing the mind: A working memory model of distraction from negative mood. *Emotion, 7*(4), 715–723. doi: 10.1037/1528-3542.7.4.715

Vijayraghavan, S., Wang, M., Birnbaum, S. G., Williams, G. V., & Arnsten, A. F. T. (2007). Inverted-U dopamine D1 receptor actions on prefrontal neurons engaged in working memory. *Nature Neuroscience, 10*(3), 376–384. doi: 10.1038/nn1846

Volokhov, R. N., & Demaree, H. A. (2010). Spontaneous emotion regulation to positive and negative stimuli. *Brain and Cognition, 73*(1), 1–6. doi: 10.1016/j.bandc.2009.10.015

Wager, T. D., & Smith, E. E. (2003). Neuroimaging studies of working memory: A meta-analysis. *Cognitive, Affective, and Behavioral Neuroscience, 3*(4), 255–274.

Wager, T. D., van Ast, V. A., Hughes, B. L., Davidson, M. L., Lindquist, M. A., & Ochsner, K. N. (2009). Brain mediators of cardiovascular responses to social threat, Part II: Prefrontal-subcortical pathways and relationship with anxiety. *Neuroimage, 47*(3), 836–851.

Wegner, D. M., Erber, R., & Zanakos, S. (1993). Ironic processes in the mental control of mood and mood-related thought. *Journal of Personality and Social Psychology, 65*(6), 1093–1104.

Wood, J., Mathews, A., & Dalgleish, T. (2001). Anxiety and cognitive inhibition. *Emotion, 1*(2), 166–181. doi: 10.1037/1528-3542.1.2.166

13章

Astafiev SV, Shulman GL, Stanley CM, et al. (2003). Functional organization of human intraparietal and frontal cortex for attending, looking, and pointing. *Journal of Neuroscience* 23:4689–99.

Baddeley A (1998). Recent developments in working memory. *Current Opinion in Neurobiology* 8:234–8.

Baddeley A (2010). Working memory. *Current Biology* 20:R136–40.

Bishop SR, Lau M, Shapiro S (2004). Mindfulness: A proposed operational definition. *Clinical Psychology* 11:230–41.

Brefczynski-Lewis JA, Lutz A, Schaefer HS, Levinson DB, Davidson RJ (2007). Neural correlates of attention expertise in long-term meditation practitioners. *Proceedings of the Natural Academy of Sciences of the USA* 104(27):11483–8.

Budson AE (2009). Understanding memory dysfunction. *Neurologist* 15:71–9.

Cahn BR, Polich J (2006). Meditation states and traits: EEG, ERP, and neuroimaging studies. *Psychological Bulletin* 132:180–211.

Carter OL, Presti DE, Callistemon C, Ungerer Y, Liu GB, Pettigrew JD (2005). Meditation alters perceptual rivalry in Tibetan Buddhist monks. *Current Biology* Jun 7; 15(11):R412–3.

Chambers R, Gullone E, Allen NB (2009). Mindful emotion regulation: An integrative

review. *Clinical Psychological Review* 29(6):560–72.
Chambers R, Lo BCY, Allen NB (2008). The impact of intensive mindfulness training on attentional control, cognitive style and affect. *Cognitive Therapy and Research* 32:303–22.
Chan D, Woollacott M (2007). Effects of level of meditation experience on attentional focus: Is the efficiency of executive or orientation networks improved? *Journal of Alternative and Complementary Medicine* 13:651–7.
Clark CR, McFarlane AC, Morris P et al. (2003). Cerebral function in post-traumatic stress disorder during verbal working memory updating: A positron emission tomography study. *Biological Psychiatry* 53:474–81.
Chiesa A, Calati R, Serretti A (2011). Does mindfulness training improve cognitive abilities? A systematic review of neuropsychological findings. *Clinical Psychology Review* 31:449–64.
Corbetta M, Akbudak E, Conturo TE, et al. (1998). A common network of functional areas for attention and eye movements. *Neuron* 21:761–73.
Corbetta M, Shulman GL, Miezin FM, Petersen SE (1995). Superior parietal cortex activation during spatial attention shifts and visual feature conjunction. *Science* 270:802–5.
Coull JT, Buchel C, Friston KJ, Frith CD (1999). Noradrenergically mediated plasticity in a human attentional neuronal network. *Neuroimage* 10:705–15.
Fan J, McCandliss BD, Fossella J, Flombaum JI, Posner MI (2005). The activation of attentional networks. *NeuroImage* 26:471–9.
Fan J, McCandliss B, Sommer T, Raz A, Posner M (2002). Testing the efficiency and independence of attention networks. *Journal of Cognitive Neuroscience* 14:340–7.
Fell J, Axmacher N, Haupt S (2010). From alpha to gamma: Electrophysiological correlates of meditation-related states of consciousness. *Medical Hypotheses* 75:218–24.
Gitelman DR, Nobre AC, Parrish TB, et al. (1999). A large-scale distributed network for covert spatial attention: Further anatomical delineation based on stringent behavioural and cognitive controls. *Brain* 122:1093–106.
Henke K (2010). A model for memory systems based on processing modes rather than consciousness. *Nature Reviews Neuroscience* 11:523–32.
Herzog H, Lele VR, Kuwert T, Langen KJ, Rota Kops E, Feinendegen LE (1990). Changed pattern of regional glucose metabolism during yoga meditative relaxation. *Neuropsychobiology* 23(4):182–7.
Hodgins HS, Adair KC (2010). Attentional processes and meditation. *Consciousness and Cognition* 19(4):872–8.
Holzel BK, Carmody J, Vangel M, Congleton C, Yerramsetti SM, Gard T, Lazar SW (2011). Mindfulness practice leads to increases in regional brain gray matter density. *Psychiatry Research* 191(1):36–43.
Holzel BK, Ott U, Gard T, Hempel H, Weygandt M, Morgen K, Vaitl D (2008). Investigation of mindfulness meditation practitioners with voxel-based morphometry. *Social Cognitive and Affective Neuroscience* 3:55–61.
Holzel BK, Ott U, Hempel H, Hackl A, Wolf K, Stark R, Vaitl D (2007). Differential engagement of anterior cingulate and adjacent medial frontal cortex in adept meditators and non-meditators. *Neuroscience Letters* 421:16–21.
Jha AP, Krompinger J, Baime MJ (2007). Mindfulness training modifies subsystems of attention. *Cognitive, Affective and Behavioral Neuroscience* 7:109–19.
Jha AP, Stanley EA, Kiyonaga A, Wong L, Gelfand L (2010). Examining the protective effects of mindfulness training on working memory capacity and affective experience.

Emotion 10:54–64.
Josefsson T, Broberg A (2011). Meditators and non-meditators on sustained and executive attentional performance. *Mental Health, Religion, and Culture* 14:291–309.
Koschack J, Kunert HJ, Derichs G, Weniger G, Irle E (2003). Impaired and enhanced attentional function in children with attention deficit/hyperactivity disorder. *Psychological Medicine* 33:481–9.
Lazar SW, Bush G, Gollub RL, et al. (2000). Functional brain mapping of the relaxation response and meditation. *Neuroreport* 11:1581–5.
Lazar SW, Bush G, Gollub RL, Fricchione GL, Khalsa G, Benson H (2003). Functional brain imaging of mindfulness and mantra-based meditation. Paper presented at the meeting of the Society for Neuroscience. New Orleans, LA.
Lazar SW, Kerr CE, Wasserman RH, et al. (2005). Meditation experience is associated with increased cortical thickness. *Neuroreport* 16(17):1893–7.
Lou HC, Kjaer TW, Friberg L, Wildschiodtz G, Holm S, Nowak M (1999). A 15O-H2O PET study of meditation and the resting state of normal consciousness. *Human Brain Mapping* 7: 98–105.
Lutz A, Dunne JD, Davidson RJ (2007). Meditation and the neuroscience of consciousness: An introduction. In P. Zelazo, M. Moscovitch, & E. Thompson (Eds.), *Cambridge handbook of consciousness* (pp. 499–554). New York: Cambridge University Press.
Lutz A, Slagter HA, Dunne JD, Davidson RJ (2008). Attention regulation and monitoring in meditation. *Trends in Cognitive Science* 12(4):163–9.
McDowd JM (2007). An overview of attention: Behavior and brain. *Journal of Neurologic Physical Therapy* 12:17–125.
MacLean KA, Ferrer E, Aichele SR et al. (2010). Intensive meditation training improves perceptual discrimination and sustained attention. *Psychological Science* 21:829–39.
Mirsky AF, Anthony BJ, Duncan CC, Ahearn MB, Kellam SG (1991). Analysis of the elements of attention: A neuropsychological approach. *Neuropsychology Review* 2:109–45.
Moore A, Malinowski P (2009). Meditation, mindfulness and cognitive flexibility. *Consciousness and Cognition* 18:176–86.
Newberg AB, Alavi A, Baime M, et al. (2001). The measurement of regional cerebral blood flow during the complex cognitive task of meditation: A preliminary SPECT study. *Psychiatry Research: Neuroimaging* 106:113–22.
Newberg AB, Iversen J (2003). The neural basis of the complex mental task of meditation: Neurotransmitter and neurochemical considerations. *Medical Hypothesis* 61(2): 282–91.
Newberg AB, Wintering N, Khalsa DS, Roggenkamp H, Waldman MR (2010). Meditation effects on cognitive function and cerebral blood flow in subjects with memory loss: A preliminary study. *Journal of Alzheimer's Disease* 20(2):517–26.
Pagnoni C, Cekic M (2007). Age effects on gray matter volume and attentional performance in Zen meditation. *Neurobiology of Aging* 28:1623–7.
Posner MI, Petersen SE (1990). The attention system of the human brain. *Annual Review of Neuroscience* 13:25–42.
Posner MI, Rothbart MK (2007). Research on attention networks as a model for the integration of psychological science. *Annual Review of Psychology* 58:1–23.
Posner MI, Walker JA, Friedrich FA, Rafal RD (1987). How do the parietal lobes direct covert attention? *Neuropsychologia* 25:135–45.
Raymond JE, Shapiro KL, Arnell KM (1992). Temporary suppression of visual processing in an RSVP task: An attentional blink? *Journal of Experimental Psychology: Human Perception and Performance* 18:849–60.

Slagter HA, Davidson RJ, Lutz A (2011). Mental training as a tool in the neuroscientific study of brain and cognitive plasticity. *Frontiers of Human Neuroscience* 5.

Slagter HA, Lutz A, Greischar LL, Francis AD, Nieuwenhuis S, Davis JM, Davidson RJ (2007). Mental training affects distribution of limited brain resources. *PLoS Biology* 5(6):1228–35.

Small DM, Gitelman DR, Gregory MD, Nobre AC, Parrish TB, Mesulam MM (2003). The posterior cingulate and medial prefrontal cortex mediate the anticipatory allocation of spatial attention. *Neuroimage* 18:633–41.

Stanley EA, Jha AP (2009). Mind fitness: Improving operational effectiveness and building warrior resilience. *Joint Force Quarterly* 55, 144–51.

Stevens A, Burkhardt M, Hautzinger M, Schwarz J, Unckel C (2004). Borderline personality disorder: Impaired visual perception and working memory. *Psychiatry Research* 125:257–67.

Tang Y.-Y., Lu Q, Geng X, et al. (2010). Short-term meditation induces white matter changes in the anterior cingulate. *Proceedings of the National Academy of Sciences* 107:15649–52.

Tang Y-Y, Ma Y, Fan Y, et al. (2009). Central and autonomic nervous system interaction is altered by short-term meditation. *Proceedings of the National Academy of Sciences* 106:8865–70.

Tang Y-Y, Ma Y, Wang J, et al. (2007). Short-term meditation training improves attention and self-regulation. *Proceedings of the National Academy of Sciences* 104:17152–6.

Valentine ER, Sweet PLG (1999). Meditation and attention: A comparison of the effects of concentrative versus mindfulness meditation on sustained attention. *Mental Health, Religion and Culture* 2:59–70.

Van den Hurk PA, Giommi F, Gielen SC, et al. (2010). Greater efficiency in attentional processing related to mindfulness meditation. *Quarterly Journal of Experimental Psychology* 44:405–15.

Van Leeuwen S, Muller NG, Melloni L (2009). Age effects on attentional blink performance in meditation. *Consciousness and Cognition* 18:593–9.

Vandenberghe R, Gitelman DR, Parrish TB, Mesulam MM (2001). Functional specificity of superior parietal mediation of spatial shifting. *Neuroimage* 14:661–73.

Verhaeghen P, Cerella J, Basak C (2004). A working memory workout: How to expand the focus of serial attention from one to four items in 10 hours or less. *Journal of Experimental Psychology: Learning, Memory, and Cognition* 30:1322–37.

Yantis S, Schwarzbach J, Serences JT, et al. (2002). Transient neural activity in human parietal cortex during spatial attention shifts. *Nature Neuroscience* 5:995–1002.

Zeidan F, Johnson SK, Diamond BJ, et al. (2010). Mindfulness meditation improves cognition: Evidence of brief mental training. *Consciousness and Cognition* 19:597–605.

14 章

Alloway, T. P., & Alloway, R. G. (2010). Investigating the predictive roles of working memory and IQ in academic attainment. *Journal of Experimental Child Psychology, 106*(1), 20–29.

Alloway, T. P., Gathercole, S. E., Kirkwood, H., & Elliott, J. (2009). The cognitive and behavioral characteristics of children with low working memory. *Child Development, 80*(2), 606–621.

Ball, K., Berch, D. B., Helmers, K. F., Jobe, J. B., Leveck, M. D., Marsiske, M., et al. (2002). Effects of cognitive training interventions with older adults: A randomized controlled trial. *JAMA, 288*(18), 2271–2281.

Barnett, S. M., & Ceci, S. J. (2002). When and where do we apply what we learn? A

taxonomy for far transfer. *Psychological Bulletin, 128*(4), 612–637.
Beck, S. J., Hanson, C. A., Puffenberger, S. S., Benninger, K. L., & Benninger, W. B. (2010). A controlled trial of working memory training for children and adolescents with ADHD. *Journal of Clinical Child and Adolescent Psychology, 39*(6), 825–836.
Bell, D. S., Harless, C. E., Higa, J. K., Bjork, E. L., Bjork, R. A., Bazargan, M., et al. (2008). Knowledge retention after an online tutorial: A randomized educational experiment among resident physicians. *Journal of General Internal Medicine, 23*(8), 1164–1171.
Bergman Nutley, S., Soderqvist, S., Bryde, S., Thorell, L. B., Humphreys, K., & Klingberg, T. (2011). Gains in fluid intelligence after training non-verbal reasoning in 4-year-old children: A controlled, randomized study. *Developmental Science, 14*(3), 591–601.
Borella, E., Carretti, B., Riboldi, F., & De Beni, R. (2010). Working memory training in older adults: Evidence of transfer and maintenance effects. *Psychology and Aging, 25*(4), 767–778.
Buschkuehl, M., & Jaeggi, S. M. (2010). Improving intelligence: A literature review. *Swiss Medical Weekly, 140*(19–20), 266–272.
Buschkuehl, M., Jaeggi, S. M., Hutchison, S., Perrig-Chiello, P., Dapp, C., Muller, M., et al. (2008). Impact of working memory training on memory performance in old-old adults. *Psychology and Aging, 23*(4), 743–753.
Buschkuehl, M., Jaeggi, S. M., Shah, P., & Jonides, J. (2012). Working memory training and transfer. In R. Subotnik, A. Robinson, C. Callahan & E. J. Gubbins (Eds.), *Malleable minds: Translating insights from psychology and neuroscience to gifted education* (pp. 101–115). Storrs, ST: National Center for Research on Giftedness and Talent, University of Connecticut.
Carretti, B., Borella, E., & De Beni, R. (2007). Does strategic memory training improve the working memory performance of younger and older adults? *Experimental Psychology, 54*(4), 311–320.
Cepeda, N. J., Pashler, H., Vul, E., Wixted, J. T., & Rohrer, D. (2006). Distributed practice in verbal recall tasks: A review and quantitative synthesis. *Psychological Bulletin, 132*(3), 354–380.
Chein, J. M., & Morrison, A. B. (2010). Expanding the mind's workspace: Training and transfer effects with a complex working memory span task. *Psychonomic Bulletin and Review, 17*(2), 193–199.
Cowan, N. (2005). *Working memory capacity*. New York: Psychology Press.
Craik, F. I., Winocur, G., Palmer, H., Binns, M. A., Edwards, M., Bridges, K., et al. (2007). Cognitive rehabilitation in the elderly: Effects on memory. *Journal of the International Neuropsychological Society, 13*(1), 132–142.
Dahlin, E., Neely, A. S., Larsson, A., Backman, L., & Nyberg, L. (2008). Transfer of learning after updating training mediated by the striatum. *Science, 320*(5882), 1510–1512.
Detterman, D. K. (1993). The case for prosecution: Transfer as an epiphenomenon. In D. K. Detterman & R. J. Sternberg (Eds.), *Transfer on trial: Intelligence, cognition, and instruction* (pp. 1–24). Norwood, NJ: Ablex Publishing Corporation.
Engle, R. W., Kane, M. J., & Tuholski, S. W. (1999). Individual differences in working memory capacity and what they tell us about controlled attention, general fluid intelligence, and functions of the prefrontal cortex. In A. Miyake & P. Shah (Eds.), *Models of working memory: Mechanisms of active maintenance and executive control* (pp. 102–134). Cambridge: Cambridge University Press.
Ericsson, K. A. (2003). Deliberate practice and the acquisition and maintenance of expert performance in medicine and related domains. *Academic Medicine, 79*(10), S70–S81.
Ericsson, K. A., & Delaney, P. F. (1998). Working memory and expert performance. In R. Logie & K. J. Gilhooly (Eds.), *Working memory and thinking* (pp. 93–114). Hillsdale,

NJ: Erlbaum.

Gathercole, S. E., Lamont, E., & Alloway, T. P. (2006). Working memory in the classroom. In S. Pickering (Ed.), *Working memory and education* (pp. 219–240). Oxford, UK: Elsevier Press.

Haskell, W. L., Lee, I. M., Pate, R. R., Powell, K. E., Blair, S. N., Franklin, B. A., et al. (2007). Physical activity and public health: Updated recommendation for adults from the American college of sports medicine and the American heart association. *Circulation, 116*(9), 1081–1093.

Holmes, J., Gathercole, S. E., & Dunning, D. L. (2009). Adaptive training leads to sustained enhancement of poor working memory in children. *Developmental Science, 12*(4), F9–F15.

Holmes, J., Gathercole, S. E., Place, M., Dunning, D. L., Hilton, K. A., & Elliott, J. G. (2010). Working memory deficits can be overcome: Impacts of training and medication on working memory in children with ADHD. *Applied Cognitive Psychology, 24*(6), 827–836.

Jaeggi, S. M., Buschkuehl, M., Jonides, J., & Perrig, W. J. (2008). Improving fluid intelligence with training on working memory. *Proceedings of the Natural Academy of Sciences of the USA, 105*(19), 6829–6833.

Jaeggi, S. M., Studer-Luethi, B., Buschkuehl, M., Su, Y.-F., Jonides, J., & Perrig, W. J. (2010). The relationship between n-back performance and matrix reasoning: Implications for training and transfer. *Intelligence, 38*(6), 625–635.

Jonides, J. (2004). How does practice makes perfect? *Nature Neuroscience, 7*(1), 10–11.

Jonides, J., Lewis, R. L., Nee, D. E., Lustig, C., Berman, M. G., & Moore, K. S. (2008). The mind and brain of short-term memory. *Annual Review of Psychology, 59*, 193–224.

Judd, C. H. (1908). The relation of special training and general intelligence. *Educational Review, 36*, 28–42.

Karbach, J., & Kray, J. (2009). How useful is executive control training? Age differences in near and far transfer of task-switching training. *Developmental Science, 12*(6), 978–990.

Klingberg, T. (2010). Training and plasticity of working memory. *Trends in Cognitive Sciences, 14*(7), 317–324.

Klingberg, T., Fernell, E., Olesen, P. J., Johnson, M., Gustafsson, P., Dahlstrom, K., et al. (2005). Computerized training of working memory in children with ADHD: A randomized, controlled trial. *Journal of the American Academy of Child and Adolescent Psychiatry, 44*(2), 177–186.

Klingberg, T., Forssberg, H., & Westerberg, H. (2002). Training of working memory in children with ADHD. *Journal of Clinical and Experimental Neuropsychology, 24*(6), 781–791.

Kopta, S. M., Lueger, R. J., Saunders, S. M., & Howard, K. I. (1999). Individual psychotherapy outcome and process research: Challenges leading to greater turmoil or a positive transition? *Annual Review of Psychology, 50*, 441–469.

Li, S. C., Schmiedek, F., Huxhold, O., Rocke, C., Smith, J., & Lindenberger, U. (2008). Working memory plasticity in old age: Practice gain, transfer, and maintenance. *Psychology and Aging, 23*(4), 731–742.

Loosli, S. V., Buschkuehl, M., Perrig, W. J., & Jaeggi, S. M. (2012). Working memory training improves reading processes in typically developing children. *Child Neuropsychology, 18*(1), 62–78.

Lustig, C., Shah, P., Seidler, R., & Reuter-Lorenz, P. A. (2009). Aging, training, and the brain: A review and future directions. *Neuropsychology Review, 19*(4), 504–522.

McGurk, S. R., Twamley, E. W., Sitzer, D. I., McHugo, G. J., & Mueser, K. T. (2007). A meta-analysis of cognitive remediation in schizophrenia. *American Journal of Psychiatry,*

164(12), 1791–1802.
Minear, M., & Shah, P. (2006). Sources of working memory deficits in children and possibilities for remediation. In S. Pickering (Ed.), *Working memory and education* (pp. 274–307). Oxford, UK: Elsevier Press.
Neely, A. S., & Backman, L. (1993). Maintenance of gains following multifactorial and unifactorial memory training in late adulthood. *Educational Gerontology, 19*(2), 105–117.
Neely, A. S., & Backman, L. (1995). Effects of multifactorial memory training in old-age: Generalizability across tasks and individuals. *Journals of Gerontology Series B: Psychological Sciences and Social Sciences, 50*(3), 134–140.
Noble, K. G., McCandliss, B. D., & Farah, M. J. (2007). Socioeconomic gradients predict individual differences in neurocognitive abilities. *Developmental Science, 10*(4), 464–480.
Oberauer, K. (2006). Is the focus of attention in working memory expanded through practice? *Journal of Experimental Psychology: Learning, Memory, and Cognition, 32*(2), 197–214.
Owen, A. M., Hampshire, A., Grahn, J. A., Stenton, R., Dajani, S., Burns, A. S., et al. (2010). Putting brain training to the test. *Nature, 465*(7299), 775–778.
Pickering, S. (Ed.). (2006). *Working memory and education.* Oxford, UK: Elsevier Press.
Salomon, G., & Perkins, D. N. (1989). Rocky roads to transfer: Rethinking mechanisms of a neglected phenomenon. *Educational Psychologist, 24*(2), 113–142.
Schmidt, R. A., & Bjork, R. A. (1992). New conceptualizations of practice: Common principles in three paradigms suggest new concepts for training. *Psychological Science, 3*(4), 207–217.
Schmiedek, F., Lövdén, M., & Lindenberger, U. (2010). Hundred days of cognitive training enhance broad cognitive abilities in adulthood: Findings from the COGITO study. *Frontiers in Aging Neuroscience, 2*, 27.
Shah, P., & Miyake, A. (1999). Models of working memory: An introduction. In A. Miyake & P. Shah (Eds.), *Models of working memory: Mechanism of active maintenance and executive control* (pp. 1–26). New York: Cambridge University Press.
Shipstead, Z., Redick, T. S., & Engle, R. W. (2010). Does working memory training generalize? *Psychologica Belgica, 50*(3&4), 245–276.
Singley, M. K., & Anderson, J. R. (1989). *The transfer of cognitive skill.* Cambridge, MA: Harvard University Press.
St Clair-Thompson, H., Stevens, R., Hunt, A., & Bolder, E. (2010). Improving children's working memory and classroom performance. *Educational Psychology, 30*(2), 203–219.
Suter, E., Marti, B., & Gutzwiller, F. (1994). Jogging or walking: Comparison of health effects. *Annals of Epidemiology, 4*(5), 375–381.
Tallal, P., Miller, S. L., Bedi, G., Byma, G., Wang, X., Nagarajan, S. S., et al. (1996). Language comprehension in language-learning impaired children improved with acoustically modified speech. *Science, 271*(5245), 81–84.
Thorell, L. B., Lindqvist, S., Bergman Nutley, S., Bohlin, G., & Klingberg, T. (2009). Training and transfer effects of executive functions in preschool children. *Developmental Science, 12*(1), 106–113.
Thorndike, E. L. (1906). *The principles of teaching, based on psychology.* New York: Seiler.
Thorndike, E. L., & Woodworth, R. S. (1901). The influence of improvement in one mental function upon the efficiency of other functions. *Psychological Review, 8*, 247–261.
Van der Molen, M. J., Van Luit, J. E. H., Van der Molen, M. W., Klugkist, I., & Jongmans, M. J. (2010). Effectiveness of a computerised working memory training in adolescents with mild to borderline intellectual disabilities. *Journal of Intellectual Disability Research, 54*(4), 433–447.
Whisman, M. A. (1990). The efficacy of booster maintenance sessions in behavior therapy: Review and methodological critique. *Clinical Psychology Review, 10*(2), 155–170.

Willis, S. L. (2001). Methodological issues in behavioral intervention research with the elderly. In J. E. Birren & K. W. Schaie (Eds.), *Handbook of the psychology of aging* (5th ed., pp. 78–108). San Diego, CA: Academic Press.

Woltz, D. J., Gardner, M. K., & Gyll, S. P. (2000). The role of attention processes in near transfer of cognitive skills. *Learning and Individual Differences, 12*, 209–251.

Zelinski, E. M. (2009). Far transfer in cognitive training of older adults. *Restorative Neurology and Neuroscience, 27*(5), 455–471.

◆ 15章

Altshuler, L., J. Tekell, et al. (2007). "Executive function and employment status among veterans with bipolar disorder." *Psychiatric Services* **58**(11): 1441–1447.

Badre, D. (2008). "Cognitive control, hierarchy, and the rostro-caudal organization of the frontal lobes." *Trends in Cognitive Sciences* **12**(5): 193–200.

Barch, D. M., J. G. Csernansky, et al. (2002). "Working and long-term memory deficits in Schizophrenia: Is there a common prefrontal mechanism?" *Journal of Abnormal Psychology* **111**(3): 478–494.

Berry, A. S., T. P. Zanto, et al. (2010). "The influence of perceptual training on working memory in older adults." *PLoS ONE* **5**(7). Article Number: e11537. DOI: 10.1371/journal.pone.0011537.

Blair, M., K. K. Vadaga, et al. (2011). "The role of age and inhibitory efficiency in working memory processing and storage components." *Quarterly Journal of Experimental Psychology* **64**(6): 1157–1172.

Boyke, J., J. Driemeyer, et al. (2008). "Training-induced brain structure changes in the elderly." *Journal of Neuroscience* **28**(28): 7031–7035.

Braver, T. S., J. L. Paxton, et al. (2009). "Flexible neural mechanisms of cognitive control within human prefrontal cortex." *Proceedings of the National Academy of Sciences of the United States of America* **106**(18): 7351–7356.

Bugg, J. M. and D. Head (2011). "Exercise moderates age-related atrophy of the medial temporal lobe." *Neurobiology of Aging* **32**(3): 506–514.

Bullitt, E., F. N. Rahman, et al. (2009). "The effect of exercise on the cerebral vasculature of healthy aged subjects as visualized by MR angiography." *American Journal of Neuroradiology* **30**(10): 1857–1863.

Cappell, K. A., L. Gmeindl, et al. (2010). "Age differences in prefrontal recruitment during verbal working memory maintenance depend on memory load." *Cortex* **46**(4): 462–473.

Carp, J. C. J., L. Gmeindl, et al. (2010). "Age differences in the neural representation of working memory revealed by multi-voxel pattern analysis." *Frontiers in Human Neuroscience* **4**.

Chen, A. J. W., T. Novakovic-Agopian, et al. (2011). "Training of goal-directed attention regulation enhances control over neural processing for individuals with brain injury." *Brain* **134**: 1541–1554.

Colcombe, S. J., K. I. Erickson, et al. (2006). "Aerobic exercise training increases brain volume in aging humans." *Journals of Gerontology Series A: Biological Sciences and Medical Sciences* **61**(11): 1166–1170.

Colcombe, S. J., A. F. Kramer, et al. (2004a). "Cardiovascular fitness, cortical plasticity, and aging." *Proceedings of the National Academy of Sciences of the United States of America* **101**(9): 3316–3321.

Colcombe, S. J., A. F. Kramer, et al. (2004b). "Neurocognitive aging and cardiovascular fitness: Recent findings and future directions." *Journal of Molecular Neuroscience* **24**(1):

9–14.

Dahlin, E., L. Backman, et al. (2009). "Training of the executive component of working memory: Subcortical areas mediate transfer effects." *Restorative Neurology and Neuroscience* **27**(5): 405–419.

Dahlin, E., A. S. Neely, et al. (2008). "Transfer of learning after updating training mediated by the striatum." *Science* **320**(5882): 1510–1512.

Daneman, M. and P. M. Merikle (1996). "Working memory and language comprehension: A meta-analysis." *Psychonomic Bulletin and Review* **3**(4): 422–433.

Dosenbach, N. U. F., D. A. Fair, et al. (2008). "A dual-networks architecture of top-down control." *Trends in Cognitive Sciences* **12**(3): 99–105.

Draganski, B., C. Gaser, et al. (2004). "Neuroplasticity: Changes in grey matter induced by training—Newly honed juggling skills show up as a transient feature on a brain-imaging scan." *Nature* **427**(6972): 311–312.

Edwards, B. G., D. M. Barch, et al. (2010). "Improving prefrontal cortex function in schizophrenia through focused training of cognitive control." *Frontiers in Human Neuroscience* **4**. Article Number: 32. DOI: 10.3389/fnhum.2010.00032.

Erickson, K. I., S. J. Colcombe, et al. (2007a). "Training-induced functional activation changes in dual-task processing: An fMRI study." *Cerebral Cortex* **17**(1): 192–204.

Erickson, K. I., S. J. Colcombe, et al. (2007b). "Training-induced plasticity in older adults: Effects of training on hemispheric asymmetry." *Neurobiology of Aging* **28**(2): 272–283.

Erickson, K. I., M. W. Voss, et al. (2011). "Exercise training increases size of hippocampus and improves memory." *Proceedings of the National Academy of Sciences of the United States of America* **108**(7): 3017–3022.

Esterman, M., Y. C. Chiu, et al. (2009). "Decoding cognitive control in human parietal cortex." *Proceedings of the National Academy of Sciences of the United States of America* **106**(42): 17974–17979.

Gold, J. M., R. W. Goldberg, et al. (2002). "Cognitive correlates of job tenure among patients with severe mental illness." *American Journal of Psychiatry* **159**(8): 1395–1402.

Grabner, R. H., A. Ischebeck, et al. (2009). "Fact learning in complex arithmetic and figural-spatial tasks: The role of the angular gyrus and its relation to mathematical competence." *Human Brain Mapping* **30**(9): 2936–2952.

Haut, K. M., K. O. Lim, et al. (2010). "Prefrontal cortical changes following cognitive training in patients with chronic schizophrenia: Effects of practice, generalization, and specificity." *Neuropsychopharmacology* **35**(9): 1850–1859.

Hillman, C. H., K. I. Erickson, et al. (2008). "Be smart, exercise your heart: Exercise effects on brain and cognition." *Nature Reviews Neuroscience* **9**(1): 58–65.

Hoekzema, E., S. Carmona, et al. (2010). "Enhanced neural activity in frontal and cerebellar circuits after cognitive training in children with Attention-Deficit/Hyperactivity Disorder." *Human Brain Mapping* **31**(12): 1942–1950.

Horowitz-Kraus, T. and Z. Breznitz (2009). "Can the error detection mechanism benefit from training the working memory? A comparison between dyslexics and controls: An ERP study." *PLoS ONE* **4**(9). Article Number: e7141. DOI: 10.1371/journal.pone.0007141.

Jarrold, C., H. Tam, et al. (2011). "How does processing affect storage in working memory tasks? Evidence for both domain-general and domain-specific effects." *Journal of Experimental Psychology: Learning, Memory and Cognition* **37**(3): 688–705.

Kelley, T. A. and S. Yantis (2010). "Neural correlates of learning to attend." *Frontiers in Human Neuroscience* **4**. Article Number: 216. DOI: 10.3389/fnhum.2010.00216.

Klingberg, T. (2010). "Training and plasticity of working memory." *Trends in Cognitive Sciences* **14**(7): 317–324.

Kwon, Y. J., J. K. Lee, et al. (2009). "Changes in brain activation induced by the training of hypothesis generation skills: An fMRI study." *Brain and Cognition* **69**(2): 391–397.

Kyllonen, P. C. and R. E. Christal (1990). "Reasoning ability is (little more than) working-memory capacity." *Intelligence* **14**(4): 389–433.

Lewis-Peacock, J. A. and B. R. Postle (2008). "Temporary activation of long-term memory supports working memory." *Journal of Neuroscience* **28**(35): 8765–8771.

Lovden, M., N. C. Bodammer, et al. (2010). "Experience-dependent plasticity of white-matter microstructure extends into old age." *Neuropsychologia* **48**(13): 3878–3883.

Lustig, C., P. Shah, et al. (2009). "Aging, training, and the brain: A review and future directions." *Neuropsychology Review* **19**(4): 504–522.

Mattay, V. S., F. Fera, et al. (2006). "Neurophysiological correlates of age-related changes in working memory capacity." *Neuroscience Letters* **392**(1–2): 32–37.

Minzenberg, M. J., A. R. Laird, et al. (2009). "Meta-analysis of 41 functional neuroimaging studies of executive function in schizophrenia." *Archives of General Psychiatry* **66**(8): 811–822.

Neubauer, A. C., R. H. Grabner, et al. (2004). "Intelligence and individual differences in becoming neurally efficient." *Acta Psychologica* **116**(1): 55–74.

Paxton, J. L., D. M. Barch, et al. (2006). "Effects of environmental support and strategy training on older adults' use of context." *Psychology and Aging* **21**(3): 499–509.

Reuter-Lorenz, P. A. and K. A. Cappell (2008). "Neurocognitive aging and the compensation hypothesis." *Current Directions in Psychological Science* **17**(3): 177–182.

Reuter-Lorenz, P. A. and C. Lustig (2005). "Brain aging: Reorganizing discoveries about the aging mind." *Current Opinion in Neurobiology* **15**(2): 245–251.

Schneider-Garces, N. J., B. A. Gordon, et al. (2010). "Span, CRUNCH, and beyond: Working memory capacity and the aging brain." *Journal of Cognitive Neuroscience* **22**(4): 655–669.

Seidman, L. J., E. M. Valera, et al. (2004). "Brain function and structure in adults with attention-deficit/hyperactivity disorder." *Psychiatric Clinics of North America* **27**(2): 323–347.

Smith, P. J., J. A. Blumenthal, et al. (2010). "Aerobic exercise and neurocognitive performance: A meta-analytic review of randomized controlled trials." *Psychosomatic Medicine* **72**(3): 239–252.

Stokes, M., R. Thompson, et al. (2009). "Top-down activation of shape-specific population codes in visual cortex during mental imagery." *Journal of Neuroscience* **29**(5): 1565–1572.

Unsworth, N., T. S. Redick, et al. (2009). "Complex working memory span tasks and higher-order cognition: A latent-variable analysis of the relationship between processing and storage." *Memory* **17**(6): 635–654.

Vernon, D., T. Egner, et al. (2003). "The effect of training distinct neurofeedback protocols on aspects of cognitive performance." *International Journal of Psychophysiology* **47**(1): 75–85.

Voelcker-Rehage, C., B. Godde, et al. (2011). "Cardiovascular and coordination training differentially improve cognitive performance and neural processing in older adults." *Frontiers in Human Neuroscience* **5**. Article Number: 26. DOI: 10.3389/fnhum.2011.00026.

Westerberg, H. and T. Klingberg (2007). "Changes in cortical activity after training of working memory: A single-subject analysis." *Physiology and Behavior* **92**(1–2): 186–192.

Wexler, B. E., M. Anderson, et al. (2000). "Preliminary evidence of improved verbal working memory performance and normalization of task-related frontal lobe activation in schizophrenia following cognitive exercises." *American Journal of Psychiatry* **157**(10): 1694–1697.

Wykes, T., M. Brammer, et al. (2002). "Effects on the brain of a psychological treatment: cognitive remediation therapy – Functional magnetic resonance imaging in schizophrenia." *British Journal of Psychiatry* **181**: 144–152.

Zoefel, B., R. J. Huster, et al. (2011). "Neurofeedback training of the upper alpha frequency band in EEG improves cognitive performance." *Neuroimage* **54**(2): 1427–1431.

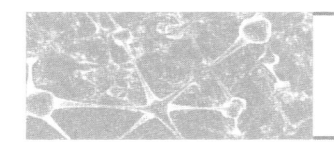

人名索引

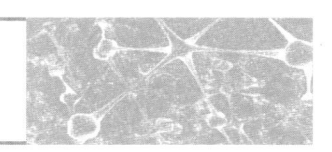

● A
Ackerman, P. L.　31, 110, 138, 142
Alloway, R. G.　61, 70, 74
Amir, N.　210
Anvari, S. H.　141
Aristotle　4
Arnsten, A. F. T.　232
Aronen, E. T.　209
Ashcraft, M.　68
Ashcraft, M. H.　216

● B
Baddeley, A. D.　7, 24
Bar-Haim, Y.　192
Barker G.　46
Barrouillet, P.　64
Basak, C.　84
Beilock, S. L.　208, 217, 220
Ben-Zeev, T.　229
Berry, A. S.　268
Bherer, L.　93
Bilalić, M.　113
Binet, A.　19
Bishop, S. J.　200
Bleed, P.　46
Bomyea, J.　210
Boot, W. R.　95
Bopp, K. L.　79
Botha, R.　54
Bower G. H.　196
Braver, T. S.　91, 94, 201, 267
Brefczynski-Lewis, J. A.　245
Bull, R.　66
Buschkuehl, M.　93

● C
Cadinu, M.　225
Carpenter, P. A.　27, 106
Carroll, J. B.　17

Chambers, R.　242
Chan, D.　241
Charness, N.　106, 117
Chase, B.　104
Chase, W. G.　131
Chee, M. W. L.　163
Cheie, L.　206
Chuah, Y. M. L.　168
Clark, D. H.　210
Cloitre, M.　196
Colcombe, S. J.　267
Conners, K.　70
Conway, A. R. A.　139
Cowan, N.　61, 84, 168, 193

● D
d'Errico, F.　52
D'Esposito, M.　39
Dahlin, E.　254, 265, 269
Daleiden, E. L.　206
Daneman, M.　27, 106
Davidson, T. L.　150
de Groot, A.　104
de Groot, A. D.　131
Denkova, E.　200
Descartes, R.　4
Dinges, D. F.　162
Doll, J.　113
Drai-Zerbib, V.　116
Drummond, S. P.　167

● E
Elzinga, B. M.　231
Engle, R. W.　138
Erickson, K. I.　265
Ericsson, K. A.　106, 110, 114, 130
Eysenck, M. W.　193, 223

● F
Fales, C. L.　201, 202

人名索引

Ferrier, D.　5
Fukuda, K.　31
Fuster, J. M.　5, 60

● G
Gage, P.　2, 40
Galton, F.　126
Geary, D. C.　66
Gerver, D.　115, 117
Goldman-Rakic, P.　148
Gopher, D.　95
Grabner, R. H.　114
Gundersen, H.　183

● H
Hadwin, J. A.　203, 206
Halpern, A. R.　131
Harlow, J. M.　40
Hayes, J. R.　116
Helmbold, N.　114
Henshilwood, C.　54
Herzog, H.　243
Higgs, S.　158
Hinson, J. M.　173
Hitch, G. J.　7, 24
Hoekzema, E.　264
Hofmann, W.　213
Holmes, J.　253
Holzel, B. K.　244
Horowits-Kraus, T.　268
Howe, M. J. A.　135
Hulme, C.　63
Hultsch, D. R.　80

● J
Jha, A. P.　240, 243
Johns, M.　227
Johnson, D. R.　208

● K
Kane, M. J.　138, 234
Kanoski, S. E.　150
Kelley, T. A.　267
Klingberg, T.　76, 252
Kopiez, R.　115, 141
Kramer, A. F.　92
Kubler, A.　185

Kuhn, S. L.　50
Kyllonen, P. C.　30, 137

● L
Lane, D. M.　117
Lazar, S. W.　244
Lewis, K. L.　83
Li, S. C.　254
Light, L. L.　82
Lim, J.　161
Lovden, M.　260
Luber, B.　163
Lubinski, D.　135
Luria, A. R.　41
Lutz, A.　240
Lynn, R.　136

● M
Ma, X.　217
Markman, A. B.　221
Marshack, A.　52
Meinz, E. J.　116
Mendrek, A.　177
Miller, G.　103
Mitte, K.　198
Miu, A. C.　206
Miyake, A.　33, 38, 94, 198, 223
Moore, A.　241
Morris, M. C.　149
Moser-Mercer, B.　115
Mu, Q.　164

● N
Neubauer, A. C.　268
Newberg, A. B.　243
Ng, E. L.　208

● O
Oberauer, K.　39, 84, 138
Osborne, J. W.　225
Owens, M.　69, 203, 209

● P
Pagnoni, C.　240
Petry, N. M.　180
Pfefferbaum, A.　183
Phillips, D.　136

Pike-Tay, A. 47

● R
Ramirez, G. 229
Rapee, R. M. 225
Raven, J. C. 21
Reid, S-C. 206
Reuter-Lorentz, P. A. 261
Roozendaal, B. 231
Ruthsatz, J. 113, 132

● S
Salthouse, T. A. 83, 140
Sarason, I. G. 194
Schellenberg, E. G. 143
Schmader, T. 218
Schmeichel, B. J. 199
Signorelli, T. M. 114
Simon, H. 104
Slagter, H. A. 238, 241, 242
Smith, J. 94
Socrates 4
Spearman, C. 15, 135
St Clair-Thompson, H. 67
Steele, C. M. 218
Sullivan, E. V. 178

● T
Tang, Y-Y. 245

Terman, L. 19
Thompson, C. P. 115
Thurstone, L. L. 17, 136
Tryon, W. W. 210
Tucker, A. M. 165
Turner, M. L. 137

● U
Unterrainer, J. M. 114

● V
Valentine, E. R. 240
Van Dillen, L. F. 225
Van Dongen, H. P. A. 169
Verhaeghen, P. 84
Visu-Petra, L. 204, 207

● W
Wadley, L. 46, 48
Watson, J. 128
Wechsler, D. 20
Williams, N. L. 195
Wilson, R. S. 80

● Z
Zelinski, E. M. 80

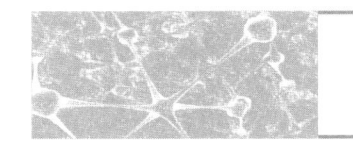

事項索引

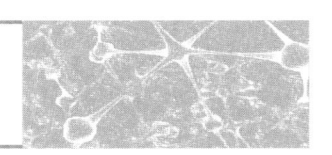

●あ
アイオワ・ギャンブル課題　172
アブ・ヒュレイラ（Abu Hureyra）遺跡　50
アブリ・ブランチャード（Abri Blanchard）の飾り版　53
アルコール依存　176
逆（アンチ）サッカード条件　139

●い
意思決定　170
遺伝　135
インサイトプライマリーテスト　69
インスリン抵抗性　157

●う
ヴィクトリア縦断研究　80
WISC　21
ヴィパッサナー瞑想　240
ウェルビーイング　175

●え
AX-CPT　91
ADHD　73
Nバック課題　29, 93
エピソード・バッファ　24
LTWM　109, 120

●お
オープン・モニタリング瞑想　239
オペレーションスパン　27
音韻ループ　24, 108
音楽適性検査　141

●か
海馬　147
カウンティングスパン　27
学習障害　71
「覚醒－記憶」関連性　196
拡張認知　52

獲得された特性説　129
葛藤監視　237
カテコールアミン　232
喚起　237

●き
記憶機能質問票　97
記憶細胞　60
機能的磁気共鳴イメージング　182
逆行干渉　65
逆行スパン課題　30
逆向制御　168
ギャンブル依存　176
脅威関連刺激　198
驚異関連情報　192
脅威スキーマ　196
局在化　5

●く
CRUNCH　261
クレイ・トークン　52
グローバルスイッチング　83

●け
結晶性知能　17, 136
血糖負荷　155
限界回避仮説　142
言語反芻理論　224
顕著性　174

●こ
構音抑制　116
高架式放射状迷路パラダイム　150
更新　38
行動主義　128
効率性　194
コナーズ評定尺度　70
コルチゾールホルモン　231
コンプレックススパン　27
コンプレックススパン課題　27

●さ
才能説　129
砂漠の凧　46
サビタイジング　80
3層理論　18

●し
g　15, 135
g のサンプリング理論　18
視覚的配列比較課題　29
視空間スケッチパッド　24, 108
事象関連電位　163
持続的注意　162
実行機能　38
実効性　194
シフト　38
シブドゥ（Sibudu）洞窟　46
自閉症スペクトラム障害　73
ジャングルメモリ　76
主観的記憶　97
熟達者　104, 129
熟達者理論　105
順行干渉　65
順向制御　168
焦点切り替え　84
情動制御理論　226
情動の意味ネットワーク理論　196
情報処理バイアス　205
初見演奏　141
処理効率理論（Processing Efficiency Theory: PET）　193, 194
シンプルスパン課題　28

●す
数学（算数）不安　216
数字系列逆行再生スパン　79
数字系列再生スパン　79
スタンバーグ記憶スキャニング課題　164
ステレオタイプ脅威　217

●せ
「制御の二重メカニズム」理論　201
正の集合　15
線形順序課題　82
線条体　269
前帯状　261

前頭前皮質　6
前頭前野　147
前頭前野背外側部　232

●た
タスクスイッチング　93
探求トレーニング　118, 132
単糖類　149

●ち
遅延価値割引課題　173, 175
遅延見本合わせT迷路　231
チャンキング　64
注意制御理論（Attentional Control Theory: ACT）　193, 197, 223
注意の瞬き　241
注意バイアス修正法パラダイム　197
中央実行系　24
調整・変換課題　30

●て
定位　237
出来事セッティング　158
転移　251

●と
頭頂間溝　66
ドーパミン　232

●に
ニア（Niah）洞窟　46
二重課題　92
二重に特別（twice-exceptional）　73
ニューラルオーバーラップ　269
「認知干渉」理論（Cognitive Interference Theory）　194
認知行動療法　210

●の
脳由来神経栄養因子　156
脳梁前部　261
ノルエピネフリン　232

●は
背外側前頭前野　148, 183
ハイプレッシャー状況　219
発達性協調運動障害　73

事項索引

●ひ
皮質 - 視床 - 線条体ループ　185
ビネー・シモン式知能検査　19
肥満率　146

●ふ
不安関連効果　194
不安の複合モデル　195
フォーカス・アテンション瞑想　238
腹内側前頭前野　200
ブロンボス（Blomnos）洞窟　54

●へ
扁桃体　200

●ほ
飽和脂肪　149
ホーレンシュタイン・シュターデル
　（Hohlenstein-Stadel）洞窟　53
補償　98

●ま
マインドフルネス　211
マインドフルネス瞑想　239

マインドワンダリング　140, 188

●や
薬物依存　176

●よ
抑制　38

●り
リーディングスパン　27
リーディングスパン課題　137
リハーサル　64
流動性知能　17, 136
両耳分離聴　139

●れ
レーヴン漸進的マトリックス　21

●ろ
ローカルスイッチング　83
ロングビーチ縦断研究　80
論理的推論課題　167

●わ
WAIS　21

監訳者あとがき

　本書は，"Working memory: The connected intelligence"（Alloway, T. P., & Alloway, R., 2013）を翻訳したものである。ワーキングメモリとは，「さまざまな課題の遂行中に一時的に必要となる記憶——特に，そうした記憶の働き（機能）や仕組み（メカニズム），そしてそれらを支えている構造（システム）」（齊藤・三宅，2014）と定義される。ワーキングメモリと実行機能との関連については，研究者によってその考えが異なっているが，いずれにしても，ワーキングメモリは，前頭前皮質の働きに依存し，人間の目的志向的な活動を支えている。すべての課題には，目的があり，その目的を記憶しながら，課題を遂行する必要がある。「はじめに」に述べられているように，人間の物理的，社会的環境に対する適応には，複雑性，曖昧性，不確実性があり，前頭前皮質とその他の皮質の領域とに，新しい結合を創造的に作ることで，その適応が可能になる。その仕組みと構造がワーキングメモリであり，"The connected intelligence" と呼ばれる所以である。けだしこれは従来の知能とは異なり，まさに「人生を切り拓く新しい知性」と言えるものである。ワーキングメモリが国語，算数，理科などの基礎的なリテラシーの学習を支えているのは，これまでの研究が示してきた通りである。それだけでない。創造性，批判的思考，メタ認知といった認知スキルもワーキングメモリに支えられている。さらに，本書の章が示すように，情動のコントロールとワーキングメモリは密接に関わっており，社会的スキルにおいて情動のコントロールは重要な役割を果たしている。このように，ワーキングメモリが「人生を切り拓く新しい知性」の基礎であると見なすことができるし，それを本書の副題とした理由である。

　ワーキングメモリが「人生を切り拓く新しい知性」の基礎であるならば，その発達や発達の促進が重要な教育的意味を持つ。その手っ取り早い方法がトレーニングであり，本書の章でもトレーニングの研究が展望されている。トレーニングの効果には，近転移と遠転移が区別され，近転移は，トレーニングされたスキルそのものまたは近いスキルが向上することであり，遠転移は，トレーニングされたスキルとは領域の重ならない学力や知能が向上することである。これまでの研究で近転移はおおむね検証されているものの，遠転移については，必ずしも効果が見られず，まさに現在も多くの研究が行われている。本書の章が示唆するように，脳メカニズムのレベルから遠転移を説明することができれば，より効果的なトレーニングを作ることもできるように

なるだろう。

　一方，本書では，ワーキングメモリの発達を運動，食事，睡眠，嗜好性，情動といった生活の基本的な行動や環境と関連づけた研究の動向を報告している。運動がワーキングメモリの発達を促すこと，ワーキングメモリの発達を促したり，阻害したりする食事があることがわかっている。また，睡眠を取らないこと，特定の依存症，不安，情動の混乱などがワーキングメモリの働きを阻害することも明らかになっている。このような研究成果から，子どものワーキングメモリの発達を促すのは，どのような環境であるかを考え，そのような環境を作っていくことが教育的に重要となる。その点で，このようなテーマの研究が今後さらに進めていくことが必要である。

　ワーキングメモリは，「人生を切り拓く新しい知性」として，児童生徒の基礎的学力や考える力を伸ばすために，教育との関連からの研究が今後一層進展することが望ましい。本書がそのような進展に少なからず貢献することを期待する。

◆ 引用文献 ◆

齊藤智・三宅晶（2014）．ワーキングメモリ理論とその教育的応用　湯澤正通・湯澤美紀（編著）ワーキングメモリと教育　北大路書房

【訳者一覧】（執筆順）　＊は監訳者

湯澤　正通＊	（広島大学大学院人間社会科学研究科）		1，2 章
松吉　大輔	（国立研究開発法人量子科学技術研究開発機構）		3 章
杉村　伸一郎	（広島大学大学院人間社会科学研究科）		4 章
浅川　淳司	（金沢大学人間社会研究域人間科学系）		5 章
大塚　一徳	（長崎県立大学看護栄養学部）		6 章
宮谷　真人	（広島大学大学院人間社会科学研究科）		6，7 章
橋本　翠	（吉備国際大学心理学部）		7 章
中條　和光	（広島大学大学院人間社会科学研究科）		8 章
近藤　綾	（園田学園女子大学人間教育学部児童教育学科）		9 章
渡邉　大介	（大谷大学教育学部）		9 章
森田　愛子	（広島大学大学院人間社会科学研究科）		10，14，15 章
滝口　圭子	（金沢大学人間社会研究域学校教育系）		11 章
湯澤　美紀＊	（ノートルダム清心女子大学児童学科）		12 章
蔵永　瞳	（滋賀大学教育学部）		13 章
岡崎　善弘	（岡山大学大学院教育学研究科）		14，15 章

【監訳者紹介】

湯澤　正通（ゆざわ　まさみち）

1992 年　広島大学大学院教育学研究科博士課程後期修了（博士（心理学））
現　在　広島大学大学院人間社会科学研究科教授

〈主著・論文〉

ワーキングメモリと教育（共編著）　北大路書房　2014 年
教師教育講座第 3 巻　発達と教育（編著）　協同出版　2014 年
領域固有の概念変化を目指した授業デザインから領域普遍的な認知スキルへ―教育に対するワーキングメモリ研究の意義―　教育心理学年報 53 集，166-179．2014 年
日本語母語幼児による英語音声の知覚・発声と学習：日本語母語話者は英語音声の知覚・発声がなぜ難しく，どう学習すべきか（共著）　風間書房　2013 年
ワーキングメモリと特別な支援：一人ひとりの学習のニーズに応える（共編著）　北大路書房　2013 年
Working memory: Developmental differences, component processes and improvement mechanisms.（共著）　New York: NOVA publishers．2013 年
クラスでワーキングメモリの相対的に小さい児童の授業態度と学習支援（共著）　発遠心理学研究第 24 巻第 3 号，380-390．2013 年

湯澤　美紀（ゆざわ　みき）

2001 年　広島大学大学院教育学研究科博士課程後期単位取得満了
2002 年　博士（心理学）（広島大学）
現　在　ノートルダム清心女子大学人間生活学部教授

〈主著・論文〉

今さら聞けない！特別支援教育 Q&A（共著）　明治図書出版　2015 年
ワーキングメモリと教育（共編著）　北大路書房　2014 年
日本語母語幼児による英語音声の知覚・発声と学習：日本語母語話者は英語音声の知覚・発声がなぜ難しく，どう学習すべきか（共著）　風間書房　2013 年
ワーキングメモリと特別な支援：一人ひとりの学習のニーズに応える（共編著）　北大路書房　2013 年
Working memory: Developmental differences, component processes, and improvement mechanisms.（共著）　New York: NOVA publishers．2013 年
クラスでワーキングメモリの相対的に小さい児童の授業態度と学習支援（共著）　発達心理学研究第 24 巻第 3 号，380-390．2013 年
幼児の音韻的短期記憶に関する研究　風間書房　2010 年

認知心理学のフロンティア

ワーキングメモリと日常
――人生を切り拓く新しい知性――

| 2015年10月20日 | 初版第1刷発行 | 定価はカバーに表示 |
| 2021年6月20日 | 初版第2刷発行 | してあります。 |

編　著　者　　T. P. アロウェイ
　　　　　　　R. G. アロウェイ
監　訳　者　　湯　澤　正　通
　　　　　　　湯　澤　美　紀
発　行　所　　㈱北大路書房
〒603-8303　京都市北区紫野十二坊町12-8
　　　　　電　話　(075) 431-0361㈹
　　　　　ＦＡＸ　(075) 431-9393
　　　　　振　替　01050-4-2083

©2015　　　　　　　　印刷・製本／創栄図書印刷㈱
　　検印省略　落丁・乱丁本はお取り替えいたします。
ISBN978-4-7628-2908-6　　　　Printed in Japan

・ JCOPY 〈㈳出版者著作権管理機構 委託出版物〉
本書の無断複写は著作権法上での例外を除き禁じられています。
複写される場合は，そのつど事前に，㈳出版者著作権管理機構
（電話 03-5244-5088，FAX 03-5244-5089，e-mail: info@jcopy.or.jp)
の許諾を得てください。

ワーキングメモリと学習指導
教師のための実践ガイド

S.E.ギャザコール,
T.P.アロウェイ 著
湯澤正通, 湯澤美紀 訳

A5判　132頁　本体1900円+税
ISBN978-4-7628-2698-6

子ども個々のワーキングメモリ容量と学習遅滞とは密接に関連している。学習遅滞児の教育に携わる教師に，ワーキングメモリの問題に起因する学習上の困難を発見し，適切な指導を行うための知見を提示する。

ワーキングメモリと発達障害
教師のための実践ガイド2

T.P.アロウェイ 著
湯澤美紀, 湯澤正通 訳

A5判　144頁　本体1900円+税
ISBN978-4-7628-2764-8

ワーキングメモリは，誰もがもつ学習の基礎となる認知的スキルである。本書では発達障害の子どもたちに焦点をあて，彼らのワーキングメモリの特徴を活かした障害別の学習支援法を提案する。

ワーキングメモリと特別な支援
一人ひとりの学習のニーズに応える

湯澤美紀, 河村暁,
湯澤正通 編著

A5判　136頁　本体1900円+税
ISBN978-4-7628-2821-8

現場実践をふまえ，ワーキングメモリの知見を個別指導・学級経営に活かす視点からまとめる。「読み・書き・計算」に困難のある子どもへの特別な支援を，具体例を盛り込みながらわかりやすく解説する。

ワーキングメモリと教育

湯澤正通, 湯澤美紀 編著

A5判　216頁　本体3000円+税
ISBN978-4-7628-2859-1

ワーキングメモリ（WM）の研究成果を教育の領域に活かすため体系的に解説。理論的変遷や，実行機能との関連，アセスメントなどを詳述。その上で，具体的な教科（国語と算数）でWMが学習のいかなる側面に関与しているのか明らかにする。